剧变

人类社会与国家危机的转折点

[美] 贾雷德·戴蒙德——著
曾楚媛——译

Upheaval

Turning Points *for* Nations *in* Crisis

Jared Diamond

中信出版集团 | 北京

图书在版编目（CIP）数据

剧变 /（美）贾雷德·戴蒙德著；曾楚媛译 . -- 2 版 . -- 北京：中信出版社，2022.1（2024.11 重印）

书名原文：Upheaval

ISBN 978-7-5217-3691-5

Ⅰ . ①剧… Ⅱ . ①贾… ②曾… Ⅲ . ①社会发展－研究 Ⅳ . ① K02

中国版本图书馆 CIP 数据核字（2021）第 255429 号

剧变
著者：［美］贾雷德·戴蒙德
译者：曾楚媛
出版发行：中信出版集团股份有限公司
（北京市朝阳区东三环北路 27 号嘉铭中心 邮编 100020）
承印者：河北鹏润印刷有限公司

开本：880mm×1230mm 1/32　印张：17.25　字数：384 千字
版次：2022 年 1 月第 2 版　印次：2024 年 11 月第 12 次印刷
京权图字：01–2019–3341　书号：ISBN 978–7–5217–3691–5
定价：98.00 元

服务热线：400–600–8099
投稿邮箱：author@citicpub.com

谨以此书

纪念我的双亲

路易斯·戴蒙德和弗洛拉·戴蒙德

并祝愿

我的妻子玛丽·科恩

和我的儿子马克斯·戴蒙德和乔舒亚·戴蒙德未来可期

目录

致我的中国读者

能有此机会向我的中国读者介绍我自己以及我写的书，我倍感荣幸。

我于 1937 年出生在美国东北部的沿海城市波士顿。美国人与中国人不同，大多数中国人的祖先包括早在 50 万年前就生活在中国的早期人类，而当今的美国人无一例外地要么是移民，要么是后来移居美国的人的后代。1.3 万年前，在如今是美国的地方，甚至北美或者南美的任何角落，都没有人类生存过。直到 1.3 万年前，现代美洲原住民的祖先才来到美国。直到 400 年前，绝大多数现代美国人的祖先才开始来到美国——最早的一批来自欧洲，不久之后有来自非洲的，从大约 170 年前开始又有来自亚洲的。我的父亲是移民，他出生在当时的俄罗斯帝国，两岁时随父母来到美国。我的外祖父母在东欧出生长大，生了 3 个孩子后，于 19 世纪 80 年代带着孩子移居美国，后来又生了 6 个孩子，我的母亲是最小的那个。我妻子玛丽的父母于 1948 年从波兰移居美国。

我的母亲是一名钢琴家、语言学家，还是一名教师。在她的教育和帮助下，我从3岁开始识字，从6岁开始学习弹钢琴，从10岁开始学习英语语法和散文创作，还在11岁学习拉丁语，在16岁学习德语。我的父亲是一名医学家，他帮助创建了小儿血液学（儿童血液疾病）学科，还帮助建立起美国血库系统。在他的影响下，我对科学产生了兴趣。我的父母都不是观鸟人，我自己喜欢上了鸟类，从7岁就开始观鸟了。

在我成长的过程中，每当有人问我长大后想做什么，我都脱口而出："我想成为一名像我爸爸那样的医生。"11岁时，我很幸运地进入一所很好的学校读书，那里的历史课、外语课、写作课很精彩，科学课一般。因为我觉得我在今后的人生中会一直从事科学事业，所以我感到上学期间是接触历史、语言和写作的大好时机。17岁时，我考入哈佛大学，仍然怀揣着最终成为一名医生或者至少成为一名医学研究人员的梦想。但那时，因为我还是觉得我在今后的人生中会一直从事科学事业，所以我在大学期间尽可能地学一些与医学无关的课程，比如俄语、德语文学、作曲、口传史诗、动机心理学和天文学。

直到我在哈佛四年大学生涯的最后一年，我才意识到我不想行医，我真正想从事的是科学。因此，我没有按照原来的计划去医学院就读（我当时已经申请并被录取了），而是在毕业前几个月改变了计划，决定攻读生理学这门实验室科学的博士学位，研究人类和其他动物的身体机制。

为了完成博士期间的研究，我来到英国的剑桥大学，在欧洲生活了四年。我选择剑桥大学出于两个原因。一个原因是剑桥在当时拥有世界上顶尖的生理学家，我的博士生导师就是其中一位。另外一个原因是在此之前，除了去美国其他地区进行过短暂的旅游，我一直生活在波士顿，和我的父母住在一起或者和他们住得很近。我准备开始自己的人生，准备离开家去体验别处的生活。实际上，在欧洲生活是一段很愉快的经历，不仅仅是因为剑桥大学的生理学很杰出。我有许多机会去其他欧洲国家游览、学习，比如，我可以去德国练就一口流利的德语，去芬兰初步学习芬兰语这门很难的语言，还能去当时的南斯拉夫。在剑桥大学，我有很多闲暇时间作为钢琴演奏者和其他音乐家演奏室内乐，在大学合唱团演唱，自学管风琴，开启我演奏伟大作曲家约翰·塞巴斯蒂安·巴赫所有管风琴作品的逐梦之路。

在欧洲生活还有一个好处，那就是加深了我对地理及历史之于人类生活影响的理解。我在儿时就感受到了地理和历史的影响力，出生于 1937 年的我在第二次世界大战期间长大。那时，我父亲在我卧室的墙上贴了两张地图，一张是欧洲地图，另一张是太平洋和东亚地图。我父亲在地图上用大头针表示第二次世界大战中的欧洲战线和太平洋战线，随着战线的转移，他每天晚上都给大头针换位置。1958—1962 年，我在欧洲生活，朋友也都是出生于 1937 年前后的欧洲人。但是，由于地理和历史因素，我的欧洲朋友有着与我截然不同的童年。尽管第二次世界大战对美国人生活的影响无处不在，自然对我也有很大影响，但我从没看到过炸弹从天而降，也没看到过有人被杀死。我那些欧洲朋友的童年生活就完全不同了。取决于他们是碰巧出生在英国、德国、南斯拉夫还是别的什么国家，他们经历的苦难各不相同，有的失去了双亲，有的从远处眼看着父母的房子被炸毁，还有的失去了受教育的机会。这些事情没有一件在我身上发生过——完全是由于地理上的偶然，我出生在波士顿，而不是出生在伦敦或慕尼黑或贝尔格莱德。

我在剑桥大学的博士实验室研究是关于胆囊的。胆囊是个很小的器官，我们平常不会注意到它，除非不幸地得了胆结石。但事实证明，我关于胆囊的研究发现能提供一个良好的模型，帮助人们了解肠道、肾脏、肝脏等相关且更重要的器官。我成了世界上最了解胆囊运输盐和水机制的人。这种专业问题在你看来可能毫无用处，但如果你的肠道或者肾脏出现问题，让你的生命危在旦夕，你就不会这么认为了。1962 年，我从欧洲回到美国，在哈佛大学医学院任职。1966 年，我搬到洛杉矶生活，在加州大学任职，我之后的职业生涯都在这里度过。我的工作是继续研究胆囊，同时为医学生讲授医学生理学的课程。

但是，我逐渐发现我被寄予了将余生奉献给胆囊研究事业的期望，不安的感觉与日俱增。因为在此之前我把我大段的人生用在了更广泛的兴趣上，包括钢琴、语言、历史、鸟类，所以把余生用来研究胆囊让我感到太受限制和束缚。因此，1963 年，我与一位同我一样爱好探险和观鸟的大学同学一起，策划了一场前往秘鲁这个南美国家的旅行，去攀登安第斯山脉的高山，观察亚马孙盆地的鸟类。第二年，我和我的朋友又组织了一次旅行，去澳大利亚以北的热带大岛新几内亚岛研究鸟类。

1964 年那场首次踏足新几内亚岛的旅行对我的人生具有决定性意义。一旦你去过新几内亚岛，你就会觉得世界上的其他地方黯然失色。新几内亚岛地处赤道附近，但岛上的山脉海拔高达5 000米。世界上只有三个地方可以在赤道附近的山顶看到雪和冰川，新几内亚岛便是其中之一（另外两个地方是安第斯山脉和东非山地）。新几内亚岛上的鸟类是世界上最迷人、最漂亮的。岛上有上千个不同的部落，岛民说着上千种不同的语言：新几内亚岛是世界上语言最多样化的地方。即使到了现代，新几内亚岛也是世界上最晚改变传统生活方式的地方之一：人们传统上仍然使用石器工具而非金属工具，仍然没有文字，仍然没有中央政府——在远古，世界各地都是这样，直到1万年前左右，随着农业的出现，才有10个地方（包括中国）发明了金属工具，创造了文字，发展出中央政府。

在第一次新几内亚岛之旅后，我又去过31次，都是为了研究鸟类，以及（坦率地说）向新几内亚岛岛民学习。我很快就遇到了一个矛盾：为什么聪明的新几内亚岛岛民仍在使用石器工具而不使用金属工具，而我这个在丛林中自己找不到路也不会生火的愚钝美国人，却作为带来金属工具、文字并征服新几内亚岛的欧洲社会之代表来到此地？从新几内亚岛岛民那里，我学会了如何养育子女，如何预知危险，如何领导他人，还学会了许多其他东西。在这一过程中，我对新几内亚岛上鸟类的研究发展成为我在生态学和进化生物学方面的第二职业，这比我对胆囊的研究更让我在科学界为人所知。

随着第二职业的起步，我开始在两个不同的科学领域（生理学和鸟类学）撰写学术研究论文。但我所有的论文都是学术性的，只有科学家能读懂。至于其他方面的人类知识，我只能阅读，不能认真思考并写出点什么。我在学术性的科学期刊上发表论文，几乎用不到我从母亲那里以及从英语和其他语言的文学中学到的向广大读者传达想法的技巧。于是，我在 20 世纪 70 年代末开始为杂志撰写面向大众的短文，讨论人类的经验，内容与胆囊和鸟类都不相关。

20 世纪 80 年代发生了两件事，让我从撰写面向大众的杂志短文转而撰写面向大众的书。第一个事件出人意料，我接到一通麦克阿瑟基金会打来的电话，告知我他们已经决定给我一份为期 5 年的奖金，资助我做任何我想做的事情。那天接完电话后，我一整天都非常兴奋，但从第二天起，一整周都情绪低落，这是我人生中唯一一次情绪低落的时候。我意识到这通电话实际上是说："贾雷德，你是一个很有才华的人，我们给你 5 年既有自由又有报酬的时间，希望你好好利用这一自由，做点重要的事情。你的人生到目前而言，都在撰写关于胆囊和新几内亚鸟类的学术论文，没能发挥出你的潜能！"

第二个事件是我和玛丽的双胞胎儿子马克斯和乔舒亚在 1987 年出生。在他们出生前，每当人们谈论到未来某年比如 2050 年地球可能会面临的灾祸，我都觉得不真实，因为我出生在 1937 年，意味着 2050 年这样遥远的年份其实只存在于想象之中：我不可能活到那时。但是，2050 年到来时，马克斯和乔舒亚很可能还活着，处于人生的巅峰时期，还能活好几十年。他们的人生，以及 2050 年世界的模样，都不是胆囊和新几内亚岛上的鸟类能决定的。我想为孩子们创造更美好的世界，因此需要开始把世界上最重要、最值得关注的问题呈现给大众，而不是只为胆囊专家和新几内亚岛鸟类专家写作。

这两个事件让我决定开始撰写面向大众的书籍。这些书讨论的是公众会关心的问题，这些问题可能会决定我的儿子们在一生中大部分时间里所处的世界的状态。就这样，我踏上了写作之路。四年后，我出版了第一本面向大众的书，到现在一共出版了8本。我很荣幸这8本书都被翻译成了中文。现在，我准备依次介绍一下这8本书，希望能激发你的阅读兴趣。

我的第一本书是《第三种黑猩猩》(1991年)，论述了人类何以在这么短的时间内变得如此不同于其他动物。从基因角度看，我们不过是第三种黑猩猩：大约600万年前，我们的祖先才与另外两种黑猩猩的祖先分离开来，我们的基因组与它们的基因组的差异不到2%。(如今，生物学家将其他的黑猩猩从两类分为三类，所以我们现在不是第三种黑猩猩，而是第四种黑猩猩了。)这意味着人类和其他几种黑猩猩的亲缘关系十分紧密，比观鸟者分辨不出的几种鸟的关系还要紧密。但在某些关键方面，人类与其他几种黑猩猩的差异很大，因此传统上我们不仅不被认为是黑猩猩，甚至不被认为是动物。这些关键性差异一定是在最近1 000万年内进化出来的。

因此，《第三种黑猩猩》讨论的是艺术和语言等人类特征在晚近时代的演化，这些特征似乎用一道不可逾越的鸿沟将人类和“动物”分离开来：人类的艺术、语言、种族灭绝、农业、生态破坏性，以及特有的性行为。书中有一章提出这样一个问题：除了地球，智慧生命或任何形式的生命是否还存在于宇宙中的其他地方？在我看来，《第三种黑猩猩》是我所写的书中最有趣、写得最好的一本，也是我母亲至今仍最爱读的一本。接下来的三本书对于我在《第三种黑猩猩》中首次探讨的几个最重要问题进行了更深入的探究。

我的第二本书是《枪炮、病菌与钢铁》(1997年)，研究的是我最先在《第三种黑猩猩》中讨论的几个问题之一，也是晚近的人类历史中最重大的问题：为什么在过去1万年间，人类社会在不同大洲发展得如此不同？例如，为什么那些聪明的新几内亚岛岛民最近还在使用石器，为什么是欧洲人而不是亚洲人或美洲原住民或非洲人在最近几个世纪崛起并征服了世界上大部分其他地方？有一种种族主义的解释，大多数欧洲人在不久前还相信，许多欧洲人至今仍然坚信，那就是欧洲人比其他人种更聪明。但是，欧洲的种族主义者从未给出支持这一解释的证据。我自己的经历是，尽管新几内亚岛岛民使用石器工具，但他们总体上至少和欧洲人一样聪明——这一说法比我之前写过的任何内容都要激怒我的一些欧洲读者。

不同于种族主义解释，《枪炮、病菌与钢铁》表明人类社会在不同大洲上的不同历史轨迹是由于各大洲的自然环境不同：首先是各大洲在适合驯化的野生动植物物种方面的差异，其次是各大洲在大陆轴线和孤立程度方面的差异。《枪炮、病菌与钢铁》解释了这样一些过程：农业只独立发源于世界上的部分地区（包括中国但不包括欧洲），农业带来了金属工具、文字、中央政府等多方面的发展，使一些族群有能力征服另一些族群。中国读者可能会对书中关于中国的部分尤其感兴趣，包括水稻、猪和蚕等驯化动植物的起源，以及这些中国的创新产物向朝鲜、日本、东南亚、印度尼西亚和波利尼西亚偏远太平洋岛屿传播的过程。

我的第三本书是篇幅最短的一本，即《性趣何来？》（1997年），我一写完《第三种黑猩猩》就开始写这本书。人类与其他动物包括我们的近亲黑猩猩的不同之处，不仅在于我们的语言和艺术，还在于我们特有的性行为、生理学和解剖学特征。如果你的宠物狗会说话，你可以问问它对你的性生活有何看法。你会惊讶地发现，被你视为理所当然的行为在狗看来很怪异。你的宠物狗会说："这些人类真病态、真疯狂！为了交配，他们还得去卧室并关上门，而不像有自尊心的狗一样在大庭广众下交配。他们在一个月中的任何一天都能交配，而不是只在女性可受孕期交配。实际上，如果不用体温计测量或者不用激素检测试剂盒检测，我和我的主人都不知道女主人在一个月中的哪几天可以受孕，甚至女主人自己也不知道。但雌性的狗会将它们可受孕的日子广而告之，任何其他正常的雌性动物都会这么做。最恶心的事情是，人类即使在女人衰老不能生育后还有性行为。这些人的大多数性行为是对精力的巨大浪费，因为大部分性行为都不能带来受孕！"没错，你的宠物狗观察得完全正确。但是，所有这些被我们人类视为理所当然、让你的宠物狗觉得恶心的人类性行为，与人类的语言和工具一样，对人类社会的运行至关重要。

下一本书是《崩溃》(2005年)，探讨的问题是为什么有的社会实施愚蠢的政策而走向自我崩坏，而有的社会能持续兴盛数百年甚至数千年。我描述了几个历史上有名的崩溃事例：波利尼西亚社会之崩溃，该社会曾经所在的复活节岛上巨型石像群高高耸立；阿纳萨齐城镇之废弃，在欧洲人到来之前，美洲原住民在这片位于现代美国西南部的土地上建造了最高的大楼，建立了最先进的社会；玛雅文明之消亡，中美洲的那些美洲原住民城市曾因其神庙、神像和雕刻之壮观而举世闻名；维京人之没落，格陵兰岛上的维京人聚居地过了400年后，一个人也没有剩下。这些崩溃的古代社会与避免了自我灭亡的古代社会，以及成败不一的现代社会都形成了鲜明的对比。这本书探究了导致有些社会制定灾难性决策的多种原因，以及现代世界面临的主要环境问题。《崩溃》这本书为我们当今的社会提供了最现实的经验与教训。

我的第五本书是《历史的自然实验》（2010 年），这本书是我和同事吉姆·罗宾逊（Jim Robinson）合著的，其中的篇章包括吉姆撰写的、我撰写的，以及另外 5 位作者撰写的，展示的是如何利用自然实验理解人类行为和人类社会。物理学家、化学家和分子生物学家告诉我们，唯一严谨的科学研究方法是进行可操纵的实验室实验：在实验中取两支相同的试管，在其中一支试管中加入某种化学物质或干扰试剂，将该试管与另一支未受干扰的试管进行对比，从而明确地证明该化学物质或干扰试剂的作用。如果我们能够开展此类可操纵实验，比如通过实验让一半的女性在每月的可受孕期变成亮红色，或者用时光机将历史倒退 20 次，其中 10 次有希特勒，10 次没有希特勒，以此证明希特勒对历史的影响，那么我们社会科学家就能快速解决所有重大的历史和人类行为问题。可惜，对我们这些不幸的社会科学家而言，这类可操纵实验通常无法实现、违犯法律或者违背道德。但是我们仍然能通过对比所谓的自然实验结果取得进展，在这些“实验”中，自然有时受到了某种人为操纵，有时没受到人为操纵。

例如，对于拿破仑对欧洲的经济发展的作用究竟是正面还是负面，历史学家争执不下。法国历史学家通常认为拿破仑带来了可观的效益，而英国历史学家往往认为他让欧洲的经济变得混乱不堪。很不幸，我们无法控制拿破仑的存在与否并让历史重来几遍，以此解答这个问题。但是，在拿破仑时期，德意志有几十个独立的邦国，有些邦国遭到拿破仑的入侵并完成了改革，有些邦国虽然遭到拿破仑的入侵，但其推行的改革后来被普鲁士王国推翻，还有些邦国从未实行过拿破仑的改革。即使不用化学家所钟爱的试管和可操纵实验，这一自然实验仍能表明：关于拿破仑的影响，法国历史学家是正确的，英国历史学家是错误的。自然实验已经成为回答人类历史和人类行为相关问题的最实用、最可行方法。

第六本书是《昨日之前的世界》（2012 年），书中比较了传统社会的生活（比如我待了很长时间的新几内亚岛上的部落社会生活）与大部分读者都不陌生的现代社会生活。传统社会与现代工业社会的差异表现在许多方面：敌友的划分、打仗的方法，以及解决争端、养育子女、对待老人、应对危险、保持健康的方式，等等。在有些方面回归传统做法是很可怕的，我们可以认为我们现代的生活方式更优越，比如不必总是卷入战争，不必眼睁睁看着大多数子女死去。但在另一些方面，传统社会处理问题的方式比我们现代人强，我们可以从中学到很多，比方说如何维持一生的友情，将子女养育成具有竞争力且快乐的人，识别危险，以及为老年人提供有意义的生活。《昨日之前的世界》是我最具个人色彩的一本书，也是最易于读者参考应用，使自己的生活更惬意的一本书。

在我最新出版的书之前的一本是《为什么有的国家富裕，有的国家贫穷》（2014 年）。我的另外 7 本书都围绕一个单一话题展开，并且需要从头开始读，但这本小书只有 7 章，每章的话题都不同，你可以一次只读一章，随便什么顺序都行。各章讨论的话题包括：为什么有的国家富裕，有的国家贫穷？如何避免损害健康或者危及生命的事故？吃什么能够避免过早死于糖尿病、高血压、心脏病，或者其他可能威胁我和大多数读者生命的医学问题？还有一整章是关于中国的，描述的是我这个外国历史学家眼中的中国。

我最新出版的书是《剧变》（2019 年），讨论的是现代国家如何应对国家危机，书中的案例多数发生在过去的 80 年内。虽然已经有数不胜数的书讨论最近或以前的国家危机，但是这本书从一个全新的视角剖析了这一常见且重要的问题：由个人危机提供的视角。几乎所有人都经历过个人危机，比如婚姻或其他亲密关系即将破裂、所爱之人去世这类事件，或者工作、财务或健康方面的重大挫折。我对这一问题思考了很多，因为我的妻子玛丽是一名临床心理学家，她的专业涉及为面临严重个人危机的人提供帮助。

我们都知道，不管是根据自己的经历还是基于对朋友的观察，有些人在面对危机时比其他人处理得更妥当。借助玛丽和其他心理学家的经验，我们总结出了决定个人能否成功应对个人危机的 12 项因素，包括是否承认危机，是否承担责任，是否对自己诚实，是否有选择性地改变自身做得不好的部分，是否接受朋友的帮助，等等。结果表明，类似的因素也影响着印度尼西亚、日本、澳大利亚、德国等国家应对国家危机的方式。这本书的最后几章剖析了日本、我的祖国美国以及整个世界现在正面临的主要问题，还分析了影响日本、美国以及整个世界成功解决现存问题的可能性的因素。

你将会注意到我的这些书是在 1991—2019 年出版的。每一本书都在出版前的几年里写成。这可能会让你心生疑问：这些书是不是已经过时了呢？从1991年或者2005年至今，知识已经更新换代，这些书现在是不是不合时宜、失去价值了呢？

当然，对于我在这些书中所探讨的问题，相关研究肯定不会在书出版后就停滞不前。不过事实证明，后续的研究只是提供了新的例子，促进了我们的理解，并没有推翻我书中的结论。例如，1991年《第三种黑猩猩》出版时，我们不知道我们的祖先智人遇到现在已经灭绝的尼安德特人时，两个人种是否发生了杂交。现在，基于过去15年的基因研究发现，我们知道确实发生过杂交，特别是当我们的智人祖先从非洲扩张后首次遇到尼安德特人时——或许因为他们那时男女人数不平衡，智人中的男性不得不与尼安德特人中的女性交配。结果是，非洲之外的所有现代人类（中国人、美国人等）有大约3%的基因源自尼安德特人与不断扩张的智人杂交的短暂时期。这一发现为我在1991年出版的《第三种黑猩猩》一书中所描述的人类进化进程增添了有趣的一笔，但并没有推翻我这本书的结论。

最后，我将列举11个问题，这些问题可能让你感到困惑，你不确定这些问题的答案是什么（许多科学家往往也不确定！），但是你会发现这些问题在我的这几本书中都有所探讨。这些问题能说明为什么我认为我们人类和我们的社会非常有趣，以及为什么我认为我的中国读者将会对这些问题特别感兴趣。举例如下：

为什么几乎所有的中国人都是黑头发、黑眼睛，而大多数北欧人是黄头发或红头发、蓝眼睛？为什么黑头发、黑眼睛会给生活在中国而非北欧环境中的人类带来优势？

为什么在世界上的所有人种中，中国男性的胡须（和体毛）特别稀疏，欧洲男性的胡须更浓密，日本北部的阿伊努人的胡须是世界上最浓密的？长胡须或者不长胡须对男性各有什么好处，为什么这种好处在中国、欧洲和日本北部有所不同？

中国人特别是中国北方人的一项独特的面部特征是眼型，这是由于叫作内眦赘皮的眼睑特征造成的。内眦赘皮在中国北方人和西伯利亚东部人口的眼部表现得很明显，在中国南方人和南亚人口的眼部表现得不太明显，而世界上大多数其他人种的眼部没有内眦赘皮。如果你的眼部有内眦赘皮，这对你有什么好处呢？为什么如果你的祖先来自中国北方，好处就会更大，如果你的祖先来自中国南方，好处就会更小，而如果你的祖先来自欧洲，就没有好处呢？

为什么中国的丈夫平均而言比他们的妻子高 10 厘米左右呢？为什么很少有中国男人比妻子高很多，也很少有比妻子矮的呢？

就地理方面而言，欧亚大陆以东的日本和欧亚大陆以西的英国像是对方的镜像——日本是靠近中国海岸的大群岛，而英国是靠近欧洲海岸的大群岛。人们可能因此便期待日本和中国的历史关系与英国和欧洲的历史关系大致相同。事实上，英语与欧洲大陆的日耳曼语系关系密切，与欧洲弗里西亚语的关系尤为紧密，而日语与汉语完全不相干，与任何其他亚洲语言也没有确切的亲缘关系。同样，英国在过去 2 000 年里与欧洲国家纠葛不断，不断遭到欧洲人的入侵和占领，几乎在每个世纪都派遣了军队到欧洲大陆作战；但日本早先一直与亚洲大陆国家保持着几乎是相互隔绝的状态，在公元前 400 年之后从未遭到过侵占，在近代之前只有一次（16 世纪 90 年代）向亚洲大陆派兵作战。为什么日本和英国有着如此相似的地理特征，却在语言、社会和历史方面发展得如此悬殊呢？

中国在公元前221年首次实现了政治统一，从此在历史上的大部分时期都是统一的状态。相反，欧洲大陆从未实现过政治上的统一，直至今天，欧盟甚至连促使欧洲各国组成非常松散的联盟都很有困难。为什么中国这么容易实现统一，而欧洲实现统一就难上加难？

人类女性有绝经期，这意味着所有女性在40岁之后的一段时间会逐渐丧失生育能力。这似乎违背了基于自然选择的期望，因为自然选择应该倾向有助于动植物物种繁衍更多后代这种特性的进化。另外唯一一种已知有雌性绝经期的哺乳动物是领航鲸，也可能还有虎鲸，还有一种哺乳动物（澳大利亚袋鼬）有雄性绝精期。为什么女性有绝经期，与基于自然选择的期望不一致呢？如果绝经对女性有某种好处，那么为什么绝精对男性没有好处呢？为什么人类男性没有绝精期呢？人类女性与雌性领航鲸或虎鲸有何共同之处，唯独让这三种生物的雌性有绝经期呢？为什么雄性袋鼬有绝精期，而人类男性或者任何其他雄性哺乳动物没有绝精期呢？

生双胞胎对中国女性来说很少见：只有几百分之一的概率。但在尼日利亚的女性中，生双胞胎非常常见，比中国女性生双胞胎常见20倍——每100名尼日利亚新生儿中就有6对双胞胎。人们可能会想当然地认为生双胞胎会为自然选择所青睐：生双胞胎的女性能因此繁衍更多的子女并最终占领全世界。那么，为什么生双胞胎对尼日利亚女性有明显的好处，而对中国女性不利呢？

糖尿病曾经在中国很少见，但最近几十年发病率大大增加，已经接近美国的病发率。但是，糖尿病患者在中国人口中的分布与在美国人口中的分布截然相反。在中国，糖尿病集中发生在受教育程度高的富人身上，几乎不会发生在受教育程度低的穷人身上。与之相反，在美国，糖尿病在受教育程度低的穷人中最常见，在受教育程度高的富人中不常见。为什么糖尿病的发病分布在中国与在美国完全相反呢？

中国未来面临的最严峻问题之一是蚯蚓的问题。蚯蚓正面临什么问题呢，为什么蚯蚓问题对中国人的未来是一项严重的威胁呢？

中国和美国经常将彼此视为经济竞争对手，甚至可能是军事竞争对手。但是，中国所面临的最严重的长期问题与美国所面临的最严重的长期问题是一样的，即核武器、气候变化、全球范围内关键资源的枯竭、世界各地不平等导致的种种后果，以及在新冠肺炎之后的新型疾病将给整个世界所带来的危险。所有这些问题都非常棘手，只有在中国、美国以及世界上其他强国的通力合作下才能得到解决。为什么中国和美国现在还不做出更多的努力，来保障自己政府和自己人民的利益，来应对这些共同的问题，来解决我们两国都在面临的这 5 个最严重的难题？

以上 11 个问题只是列举的几个例子，你将看到我在 8 本书中还探讨了上千个精彩的问题。对于其中的一些问题，我在书中提供了具有信服力的答案。对于其中的另一些问题，我只能提供一些推测，这些推测尚未得到广泛的认可。其中还有一些问题至今仍然是谜，不过科学家希望能够在你们的有生之年解开谜题。尽情阅读、尽情享受吧！这次有机会向我的中国读者致辞，我真的很高兴。

序　言

椰林俱乐部的遗赠

两个故事

大多数人在一生中都会经历一场个人剧变或危机，有的人还不止经历一场。有些危机可以通过我们自身的改变而化解，有些则不行。同样地，国家也会遭遇危机，有些危机可通过国家自身的变革而顺利解决，有些则不行。心理治疗师积累了大量关于解决个人危机的案例和见闻，并试图从中找寻规律。那么，这些结论可否帮助我们找到化解国家危机之道？

在本书的开端，我打算通过讲述自己经历的两个故事来解释个人危机和国家危机。据说，孩子大概从 4 岁开始记事，当然，有关特定事件的记忆能够追溯到更早的时候，我就属于这种情况。因为我最早的记忆是发生在我 5 岁生日后不久的波士顿椰林俱乐部大火事件。尽管我没有亲历这场大火，但我从做外科医生的父亲那里听到许多骇人的叙述，因而间接获得了相关消息。

1942 年 11 月 28 日，人潮涌动的波士顿椰林俱乐部突发一场大火。火情迅疾，俱乐部唯一的逃生出口却被堵住。结果造成 492 人在这场大火中丧生，还有数百人因窒息、吸入烟雾、被踩踏而受伤或被灼伤。（插图 0.1）波士顿的医疗系统一时难以负荷——需要治疗的不仅有那些在大火中遭受身体伤害的人，而且包括那些心灵受到重创的人。其中有遇难者的亲属，他们因失去至亲而悲痛欲绝，还有那些死里逃生的人，他们眼睁睁地看着身边的人被大火吞噬，自己在幸存的内疚中辗转反侧。十点一刻以前，人们一如往常地相约在椰林俱乐部，庆祝感恩节周末，观看橄榄球比赛，或者拥抱休假归家的军人。时钟敲响 11 下，欢声笑语戛然而止，只残留冰冷的躯体，遇难者的亲属和幸存者的生活就此天翻地覆，他们预期的生活脱离了轨道。那些遇难者的亲属为亲人死去自己却活着而感到羞愧，他们失去了生命中举足轻重的人。这场大火动摇了我们——侥幸逃过一劫的人，以及远在火灾现场外的波士顿居民（包括当时只有 5 岁的我）对公正世界的信念。那些受到惩罚的人并非顽劣之辈，更不是恶人：他们只是再普通不过的平凡人，无故丧生的平凡人。

有的幸存者和遇难者亲属终其一生被伤痛折磨。有少部分人选择结束自己的生命。但是，大部分人在经历最初几周的极度痛苦后，开始逐渐进入一个缓慢的恢复阶段，他们从最初的不愿接受现实，到重新审视自己，尝试重返正轨，然后发现自己的世界其实并没有全然崩塌。许多在那场大火中失去配偶的人后来再婚了。不过，数十年后，即便恢复得最好的人，依旧是大火前后两种新旧身份“马赛克式”共存。在本书中，我们会多次使用“马赛克”（mosaic）这个比喻，形容个人或国家内部截然不同的元素艰难共存的状况。

椰林俱乐部大火提供了一个关于个人危机的极端案例。我之所以称其为极端，仅仅是因为这场灾难同时降临在多个人身上。事实上，这场灾难中受害者的数量如此之多，以至引发了另一种危机，导致心理治疗领域亟须找到新的解决路径（我将在第一章谈到）。我们当中的很多人在生活中会直接经历危机，或者间接地体验亲人或朋友所经历的危机。无论是只有一个受害者的危机，还是导致多达 492 人丧生的椰林俱乐部大火事件，对于受害者而言，它们带来的痛苦同样沉重。

我们再举一个国家危机的例子做比较。20 世纪 50 年代末到 60 年代初，我旅居英国。当时，我和我的英国朋友都未全然意识到，这个国家正处在一场缓慢的危机之中。曾经的英国独领风骚，科技水平领先世界，文化历史源远流长，令国人为之自豪。彼时，英国人仍沉湎于往日的荣光——坐拥全世界规模最大的舰队、数之不尽的财富，还有辽阔的帝国版图。不幸的是，到 20 世纪 50 年代，英国经济开始走下坡路，版图范围逐渐缩减，国家实力式微，英国对自己在欧洲扮演的角色感到迷茫，并且必须面对长期存在的阶层差异和骤然袭来的移民浪潮。1956—1961 年，这一昔日巨人迎来了紧要关头：它解散了余下的舰队，经历了首次种族暴乱，其在非洲的殖民地陆续独立，苏伊士运河危机更是揭露了一个屈辱的事实——英国已不再是那个可以为所欲为的世界强权了。我的英国朋友很努力地去理解这些事件，并试图把它们解释给我这个外国人听。英国民众和政治家关于自己国家身份和角色的讨论在种种冲击中愈演愈烈。

60年之后的今天，英国成为新我和旧我共存的“马赛克式”国家，它褪下了往日帝国的华服，换上了多元社会的新衣。英国通过高水平的福利制度和高质量的公立教育体系来缩小不同社会阶层间的差异，但它曾享誉世界的海军力量和经济实力再未能恢复如初，在处理与欧洲其他地区的关系方面（“脱欧”事件）留下了不好的名声。不过，英国始终是世界上最富裕的6个国家之一，仍然在象征性的君主制下实行议会民主制度，并且在科技领域名列世界前茅，还继续使用英镑而不是欧元作为国家货币。

这两个故事呈现了本书的主题。个人、团队、企业、国家，乃至世界都有面临危机和压力的时候。危机可能来自外部压力，比如个人遭遇离婚、丧偶，或者是一国受到他国的威胁或攻击。危机也可能来自内部压力，比如个人身体不适，或国家内部出现纷争战乱。无论是应对来自外部还是内部的压力，都需要选择性地做出改变，对国家和个人来说都是如此。

这里的关键词是“选择性”。个人或国家不可能完全改变和抛弃过往的一切，这也不是他们所希望的。真正的挑战在于，在危机中的个人或国家需要取舍，分清哪些部分运作良好，不需要改变，哪些部分不再可行，需要改变。在压力之下，个人或国家必须直面自身的能力和价值。一方面，他们必须判断出自身的哪些方面在面对新局面时仍然适用，从而将其保留。另一方面，他们也需要鼓足勇气识别那些必须改变的方面。这就要求个人或国家找到符合自身能力和自身条件的应对危机的新方法。与此同时，他们要划清界限，明确那些对其身份认同至关重要、绝不可以改变的元素。

以上就是个人危机和国家危机的相似之处，但我们也要意识到两者之间的重大差别。

什么是危机

我们应该如何定义一场“危机”？简单来说，英文中的“crisis”（危机）一词来自希腊语中的名词“krisis”和动词“krino”，它们有以下几种解释：“使分开”“做决定”“加以区分”“转折点”。因此，我们可以把危机看成一个紧要关头、一个转折点。和“大多数”其他“时刻”相比，这一“时刻”前后的情况会“极其”不同。我之所以要强调“大多数”“时刻”“极其”这几个词，是因为有一个现实问题——要决定这一时刻应当有多么短暂、前后情况的变化应当有多么剧烈，以及和大部分其他时刻相比，这一时刻应当有多么罕见才能被视为“危机”，而不仅仅是另一个小事件或循序渐进的自然演化过程。

转折点意味着挑战。当以往的处理方法不再适用于应对新挑战时，危机感会使我们产生压力，这种压力激励我们去寻找新的解决方法。如果个人或国家找到了新的、更好的应对方法，我们就可以说这场危机被成功地化解了。不过，在本书第一章中，我们将会看到，其实成功化解危机和未能成功化解危机之间的界限并不明显：成功可能仅仅是局部的或一时的，相同的问题可能会卷土重来。（例如，在1973年，英国通过加入欧盟的前身欧洲共同体来“解决”它在国际上的角色定位危机，但在2017年，出于同样的目的，英国又以公投的方式离开欧盟。）

现在，我们来说一说实际问题：一个转折点要多短暂、多关键、多罕见，才能被称为“危机”？在人的一生中，或在上千年的区域历史长河中，有多少时刻应当被贴上“危机”的标签？这些问题有不止一种答案，不同的答案为不同的目的服务。

其中一种极端的解释把“危机”一词界定为长间隔、极罕见的剧变：人的一生仅会发生几次，国家更是几百年才一见。举个例子，根据这一定义，在一位古罗马的历史学家看来，在大约公元前509年罗马共和国建立之后，古罗马所经历的能被称得上“危机”的只有三次事件：首先是头两次布匿战争[①]（公元前264—前241年及公元前218—前201年），其次是古罗马从共和国时期进入帝国时期（约公元前23年），最后是日耳曼人入侵导致西罗马帝国的覆亡（约476年）。当然，这位历史学家并不会就此认为其他发生在公元前509—公元476年的事情都微不足道，他只是把“危机”一词留给了最非同寻常的三件事。

另一种极端的解释可见于我在加利福尼亚大学洛杉矶分校的同事戴维·里格比与他的助手皮埃尔－亚历山大·巴兰、让·博西玛曾共同发表的关于美国城市“技术危机”的出色研究报告。

① 古罗马和古迦太基之间为争夺地中海沿岸霸权发生了三次战争，最终结果是迦太基被灭，古罗马取得了地中海西部的霸权。——译者注

他们把“技术危机”定义为专利应用持续减少的时期，其中“持续”一词被量化。根据这些定义，三位学者发现，美国的城市平均每 12 年会经历一场平均持续 4 年的技术危机，一个中等的美国城市每 10 年当中有 3 年处于这样的技术危机阶段。戴维等三人发现，这有助于理解一个与实际利益紧密相关的问题：为什么有些美国城市能够避免上述定义中所描述的技术危机，有些城市却不能？不过，那位古罗马的历史学家可能会认为戴维等人的研究对象不过是一些暂时存在的小事，而戴维等人则会反对古罗马历史学家对长达 985 年的古罗马历史谱系中的其他事件视而不见的行为。

我的观点是：“危机”的定义可以随着不同的发生频率、不同的持续时间以及不同的影响范围而变化。我们无论是研究罕见的大型危机，还是分析频繁的小型危机，都能从中得到有用的信息。在这本书中，我采纳了从几十年到上百年的时间范畴。在我的有生之年，我在书中所论述的国家都经历过“重大危机”。这并不意味着这些国家没有经历过更频繁出现的小转折。

无论是个人危机还是国家危机，我们通常只关注单个的紧要关头，比如妻子向丈夫提出离婚的那一刻，或者是（智利历史上的）1973 年 9 月 11 日，也就是智利军方推翻民主政府，智利总统自杀的那一天。有些危机的降临确实毫无预兆。比如，发生在 2004 年 12 月 26 日的印度洋海啸，夺走了 20 万人的生命。又比如，我正值盛年的表弟在驾车过程中不幸在铁路道口与火车相撞，留下了他的妻子和 4 个孩子。不过，大部分个人危机和国家危机都是多年里渐进式变化累积的结果，就像上述的夫妻在离婚前就已长期存在婚姻问题，智利在遭遇政变前一直面临政治和经济难题。这样的“危机”是对长期累积的压力的一种突然的觉知或反应。澳大利亚前总理魏德伦就清楚地意识到这一本质（我们会在第七章谈到）。1972 年 12 月，他在短短 19 天内出台了一个包含重大变革的旋风计划，但他对此只是轻描淡写地说，这些改革只是“承认（澳大利亚）已然存在的问题”。

个人危机和国家危机

国家不是个人的放大化，二者明显在许多层面各有特点。那么，为什么要从个人危机的角度去看国家危机？这种方法有什么优点？

我在和朋友及学生讨论国家危机的时候经常谈到其中一个优点，那就是，对非历史学家来说，个人危机更贴近我们的生活，更容易被理解。所以，从个人危机的角度出发可使普通受众更容易“联想到”国家危机，从而弄清楚其中的复杂性。

另外一个优点是，在个人危机的研究方面，人们已经归纳出 12 个因素，从而可以帮助我们理解个人危机的不同处理结果。这些因素为我们提供了一个有利的起点，使我们可以据此理解国家危机的不同处理结果。我们会看到，有些个人危机的影响因素同样适用于国家危机。例如，遭遇危机的个人往往会得到朋友的帮助，陷于危难的国家也会向盟国求助。个人在寻找解决危机的方案时会参考其他人解决类似危机的经验，国家也会借鉴和采纳其他国家面对相同挑战时所采取的解决方案。个人会从过往危机的解除中获得自信，国家也一样。

以上情况下，个人危机与国家危机的影响因素存在明显的相似性。不过，我们也会看到这样一些因素，它们影响着个人危机的处理结果，却不直接作用于国家危机，不过这些因素仍然可以发挥建设性作用，启发我们寻找影响国家危机的相关因素。比如，心理治疗师发现，界定“自我力量”这一个人特质很有用。虽然国家不具备心理层面上的自我力量，但这一概念能引导我们去思索一个相关概念——对国家而言至关重要的“国家认同”。无独有偶，人们往往觉得自己在处理危机时会受到现实因素的约束，比如育儿的责任和工作的需求。当然，国家不受限于这些因素，但受限于其他一些因素，例如地缘政治或是国家财富。

这种比较还能使那些与个人危机并无相似之处的国家危机的特点表现得更为突出。这两种危机有许多不同的特点。国家拥有领导者，显然个人是没有的，因此关于领导者角色的问题通常会出现在有关国家危机的讨论中，但不会出现在有关个人危机的讨论中。有一个问题是历史学家长久以来一直争论不休的：究竟是非凡的领导者改变了历史的进程（即“伟人史观”），还是即使换成其他领导者，历史依旧会沿着相似的路径发展？（例如，要是1930 年的那场车祸当真使希特勒丧生，二战还会爆发吗？）国家拥有个人所不具备的政治和经济制度。国家危机的处理总离不开群体互动和决策，而个人通常能够自行做决定。国家危机可以通过暴力革命（例如 1973 年的智利）或和平演变（例如二战后的澳大利亚）的方式解除，而单独的个体不会进行暴力革命。

正是因为个人危机与国家危机之间存在这些明显的相似性、隐含的相近性和不同之处，我发现将两者进行对比能够帮助学生理解国家危机。

本书内容

在阅读时，读者和书评人时常会逐渐发现，某本书的内容和写作方法并非他们所预想或期待的那样。那么，本书包括了哪些内容，使用了哪些写作方法，又不包括哪些内容，没有使用哪些方法呢?

本书是针对 7 个现代国家在数十年间所经历的危机和选择性变革进行的一种比较性、叙述性、探索性研究。这 7 个国家都是我亲身所至，并且我以个人危机的选择性改变的视角来看待它们，它们是芬兰、日本、智利、印度尼西亚、德国、澳大利亚和美国。

让我们来逐个解释。

本书采用了比较研究的方法。本书不单单讨论 1 个国家，而是对 7 个国家进行比较。非虚构类作品的写作通常需要在单一案例研究和多案例比较研究之间做抉择。两种方法各有所长，也各有其短。在给定的篇幅内，单一案例研究显然可以提供关于案例的翔实细节，但比较研究能够展现多元的视角，并发现单一案例研究无法涉及的问题。

历史比较法会引发人们思考单一案例研究所没有涉及的问题：为什么某一特定事件在一个国家导致了结果 R_1，在另一个国家却导致了截然不同的结果 R_2？举个例子，我很喜欢阅读的一本有关美国内战历史的书，用了整整 6 页去描绘葛底斯堡战役爆发次日的情形，却无法解释为什么美国内战不像西班牙内战和芬兰内战那样以胜者豁免败者而告终。实施单一案例研究的作者经常批判比较研究过于简单和浅薄，而实施比较研究的作者会认为单一案例研究对重大问题探讨不足。“那些只研究一个国家的人最终一个国家都不了解。”后者的观点在这句话中展露无遗。本书做的是比较研究，当然这就意味着它包含了比较研究的优点和不足。

我意识到一个痛苦的现实：因为这本书要讲 7 个国家，所以我对每个国家的描述都必须化繁为简。当我坐在书桌旁转过头去看时，发现身后的地板上堆着一摞摞书籍和文献，每一摞都有 5 英尺[①]高，它们分别是每一章的阅读材料。对我来说，要思考如何把整整 5 英尺高的关于战后德国的材料浓缩成短短一章的内容，实在是不易，因为有那么多的内容要舍去！当然，简练也有好处：这样有助于读者比较战后德国与其他国家的重大议题，而不会被大量繁杂的细节、预期、假设和转折分散注意力，不会感到眼花缭乱。想要更深入地了解细节的读者，可以在本书最后的部分查看每一个案例研究的相关书单。

本书采用叙述性写作风格，这是历史学家传统的写作方式，最早可追溯至 2 400 多年前希罗多德和修昔底德将历史发展为一

① 1 英尺 ≈0.305 米。——编者注

门学科时。“叙述性”意味着论证过程是以散文式推理的方式来推进的，无须依靠等式、数据表格、图形或者数据显著性检验，而且研究的案例数量不多。叙述性研究与现代社会科学研究所青睐的新型定量研究方法非常不同，后者大量使用等式、明确可检验的假设、数据表格和图形，样本规模较大（即研究的案例数量较多），从而凸显数据的意义。

我很推崇现代定量研究方法的作用。我在关于73个波利尼西亚岛屿的森林砍伐状况的统计研究中采纳了定量研究方法，[①]由此得出的结论的说服力显然是针对少数岛屿的叙述性研究所不能及的。在我与别人合著的一本书[②]中，我的合著者巧妙地利用了定量研究方法去解决那些实施叙述性研究的历史学家争论不休、无法解决的问题，比如，拿破仑在战场上的征伐对欧洲随后的经济发展到底有利还是有弊。

我原打算在本书中采用现代定量研究方法。我在这上面花了几个月的工夫，却发现这个任务只能留到以后的项目中去完成了。这是因为，本书的任务是通过叙述性研究识别假设和变量，随后才能通过定量研究测试这些假设和变量。我的样本只有寥寥7个国家，不足以得出具有统计学意义的结论。要把一些叙述性的定性概念，比如“成功解决危机”和“诚实的自我评估”变得“可

① Barry Rolett and Jared Diamond. Environmental Predictors of Pre-European Deforestation on Pacific Islands. *Nature* 431: 443–446(2004).

② Jared Diamond and James Robinson, eds. *Natural Experiments of History.*(Harvard University Press, Cambridge, MA, 2010).

操作化”，也就是把这些口头概念转化为可以通过数据进行衡量的指标，还需要下很大的功夫。所以，本书仅是一个叙述性的探讨，我希望它能够引发定量的试验。

全世界有 200 多个国家和地区，我在这本书中仅仅讨论自己熟悉的 7 个国家。我曾不止一次探访这 7 个国家，在其中的 6 个国家长时间居住过，最早可追溯到 70 年前。我会讲或者曾经会讲其中 6 个国家的语言。我喜爱并欣赏所有这些国家，在过去两年内，我愉快地再次一一探访这些国家，并且认真考虑过移居到其中的两个国家。有了这些亲身经历，再加上我有老朋友生活在这些国家，我对这些国家的了解较为充分，这为我的写作打下了基础，也使我更能感同身受。我和朋友长期以来的经历，足够使我们见证这些国家的重大变化。在这 7 个国家当中，我在日本的亲身经历是相较有限的，因为我不会讲日语，我仅在 21 年前短暂地探访过这个国家。为了弥补这一点，我对日本的了解主要是基于我的日本姻亲、朋友和学生的生活经历。

当然，我根据个人经历所选取的这 7 个国家并非对世界各国进行随机抽样的结果。其中有 5 个是富裕的工业化国家，1 个是中等富裕国家，还有 1 个是贫穷的发展中国家。其中没有非洲国家，有 2 个欧洲国家、2 个亚洲国家，还有 3 个国家分别来自北美洲、南美洲和大洋洲。至于我从这些非随机样本中得出的结论有多大程度可适用于其他国家，就需要其他人去检验了。我接受这些局限。我之所以选择这 7 个国家，是因为我或多或少有在这些国家生活的亲身经历，或是有朋友在这些国家，而且我熟悉其中6个国家的语言，探讨这些国家对我而言具有莫大的优势。

全书所讲述的国家危机基本上都发生在我所身处的时代，这让我能够从自己所处的当代视角出发来写作。唯一的例外是日本，我用了两章来讨论日本发生的变化，其中一章讨论的是如今的日本，另外一章讨论的是明治时代的日本（1868—1912年）。我写明治时代的日本，是因为这一时期的日本是自觉进行选择性变革的出色案例，而且这一时期尚属近代，明治时代的记忆和问题在当代日本仍然占据重要的位置。

当然，国家危机和随之而来的变革在过去也频频发生，并且遗留下类似的问题。尽管我无法基于自身经历去叙述这些历史问题，但已有大量作品以它们为主题进行了论述。其中最常见的主题包括：4—5世纪西罗马帝国的衰落与瓦解、19世纪非洲祖鲁王国的崛起和败落、1789年法国大革命及之后法国的重建，还有1806年普鲁士在耶拿战役中的惨败，以及普鲁士随之而来的社会、政治及军事变革。在开始写这本书的几年后，我发现与我合作的美国出版社（利特尔 & 布朗出版社）早在1973年就出版了一本相似主题的书——《危机、选择和改变》[①]。该书和本书的不同之处是，前者包括几个历史案例研究，还有其他一些基本层面的区别。（该书由多名作者合著，使用了“系统功能主义”的研究框架。）

---

① Gabriel Almond, Scott Flanagan, and Robert Mundt, eds. *Crisis, Choice,and Change: Historical Studies of Political Development.* (Little, Brown, Boston, 1973).

专业的历史学家在研究中强调文献研究，也就是对保存下来的第一手文字资料进行分析。每一本新的历史著作都会挖掘那些未被使用或未被充分使用的文献资料，或者是重新解释那些已经被其他历史学家用过的文献资料，以此来证明自己的价值。不同于我罗列在最后的众多参考文献，文献研究不是我这本书的基础。实际上，我借助对个人危机的研究结果，加上明确的比较方法，再结合自己和朋友的生活经历，为本书创造了一个全新的框架。

本书脉络

这本书不同于评论时事的杂志文章合集，后者只在出版后的几周内有阅读价值，然后就会走向过时的命运。相反，这本书的定位是在数十年后仍能再版。我说这些，是希望你在发现整本书都没有谈到特朗普政府的任何具体政策、特朗普总统的领导力，或者是正在进行中的英国脱欧谈判时，不会感到惊讶。时事议题日新月异，我今天写下它们，到本书出版的时候也许早就过时了，几十年后更会变得不值一提。对特朗普总统及其政策还有英国脱欧感兴趣的读者可以在别处找到大量的资料。不过，我在第九章和第十章中会用相当的篇幅讲述美国在过去 20 年间存在的重大问题，这些问题在本届政府的管理下获得了更多关注度，并且很可能在至少未来 10 年内还会持续存在。

现在，让我来介绍本书的脉络。在第一章里，我会先对个人危机进行论述，剩下的章节则侧重于国家危机的讨论。通过亲身经历危机和目睹亲友经历的危机，我们可以看到，危机会导致各种各样的后果。其中，最好的情况是，人们成功找到全新的、更好的应对危机的方法，在经过危机的磨炼之后变得更强大。最坏的情况是，人们被危机打垮，不愿寻找应对危机的新方法，或者采纳了更糟糕的新方法。有些人甚至以自杀来结束危机。心理治疗师从中提炼出许多影响个人危机能否被成功化解的因素，我在第一章中会讨论到其中的 12 个因素。我将以这些因素为参考，探索影响国家危机处理结果的因素。

有的人可能会抱怨："12 个因素太多了，你为什么不把它们简化为几个因素呢？"我的回答是：如果你觉得人类的成果或者国家的历史可以被总结为几句简单的口号，那就太过荒谬了。要是你不幸找到一本宣称能够做到这一点的书，别读下去了，扔掉吧。反之，如果你不幸发现一本讲述影响危机应对结果的 76 个要素的书，那么也扔掉吧：理解生命中无限的复杂性，并从中找出重要项，从而建立一个有用的框架，这是作者的任务，不是读者的难题。对我来说，12 个影响因素是对这两种极端情况的折中，是可以接受的，因为它们可以详尽地解释事实，同时又不会像洗衣清单那样事无巨细，毕竟洗衣清单是用来追踪衣物的，不适合用来理解世界。

在概论性质的第一章过后会有三组内容，每组包括两章，分别讨论三种类型的国家危机。第一组内容关注的是由外部冲击引发的突发式危机（以芬兰和日本为例）。第二组内容关注的也是突发式危机——不过是由国家内部冲击引发的（以智利和印度尼西亚为例)。第三组内容讨论的是非突发性的渐进式危机(以德国和澳大利亚为例),这种危机尤其受到二战带来的压力影响。

芬兰的危机(见第二章)随着1939年11月30日苏联对该国的大举进攻而爆发。在接下来的冬季战争中,芬兰事实上被所有潜在的盟国抛弃,持续蒙受沉重的损失。但是,无论如何,芬兰在与人口是自己50倍之多的苏联的对峙中赢得了独立。20年前,我在芬兰待过一个夏天,当时我的房东中有参加过冬季战争的退役老兵,也有战后的孤儿寡母。这场战争的遗产是显而易见的选择性变革,互相对立的元素组合使芬兰成为前所未有的"马赛克式"国家:一个富裕的民主小国,其外交政策却是尽可能获取贫穷、庞大的苏联的信任。有很多不了解背后历史原因的非芬兰人批评这种政策是可耻的,谴责这种被称作"芬兰化"的政策。我在芬兰度过的那个夏天,印象最深刻的一件事就是,我无知地向一位曾参加冬季战争的退役老兵表达了类似的看法,他礼貌地向我解释了芬兰人在急需帮助的时刻被其他国家拒之门外的悲惨教训。

另一场由外部冲击引发的危机发生于日本。1853年7月8日,一队美国战舰驶入东京湾入口,要求日本签署条约,承认美国船只及海员的权利,这件事打破了日本长期以来对外部世界实行的"锁国"政策(见第三章)。此次事件的最终结果是:过往的政府体系被推翻,日本自觉发动了一场大范围的激进变革,同时保留了日本的传统特质。这些变革让今天的日本成为世界上独具特色的富裕的工业化国家。明治时代的日本从国家层面突出展现了许多影响个人危机的因素。通过对比明治时代日本的决策过程和取得的军事成就，我们能够更好地理解为什么这个国家在 20 世纪 30 年代做出了恰恰相反的决策，这些决策导致日本在二战中节节溃败。

第四章的主角是智利，它是因国家内部政治妥协失败引发危机的两个国家之一。在长期的政治僵局后，皮诺切特将军在 1973 年 9 月 11 日以军事政变的方式推翻了智利民主政府及其民选总统萨尔瓦多·阿连德的统治，在此之后，皮诺切特独掌大权近 17 年。我在这场政变发生前的几年曾在智利生活，但我当地的朋友当时无一预料到这场政变，更没有人预料到皮诺切特那史无前例的残酷统治。实际上，那时候他们还很自豪地向我解释智利不同于其他南美洲国家的悠久的民主传统。今时今日，智利再度成为南美大陆上独一无二的民主政体，但这个国家经历了选择性变革，阿连德的影响和皮诺切特的模式都成为智利的一部分。在读过本书初稿的美国朋友看来，讲智利的这章是全书内容最可怕的章节，皆因一个民主国家竟能在如此短的时间内全然转变为一个残酷的独裁政体。

同组的第五章讨论了印度尼西亚。1965 年 10 月 1 日，印度尼西亚内部政治妥协的崩溃引发了一场政变，但其结局和智利的军事政变相反：反政变势力用“大屠杀”的方式解决了那些被认定支持了政变的群体。印度尼西亚和本书讨论的其他国家存在明显的不同：它是 7 国当中最贫穷、工业化程度最低，并且最不西方化的案例；它的国家认同构建时间是最短的，仅在过去的 40 年间才开始形成（在此期间，我曾在那里工作）。

接下来的两章（第六章和第七章）探讨了德国和澳大利亚的危机，不同于上述那些平地惊雷似的突发式危机，这两国的危机都是渐进发生的。对于我这种将渐进式变化称为“危机”或“剧变”的做法，有的读者可能会有所质疑。不过，即使有人持有异议，我还是觉得把这种渐进式变化与突发式危机放在同一种框架内讨论为妙，因为两者都会引发选择性变革，而且其影响因素是相似的。除此以外，突发式危机和渐进式变化之间的界限其实并不分明：它们之间会互相转化。像智利军事政变这样的突发性转折，其背后有长达数十年紧张态势的积累，而且该国在政变发生之后又经历了数十年的渐进式变化。我把第六章和第七章讨论的危机称作“表面上”的渐进式转变，因为事实上，二战后德国所经历的危机始于一场突发式灾难：1945 年 5 月 8 日，德国在二战中宣布投降。类似地，二战期间，在不到三个月内，澳大利亚经历了三次军事惨败，为战后该国渐进式危机的发展拉开了序幕。

这一组所讨论的第一个非突发式危机案例是二战后的德国（见第六章），当时德国同时面临多种挑战：纳粹时期的遗留问题、有关社会等级结构的争论，还有民主德国和联邦德国政治分裂带来的伤痕。在我的比较框架内，二战后德国的危机处理方式具有其独特性，这体现为代际间异常暴力的冲突、强有力的地缘政治约束以及与在战争时期被德国犯下的暴行伤害的国家之间达成和解的过程。

我的另一个非突发式危机案例是澳大利亚（见第七章），这个国家的人民在55年间重塑自身对国家的认同，我正是在这个时段内探访了澳大利亚。1964年，我第一次去澳大利亚，当时它就像是英国在太平洋上的一个岗哨，以英国自居，并且实行限制或排斥非欧洲移民的“白澳政策”。但彼时的澳大利亚正面临一场身份危机，因为这种英伦白人的身份认同和这个国家的地理位置、外交政策需求、防务战略、经济发展以及人口构成越来越格格不入。而今天，澳大利亚的贸易和政治政策都以亚洲为导向，城市街道上和大学校园里随处可见亚洲面孔，在关于撤销英国女王作为澳大利亚国家元首的公投中，投反对票的澳大利亚人仅仅获得微弱优势。不过，正如明治时代的日本和芬兰的例子，这些变化都是选择性的：如今，澳大利亚仍旧是一个议会民主制国家，它的官方语言还是英语，并且大多数澳大利亚人的祖先都来自英国。

以上讨论的这些国家危机都是众所周知的，而且已经得到解决（或者至少解决方案已经在长期落实），我们可以对其结果进行评估。本书最后4章论述了正在发生的和潜在的危机，这些危机的结果是未知的。我以日本的案例（见第八章）作为这一部分的开头，日本也是第三章的主题。如今的日本面临着数不清的根本性问题，其中一些问题是日本国民和政府大都承认的，但还有很多问题并未被他们认识到，甚至他们对其普遍持否认态度。此刻，日本还没有找到解决这些问题的方法，日本的未来走向真真切切地掌握在自己的国民手中。明治时代的日本鼓起勇气成功应对危机的记忆能否帮助现代的日本再次成就自己？

随后的两章（第九章和第十章）关注的是我自己的国家——美国。我将指出在未来10年间有可能对美国的民主和实力造成破坏的4种渐进式危机，正如已经发生在智利的那样。当然，这并不是我的发现：许多美国人都在公开讨论这4种危机。今天，危机感正在美国社会中不断蔓延。在我看来，这些问题目前都没有朝着解决的方向走，反而越走越偏。不过，就像明治时代的日本，美国也有克服危机的经历，特别是那场漫长而撕裂的内战，以及突然从政治孤立状态中走出来参加二战的经历。这些经历能帮美国成功化解危机吗？

最后一章（第十一章）的关注点转向全球。诚然，我们可以就全球面临的问题列一张无限长的清单，但我在这里主要强调4个问题，这4个问题已然存在了一段时间，而且如果继续存在，将会在接下来的几十年内对全球人民的生活水平产生消极的影响。美国和日本这些国家都拥有国家认同、公民自治以及群体协作的悠久历史，而世界作为一个整体则没有这样的历史。少了这样的历史记忆作为引导，在首次面临可能对全球产生致命影响的问题时，我们能够成功解决吗？

本书的后记部分以前文提及的12个影响因素来检验书中7个国家和全球的危机。我提出了一个疑问：是否只有危机才能激发国家做出重大变革？椰林俱乐部大火的冲击带来了短期心理疗法的变革，国家能不能在不经历这般灾难的情况下做出自我变革的决定呢？我还探讨了领导者在历史上能否产生决定性影响，提出了进一步研究的一些方向，还指出了人们通过审视历史能得到的不同的实际教训。如果人们，或者仅仅是那些领导者愿意反思过往的危机，那么了解过去将能帮助我们应对眼前和未来的危机。

第一部分

个人

第一章

个人危机

一场个人危机

21 岁那年，我经历了个人职业生涯中最严重的一场危机。我在波士顿长大，是家中的长子。我的父母都受过高等教育，父亲是哈佛大学教授，母亲是语言学家、钢琴家和教师，是他们的鼓励让我对求知充满热情。从一所很好的中学（罗克斯伯里拉丁学校）毕业后，我进入了一所很棒的大学（哈佛大学）。我在学校里如鱼得水，每门课都成绩优异，本科期间就已完成了两项实验研究项目并发表了相关成果，以班级第一的成绩拿到学位。受到投身于医学的父亲影响，再加上愉快顺利的本科阶段研究经历，我决定攻读生理学实验科学方向的博士。1958 年 9 月，我进入当时生理学专业排名数一数二的英国剑桥大学攻读硕士学位。到剑桥大学读书对我来说还有其他的吸引力，包括第一次远离家乡，可以去欧洲旅行，还有说外语的机会，那个时候我已从书上习得 6 门外语。

很快我就发现，比起罗克斯伯里拉丁学校和哈佛大学的课程，甚至是我在本科时期的研究经历，英国的研究生学业要难得多。我在剑桥大学的博士生导师是一位出色的生理学家，他正准备研究电鳗中电流的产生，我们共用实验室及办公室。导师让我测量带电粒子（钠离子和钾离子）在电鳗的发电细胞膜之间的跨膜移动，我需要先设计实验所需的设备。可我向来笨手笨脚，就连制作简易无线电这种高中生的作业，我都无法独立完成。我根本不知道如何设计一个研究电鳗细胞膜的反应室，更不用说和电力相关的复杂设计了。

为了使我能到剑桥大学读书，我在哈佛大学的研究导师在推荐信中给予我极高的评价。但此刻，我和导师都意识到，我要让他失望了。我在研究上帮不上导师的忙，他把我转到了一个独立的实验室，让我自己想一个研究项目。

我努力寻找一个适合自己这种技术菜鸟的项目，最终锁定了胆囊对钠和水的输送作用的研究。胆囊是一种简单的囊状器官。这一项目对技术的要求很初级：我只要每隔 10 分钟把充满液体的鱼胆囊悬挂在一个精确的天平上，称量胆囊中水的重量就可以了。我肯定能做到的！胆囊本身意义不大，但它是上皮组织的一部分，这种组织还包括更为重要的器官，例如肾脏和肠道。到 1959 年，研究表明，包括胆囊在内，传送离子和水的所有已知的上皮组织都会在传送带电离子的过程中产生电压。但是，无论我怎么试着去测量胆囊中的电压，得到的读数都是 0。那个时候，毫无疑问的是，要么是我连探测胆囊电压（如果有的话）所需的最基本的技术都不具备，要么是我在实验过程中不知不觉地破坏了上皮组织，使其无法正常发挥作用。无论是哪种原因，我再次尝到了作为一个失败的实验生理学研究者的苦涩滋味。

1959年6月，参加了剑桥大学举办的第一届国际生物物理学会会议后，我的失落感更强了。来自世界各地的数百名科学家汇聚一堂，展示自己的研究成果，可我没有什么可以展示的，我感到很羞耻。我曾经是班里的佼佼者，现在却是个无名小卒。

我开始对自己所追求的科研生涯产生思想层面上的怀疑。我反复阅读梭罗的名著《瓦尔登湖》。这本书似乎向我传达了一种信号：我对科学的追寻只不过是为了满足自己的虚荣心，为了得到其他科学家的认可。（没错，对大部分科学家来说，这的确是一个很大的动机！）我因此产生了动摇。梭罗的观点很有说服力，他认为这样的动机尽是虚空。《瓦尔登湖》传达的主旨是：我应当找到自己这一生中真切的追求，而不应为虚名所累。这加深了我对自己是否要在剑桥大学继续从事科研的疑虑。不过，离做决定的日子越来越近了：暑假过后，我的研究生第二学年就要开始了，如果选择继续科研道路，我就得重新注册。

6月末，我去芬兰度假。这一个月的经历既精彩又深刻，我在下一章会详细讲述。第一次到芬兰，我没有借助书本，仅仅通过倾听周围的人说话并与他们交流，就学会了高深又美丽的芬兰语。我喜欢这门语言。学芬兰语对我来说有多满足，多有成就感，做生理学研究对我来说就有多挫败。

在芬兰的最后几天，我正式考虑放弃我的科研生涯，确切地说是彻底放弃学术之路。我对语言的热爱和在语言学习方面的天赋使我想去瑞士，在联合国当一名同声传译译员。这意味着我要彻底与科研生涯、创新性思维告别，要与我曾幻想过的、如同父亲那般的学术声誉告别。做译员的收入不高，但至少我会在做一件自己喜欢并擅长的事情——当时我就是这么想的。

这场个人危机在我从芬兰返程时达到高潮，那时我和父母（我们已有一年未见）相约在巴黎共度一周，我向他们坦白了自己在科研道路上的困惑和思想方面的疑虑，还有想成为一名译员的想法。我想，目睹我的迷茫和惨况，他们一定很痛苦。幸运的是，他们用心聆听了我的困惑和疑虑，但并没有贸然替我决定接下来该如何做。

我的这场危机在一个早上得到了解决。当时，我和父母坐在巴黎公园的一张长椅上，再一次直面我应该放弃还是坚持从事科研的问题。最终，父亲没有对我施压，而是温和地给了我一个建议。他认为，我确实对自己的科研生涯产生了困惑，但这不过是我研究生学习的第一年，我对胆囊的研究也才进行了几个月，现在就放弃原本计划好的事业未免有些为时过早，不如再给自己一次机会，回到剑桥大学，再花半年时间去尝试解决胆囊研究的问题。如果还是不成功，我可以在 1960 年春放弃科研这条路。此刻，我无须做出一个无法回头的重大选择。

父亲的建议对我来说，仿佛绝渡逢舟。我有了一个不错的理由来推迟做出这个重大的决定（再试半年），这没有什么不好意思的。推迟做决定不会把我禁锢在科研道路上，半年后我依然能选择做一名同声传译译员。

尘埃落定。回到剑桥大学后，我开始了第二学年的学习，继续做我的胆囊研究。我终生感激生理学系的两位年轻的教职人员，在他们的帮助下，我解决了实验中的技术问题。其中一位确认了我测量胆囊电压的方法并无缺陷。在适当条件下，胆囊的确会产生可以测量的电压，也就是所谓的“扩散电位”和“流动电位”。但是，由于胆囊在传送水和离子时正负离子相当（这在当时已知的上皮组织传送过程中是独一无二的），造成净电荷为 0，因此未能产生传送电压。

我的研究结果逐渐引起其他生理学家的兴趣，也让我自已感到兴奋。随着胆囊实验的成功，关于想要得到其他科学家认可的思想上的疑虑也烟消云散。我在剑桥大学待了 4 年，完成了博士学位。之后我回到美国，在生理学领域获得了很好的教职（开始是在哈佛大学，后来去了加利福尼亚大学洛杉矶分校），一边做研究，一边教书，成为非常成功的生理学家。

以上便是我的首次重大职业生涯危机，这是个人危机当中常见的一种类型。当然，这不是我人生中的最后一次危机。后来，我大约在 1980 年和 2000 年分别经历了两次相对缓和的职业生涯危机，涉及我研究方向的转变。随后，我又经历了一场严重的个人危机——第一段婚姻在持续了 7 年半之后告终。第一次职业生涯危机的特点在于，那是我所独有的经历：我怀疑，在人类历史上，大概没有其他人会经历这样一场在胆囊生理学研究和同声传译之间做抉择的危机。不过，我们也会看到，我在 1959 年所遇到的问题总体而言就是一场典型的个人危机。

有迹可循

本书所有的读者几乎都曾经历或是将会经历与我在 1959 年相似的个人危机。当身处其中时，你没法停下来思考“危机”的学术定义，但你明确地知道自己身处危机当中。当危机过去，你终于有时间回顾时，你可能会把它定义为这样一种情况：你发现以平日应对问题的方法难以克服此时面临的重大挑战，因而你试图找到新的应对方法。像我一样，你会对自己的身份、价值观和世界观产生怀疑。

毋庸置疑，个人危机产生的形式、缘由以及发展轨迹是多种多样的。有些个人危机始于一个出其不意的冲击，比如深爱的人突然离世，在未被提前告知的情况下突然被解雇，遭遇严重的事故或自然灾害。这些冲击带来的损失之所以会引发危机，不仅仅是因为损失本身的实际影响（例如失去配偶），还因为它所带来的情感上的痛苦，以及人们对世界的公平正义信念受到冲击。对椰林俱乐部大火中遇难者的亲属和好友来说，正是如此。还有一些个人危机是因为问题逐渐累积，直至最终爆发，比如一段婚姻关系瓦解，自身或亲友患上严重的慢性病，还有那些与金钱或职业相关的问题。当然，还有一些是发展式危机，它们通常会出现在人生命中主要的过渡时段，比如青春期、中年、退休以及晚年。举个例子，身陷中年危机的人会觉得人生的黄金时期已然过去，只能试图从余生中寻找满足感。

上述是个人危机的不同形式。引发个人危机的最常见的原因是人际关系出现问题，例如亲密关系分崩离析，与伴侣之间因为存在很深的矛盾而开始思考是否应该维持这段关系。婚姻关系的破裂往往让人扪心自问：我做错了什么？他 / 她为什么会离开我？我怎么就做了这么糟糕的选择？下一次我应该在哪些方面做出改变？我还会有下一次吗？如果我和最亲密的人或自己所选择的人都处理不好关系，我还有什么事情能做好？

除人际关系问题之外，另外一种常见的引发个人危机的原因是珍爱之人生病、去世，或个人健康、职业、财务安全状况发生变动。还有一些个人危机与宗教有关：一生虔诚的信徒可能会对自己的信仰产生怀疑，相反地，无神论者可能会发现自己被某种宗教吸引。然而，这种种不同的危机有一个共同之处：不管引发危机的原因是什么，我们当前应对生活的方法已经不管用了，必须找到新的方法。

和许多人一样，我对个人危机的研究兴趣最初来自发生在我和我的亲友身上的危机。就我个人而言，我的妻子玛丽的职业进一步加深了我的这一兴趣。她是一名临床心理师。我们结婚的头一年，玛丽在一家社区心理健康中心实习，这里有一个为陷入危机的当事人提供短期心理治疗的诊所。当面临无法自行解决的巨大挑战时，因不堪重负而身陷危机状态的当事人会登门拜访，或打电话给诊所寻求帮助。每当诊所的门被打开，新的当事人走进来，或者是前台的电话响起，当事人开始说话的时候，心理治疗师并不能预先得知这个人所面临的具体的问题。但他们知道，如同之前接待的其他当事人，这名当事人也正处于一种严峻的个人危机状态，原因是他意识到自己既有的应对生活的方法不再有效。

心理健康中心提供的危机治疗方案可能会产生各种各样的结果。最不幸的情况是，一些当事人自杀或自杀未遂。还有一些当事人因找不到适合自己的新的应对方法而重蹈覆辙，最终可能会被自己的悲痛、愤怒或挫败击垮。最好的情况是，当事人找到了全新的、更好的应对方法，在经历危机的洗礼之后变得更为强大。中文中的"危机"一词恰如其分地反映了这一结果。"危机"一词中，"危"的意思是"危险"，"机"的意思是"至关重要的时刻""关键点""机会"。德国哲学家尼采的名言当中有类似的表达："凡杀不死我的必会使我更强大。"无独有偶，丘吉尔也说过："永远不要浪费一次好的危机！"

那些旨在帮助人们度过严峻的个人危机的治疗师观察到一个较为普遍的现象：危机发生后的 6 周时间是关键过渡期。在这个短暂的过渡期内，我们会反思自己的固有信念，比起此前漫长的相对稳定阶段，我们更能接受个人变化。尽管我们可能会在很长一段时期处于悲伤、痛苦、失业或者愤怒的状态，但我们必须要在这 6 周内找到一些应对危机的方法。在这 6 周内，我们要么开始探索一条新的应对路径（这条路径最后可能会成功，也可能会失败），要么死守早已不通的旧路。

当然，这些对个人危机的观察不代表我们的生活遵循一种过度简化的模式：（1）受到冲击，开始 6 周倒计时；（2）承认既有应对方法的失败；（3）探索新的应对方法；（4）6 周时间一到，要么放弃失败的尝试，重回旧路，要么成功解除危机，从此过上幸福快乐的生活。现实不是这样的，生活中的许多转变是渐次展开的，而非突发性的。许多迫在眉睫或日趋严重的问题在变成危机压垮我们之前就被成功地识别并解决掉了。甚至有些突发式危机会有漫长的恢复期。一个典型的例子是中年危机，尽管身陷中年危机的人起初对生活的不满是突发式的，并且会很急切地寻求解决方案，但实际上要解决这样的危机得花上许多年。况且，危机的解除也不是一劳永逸的。例如，因不想离婚而努力解决分歧的夫妻可能在未来再次面临相同或相近的问题。有的人可能在解除了一种危机后，又遇到了新的问题、新的危机，我就是这样。不过，这些事情都改变不了一个事实：我们当中的许多人应对危机的进程确实正如我在上文中所描述的那样。

应对个人危机

治疗师是如何帮助身陷危机的人的呢？传统的长期心理治疗法通常通过了解当事人儿童时期的经历找寻问题根源，但这不适用于危机治疗，因为这太慢了。危机治疗主要关注当下的危机本身。椰林俱乐部大火后，精神科医师埃里克·林德曼率先使用了这种治疗手段。当时，波士顿各大医院的医疗人员要打一场医学上的硬仗——拯救被严重烧伤，甚至命悬一线的患者。同时，他们还要应对心理学领域的挑战：如何安抚众多遇难者的亲友和幸存者，此时这些人正在被悲痛或愧疚吞噬。这些濒临崩溃的人问自己：为什么上天会允许这场灾祸发生，为什么至亲至爱的人被烧死、踩死或者窒息而亡，自己却苟延残喘。有一名在大火中失去了新婚妻子的丈夫，因为自己把妻子带去椰林俱乐部而自责，在内疚中跳窗殉情了。当外科医生竭尽全力去挽救在火灾中受伤的病患时，心理治疗师能为在这场大火中遭受心灵创伤的人做些什么呢？这正是椰林俱乐部大火给心理治疗领域带来的一场危机，也正是这场大火催生了危机治疗法。

面对如此多的心理受创者，林德曼医生创建了一种如今被称为“危机治疗”的方法，这种治疗方法很快在椰林俱乐部的灾后处理中被沿用，甚至延伸应用于处理其他类型的危机。自 1942 年起的数十年间，心理治疗师不断地摸索、研究危机治疗的方法，危机治疗已成为许多心理诊所提供的治疗项目和培训课程，我的妻子玛丽实习的诊所也在其中。危机治疗最基本的特点是，它是一种短期的治疗，以每周一次的频率持续大约 6 周，正好涵盖了一场危机通常最为严重的阶段。

通常，当一个人刚陷入危机时，他会觉得自己生活的任何一个方面都不对劲，这种感觉会把人击溃。一直陷在这种无力的状态中，人当然没办法通过行动来改变困境。因此，在首次治疗中，治疗师最迫切的目标，就是使当事人通过“划清界限”克服这种无力的状态，这也是一个人在意识到自己身陷危机后，自行应对危机或在朋友的帮助下应对危机的第一步。“划清界限”的意思是，辨别一场危机当中那些确实已经出现问题的方面。这样，你就可以说：“这些是我目前生活中所存在的问题，不过，除此之外的部分都是正常的。”身处危机的人在走出这一步之后常常会松一口气。这时，治疗师就可以和他的当事人就这些特定问题探讨应对之策了。相比最初不切实际地想要全然改变，并因此陷入无力的状态，此时当事人开始进入选择性改变的过程，这才是可行的。

在第一次治疗时，除了找到问题、划清界限，治疗师还关注一个问题："为什么是现在？"具体而言就是："为什么你选择现在来到危机治疗中心寻求帮助？为什么你现在产生了这种危机感，而早些时候没有这种感觉呢？"在那些由单个的、意料之外的冲击引发的危机案例中，这个问题的答案不言自明，显然冲击本身就是答案。但在那些爆发之前经历了缓慢的累积过程的危机案例中，或者是与漫长的人生阶段（如青少年或中年时期）有关的发展式危机中，答案并没有那么明了。

一个典型的案例是：一个来危机治疗中心的女人说她的丈夫有了外遇。但实际上，她不是第一天知道这件事。那么，她为什么一年前不来，一个月前不来，偏偏决定今天来求助呢？促成她这个举动的也许是简单的一句话，也许是某个细节触碰了她的忍耐极限，也许是一件看上去微不足道的事勾起了她很重要的回忆。通常情况下，寻求帮助的当事人甚至自己都没有意识到"为什么是现在"。但是，当答案浮出水面时，对当事人或者治疗师，又或者是同时对双方了解危机都有所帮助。在我的那场持续了一年半的职业生涯危机当中，1959 年 8 月的第一周之所以会成为那个"现在"时刻，就是因为我要与父母见面，我必须告诉他们我是否要在接下来的一周回到剑桥大学的生理学实验室进行第二年的研究。

当然，短期危机治疗并非处理个人危机的唯一方法。我在这里讨论它，不是因为这个持续 6 周的短期危机治疗与国家危机的应对有什么相似之处。后者可不是靠短期内的 6 场全国性讨论就可以完成的。我之所以关注短期危机治疗，是因为从事该行业的治疗师积累了大量的临床实践经验，并且共享观察所得，他们彼此花大量的时间就影响个人危机结果的因素进行研讨，并发表文章与专著。玛丽在危机治疗中心实习的那年，我几乎每周都从她那里了解到许多关于这方面的讨论。我发现，了解这些讨论对找出影响国家危机结果的因素很有帮助。

影响危机结果的因素

危机治疗师发现了至少 12 个影响个人能否成功应对危机的因素（见表 1.1）。让我们一一查看这些因素，前面的三四个因素是在治疗之前或治疗开始的时候就不可避免会碰到的。

表 1.1 影响个人危机结果的因素

1. 直面身处危机的现实
2. 主动承担责任
3. 划清界限，明确问题
4. 向外界寻求物质及情感支持
5. 借鉴他人应对危机的方法
6. 自我力量
7. 诚实的自我评估

（续表）

8. 应对过往个人危机的经验
9. 耐心
10. 灵活的个性
11. 个人核心价值观
12. 不受约束

1. 直面身处危机的现实。这是开展危机治疗的前提。如果缺乏对危机的认识，人们压根儿就不会出现在危机治疗中心，也不会想着自己着手解决所面临的危机。只有在人们承认“我的确身处危机”（这也许要花上很长的时间）之后，才有可能在解决问题方面取得进展。我在 1959 年遭遇职业生涯危机便是因为在连续多年学业有成后碰到挫折，我体会到自己作为实验科学研究者的挫败感。

2. 主动承担责任。然而，仅仅承认自己身处危机是不够的。承认自己身处危机后，人们的下一句往往就是：“但我之所以会身处危机都怪别人，是其他人或外在因素导致我的生活如此悲惨。”这样的自我怜悯，以及受害者心态，是人们逃避个人危机时最常用的借口。因此，在承认自己身处危机之后，人们解决危机的第二道障碍，便是主动承担责任。“没错，确实存在外在因素和其他人的影响，但他们都不是我。我无法改变其他人，我能全然控制的只有我自己的行为。如果我希望那些外在因素和其他人发生改变，我就得承担责任，有所作为，先改变我自己的所作所为。如果我都不采取行动的话，别人更不会主动地去改变什么。”

3. 划清界限。当一个人认识到自己身处危机，主动承担解决危机的责任，并出现在危机治疗中心时，他第一次治疗的重点就是“划清界限”，也就是发现并界定亟待解决的问题。如果身处危机的人不能够做到这一点，他会觉得自己一无是处，束手无策。所以，一个关键的问题是：身处危机者要审视自我，哪些方面正常运转，不需要改变，哪些方面应当抛弃或改变。我们之后将会看到，做出选择性改变也是身处危机的国家进行重新评估的关键。

4. 向外界寻求物质及情感支持。我们当中大多数成功度过危机的人都会意识到物质支持和情感支持的珍贵，这些支持来自我们的朋友，以及一些互助群体，比如癌症病人互助会、戒酒互助会和戒毒互助会。常见的物质支持包括：为那些刚刚走出婚姻、从家里搬出来的人提供暂时的容身之所；为那些身处危机、暂时陷入无力状态的人提供细思明辨的建议；在获取信息、寻找新工作或新伴侣，以及重新安排托儿事项等方面提供实际帮助。情感支持则包括：做一名好的聆听者，帮助身处危机的人从千头万绪中厘清问题，帮助其重拾暂时失去的希望和自信心。

对前往危机治疗中心的当事人来说，向外界寻求支持是解决危机的过程中无法避免的首要问题之一：正是因为意识到自己需要帮助，当事人才会来到治疗中心。对那些陷入危机但并未选择走进危机治疗中心的人来说，他们的求助也许来得更早，也许来得更迟，也许根本不会发生：有些人试图在完全不寻求帮助的情况下解决危机，这使情况变得很棘手。我来举一个未走进危机治疗中心，而是寻求其他形式的帮助的例子。当我的第一任妻子告诉我她想要和我离婚的时候，我震惊不已，在接下来的几天里，我给最好的4个朋友打了电话，向他们倾诉心事。他们都理解我的情况，并且感同身受，因为其中3个朋友离过婚，剩下的1个则克服了重重困难才保住自己的婚姻。尽管向朋友寻求帮助的举动最终没能让我挽回这段婚姻，但这确实成为我重新检视两性关系的漫长过程的第一步，并且让我最终获得了幸福的第二段婚姻。和好朋友的交谈让我觉得，不是只有我会遭遇婚姻的失败，而且就像他们一样，我也有再次获得幸福的可能。

5. 借鉴他人应对危机的方法。除了向他人寻求援手之外，我们还可以借鉴他人在应对危机时采用的方法。我们当中大多数经历过危机的人都会发现，如果我们认识经历过相似危机的人，并且可以借鉴他们成功处理危机的方法，那对我们而言将有莫大的助益。这些可借鉴的人最好是我们的朋友或者其他我们能够与之交流的人，这样我们就能从他们身上直接学到处理相似危机的办法。但这些对象也可能是我们不认识的人，我们可以从书中或从别人口中得知他们的人生轨迹和应对危机的方法。比如，很少有读者有机会认识尼尔森·曼德拉、埃莉诺·罗斯福或者温斯顿·丘吉尔本人，但他们的传记或自传依然能起到鼓舞人心、启发灵感的作用，很多人把他们看作解决个人危机的榜样。

6. 自我力量。有一个对解决危机很重要且因人而异的要素，被心理学家称为“自我力量”。自我力量包含自信，却又比自信的范围要广得多。自我力量意味着人作为一个独立、自信的个体，无须寻求他人的认可，也不依赖他人而存活，拥有对自我和目标的认知，并且接受真实的自己。自我力量包括能够面对强烈的情感，在压力下保持镇定，自由表达自己的观点，准确认识现实，以及做出稳妥决定的能力。这些相关的品质对于人们探索新的解决方法，克服通常在危机中产生的无力感和恐惧是至关重要的。自我力量从人的童年时期开始产生，尤其受到父母的影响。对孩子本身的接受度高，不把自己的愿望强加在孩子身上，不强求孩子早熟，也不要求他们一直扮演自己怀中的稚儿，帮助孩子学会如何应对挫折，对待孩子并非有求必应，但也不是所有的要求都不满足，这样的父母会使孩子具有更强大的自我力量，从而使其更好地应对危机。

7. 诚实的自我评估。这一项因素同自我力量相关，但二者存在差别。对身处危机的人而言，进行诚实的自我评估（尽管这一过程难免会伴随着痛苦），弄清自己的长处和短处，区分应该继续保持的方面和应该做出改变的方面，是做出妥善抉择的基础。只有做出诚实的自我评估，人们才可以选择性地做出改变，发扬长处，改进短处。也许你会觉得，在解决危机的过程中，诚实的重要性不言而喻，无须专门强调。但实际上，人们总会出于各种各样的原因欺骗自己。

1959 年时，我面临职业生涯危机的关键问题之一就是未能做出诚实的自我评估。我高估了自己在某一方面的能力，而低估了自己在另一方面的能力。我对语言的热爱让我自以为是地认为，我具备成为一名同声传译译员的必备能力。但后来我逐渐意识到，单凭对语言的热爱并不足以使我成为一名成功的译员。我在美国长大，学习第一门外语的时候已经 11 岁了。直到 23 岁时，我才在非英语国家居住过，才能以一口流利的外语（德语）进行交流。由于上学后我开始学外语的时间较晚，直到今天，我在讲外语（即使是掌握得最好的一门外语）时，美国口音都非常明显。在快要 80 岁的时候，我才能做到在除英语之外的两种语言之间切换自如。但是，做同声传译的话，我就要和在瑞士的同行竞争，他们早在 8 岁的时候就能够做到在几门语言之间随意切换，且语速流畅，发音优美。我不得不承认：我要是认为自己能跟在瑞士的那些会说多种语言的译员一决高下，那就真是自欺欺人了。

另一方面，我低估了自己在科研方面的能力。我太草率了，只因自己未能成功解决一个技术上有挑战性的问题，即测量电鳗细胞膜之间的离子流，就认为自己在科研上能力不足。其实，我还能够通过给胆囊称重完美地测量胆囊中的水分传送。直到今天，60 年过去了，我依然只会使用最简单的技术做科研。我学会了识别那些以简单的技术即可击破的重要科学问题。我还是不会用我家里那个有 47 个按键的遥控器打开电视；我最近开始用苹果手机，但只会用那些最简单的功能；任何需要用到电脑的问题，我都得全然依仗我的妻子和秘书。每当我想开展一项需要复杂技术的研究项目，例如上皮细胞电流扩散的电缆分析、细胞膜离子通道的噪声分析、成对鸟种的地理分布的数据分析，我都很幸运地找到了精通这些复杂的分析技术的同事，他们也很乐意与我合作。

所以说，我最终学会了如何诚实地对自己进行评估，知道了哪些事情是自己力所能及的，哪些是自己不擅长的。

8. 应对过往个人危机的经验。如果你以前曾成功地应对过几次不同类型的危机，那么你对解决新的危机会更有把握。相反地，如果你过去应对危机时没有成功，那种无助感会一直萦绕左右，暗示你这次无论如何都不会成功度过危机。过往经历的重要性解释了为什么相比年纪大一些的人，青少年和年轻人在面对危机的时候遭受的创伤通常会更严重。尽管亲密关系的破裂对每个年龄段的人来说都很令人痛心，但人们第一次经历这种事情时的确受到的打击更大。之后，当你再经历同样的事情时，无论有多痛苦，你都记得自己曾经历过类似的问题，并且最终走出了这种痛苦。我在 1959 年遭遇的危机在当时之所以对我的打击如此大，正是因为它是我人生中首次直面如此严峻的危机。相比之下，后来我在 1980 年和 2000 年经历的职业生涯危机就不那么令人痛苦了。最终，在大约 1980 年，我的研究方向还是从细胞膜生理学转向了进化生理学。2000 年之后，我的研究方向又从生理学转向了地理学。不过，这些抉择事实上并不痛苦，因为我从自己以往的经历中领悟到的是，一切都有可能变得顺利。

9. 耐心。我们要考虑的另一个因素是，要承受起初尝试改变时的不确定性、模糊性，或者是失败的能力，简单来说就是耐心。

面临危机时，人们很少一开始就能找到恰当的应对办法。相反，人们也许要尝试好多种不同的方法，检验这些方法是否能够解决危机，是否适合自己，直到最终找到最适用的解决方法。不能承受不确定性和失败的人，还有那些早早放弃寻找新的解决方法的人，没那么容易找到一个适合自己的、全新的应对危机的方法。这就是为什么我父亲在巴黎公园的长椅上给我的建议——“要不你在生理学研究院再坚持半年试试？”——对我来说，就如同绝渡逢舟。父亲让我明白耐心的重要性，我没能自己想明白这一点。

10. 灵活应变的个性。通过做出选择性改变来克服危机的一个重要原理是，灵活应变的个性远比僵化刻板的个性要占优势。“僵化刻板”意味着故步自封的单一思维，认为凡事只有一种解决方法。这样的想法无疑是探索其他的方法和破旧迎新路上的一块拦路石。僵化刻板的个性可能源于个体以往受虐或受创的经历，又或者是成长过程中不被允许大胆试验，家规太严。灵活的个性可能源于个体在成长过程中拥有自己做决定的自由。

我比较晚才学会灵活应变。那是在我 26 岁的时候，因为要观察热带雨林的鸟类，我几次前往新几内亚岛。在新几内亚岛，无论多么详尽的计划都赶不上变化。飞机故障、船只失事和道路交通事故跟吃饭、睡觉一样常见；当地民众和政府官员的行事方式与我想象中的大相径庭，而且很难合作；桥梁和轨道无法通行；山峰的位置和地图上标记的并不吻合；其他意想不到的事更是数不胜数。我几乎在每次前往新几内亚岛之前都会制订一个计划，然而，等到达新几内亚岛后，我就发现这个计划根本实施不了，于是只好随机应变，临时制订一个新的计划。当我和玛丽终于有了自己的孩子时，我发现，在新几内亚岛观鸟的经历使我做好了成为一名新手爸爸的准备，因为同样地，孩子也是说变就变，不听从指挥，为人父母确实需要练就灵活应变的本事。

11. 核心价值观。我要提到的倒数第二个因素也与自我力量有联系，它就是核心价值观，是一个人心中所持的对自己的身份认同至关重要的那些信仰，这些信仰是人们的道德准则和人生观，诸如宗教信仰和家庭责任感形成的基石。在身处危机时，你必须清楚进行选择性改变的界限：哪些核心价值观是你拒绝改变的，毫无商量的余地？换句话说，哪些方面是你“宁愿死也不愿改变的”？比如，许多人认为对家庭负责、信仰宗教和诚实是不可动摇的核心价值观。我们倾向于欣赏那些在危机面前不背弃家人、不说谎、不放弃自己的宗教信仰和不偷盗的人。

但危机会衍生出一些灰色地带，因此要重新考量先前认为不可妥协的价值观。我来举一个常见的例子，当丈夫或妻子申请离婚时，他/她就违背了对另一半的承诺。二战时，纳粹集中营里的囚犯不得不背弃“不可偷盗”的道德戒律，因为食物的配给严重不足，要是不偷食物，他们就没法活下去。许多纳粹集中营中的幸存者放弃了自己的信仰，因为他们发现，对上帝的信仰和集中营这种人间地狱是无法共存的。例如，伟大的犹太裔意大利作家普里莫·莱维在活着走出奥斯威辛集中营之后，说了这样的话：“在奥斯威辛集中营经历的劫难将我以往所受的宗教教育一扫而尽。有奥斯威辛集中营，根本就没有上帝。于我这仍是无法妥协的困境。”

正因为这样，核心价值观也许能让解决危机的过程变得更容易，也许会使其变得更艰辛。一方面，一个人的核心价值观能使他非常明确，这是力量和确定性的根源，在此基础上他可以深入思考自己身上有什么要改变。另一方面，当一个人的核心价值观在变化的环境中暴露出缺陷时，若他还要对其紧抓不放，就很可能会阻碍危机的解决。

12. 不受约束。最后一个因素是选择的自由，这种自由意味着不受现实问题和责任的约束。假如你身上背负着照顾他人（比如孩子）的沉重担子，或者不得不应付一份强度极大的工作，又或者你经常要面对实际的危险，就更难尝试新的解决危机的方法。当然，我不是说这些负担会使你无法走出危机，但它们确实会带来额外的挑战。在 1959 年，我很幸运，尽管在决定是否要继续走科研道路的问题上我确实经受了一些煎熬，但我无须与任何现实的制约因素角力。我获得了国家科学基金会的奖学金，这份奖学金能解决我接下来几年的学费和生活支出。剑桥大学生理学系没有威胁要开除我，甚至没有要求我通过任何考试。除了我自己之外，没有任何人向我施压。

国家危机

以上便是治疗师所说的，或者以书面形式呈现的影响个人危机结果的因素。当我们试图理解国家危机的结果时，表 1.1 中列出的因素能为我们提供哪些帮助呢？

一方面，毫无疑问，国家不是个人。我们将看到，国家危机会引发无数的难题——关于领导者、集体决策、国家制度以及其他的问题，这些都是个人危机中不会出现的。

另一方面，我们也很清楚，个人应对危机的机制离不开所处的国家和民族的文化，也离不开个人生长和生活所处的更小群体的文化。我们的文化背景对个人的特质，比如行为、目标、对现实的感知以及处理问题的方式有着巨大的影响。所以，我觉得，个人应对危机的方式和国家（由许多个人构成）应对危机的方式之间应该存在某些关系。这些关系包括：（个人和国家均应）主动承担行动责任，而不是把自己看作无助的受害者，向外界寻求帮助，借鉴他人或他国的经验。尽管这些规律显而易见，但令人遗憾的是，个人和国家经常会忽略或否认它们的重要性。

要考虑在具体场景中国家应对危机的方法与个人应对危机的方法之间是否相似，我们可以做一个思想实验。如果从世界各地随机挑选一些人来做比较，我们通常会发现，他们会呈现出各自不同的特质，造成他们特质不同的原因大致可分为个人、文化、地域和基因 4 个方面。例如，我们来比较以下 5 名男士在一月份的一个下午上半身的穿着：1 名来自北极圈以北的传统因纽特人、2 名洛杉矶（我所在的城市）街头的普通美国人、1 名在纽约办公室里的美国银行行长，还有 1 名生活在新几内亚岛低地的热带雨林中的传统新几内亚岛居民。由于地理环境的影响，那名因纽特人会穿着一件保暖的带帽皮制派克大衣，3 名美国人会穿着衬衫而不会穿派克大衣，而新几内亚岛上的那名男士则不会穿上衣。受文化因素的影响，那名银行行长很可能系着领带，但在洛杉矶街头的男士就不太可能系领带了。考虑到个人原因，这 2 名随机挑选的洛杉矶街头的男士可能会穿着不同颜色的衬衫。如果我们考虑的问题不是他们上身的穿着，而是他们头发的颜色，则基因也会被纳入考量。

现在，我们来比较这 5 名男士在核心价值观上的差异。虽然这 3 名美国人之间可能存在个体差异，但若与因纽特人或新几内亚岛人相比，他们较可能拥有共同的核心价值观。这种共有的价值观仅仅是同一社会成员普遍拥有的文化特征的表现之一，人们是在成长过程中逐渐习得这种文化特征的。但地理差异性只能部分解释（甚至无法解释）不同社会的成员之间存在的特质差异。如果洛杉矶街头的 2 名男士中正好有一位是美国总统，那些他从文化中习得的核心价值观（比如有关个人权利和义务的价值观），将会对美国的国家政策产生重大影响。

做这种思想实验的重点在于，我认为个人特质和国家特质之间确实存在某种关联，因为一国的文化为该国民众所共享，而且一国的决策最终取决于该国民众的观点，尤其取决于其领导者的观点，而其领导者也深受该国文化影响。在本书所讨论的国家案例之中，智利、印度尼西亚和德国的领导者的观点在这些国家发挥了重要作用。

表 1.2 中列出了本书将会讨论的影响国家危机处理结果的 12 个因素，其中大部分因素都能在表 1.1 中找到对应项。

表 1.2　影响国家危机结果的因素

1. 对国家陷入危机的举国共识
2. 主动承担责任
3. 划清界限，明确需要解决的国家问题
4. 从他国获得物质和资金方面的帮助
5. 借鉴他国应对危机的经验
6. 国家认同
7. 诚实的国家自我评估
8. 应对过往国家危机的经验
9. 应对国家失败的耐心
10. 特定情况下国家的灵活性
11. 国家核心价值观
12. 不受地缘政治约束

这 12 个因素中，有大约 7 个因素和影响个人危机结果的因素有着直接的对应关系。

因素 1：对国家陷入危机的举国共识。如同个人，国家有可能承认自己陷入危机，也有可能否认。不过，是否承认国家陷入危机需要取得某种程度上的国民共识，而是否承认个人陷入危机全凭个人决定。

因素 2：主动承担责任。国家和个人相同，要么主动承担责任，采取行动解决危机；要么推卸责任，怨天尤人，认为自己是受害者。

因素 3：划清界限。通过“划清界限”，国家对自身的体制和政策做出选择性变革，区分需要改变的与无须改变的体制和政策。类似地，个人也通过“划清界限”做出选择性改变，区分需要改变的与可以保留的个人特质。

因素4：从他国获得物质和资金方面的帮助。国家和个人都有可能得到来自他国或他人的物质及资金援助。个人还可能会得到他人情感上的支持。

因素5：借鉴他国应对危机的经验。国家可以从他国应对危机的体制和政策中吸取经验，正如个人可以借鉴他人应对危机的方法。

因素7：诚实的国家自我评估。和个人一样，国家可能会进行诚实的自我评估，也可能不会。国家是否进行诚实的自我评估需要获得某种程度上的国民共识，而个人是否进行诚实的自我评估则完全由自己决定。

因素8：应对过往国家危机的经验。国家拥有应对过往危机的经验，正如个人拥有应对过往危机的记忆。

以下两个因素与影响个人危机结果的因素之间的对应关系相对抽象一些，没有那么直接。

因素9：应对国家失败的耐心。在探索解决危机的方法时，假设第一次尝试的方法失败了，各国对失败的处理和探索其他解决方法的意愿各不相同。举个例子，面对战败的结果时，各国的表现大相径庭，比较一战和二战后的德国、二战后的日本和越南战争后的美国就知道了。个人在面临失败和初次解决危机的尝试受挫时，表现也是不同的，我们通常把这种特质归为“耐心”。

因素 12：不受地缘政治约束。各个国家的选择自由在不同程度上受到限制，原因主要来自地理环境、经济实力和军事或政治力量的差异。个人的选择自由也在不同程度上受到约束，但与国家不同的是，个人选择的自由主要受育儿责任、工作要求和个人收入等因素制约。

最后，我们看余下的三项因素，这些因素与影响个人危机结果的因素仅存在隐含的相似性。

因素 6：国家认同。心理学家详尽地定义和描述了个人特质中的“自我力量”。这种特质是个人所特有的，我们不能说国家具备自我力量。不过，国家有一种被称为“国家认同”的特质，我们将会多次对此进行讨论，国家认同对国家的影响会让我们想起自我力量对个人的作用。国家认同囊括了一国的语言、文化和历史特征，这些特征使一国在世界民族之林中保持自己的特性，是国家自豪感的源泉，也是一国民众所共享的价值观念。

因素 10：特定情况下国家的灵活性。另一项被心理学家详尽定义和描述的个人特质是一个人随机应变的灵活个性，它的对立面是个人所呈现的僵化刻板的个性。这是深入个人性格的特质，并不会因事而异。比方说，假如一个人从来都不借钱给朋友，但在处理别的事情上都比较灵活，那他就不能被贴上“僵化刻板”的性格标签。一个僵化刻板的人在大部分情况下都会严格地遵循设定好的准则去行动。我们尚不清楚是否有一些国家在大多数情况下也如此僵化刻板。举例来说，可能一开始你会倾向于给日本或德国贴上“僵化刻板”的标签，本书第三章和第六章将会分别提到这两个国家，我们将会看到，事实上，在某些时候，这两个国家在许多重要的事情上都表现出极为灵活的一面。和个人的灵活性不同的是，国家的灵活性可能因情况而异。我将在结语部分再回到这个问题。

因素 11：国家核心价值观。最后一点，个人拥有诸如诚信、抱负远大、信仰宗教和承担家庭责任等个人核心价值观。国家也拥有一些可以被称为国家核心价值观的特质，其中部分国家核心价值观和个人核心价值观重合（例如诚信和信仰宗教）。国家的核心价值观和国家认同有关，但不能等同于国家认同。比如，莎士比亚和丁尼生的语言文字均是英国国家认同的一部分，但在被称为“至暗时刻”的 1940 年 5 月，它们并不是英国拒绝与希特勒进行谈判的原因。英国的铮铮铁骨来自这样一种核心价值观：“我们绝不投降。”

正如我在序言中提及的，国家危机还会带来额外的问题，这些问题在个人危机中不会出现，即使出现，也与在国家危机中的相似度较低。这些问题包括：

- 政治和经济制度在国家层面的关键作用。
- 国家领导者在解决危机中的角色。
- 更宽泛的关于集体决策的问题。
- 国家危机是通过和平演变还是通过暴力革命走向选择性变革。
- 不同类型的国家变革是作为整体方案的一部分展开，还是在不同时间分别展开。

- 国家危机是由一国内部因素触发，还是因其他国家带来的外部冲击而导致。
- 曾经产生冲突的各方——国内各群体之间或一国与他国之间达成和解的问题（特别是在牵涉到战争或大规模屠杀的危机之后）。

为了着手探究以上这些问题，在接下来的两章我将会讲到两个国家，它们都是因突然的外来攻击或他国威胁而陷入危机。其中，芬兰的语言在我1959年经历的个人危机中扮演了重要的角色，我在本章中提到的影响国家危机结果的多个因素都会在芬兰的案例中有所体现。

第二部分

国家：已经展现的危机

第二章

芬兰与苏联之战

游历芬兰

芬兰属于斯堪的纳维亚（北欧）国家，仅有 600 万人口，西毗瑞典，东邻俄罗斯。在一战爆发前的一个世纪内，芬兰还未成为独立国家，仅仅是沙皇俄国的一个自治大公国。那时候的芬兰一贫如洗，在欧洲内部不太受到关注，在欧洲以外更是寂寂无闻。二战刚开始时，芬兰虽已独立，但尚未摆脱贫穷，依然把农业和林业生产作为自己的经济重心。今天，芬兰因科技和工业举世闻名，并且成为世界上最富裕的国家之一，其国内人均收入水平可以和德国及瑞典相提并论。这个国家的安全建立在一个明显的矛盾局面上：作为一个自由主义社会民主政体，芬兰在长达数十年间与奉行共产主义的苏联以及如今的俄罗斯保持着良好的互信关系。芬兰国家特征的这种矛盾组合构成了一个选择性变革的突出案例。

假如你是第一次去芬兰旅游，而且想要了解芬兰人和他们的历史，那么，参观希耶塔涅米公墓会是一个不错的起点。希耶塔涅米公墓是芬兰首都赫尔辛基最大的墓园。在美国，牺牲的士兵通常被埋葬在位于华盛顿郊外的阿灵顿国家公墓和其他分散的军事墓地。与之不同的是，芬兰没有这种专门为牺牲士兵修建的军事墓地。为国捐躯的芬兰士兵被从战场上带回家，安葬在自己的小镇或是教区的公墓里。希耶塔涅米公墓中的一大部分区域被用于安葬赫尔辛基的烈士。这片“荣誉之地”的下坡，就是芬兰已故总统以及其他政坛领袖的墓地，附近就是芬兰元帅卡尔·古斯塔夫·曼纳林（1867—1951 年）的纪念碑。

当你走近希耶塔涅米公墓时，你会注意到的第一件事是，自己完全看不懂路上的告示牌（见插图 2.1）。除芬兰之外，在其他欧洲国家，即使你对那儿的语言一窍不通，也能分辨出其中一些词语，因为大多数欧洲国家的语言，包括英语在内，同属印欧语系，而所有印欧语系的语言有许多相同的词根。哪怕是在立陶宛、波兰或冰岛，你也能看明白街道标语和广告牌上的个别词语。但你不太可能认得芬兰的文字，因为芬兰语是欧洲少有的几种和印欧语系完全不相关的语言之一。

接下来会让你有所触动的是，这片墓园设计得简而美。芬兰的建筑师和装修设计师享誉全球，他们总是能够知道怎么样用简单的方式产生让人惊叹的效果。第一次去芬兰的时候，我记得自己曾受邀进入其中一名房东家中的客厅，当时我的第一反应是：“这是我看过的最漂亮的房间！”后来回顾这一幕，我好奇自己为什么会觉得这个房间漂亮。要知道，那就是一个空荡荡的矩形空间，里面摆了几件简单的家具。然而，这个房间的材质和布局，还有那几件家具，都将芬兰的简而美风格表现得淋漓尽致。

接下来，你也许会震惊于希耶塔涅米公墓里安葬或纪念的芬兰烈士的人数。我曾数过，那里有超过 3 000 座刻有烈士名字的墓碑，一排连着一排，呈波浪状排列，这些都是遗体被找到的烈士的墓碑。与这些刻有名字的墓碑分开的，是一面大约 4 英尺高、几百英尺长的墙，墙身被分为 55 块，上面刻着另一些士兵的名字（我数了有 715 个），他们被列为“失踪人员”，因为遗体未能被找到并带回来。除此以外，还有一块无名联合墓碑，用来纪念那些在敌军监狱里牺牲的芬兰英烈。被埋葬在希耶塔涅米公墓中的烈士都是赫尔辛基人。在芬兰每一个城镇和教区的公墓里，都有这样的区域，安葬着在战场上牺牲的芬兰士兵。你会意识到，死在战场上的芬兰人竟是如此之多。

穿行在希耶塔涅米公墓的一座座墓碑之间，你会被墓碑上的文字震撼。当然，你可能看不懂墓碑上面的文字，因为都是芬兰语。但这世上大部分的墓碑，不管被安放在何处，用的是何种语言，一般都会记录下亡者的姓名、生辰、出生地，还有离开人世的时间和地点。在芬兰墓地的墓碑上，这些信息同样能被很容易地辨认出来。你会发现，墓碑上的死亡时间集中在 1939—1944 年，也就是二战期间，大部分的出生时间集中在 1910—1930 年。这就说明，正如你所料，这些士兵大多在 20 多岁就牺牲了。但你也会惊讶地发现，还有许多士兵是在 50 多岁的时候牺牲的，也有一些士兵牺牲的时候尚未成年。你会看到，约翰·维克托·帕尔斯滕（Johan Viktor Pahlsten），生于1885年8月4日，去世时间是1941年8月15日，也就是他56岁生日后的第11天。克拉拉·拉帕莱宁（Klara Lappalainen），生于1888年7月30日，去世时间是1943年10月19日，享年55岁。你还会看到，学龄少年劳里·马尔蒂·哈梅莱伊宁（Lauri Martti Hämäläinen），生于1929年7月22日，自愿参战，去世时间是1943年6月15日。牺牲时的劳里距离14岁生日还剩下5周时间。为什么当时芬兰军队招募的士兵不光有20多岁的青年，还有年过半百的男女，以及青少年（见插图2.2）？

观察这些墓碑，你会注意到，上面记载的士兵的死亡时间和死亡地点都比较集中。死亡时间集中在1940年2月末到3月初、1941年8月和1944年6月，死亡地点则集中在维普里，以及斯维里、卡累利阿地峡和伊罕塔拉等地，芬兰本地人会告诉你，后面那些地方就在维普里附近。你不由得会想：维普里发生了什么重要的事件吗？为什么有如此多的芬兰人在那么短的时间内丧命于此？

这些问题的答案是，维普里曾经是芬兰的第二大城市，经过1939—1940年冬天的那场残暴的战争，以及1941—1944年再次发生的战争，维普里以及其他共占芬兰领土1/10的地区被割让给了苏联。1939年10月，苏联向波罗的海四国——芬兰、爱沙尼亚、拉脱维亚和立陶宛提出领土要求。芬兰是其中唯一拒绝了苏联的国家，尽管苏联拥有一支庞大的军队，人口也几乎是芬兰的50倍之多。芬兰人深知双方实力悬殊，但还是进行了激烈的抗争，并最终成功地保住了自己的独立地位。然而，这个国家的生死存亡在接下来的10年间因一连串的危机而遭受巨大挑战。希耶塔涅米公墓的墓碑上所记载的死亡时间正是芬兰人民伤亡最惨重的三个时期：1940年2—3月，苏军包围维普里；1941年8月，芬兰重新夺回维普里；1944年夏，苏军再次挺进维普里（见插图2.3和插图2.4）。

在与苏联的较量中，芬兰一方的死亡人数近10万，牺牲者大部分是男性。对现代的美国人、日本人和除芬兰人以外的欧洲人来说，如果他们还记得发生在广岛、汉堡和东京的轰炸在瞬息之间分别带走了10万条生命，二战中苏联与中国各自损失了将近2 000万人，那么，芬兰在5年间失去10万人看上去似乎没那么可怕。然而，当时芬兰的总人口不过370万，也就是说，死亡人数占这个国家总人口的近2.5%，占该国男性人口的近5%。这个比例放到今天的美国，便意味着在一场战争中失去900万美国人：这相当于美国在其240年的历史当中战争死亡总人数的10倍。我最近一次去希耶塔涅米公墓是在2017年5月14日，那是一个周日。尽管公墓的烈士区所纪念的最后一名烈士（死于1944年）都已经去世70多年，但我仍旧看到许多墓前放着鲜花，亲属们前来缅怀逝者。我停下来与一家4口交谈，他们当中年纪最大的一位男士看上去不过40多岁。从年龄上推算，他们来缅怀的不会是自己的父母，而应该是祖父母或者曾祖父母了。当我向这位男士谈及那些络绎不绝的缅怀人群和持续不断的鲜花时，他解释道："当时，每个芬兰家庭都失去了自己的家人。"

我在 1959 年夏天第一次到访芬兰。那时候，芬兰和苏联的战争才刚结束 15 年，苏军撤出其在赫尔辛基近郊的军事基地也不过是 4 年前的事。我在芬兰的房东中有曾参加芬兰与苏联战争的退役军人和这场战争留下来的寡妇、孤儿，还有现役的芬兰士兵。他们详细地向我讲述了自己的人生故事，还有他们国家的近代历史。我学会了很多芬兰语，这使我的旅程变得更为顺畅，也让我明白这门精彩的语言对芬兰独特性的贡献，还使我在上一章提到的那场职业生涯危机中沉淀了下来。对于那些尚未有机会去芬兰的读者，我希望你在阅读下文的时候记住本书的危机与变革框架在芬兰的表现，具体包括：芬兰国家认同的力量与源泉，芬兰人对于自己国家地缘政治状况的超现实评估，以及因此而导致的选择性变革的矛盾组合（我在本章开头提到了这一点），还有芬兰缺乏选择的自由、关键时刻缺乏盟友的帮助以及缺乏可供借鉴的他国应对类似危机的成功经验。

芬兰的语言

芬兰人对斯堪的纳维亚民族有认同感，而且被看作这个民族的一部分。许多芬兰人都拥有金发蓝眼，这一点跟瑞典人和挪威人很像。基因告诉我们，实际上，芬兰人有 75% 的斯堪的纳维亚血统，而仅有 25% 的东部血统。但是，地理位置、语言和文化将芬兰人和其他斯堪的纳维亚人区分开来，而且芬兰人对这些差别引以为豪。先看地理位置，芬兰人对自己国家地理位置的描述反复强调两大主题——“我们是小国”和“我们的地理位置永远不会改变”。他们之所以会强调后一点，是因为芬兰与俄罗斯（或者是俄罗斯的前身苏联）之间的陆地边界比其他任何一个欧洲国家与俄罗斯的陆地边界都要长。从这个方面来说，芬兰实际上就是俄罗斯和其他斯堪的纳维亚国家之间的缓冲带。

欧洲有将近100种语言，但除了古老的巴斯克语和另外4门语言外，剩下的都属于印欧语系。这另外的4门语言包括芬兰语、与芬兰语相近的爱沙尼亚语，还有与前两种语言差别较大的匈牙利语和拉普语（又称萨米语），它们都属于芬兰–乌戈尔语族。芬兰语是一门优美的语言，也是芬兰人国家自豪感与国家认同的重要来源。芬兰的民族史诗《卡勒瓦拉》（*Kalevala*）在该国国民心中的地位要远高于莎士比亚的戏剧在英语国家人民心中的地位。在旁人看来，芬兰语很优美，说起来仿佛是在吟唱，但特别难学。其中一个难点在于它的词汇，因为芬兰语的词汇中没有我们所熟悉的印欧语系的词根。因此，大部分芬兰词汇都需要你逐个去记。

芬兰语难学的另外一个原因是它的发音和语法。k这个字母在芬兰语中十分常见：我有一本200页的芬英词典，其中以k开头的词汇足足占了31页。（试读一下《卡勒瓦拉》里的片段：“Kullervo, Kalervon poika, sinisukka äijön lapsi, hivus keltainen, korea, kengän kauto kaunokainen.”）我并不是说k这个字母不好，只不过芬兰语不同于英语，它有双辅音（比如kk），双辅音的发音和单辅音（比如k）是不一样的。正是因为这种发音特点，好几次我在用芬兰语发表简短的演讲时，我的芬兰朋友很难听懂其中的部分词语，但他们对我都很包容。不能把双辅音和单辅音区分开来有时可能会造成很严重的后果。举个例子，芬兰语中表示“见面”的动词是只有一个 p 的“tapaa”，而表示“杀害”的动词是带有两个 p 的“tappaa”。所以说，如果你让一个芬兰人来跟你见面，但你不小心将 p 发成了双辅音，那么你很可能会小命不保。

芬兰语还有长元音和短元音的区别。比如，“边界”一词在芬兰语中是“raja”，其中第一个 a 发短元音。但芬兰语中表示“腿”或“手臂”的单词是“raaja”，这里边的第一个 a 则发长元音。我因此还闹了个误会：在芬兰国家公园边界附近的时候，我打算谈谈边界，却把第一个 a 发成了长元音。芬兰语中的三个元音 a、o 、u 均有两种形式，发音部位靠近口腔后方，即发成后元音时，分别写作 a、o、u，发音部位靠近口腔前部，即发成前元音时，分别写作 ä、ö、y。在单个词当中，这三个元音要么都是后元音，要么都是前元音，这就是元音和谐定律。举例来说，我经常会说的“夜晚”一词在芬兰语中是“yötä”，只有前元音，而“河床”一词在芬兰语中是“uoma”，只有后元音。

要是你觉得德语的 4 格变位或者拉丁语的 6 格变位让你摸不着头脑，芬兰语的 15 格变位估计会把你吓到，其中有很多格都发挥着英语中介词的作用。我第一次游历芬兰的时候，最开心的时刻之一就是，一位因不会说英语而只能用芬兰语和我交流的芬兰士兵教我芬兰语中的 6 个方位格。这些方位格分别对应着英语中的介词 on（在……上面）、off（远离……）、onto（到……上面）、

in（在……里面）、out of（在……外面）和 into（进入……里面）。只见他指向一张桌子（“pöytä”），在桌子上面（“pöydällä”：元音和谐！）有一个杯子，在桌子里面（“pöydässä”）有一颗钉子；他拿起杯子，把杯子放在桌子上面（“pöydälle”），又把杯子从桌子上拿走（“pöydältä”）；他把钉子嵌进桌子里（“pöytään”），又把钉子拔出来（“pöydästä”）。

在其他格中，最容易将外国人绕晕的是宾格和部分格。拉丁语和德语中没有部分格，直接宾语全都通过宾格来表达：英语里面的“I hit the ball”（我击球）对应的是德语里面的“ich schlage den Ball”。但在芬兰语中，当你要使用一个直接宾语时，你得决定你的动词所表达的动作的对象是整个宾语（那就要用宾格），还是只是宾语的一部分（那就要用部分格）。要决定你击的是整个球还是球的一部分可能还比较简单。但是，当宾语是一个抽象名词的时候，要决定用宾格还是部分格就有些难度了。比如，你有一个想法，用芬兰语表达这句话时，你需要想清楚这个想法完不完整，因为这决定了你应该用宾格还是部分格。1959 年我在芬兰时的房东中有一个瑞典裔芬兰人，他的母语是瑞典语，但能说一口流利的芬兰语。尽管如此，他还是没能在芬兰的任何一个政府机构找到工作，因为这个国家所有的政府机构岗位都要求应聘者同时通过芬兰语和瑞典语的考试。这位朋友告诉我，在 20 世纪 50 年代，只要在选择宾格和部分格的时候弄错一次，考试就过不了，也就得不到政府机构的工作。

所有这些特点使芬兰语成为一门别具一格的美丽语言，它是芬兰民众的国家自豪感的源泉，除了芬兰人，几乎没有人会使用这种语言。以芬兰语为核心的国家认同，让众多芬兰人愿意在芬兰和苏联战争中为祖国献出自己的生命。

构成芬兰国家认同的核心要素还包括这个国家的作曲家、建筑师、设计师、长跑运动员。芬兰音乐家让·西贝柳斯是 20 世纪最伟大的作曲家之一。芬兰的建筑师和室内设计师在全世界都很有名。（美国读者可能会想到圣路易斯拱门、华盛顿杜勒斯国际机场，还有纽约肯尼迪国际机场的 TWA 航站楼，它们都是由芬兰裔建筑师埃罗·沙里宁设计的。）一战结束后，作为胜利者一方的协约国建立起许多新的国家（包括芬兰在内），在这些国家中，芬兰因为拥有音乐家西贝柳斯和最有名的世界纪录保持者、被称为“芬兰飞人”的长跑运动健将帕沃·鲁米而独树一帜。在 1924 年的奥林匹克运动会上，鲁米一举获得 1 500 米田径比赛的冠军，并创下了奥运会纪录；紧接着，一个小时以后，他又赢得了 5 000 米长跑比赛冠军，并刷新了纪录；两天后，他又夺得了 1 万米越野赛的金牌；第二天，他再次斩获 3 000 米长跑比赛的金牌。鲁米的一英里[①]跑世界纪录保持了 8 年之久。于是出现了这么一个说法：鲁米和芬兰其他的田径运动员“把芬兰跑进了世界地图”。这一切成就让芬兰人意识到自己国家的独特性和国家认同，并且在芬兰与苏联战争中面对苏联的压倒性优势仍愿背水一战。

---

① 1 英里 ≈1.609 千米。——编者注

1939 年之前的芬兰

数千年前，还是史前时期的时候，第一批说芬兰语的人开始在这片大陆定居下来。芬兰的历史最早可追溯至大约 1100 年，即第一次出现关于芬兰的详细书面记载时，自此之后，芬兰一直是瑞典和俄国的争夺对象。大部分时候芬兰都处于瑞典的控制之下，直到 1809 年，俄国吞并芬兰。在 19 世纪很长一段时间内，俄国沙皇允许芬兰拥有较大的自治权，芬兰可以有自己的议会、行政权和货币，而且俄国没有强迫芬兰人使用俄语。但是，在 1894 年尼古拉斯二世即位成为新沙皇后，他任命可恶的尼古拉·博布里科夫（在 1904 年被一名芬兰人刺杀）为芬兰大公国总督，俄国开始对芬兰实施高压统治。于是，在 1917 年年末，一战即将结束，俄国十月革命爆发后，芬兰宣布独立。

芬兰的独立引起了惨烈的芬兰内战。一方是被称为“白军”的保守政府派，由在德国受训的芬兰部队组成，并受到在芬兰境内的德军协助。他们的对手是代表芬兰共产主义势力的“红军”，以及仍驻扎于芬兰境内的俄国部队。1918 年 5 月，出于巩固胜绩的考虑，白军射杀了近 8 000 名红军，还有 2 万名红军被困在集中营里，在饥饿和病痛之中死去。要是以一国平均每个月被杀害的国民人数占国民总人口的比例来算，芬兰内战是 1994 年卢旺达种族大屠杀发生之前，世界上死亡人数最多的一场内战。这场内战很可能会给这个年轻的国家埋下分裂的祸根，但幸好芬兰国内势力迅速达成和解，幸存的左翼红军重新获得了完整的政治权利，在 1926 年，一名左翼人士还成了芬兰的总理。然而，有关内战的痛苦记忆使芬兰对俄国心存恐惧，因此影响了之后芬兰对苏联的态度。

20 世纪二三十年代，芬兰始终对由俄国发展而成的苏联感到畏惧。两国在意识形态上不同：芬兰是资本主义国家，苏联则是共产主义国家。芬兰人难以忘记最后一代沙皇治下的俄国对芬兰的压迫，他们害怕苏联会想要重新夺回芬兰。他们在担忧中目睹斯大林在 20 世纪 30 年代掀起的阵阵腥风血雨。和芬兰最直接相关的事情是，苏联开始在其与芬兰国界线以东、人烟稀少的苏联国土上建设机场和铁路。这些铁路中有一条直达芬兰，终点是没有设置边界的森林中央，除了为入侵芬兰做铺垫，你想不到它还能有什么别的用处。

20 世纪 30 年代，在曼纳林将军的带领下，芬兰开始强化军队和国防力量，这位将军曾领导白军赢得了芬兰内战的胜利。许多芬兰人在 1939 年的夏天志愿承担了巩固芬兰主要防线的工作，这道跨越卡累利阿地峡的防线被称为“曼纳林防线”，卡累利阿地峡把芬兰东南部与距离芬兰最近的苏联第二大城市列宁格勒[①]分隔开来。当德国在希特勒的统治之下重整武装，并且与苏联越来越呈现出相互对抗的姿态时，芬兰试图维持一种中立的外交政策，忽略来自苏联的威胁，期盼这种威胁不会引发任何实际行动。与此同时，苏联对它这个在内战中借助德国的力量打败国内共产

① 列宁格勒，最初名为圣彼得堡，为俄国西北部城市。1914 年第一次世界大战爆发，该城市被改名为彼得格勒；1924 年列宁逝世后，为了纪念列宁，该城市又被改名为列宁格勒，1991 年恢复圣彼得堡的旧称。——编者注

主义势力的资产阶级邻居持怀疑态度。

结合地理和历史因素，芬兰有充分的理由对苏联心存忧虑，同样地，苏联也出于同样的理由对芬兰持怀疑态度。二战以前，两国的边境在列宁格勒以北仅30英里的地方。早在1918年，德国军队就已进驻芬兰对抗共产主义势力；英法两军更是在19世纪50年代的克里米亚战争中进入芬兰湾，对圣彼得堡进行封锁或进攻；18世纪初，法国曾在赫尔辛基港建造了大型要塞，以准备进攻圣彼得堡。20世纪30年代后期，斯大林有充分的理由担心德国会在希特勒的领导下扩张版图。希特勒在其自传《我的奋斗》中表达了德国东扩、吞并苏联的愿景。斯大林目睹希特勒统治下的德国在1938年3月吞并了奥地利，在1939年3月接管了捷克斯洛伐克，并开始对波兰造成威胁。于是斯大林向波兰提出共同防卫计划，应对来自德国与日俱增的威胁，但法国、英国和波兰都拒绝了这个提议。

1939年8月，希特勒和斯大林突然停止敌对，并签署了《苏德互不侵犯条约》，又被称为《莫洛托夫–里宾特洛甫条约》。芬兰人怀疑，这份条约中包含了分割势力范围的秘密协议（后来被证明确实如此），不出所料，德国承认芬兰属于苏联的势力范围。该条约签署后，德国随即闪电入侵波兰，几周之后，苏联入侵了波兰东部。可以理解，斯大林想要将苏联的国界尽可能地向西推移，以应对德国不断增强的威胁。

1939年10月，因仍然担心德国最终会发动攻击，苏联迫切地想把自己西部的边界尽可能向西推进。《苏德互不侵犯条约》

既已暂时保住安全，苏联对邻近的波罗的海四国——立陶宛、拉脱维亚、爱沙尼亚，以及芬兰发出最后通牒。对于前三个国家，苏联提出的要求是在其境内设立苏联军事基地，并且苏军有自由出入这些基地的权利。允许苏军驻扎显然会使三国失去自卫能力，但弱小的它们认为自己挣扎无望，只好接受苏联的要求。到1940年6月，三国终被苏联吞并。苏联在1939年10月初对芬兰提出了两项要求。第一项要求是，苏芬两国原本在卡累利阿地峡的边界必须要撤到离列宁格勒更远的地方，这样列宁格勒就不会被他国（例如，1918年在芬兰驻军的德国）任意轰炸或据为己有。虽然芬兰本身对苏联不构成威胁，不会袭击苏联，但从现实角度考虑，苏联担心某些主要的欧洲力量通过芬兰打击自己。第二项要求是，允许苏联在芬兰首都赫尔辛基的南部海岸建立海军基地，并要求芬兰割让位于芬兰湾的一些小岛。

苏芬两国之间的秘密谈判从1939年10月持续到11月。芬兰方面同意做一些让步，但远远没有达到苏联的要求，尽管曼纳林将军强烈敦促芬兰政府做出更大让步，因为他深知芬兰军队的弱势，并且（作为前沙俄军队中将）他很清楚苏联方面提出这些要求出于地理原因。可是，芬兰政府内部各方势力（包括左翼和右翼，即内战中的红军和白军）一致拒绝做出进一步妥协。芬兰所有政党都支持政府的决定，但在1940年7月，英国一些政要支持向希特勒妥协以换取和平的做法。

芬兰人同仇敌忾、拒绝妥协的第一个原因是，他们害怕斯大林的真实目的是要侵占整个芬兰。芬兰人很担心这次要是满足了苏联的要求，将来会没法拒绝苏联更多的要求。如果芬兰放弃了卡累利阿地峡的陆地防线，苏联经由陆路大举入侵芬兰将会变得轻而易举。如果允许苏联在赫尔辛基附近建立海军基地，那么苏联将能够同时从陆路和海路对芬兰首都进行轰炸。芬兰人从捷克斯洛伐克的遭遇中吸取了教训。捷克斯洛伐克在1938年被迫将最坚固的防线——苏台德山脉边境割让给德国，导致它在1939年面对德国的全面入侵时毫无防备之力。

芬兰人拒绝妥协的第二个原因来自他们对斯大林的误判：芬兰人认为斯大林只是虚张声势，他实际想要的并没有声称的那么多。同样地，斯大林也出现了误判，他觉得芬兰人也不过是在虚张声势。斯大林没有想到的是，一个区区小国竟如此疯狂，欲以蚍蜉之躯撼动人口比自己多出近50倍的大国。苏联的作战计划显示，苏军预备在两周内拿下赫尔辛基。芬兰人拒绝妥协的第三个原因在于，他们误以为世交邦国会在芬兰需要的时候提供防卫上的帮助。除此之外，芬兰部分领导者推测，如果苏联入侵芬兰，芬兰的军队至少能撑半年，尽管曼纳林将军警告他们这绝不可能。

1939年11月30日，苏联对芬兰发动进攻，宣称芬兰的炮弹在苏联领土着陆，并炸死了数名苏联士兵。（赫鲁晓夫后来承认，这些炮弹实际上是在苏联内部从苏联的武器中发射出的，是一名想挑起战争的苏联将军下达的命令。）随之而来的战争被称为冬季战争。苏联军队在两国边界沿线发动攻击，赫尔辛基等芬兰城市遭到苏联飞机的轰炸。在轰炸第一晚，芬兰的平民伤亡人数便达到了其在二战期间平民伤亡总数的10%。

冬季战争

1939年11月30日，当战争爆发时，苏芬双方军力悬殊。苏联当时有1.7亿人口，而芬兰仅有370万人口。苏联“只”动用了4支军队对芬兰发起进攻，共计50万人，另外还部署了一些军队作为储备军力或用于其他的军事用途。芬兰以全部军力抗敌，军队被分为9个师，总共也不过12万人。苏联以数以千计的坦克、现代战机和现代火炮装备其步兵团，而芬兰几乎没有坦克，没有现代战机，没有现代火炮，没有反坦克步枪，也没有防空措施。最糟糕的是，尽管芬兰有一些不错的步枪和机枪，但弹药的储备十分有限。芬兰士兵接到的命令是，为了节省弹药，在苏联军队靠得足够近之前，不准开火。

只要斯大林决心打胜仗，这种种差距足以使芬兰在与苏联的对阵中毫无胜算。全世界都目睹了人口是芬兰10倍之多且拥有更多现代军备的波兰在短短几周内被德国军队攻破，而当时德国军队的规模大约是苏联军队的一半。因此，在这场战争中，芬兰人并未对取得军事胜利抱有不切实际的幻想。相反，正如一位芬兰朋友向我解释的那样：“我们的目标实际上是要尽可能延缓苏联的胜利，让他们尽可能地付出更大的代价。”具体而言，芬兰的目标是要进行长期抵抗，为芬兰政府争取时间从友国招募军力，同时让斯大林无法承受不断消耗的苏联军力和军费。

让苏联和其他国家都意想不到的是，芬兰守住了自己的防线。苏联制订了沿着整条苏芬边界进攻芬兰的军事计划，包括跨过卡累利阿地峡，攻破曼纳林防线，还试图从芬兰最窄点进入该国中部，从而把芬兰“拦腰斩断”。面对进攻曼纳林防线的苏联坦克，缺乏反坦克步枪的芬兰人发明了“莫洛托夫鸡尾酒”，这是一种将汽油及其他化学物品组成的爆炸性混合物装进瓶子而制成的土制燃烧弹，其威力足以炸毁一辆苏联坦克。还有一些芬兰士兵躲在掩体中，等苏联坦克开过来时，将木段塞入坦克的履带，使其不得不停下来。就在此时，几名勇敢的芬兰士兵跑到坦克前面，用他们的步枪分别瞄准炮管和观察孔，把坦克里的苏联士兵击毙。当然，芬兰反坦克战队的伤亡率高达 70%。

让各国观察者敬佩之意油然而生的，是芬兰国土的捍卫者成功打破了苏联的两个师对芬兰中部发动袭击的阴谋。苏军驾驶机动车辆和坦克沿着通往芬兰的几条道路挺进。分成小组的芬兰士兵则是用雪橇翻越重重雪山，他们穿着白色制服，与冰雪融为一体，穿行在无路的森林中，分散了苏联纵队，随后逐一歼灭每支被分散开的队伍（见插图 2.5）。一名芬兰退役老兵在 1959 年的时候向我描绘了他和战友在冬季战争的战场上使用的战术。到了夜里，森林里的苏联士兵在狭窄的单行道上停下，车辆排成一列长长的纵队，士兵纷纷下车，围在巨大的篝火旁取暖。（芬兰士兵则是在自己的帐篷里用小小的取暖器熬过寒夜，因为这样不会被发现。）我的这位朋友和他的战友隐匿在白色制服里，滑着雪橇穿过森林，直至苏联纵队进入他们的射程范围内（见插图 2.6）。接着，他们背着步枪爬到附近的树上，借着篝火的亮光瞄准苏联的军官，射杀苏联军官后便迅速滑着雪橇离开，让黑暗苍茫中群龙无首的苏联士兵担惊受怕，人心惶惶。

冬季战争的落幕

面对苏联军队在人数和装备上的压倒性优势，芬兰军队何以顶住攻势，坚守了如此之久？第一个原因是动机：芬兰士兵明白，他们的身后是自己的家人、自己的祖国和民族的独立，这些都是他们宁死也要保卫的。例如，当苏联军队挺进冰封万里的芬兰湾时，在此处防守的仅有少数几队芬兰士兵，他们已经被告知没有退路：此时的他们只能坚守在岛上，在牺牲之前尽可能多地消灭苏联人。他们也确实做到了这一点。第二个原因是，芬兰士兵早就习惯了在寒冬时节的芬兰森林里生活和滑行，他们对这块作战区域的地形早已烂熟于心。第三个原因是，芬兰士兵提前准备好了应对寒冬的衣物、雪靴、帐篷和枪支装备，但苏联士兵显然没有做好准备。还有一个原因，就像今日的以色列军队，芬兰军队尽管数量少，但能力显著，比起盲目服从指挥的军队，这支军队灵活性强，强调让士兵发挥积极能动性。

可是，芬兰军队的不屈不挠和他们获得的暂时性胜利仅能为芬兰多争取一些时间。冬去春来，冰雪消融，苏联最终还是会在跨过卡累利阿地峡和芬兰湾的时候发挥自己在军队数量和装备上的优势。芬兰把希望寄托在其他国家送来的志愿兵、装备和军队上。芬兰的外交战线上到底发生了什么事？

小小的芬兰力抗苏联庞然之躯的举动获得了广泛的同情，1.2万名外国志愿兵受到鼓舞前来助战，他们当中大多数士兵来自瑞典。可是，大多数志愿兵在战争结束前仍未完成军事训练。一些国家送来了军事装备，但这些装备的质量参差不齐。比如，一名芬兰老兵告诉我，有些从意大利运来的旧兵器还是一战时期的。当发射炮弹的时候，这些火炮的后坐力非常强，因此必须用特别牢固的装备来固定。一般情况下，使用一门火炮不仅需要一名射击手，还得配备一名观察手，在火炮的前方观察弹壳落地的位置，从而校准下一次的瞄准范围。然而，据我的老兵朋友说，这些意大利的残枪旧炮在减轻后坐力方面设计得实在太差了，一门火炮得配备两名观察手：一名是我们通常看到的炮前观察手，负责观察弹壳的落地位置；还有一名观察手要站在火炮的后面，负责追踪火炮的位置！

芬兰实际上只能依仗从瑞典、德国、英国、法国以及美国获得军队及物资援助。芬兰的邻国瑞典，尽管和芬兰之间有着共同的悠久历史以及文化传统，但由于担心被卷入和苏联的战争，拒绝出兵援助芬兰。德国虽然曾指派军队支持芬兰独立，两国之间也有深厚的友谊和文化纽带，但希特勒还是不愿意为了支援芬兰而违背早前与苏联签下的《苏德互不侵犯条约》。美国则是鞭长莫及，加上该国自数十年前就开始奉行孤立主义政策，对国际事务保持中立，因此罗斯福总统对芬兰的处境也无能为力。

于是，芬兰实际能求助的只剩下英国和法国了。英、法确实曾表态愿意派兵。但当时，两国均已陷入与德国交战的水深火热之中，与德国的交战当然是英法政府的当务之急，它们已无暇顾及他国。德国彼时从中立国瑞典进口大量铁矿石。大部分铁矿石从瑞典通过铁路被运至挪威的不冻港纳尔维克，然后用轮船运往德国。英法两国派出援兵的真实意图是要控制瑞典的铁矿石产区，并中断从纳尔维克至德国的海上交通。英法两国提出派兵经挪威和瑞典前往芬兰支援，只不过是为达到自己的真正目的的一番托词。

因此，虽然英法政府给予芬兰大量的军力支援，但实际上大部分的援兵都驻扎在纳尔维克、通往纳尔维克的铁路沿线以及瑞典的铁矿石产区。援兵中仅有一小部分能够真正到达芬兰。援兵过境需要得到挪威政府和瑞典政府的批准，但两国因保持中立，拒绝允许援兵过境。

继续战争

1940 年 1 月，苏联终于开始反思自己在 1939 年 12 月遭受的惨重的军力损失和教训。苏联不再浪费精力尝试把芬兰拦腰斩断，而是转过头来集中火力攻击卡累利阿地峡，那里开阔的地势对苏军有利。经过持续两个月的前线战斗，芬兰士兵已经筋疲力尽，而苏联方面仍能够源源不断地向前线输送新鲜的后备力量。2 月初，苏联军队最终突破曼纳林防线，芬兰军队不得不撤退到较弱的第二防线。曼纳林将军手下的长官纷纷请求他将军队撤退到更远的地方，以获得更佳的防守位置，但曼纳林将军有着铁一般的沉着意志：虽然芬兰军队伤亡惨重，但他拒绝撤到更远的地方，因为他深知，和谈已不可避免，此时对芬兰来说，最重要的是尽可能多地守住自己的领土。

1940 年 2 月底，当筋疲力尽的芬兰军队终于准备和谈时，英国和法国仍在敦促芬兰顶住压力，继续抵抗。时任法国总理爱德华·达拉第向芬兰发去紧急电报，宣称他将在3月底之前向芬兰派去5万名援兵，100架轰炸机已准备就绪，随时可以起飞，他保证能够“安排”这些援兵从陆路穿过挪威和瑞典到达芬兰。芬兰轻信了这份承诺，继续作战了一周，在此期间又有数千名芬兰士兵失去了生命。

然而，英国后来承认，达拉第提出的条件不过是一场骗局，那些军队和飞机根本没有准备好，挪威和瑞典也仍然没有同意给援兵放行，达拉第说那些话不过是为了实现同盟国的目标，以及保住自己的颜面。经此，在芬兰总理的带领下，芬兰代表团前往莫斯科商议和谈事宜。与此同时，苏联仍向芬兰第二大城市——卡累利阿省首府维普里挺进，持续向芬兰施加军事压力。在这段时间的持续战斗中牺牲的芬兰士兵，正是我们可以在希耶塔涅米公墓看到的，刻着“于1940年2月或3月死于维普里”的那些墓碑的主人。

苏联在1940年3月提出的条件比在1939年10月被芬兰人拒绝的那些条件要苛刻得多。1940年，苏联要求芬兰割让整个卡累利阿省，还有苏芬边界沿线往北的其他领土，并且要求将赫尔辛基附近的汉科港作为苏联的海军基地。占芬兰人口10%的卡累利阿人没有留在被苏联占领的家中，而是选择了背井离乡，撤退到芬兰其他地区。他们不得不挤在芬兰同胞的房子里，直到1945年，大部分卡累利阿人才拥有了自己的房子。在欧洲，很多国家都存在大量无家可归的人口，与其他国家不同的是，芬兰没有把这些人口安置在难民营中。19年后，接待我的芬兰房东依然清楚地记得，当时芬兰为了给卡累利阿人提供安身之处和支援而承受的巨大压力。

为什么斯大林没有在 1940 年 3 月命令苏联军队继续推进并占领整个芬兰？一个原因是，芬兰人的激烈抗争足以证明，军队继续推进对苏联来说只会是一个缓慢、痛苦且代价巨大的过程。并且，此时的苏联面临一个更大的问题，那就是如何重新整顿军队，应对德国的袭击。声势浩大的苏联军队在面对弱小的芬兰军队时却战绩平平，这让苏联十分难堪：平均每消灭 1 名芬兰士兵需要牺牲 8 名苏联士兵。和芬兰作战的时间越长，英法介入的可能性就越大，这将会把苏联拖入与两国的战争中，并且诱使英国或法国对高加索地区的苏联油田发动袭击。某些作者的论断是，苏联在 1940 年 3 月提出的苛刻的和谈条件证明，芬兰人本应该在 1939 年 10 月接受斯大林提出的那些相对不那么苛刻的要求。然而，俄罗斯在 20 世纪 90 年代公开的档案显示，芬兰人当时的怀疑没有错：倘若苏联在 1939 年 10 月如愿以偿，一定会充分利用其得到的领土优势，打开芬兰防线的缺口，从而达到占领整个芬兰的目的。苏联正是以这种手段在 1940 年成功占领波罗的海的三国。正是因为在这场战争中芬兰拼死抵抗，苏联进展缓慢且代价巨大，苏联才会在 1940 年 3 月放弃原先征服整个芬兰的想法。

1940 年 3 月，苏芬休战之后，苏联重整军队，吞并了波罗的海三国。德国则在 1940 年 4 月占领了挪威和丹麦，紧接着于 1940 年 6 月打败法国。至此，除了德国，芬兰所有可能的外援渠道都被切断。芬兰重新组建了自己的军队，还得到了一批德国装备。

1941 年，希特勒决定进攻苏联。德国和芬兰两方的参谋开始讨论“假设性的”联合抗苏行动。虽然芬兰人不赞同希特勒和他的纳粹主义，但他们深切地体会到，要在德苏之战中保持中立是不可能的，选边站队是肯定避免不了的。否则，芬兰会面临被苏联和德国中的一方或双方吞并的风险。相比再次经历冬季战争中孤立无援、与苏联单打独斗的痛苦时期，芬兰宁愿选择和纳粹德国结为暂时的同盟。这是“在几个糟糕的选项里选择最不糟糕的一项”，在曼纳林将军的传记中，史蒂文·扎洛加这样写道。苏联军队在冬季战争中的表现让所有的观察者——不仅仅是芬兰，还有德国、英国和美国的观察者都深信，德苏若有一战，胜利的天平将会偏向德国。而且，芬兰人也想重新获得失去的卡累利阿省。1941 年 6 月 21 日，德国对苏联发起进攻。芬兰宣布保持中立，但在6月25日，苏联战机对芬兰的城市展开轰炸行动，当晚，芬兰政府以此为由再次向苏联宣战。

这场继冬季战争之后的第二次苏芬战争被称为继续战争。这一次，芬兰调动了其 1/6 的人口投入这场战争：这是二战期间参战人口比例最高的国家。放在今天的美国，这就相当于筹备一支超过 5 000 万人的军队。凡是年满 16 岁至 50 岁上下的男性，加上一些靠近前线的女兵，皆直接征召入伍。所有 15 ~ 64 岁的芬兰人，不论男女，如果不直接参军，就必须服务于军工行业、农业、林业或者其他国防所需的行业。青少年则要在农田、锯木厂和防空方面做些力所能及的工作。

苏联军队当时忙于应对德军的进攻，芬兰趁机迅速地重新占领了原先属于芬兰的西卡累利阿地区，并且试图越过原有边界，将位于苏联境内的东卡累利阿地区也纳入版图（这一行动引起了颇多争议）。可是，芬兰的作战目标依然十分局限，芬兰人不认为自己是纳粹德国的“盟友”，而是把自己称作“共同作战国”。芬兰还坚决拒绝了德国提出的两个请求：一是围捕芬兰的犹太人（尽管芬兰确实把一小部分的非芬兰籍犹太人移交给了盖世太保[①]）；二是和德国合作分别从南北两端进攻列宁格勒。正因芬兰拒绝了第二个要求，列宁格勒才得以在德军漫长的围攻中存活，并且促使斯大林后来做出了一项决定，即没必要占领除卡累利阿之外的芬兰领土（见下文）。

尽管如此，芬兰和纳粹德国并肩作战是不争的事实。在不了解芬兰境况的局外人看来，“盟友”和“共同作战国”并没有太大的区别。二战期间，生长在美国的我当时觉得，芬兰就是除德国、意大利和日本之外的第四个轴心国成员。在斯大林的施压下，英国宣布对芬兰开战。但英国采取的唯一行动就是对芬兰城市图尔库发动了一次轰炸袭击，并且，英国空军故意将炸弹投入大海中，而不是直接投向图尔库市。

从 1941 年 12 月初开始，芬兰军队停止向东推进，在此后差不多三年间，苏联和芬兰之间的继续战争没有出现新的进展。一

① 盖世太保，是从德语中“国家秘密警察”的缩写音译而来，是纳粹政权下的恐怖统治机构。——编者注

方面，芬兰在占领卡累利阿后没有其他的目标。另一方面，苏联军队忙于与德军交战，无暇派遣军队与芬兰对峙。当苏联终于把大部分的德军逼出境外时，苏军认为，是时候将注意力转移到芬兰身上了。1944 年 6 月，苏联对卡累利阿地峡发动了猛烈的攻势。苏联部队迅速冲破曼纳林防线，但（正如 1941 年 2 月的情况）芬兰成功地稳住了前线。苏联先是向西推进，后来撤兵。撤兵的原因之一是斯大林有更重要的目标：在美军和英军从西边到达柏林之前，使苏联军队从东边包围柏林。另一个原因是，苏联军队再次遭遇了冬季战争时的困境：要突破芬兰人的抵抗就得付出高昂的代价，要和芬兰军队开展森林游击战，还得想好如果真的征服了芬兰，苏联得拿它怎么办。正因如此，1944 年的情况有如 1941 年的翻版，芬兰通过抵抗达成了一个现实目标，用我的一个芬兰朋友的话来说就是：不求打败苏联，只求令苏联的胜利来得极为缓慢且成本巨大，令其痛苦。结果就是，芬兰竟成了二战当中唯一一个没有被敌军占领的欧洲大陆国家。

1944 年 7 月，战争前线刚一稳固，芬兰领导者立刻飞往莫斯科寻求和谈，并与苏联签署了新的条约。这一次，苏联提出的领土要求几乎和 1941 年提出的一模一样。苏联重新夺走了芬兰境内的西卡累利阿，还有芬兰南部海岸的一个海军基地。苏联还提出了一项新的领土要求，即获得芬兰在北冰洋的港口及镍矿山。芬兰还不得不驱逐留在其北部境内的 20 万德国驻军，否则苏联军队便要长驱直入亲自驱赶德军。芬兰用了数月时间完成这个任务，在此期间，德军一边撤退，一边在芬兰境内的拉普兰省对视线所及的一切有价值的东西进行破坏。当我在 1959 年游历芬兰的时候，我的芬兰房东们还在为这个昔日的盟友与芬兰翻脸并且大闹拉普兰的事情感到愤怒不已。

在冬季战争和继续战争这两场战争中，芬兰在与苏联及德国对抗时总共损失了 10 万人。这一人数占当时芬兰总人口的比例，倘若放在今日的美国，相当于有 900 万人死于同一场战争。另外，战争还导致 9.4 万芬兰人或伤或残，3 万芬兰女性失去丈夫，5.5 万芬兰儿童成了孤儿，还有 61.5 万芬兰人无家可归。倘若是在今日的美国，这就相当于一场战争导致 800 万美国人受伤，250 万美国女性失去丈夫，50 万美国儿童失去父母，还有 5 000 万美国人流离失所。不仅如此，当时有 8 万名芬兰儿童被疏散并寄养在其他国家（主要在瑞典），这是历史上最大规模的儿童疏散行动之一。疏散行动对那些儿童造成了持久的创伤，并且影响一直延续至他们的下一代（见插图 2.7）。如今，在孩童时期有过疏散经历的芬兰母亲所生的女儿被诊断患有心理疾病的比例是没有疏散经历的母亲所生的女儿的两倍。苏联在和芬兰的对战中失去了大约 50 万人，另外有 25 万人受伤。这一阵亡数据包括 5 000 名曾被芬兰军队囚禁的苏联士兵，两国停战后，芬兰将他们遣返，但他们回到苏联后因为曾投降而被就地处决。

停战条约要求芬兰“联合同盟国力量，逮捕被指控为战犯的人员”。同盟国所界定的“芬兰战犯”是：苏芬战争期间芬兰政府的领导者。如果芬兰不起诉自己国家的领导者，那么苏联会亲自动手，并以严刑处之，很可能会将他们判处死刑。因此，芬兰被迫做出在外人看来极不光彩的事情：芬兰通过了一部追溯法，宣布芬兰政府领导者在战时采取的政策是非法的，尽管这些政策在实施时是符合芬兰当时的法律并得到广泛支持的。芬兰法庭宣判，其战时总统吕蒂、战时总理兰格尔和林科米耶斯，还有战时外交部部长、另外4位部长以及芬兰驻柏林大使获罪入狱。之后，这些领导者在舒适的特殊监狱刑满获释，大多数被重新选为或任命为政府高层。

停战条约中，苏联还对芬兰提出赔款要求：芬兰必须在6年内向苏联支付高达3亿美元的巨额赔款。虽说后来苏联把赔款支付年限延至8年，并把金额降到2.26亿美元，但对当时规模极小并且尚未工业化的芬兰经济来说仍旧是一个沉重的负担。然而，矛盾的是，赔款的压力刺激了芬兰经济的变革，促使芬兰发展包括造船业和出口加工业在内的重工业。（这笔赔款从而印证了中文里“危机”一词的含义，其中“危”表示“危险”，而“机”意味着“机遇”。）这场工业化革命带动了战后芬兰经济的增长，芬兰也因而从一个贫困的农业国发展成为现代化工业国（再到如今的高科技产业国）。

除赔款外，芬兰还须同意与苏联开展更多的贸易往来，与苏联的贸易额要达到芬兰贸易总额的20%。芬兰从苏联进口物资，尤其是石油。事实证明，这对芬兰大有裨益，因为芬兰无须像其他的西方国家那样，高度依赖中东石油。但是，根据贸易协定的内容，芬兰还必须进口劣质的苏联商品，比如机车、核电厂和汽车，尽管这些物品如果从西方国家购买会更物美价廉。芬兰人用黑色幽默来化解自己的无奈，就像我前面提到的他们面对那堆意大利的残枪旧炮时的反应一样。当我 1959 年到访芬兰时，很多芬兰人开的都是产自苏联的“莫斯科人”（Moskvich）牌汽车，这种车老是出故障。那时，很多欧洲产的和美国产的汽车都有敞篷的设计：车顶可以滑动，人们可以在天气不错的日子打开车顶，享受灿烂的阳光。有一个广为流传的芬兰笑话是这么说的，莫斯科人牌的新车型不但有敞篷，而且有“敞底”：不仅车顶可以滑动，车的底架也可以滑动。那么，问题来了：车底又没有阳光，“敞底”有什么好处呢？答案是：只要你的莫斯科人牌汽车出了故障（这是很容易出现的事），你就可以打开“敞底”，伸出双脚站在地上，自个儿把车子往前推啦！

1945 年之后的芬兰

芬兰人把 1945—1948 年称为“危险的年代”。现在回过头来看，我们知道芬兰最终熬出了头，可在那些年间，芬兰的前景并不乐观。苏联要求的赔款对仍以农业生产为主、尚未开展工业化改革的芬兰经济来说负担沉重。战争毁坏了芬兰的基础设施：农场被弃置，制造业设备荒废失修，有 2/3 的运输船队受到破坏，卡车破损不堪、零件缺失，而且芬兰人不得不靠烧柴来弥补汽油的短缺。成百上千名流离失所的卡累利阿人、伤残的老兵、孤儿寡母，需要其他健全的芬兰同胞在住所、金钱及情感上的支援。成千上万名被疏散至瑞典的芬兰儿童终于回到祖国的怀抱，但此时的他们已满心伤痕，忘掉了乡音，在被疏散的岁月里已几乎记不起父母的面容。

在这个危险的年代，芬兰出台了全新的战后政策。这项政策后来被称作“巴锡基维–吉科宁路线”，是因芬兰的两位总统而得名的，他们分别是：尤霍·巴锡基维，执政时间为1946—1956年；乌尔霍·吉科宁，执政时间为1956—1981年。这两位总统制定并且不遗余力地实施这一路线长达35年之久。巴锡基维–吉科宁路线扭转了芬兰在20世纪30年代实施的忽视苏联的灾难性政策。巴锡基维和吉科宁从这些错误中吸取了教训。对他们而言，不可忽视的痛苦现实是：芬兰就是一个弱小的国家；它不能期待从西方盟友那里得到任何帮助；它必须理解苏联的想法，并且时时放在心上；它必须与苏联各级政府官员保持密切对话；它必须向苏联证明自己可以信守承诺、履行协议，从而获得苏联的信任。维持苏联的信任不是一件容易的事，芬兰必须竭尽全力。

巴锡基维和吉科宁均对苏联和苏联人民较为了解。巴锡基维分别在1939年10月、1940年3月和1944年9月代表芬兰与苏联展开和谈，他还曾担任芬兰驻莫斯科大使一职。巴锡基维认为，斯大林在处理与芬兰关系时的主要动机无关意识形态，而是关乎战略和地缘政治因素，具体指的是：苏联重视的是保卫其第二大城市列宁格勒（即现在的圣彼得堡），防止发生如过去那般由芬兰或经过芬兰湾发动攻击的军事事件。如果苏联觉得自己的前线并未受到威胁，那么芬兰也会很安全。但是，只要苏联觉得不安全，芬兰也没有办法安全。说远一些，世界上任何地方发生冲突都有可能让苏联感到不安并因此对芬兰提出要求，所以说，芬兰必须积极地维护世界和平。巴锡基维和后来的吉科宁成功地与斯大林，以及后来的赫鲁晓夫、勃列日涅夫建立了深厚的互信关系。

吉科宁总统在他的自传中阐述了巴锡基维和他自己的政策："芬兰外交政策的基本任务是在本国的生存安全和地缘政治环境的主导利益之间做出协调……（芬兰所奉行的是）预防性外交政策。这种外交政策的任务，是在危险降临之前就对其有所觉察，并采取措施规避这些危险——最好是在被尽可能少的人知晓的状态下……尤其对小国来说，我们从不妄想自己的立场能改变大局，对我们而言，至关重要的是能够及时形成的认知，了解未来军事和政治发展会受哪些因素影响……一个国家应当自力更生。战争年代的我们在这一方面吸取了惨痛的教训……经验还告诉我们，一个小国丝毫没有把外交政策方案和情感混为一谈的余地，无论是正面的还是负面的情感。一项切合实际的外交政策应当基于对国际政治关键要素的认知，这些要素包括国家利益以及国与国之间关系的影响。"

因为芬兰坚定不移地奉行巴锡基维–吉科宁路线，使苏联（以及今天的俄罗斯）在过去的70年中对芬兰有所为且有所不为。苏联减少了芬兰需要支付的战争赔款，并在支付时间上给予了宽限。1955年，苏联海军从芬兰的海军基地撤离，还从距离赫尔辛基仅10英里的波卡拉撤走了自己的炮兵部队。芬兰逐渐扩大与西方的贸易合作，同时减少和苏联的贸易往来，与欧洲经济共同体来往密切，并加入欧洲自由贸易联盟。在这些事情上，苏联选择睁一只眼闭一只眼。苏联当然有能力阻止其中大部分的事。

如果不是因为信任芬兰和芬兰的领导者，并且有足够的安全感，苏联才不会这般行事。

如履薄冰

在外交层面，芬兰时时刻刻都像是在走钢丝，一方面要和西方发展关系，另一方面要维护苏联对自己的信任。为了在 1944 年继续战争结束后马上与苏联建立互信，芬兰按时履行了与苏联停战的协议以及随后签署的和平条约。这意味着芬兰要把德国军队赶出芬兰，把自己国家的战时领导者当成战犯来审判，并且要及时向苏联支付战争赔款，即使这需要芬兰民众捐出自己所有的珠宝首饰，包括婚戒。

在发展与西方的关系方面，芬兰努力避免让苏联觉得芬兰与西方的经济融合度过高。比如，尽管急需马歇尔计划的援助，但芬兰还是谨慎地拒绝了。在与欧洲经济共同体签订协议并加入欧洲自由贸易联盟的同时，芬兰还和东欧共产主义国家签署了一些协议，为苏联提供最惠国待遇，并且承诺苏联享有与欧洲经济共同体伙伴国相同的特权。

在一些西方国家成为芬兰最主要的贸易伙伴的同时，芬兰也成了苏联的第二大西方贸易伙伴（仅次于联邦德国）。西方商品主要经过芬兰进入苏联。芬兰对苏联出口的商品有：轮船、破冰船、消费品，以及建造医院、酒店和工业城镇所需的全部材料。对苏联来说，芬兰是西方技术的主要来源，也是苏联面向西方的主要门户。如此一来，一个独立并且和西方结盟的芬兰对苏联来说更有价值。

由于苏联领导者很信任巴锡基维和吉科宁，芬兰没有像一般的民主国家那样，在两位总统任满后就让他们卸任，两人在位时间一共长达 35 年。巴锡基维在 86 岁离开人世，在那之前，他担任了 10 年的芬兰总统，而他的继任者吉科宁则在位 25 年，一直到 81 岁时因为健康出现严重问题才不得不辞去总统一职。1973 年，芬兰和欧洲经济共同体展开谈判之时，吉科宁亲自拜访勃列日涅夫，以个人名义保证芬兰和欧洲经济共同体的关系绝不会影响芬兰和苏联的关系，打消了勃列日涅夫的疑虑。随后，为了保证吉科宁能履行自己许下的承诺，芬兰议会通过了紧急法令，推迟了原定在 1974 年召开的总统选举，将吉科宁的总统任期延长了 4 年。

芬兰的谨慎行事换来了国家的独立自主和经济的增长。从经济角度来看，芬兰作为一个小国，有不得不面对的现实：今天的芬兰只有 600 万国民，不可能像德国（有 9 000 万人口）或美国（有 3.3 亿人口）那样在经济上享有规模优势。要是芬兰选择像除欧洲和北美以外的许多国家那样，维持很低的生活标准和较低的工资水平，芬兰将永远不会在经济领域取得成就。以世界标准来衡量，芬兰的劳动力数量永远有限，而他们总会期望拿到高工资。因此，芬兰必须充分利用其可用的劳动力，通过发展工业获得高利润。

为了尽可能高效地利用其全部的生产力，芬兰的教育体系旨在为每一个国民提供良好的教育，这跟美国现在的教育体系很不同，后者仅仅为少数人提供良好的教育。芬兰的学校大部分是奉行平等主义的高质量公立学校，只有少数私立学校。美国的富人可能会感到吃惊的是，在芬兰，那些为数不多的私立学校得到的政府资助和公立学校是一样的，并且私立学校不允许通过收取学费、杂费或者接受捐款的方式筹集资金！在美国，中小学教师的社会地位较低，而且通常是由成绩中下等的大学毕业生担任。芬兰中小学教师的任用则须经过一个竞争十分激烈的筛选过程，申请者都是以优异的成绩毕业于最好的高中和大学的人，他们拥有很高的社会地位（甚至高于大学教授），薪水优厚，有很高的学历，并且对自己的教学方式有很大的自主权。因此，芬兰学生的识字率、数学计算能力以及解决问题能力在世界各国的排名中数一数二。芬兰在培养人才方面不存在性别歧视，女性的潜能得到了充分的发挥：它是世界上第二个赋予女性选举权和被选举权的国家（第一个是新西兰）。有一次我到访芬兰时，时任总统就是一位女性。甚至在培养警察方面，芬兰的水平也是首屈一指的。可能会再次令美国人感到吃惊的是，在芬兰，获得学士学位是成为警察的硬性条件之一，96% 的芬兰国民对自己国家的警察感到信任，并且芬兰警察鲜少使用枪支。在过去的整整一年里，芬兰警察在执行任务中总共才开了 6 枪，其中 5 枪还仅仅是为了警示。而在我居住的城市洛杉矶，恐怕警察平均每周开枪的次数都不止这个数。

对教育的高度重视使芬兰培养出了大批高效能干的劳动力。芬兰的工程师数量占国民总人口的比例是世界最高的。芬兰在技术领域也是全球的领跑者。如今，芬兰的出口几乎占其 GDP（国内生产总值）的一半，并且以出口高技术水平的重型机器以及制成品为主，这跟二战前只能出口木材等传统林业产品的芬兰已不可同日而语。作为高科技产品研发领域的佼佼者，芬兰当然不会浪费自己丰富的森林资源，它在发电领域、肥料研发、可替代羊毛和铜的纺织纤维研发，甚至是吉他制造领域都做得十分出彩。芬兰在研发领域的私人投资和政府投资总数相当于该国 GDP 的 3.5%，这几乎是其他欧盟成员国的两倍，几乎可算得上世界之首。同样居于世界前列的还有芬兰的教育投入占 GDP 的比例。出色的教育体系和研发上的巨额投入带来的结果是，在仅仅半个世纪的时间里，昔日穷困的芬兰一跃成为全球首屈一指的富裕国家。如今芬兰的人均收入水平跟法国、德国还有英国平起平坐，而这些国家的人口数量是芬兰的 10 倍之多，并且都有着丰厚的家底。

芬兰化

当我在 1959 年首次到访芬兰时，我对芬兰和苏联之间两次战争的历史几乎一无所知。当时，我问在芬兰的几位房东，芬兰为什么要实行那些政策，为什么要进口那些质量不那么好的莫斯科人牌汽车，为什么那么害怕与苏联发生冲突。我告诉他们，倘若芬兰真的与苏联发生冲突，美国肯定会帮助芬兰的。现在回想起来，再没有比这更让芬兰人感到残忍、无知以及无礼的话了。在芬兰的国家记忆里，充斥着这么一种难以言说的苦痛：

在 1939 年芬兰与苏联战争爆发之际，无论是美国、瑞典、德国、英国还是法国，都没有对芬兰伸出援手。这段历史告诫芬兰人，芬兰的存亡和独立掌握在自己的手中，不仅如此，只有当苏联感觉安全并对芬兰委以信任时，才是芬兰可以心安的时候。

许多非芬兰人本应比我了解得更多，却也抱着我当时的那种无知的态度，他们给芬兰的这种政策取了个贬义的代名词，叫作“芬兰化”。《纽约时报》在 1979 年是这样解释芬兰化的：“在一种可悲的状态下，一个弱小的国家屈服于强大的邻国，对自己的主权自由做出可耻的、令人尴尬的让步。”那些斥责芬兰化的人认为，芬兰的政策实质上就是懦夫之举。

确实，芬兰的很多举动吓坏了西欧和美国的一众观察者。在美国或德国，绝对不会出现仅仅为了避免惹怒苏联而推迟总统选举或总统候选人退出竞选这样的事情。这些行为似乎违背了民主国家赋予其公民的行动自由权。

在这里，我再次引用吉科宁总统的话：“一个国家的独立自主并非是绝对的……无须屈服于历史必然性的国家是不存在的。”芬兰需要比美国或德国更屈从于历史的必然性，理由很明显：芬兰是个小国，与俄罗斯共享边界，而无论是美国还是德国都没有这些掣肘。那些对芬兰化政策嗤之以鼻的人，你们觉得芬兰应该怎样做，是不是应该不顾忌苏联的反应，再次承担与苏军发生冲突的风险呢？

那些反对芬兰化的人心里存在这样一种恐惧：他们害怕苏联会打起自己国家的主意。不过，其他的西欧国家和美国的地缘政治环境与芬兰完全不一样，它们无须面对芬兰的地缘政治困境。吉科宁对芬兰外交政策的辩护浓缩成一句话就是："芬兰化不供输出。"

实际上，芬兰对苏联实行的外交政策必然是错综复杂的。这种政策产生的最终结果是，在二战结束后的70年里，芬兰并没有变成苏联或者（现在的）俄罗斯的附庸。相反，芬兰成功地在和西方加强联系的同时，与苏联保持了良好的关系。与此同时，芬兰人深知，际遇无常，因此芬兰要求该国男性义务服兵役，女性可自愿入伍。芬兰人在服兵役时要接受最长一年的严格的军事训练，因为芬兰的期望是，每一个芬兰人都具备上战场的能力。经过一年的训练后，芬兰人在30～35岁之前每隔几年就会被召集起来服预备役。芬兰的预备军人数占该国总人口的15%，倘若这一比例放在美国，那就相当于拥有一支5 000万人的预备军。

危机框架

现在，我们就芬兰的这段历史，类比影响个人危机结果的因素（见表1.1），分析影响国家危机结果的因素（见表1.2）。在影响国家危机结果的众多因素当中，有7项因素有助于解决芬兰国家危机；有1项因素在开始阻碍了危机的解决，但后来起到了积极的作用；另外3项因素的缺失，导致芬兰难以解决一个根本性的问题——来自强大邻国的威胁。

芬兰在解决国家危机时明显体现出以下7项因素的作用：主动承担责任（因素2）、划清界限（因素3）、强大的国家认同

（因素 6）、诚实的自我评估（因素 7）、应对国家失败的耐心（因素 9）、特定情况下的灵活性（因素 10）以及国家核心价值观（因素 11）。首先，在本书的国家样本之中，芬兰是主动承担责任并做出诚实、实际的自我评估的典范。进行这种评估对芬兰来说尤其痛苦，因为经历过战争的芬兰，很多人失去了生命、至亲，或赖以生存的家园。芬兰必须保持清醒，避免落入自我怜悯和仇恨的陷阱，进而破坏与苏联之间的关系。不过，芬兰人最终认清了现实：我们是一个小国；我们和苏联共有漫长的边界；我们不能指望盟友提供有效的支持；我们国家的生死存亡完全取决于我们自己；我们可以暂时抵抗住苏联军队的进攻，使苏联战线进展缓慢、代价沉重并且痛苦不堪，但我们无法长期与其对抗。芬兰人从战前的外交政策中吸取了教训，最终接受了现实：赢得苏联的信任是保持芬兰政治独立的唯一途径。

芬兰的案例充分展现了本书选择性变革和划清界限（因素 3）的主题。在与苏联的最后一次对抗中（1944 年 9 月之后），芬兰改变了自己以往的政策，打破了忽视苏联、不与苏联打交道的传统。芬兰采取了一种新政策，与苏联进行经济合作并开展密切的政治互动。不过，这些变革在很大程度上具有选择性，因为芬兰保持了独立自治，而且依然是一个自由民主国家。这两种看似互相冲突的身份——未变革的旧芬兰和已发生变革的新芬兰，却能够共存。这让很多非芬兰人既疑惑又气愤。于是，他们创造了“芬兰化”这样一种轻蔑的说法，以暗示芬兰当时其实可以也应该做出不同的选择。

芬兰人展现出的强烈的国家认同（因素 6）让人惊叹——不了解芬兰的人大概不会料到，这么小的一个国家竟然具有如此强烈的国家认同，毕竟从其他方面来看，它只是一个典型的斯堪的纳维亚国家。芬兰人的国家认同和对自己国家独特性的坚定认知，在很大程度上源于优美、独特又高深的芬兰语，没有多少非芬兰人有胆量去学这种语言，还源于以芬兰语创作的口传史诗《卡勒瓦拉》，以及在沙俄统治下长达一个世纪之久的独立自治历史，彼时芬兰就已拥有自己的政府、货币和议会。进一步强化了芬兰人的国家认同的，是世界人民对芬兰的音乐家、田径运动员、建筑师以及设计师的认可。如今，芬兰人的国家认同还与该国在冬季战争中取得的军事成就紧密相连。芬兰人以自己在二战中的成就为傲，这种自豪感要远远强于其他国家的国民，仅次于英国。在 2017 年的芬兰独立百年庆祝活动中，芬兰人对其在二战中取得的成就的重视程度不亚于对 1917 年取得国家独立的重视：就如同在美国，独立日（7 月 4 日）庆祝的焦点是美国在二战中取得的胜利，而不是 1776 年发表的《独立宣言》。

芬兰展示了一个国家如何耐心地应对最初的失败，并坚持不懈地探寻可能的危机解决方案，直到找到有效的路径（因素 9）。当苏联于 1939 年 10 月对芬兰提出领土要求时，芬兰没有主动提出开展经济合作和政治互动，这是芬兰后来才提出的。即使当时芬兰主动提出这些建议，斯大林也很有可能会拒绝。是芬兰在冬季战争中的顽强抗争让斯大林确信，使芬兰保持独立才是正确的选择。从 1944 年开始，芬兰意识到自己在战前忽视苏联的政策和战时诉诸军事手段的政策均已失败，为了保持自己的经济和政治独立，同时与苏联保持良好的关系，芬兰历经了漫长且持续的试验阶段。

芬兰展现出一国在特定情况下的灵活性（因素 10）。面对苏联的担忧和敏感，芬兰做出了任何其他民主国家都难以想象的事：通过追溯法，对自己国家的战时领导者进行审判，议会通过紧急法令推迟原定的总统选举，等等。其他民主国家可能会对这些措施不以为然，而在芬兰身上我们能看到由此反映出来的灵活性：牺牲部分原则来获取最不可侵犯的政治独立。再次引用扎洛加在曼纳林的传记中使用的一句话：芬兰人出色地“在几个糟糕的选项里选择了最不糟糕的一项”。

芬兰的历史展现了这个国家的一项不容置疑的核心价值观（因素 11），那就是捍卫国家独立，保卫国家不被他国侵占。芬兰人做好了为这一核心价值观而战的准备，哪怕他们当中的许多人会因此失去自己的生命。不幸中的万幸，芬兰人挺过来了，捍卫了国家的独立。针对芬兰所处的两难境地，本来就没有什么绝对正确的解决路径。1939 年的波兰和 1941 年的南斯拉夫在面对德国的要求时，均表示拒绝并为国家的独立而战，可它们没有芬兰那么幸运：这两个国家都输了，并被侵占或继续被侵占，受尽寄人篱下的耻辱。与之相对的是，因为判断出自己和对方的军事实力悬殊，1938 年的捷克斯洛伐克、1939 年的波罗的海三国和 1945 年 8 月的日本分别接受了德国、苏联和美国的最后通牒。如此想来，捷克斯洛伐克当时的情况未必全然无望，但我们如今也无从得知真相。

那个一开始阻碍了芬兰危机的解决，却在后来起到积极作用的因素是对危机的举国共识（因素 1）。芬兰国民一开始缺乏对国家陷入危机的共识，但最终达成了这一共识。在整个 20 世纪 30 年代，大部分芬兰人都没有意识到自己的国家和苏联之间迫在眉睫的危机，在 1939 年，他们又错误地判断斯大林提出的要求仅仅是虚张声势。从 1944 年起，芬兰国民开始达成共识，制定了巴锡基维－吉科宁路线，芬兰政府领导者与苏联政府领导者密切对话，并学习从苏联的角度看问题。

芬兰明显缺乏的三项有助于化解危机的因素分别是：来自盟友的援助（因素 4）、可供借鉴的榜样（因素 5），以及不受地缘政治约束的选择自由（因素 12）。本书讨论到的国家当中，芬兰得到的来自盟友的援助最少：在冬季战争中，芬兰所有的传统友国和潜在盟友都拒绝为它提供所需的实质性帮助。（瑞典提供了一点儿非政府性质的协助，包括派出 8 000 名志愿兵，并接收了芬兰的难民儿童；德国在继续战争中也的确提供了必要的军事及经济援助。）芬兰找不到任何一个弱国成功对抗苏联或者纳粹势力的案例：其他欧洲国家要么接受对方的要求（比如波罗的海三国），要么负隅顽抗并被残暴地征服（比如波兰和南斯拉夫），要么以自己（远强于芬兰）的军事实力成功抵抗（只有英国），要么做出适度的让步以换取国家独立（比如对德国做出让步的瑞士和瑞典）。反过来说，没有任何一个国家能够像芬兰那样，成功地处理与苏联的微妙关系（即"芬兰化不供输出"）。因为和强大的邻国苏联之间共享漫长的边界，芬兰的选择自由受到地缘政治因素的严重制约。芬兰这种因受强大邻国掣肘而无法自由选择的状态，恐怕只有二战后的德国在某种程度上能够感同身受。

仅针对国家危机而非个人危机的影响因素中，有两个因素体现在芬兰的案例里：领导者的力量和冲突后的和解。无论是在二战期间还是二战结束之后，芬兰都受益于卓越的军事及政治领导者的力量。作为军事领导者，曼纳林将军是一位分配稀缺资源的能手，他善于分析判断苏联在不同战线上对芬兰构成的威胁，在危急时刻依旧能保持沉着冷静和清晰的思路，并能鼓舞士气。曾任总理一职的芬兰前总统尤霍·巴锡基维和他的继任者乌尔霍·吉科宁均能说一口流利的俄语，在和斯大林的谈判中虽处于弱势，却能以圆融的技巧获得并且维持斯大林对自己的信任，还使斯大林相信，让芬兰保持独立是对苏联有利的政策。（想象一下，假如你是 1944 年 9 月的巴锡基维，曾在 1940 年 3 月为结束冬季战争而飞去莫斯科进行和平谈判，后来芬兰撕毁合约并于 1941 年夏与德国合作并收复卡累利阿，此时的你正要为了终止继续战争而飞去莫斯科和斯大林见面进行和谈。你会对 1944 年的斯大林说些什么？——“相信我，这一次我值得你的信任”？）话说回来，曼纳林、巴锡基维和吉科宁作为领导者的影响力不应被过分夸大，因为他们的目标和策略实际上和其他杰出的芬兰将军及政治家很相像，只不过他们展现出更为出色的技巧。

另外一项仅针对国家危机的影响因素便是激烈的内部冲突或内战之后的和解。芬兰在 1918 年内战结束以后的和解比起智利在皮诺切特结束军事独裁后的和解（见第四章）要迅速且彻底得多。与之相比，印度尼西亚在经历了 1965 年由军队煽动而起的种族大屠杀之后，没有做太多和解的工作（见第五章）。一方面的解释是，这些国家和解程度的不同与国内军队力量的强弱以及其能否对从前的敌人构成威胁有关系。1965 年后，印度尼西亚军方继续执掌大权；智利军方则甚至在皮诺切特下台后仍旧很嚣张且极具威胁性；芬兰的军队则在内战后逐渐隐居幕后，变得低调。另外一方面的解释是，芬兰人对芬兰的独特性抱有共识：芬兰内战中的胜方和败方都沿袭了相同的平等主义传统，都因为使用芬兰语而有别于世界上的其他民族，都传诵着《卡勒瓦拉》，都是让 · 西贝柳斯和帕沃 · 鲁米的同胞。

本书中谈及的因突如其来的外部冲击而陷入危机的两个国家中，芬兰是第一例。在下一章中，我会讨论明治时代的日本，这是另一个拥有强烈的国家认同和独特语言的国家，这个国家的文化比芬兰更具特色，它经历了更为激烈的选择性变革，和芬兰一样具备显著的现实主义色彩。但是，日本截然不同的地缘政治条件使它可以追求一种比芬兰更加独立的长期策略。

第三章

现代日本的起源

我与日本的缘分

和本书中讨论的其他国家不一样的是，我不会说日语，没有在日本长时间生活过，而且在20年前才第一次到这个国家。不过，我有许多机会能够以间接的方式了解日本的选择性变革及其兼具欧洲特性与日本传统特性的混合特征。我出生和成长于美国东海岸的波士顿，当我后来搬到加利福尼亚时，我发现这里的亚裔人口占比比美国其他地方多得多，其中很多都是日本人或美籍日裔。在我所任教的大学（加利福尼亚大学洛杉矶分校）中，亚裔学生的比例现在已经超过欧洲裔学生，成为学生中规模最大的群体。我结识了许多日本朋友和同事，包括一名优秀的日裔研究助理，他们因为曾久居欧美而对这些地方很了解，其中有些人的配偶就来自欧美。同样地，我也有很多非常熟悉日本的美国朋友和同事，他们在日本生活过很长时间，并且有几位的配偶是日本人。我妻子的两支旁系家族就有日本血统，因此我也有日本表亲和日本外甥女。

正因如此，我总能不断地从久居日美或日欧两地的日本人、美国人和欧洲人那里听到关于日本和欧美之间的差异。我所有来自日本的亲戚、学生、朋友和同事都谈到，日本社会和美国、欧洲社会之间既存在巨大差异又存在许多共同之处。以下是他们提到的一些存在差异的方面（以英文首字母顺序而非重要性排序）：是否习惯表达歉意，学习读写本国语言的难度，能否吃苦耐劳，是否会与潜在的商业客户社交应酬，是否极为重视礼节，对外国人的看法，是否存在公开的厌女举动，医患交流情况，是否以能够写一手好的书法为傲，对个人主义的重视程度，和配偶的父母的关系，是否特立独行，女性地位，是否直接地表达情绪，无私程度，表达异议的方式，等等。

日本在这些方面与欧美国家的差异都源于对日本传统的继承，与之并存的是西方对现代日本的影响。这种融合起源于一场爆发于 1853 年 7 月 8 日的危机，并在 1868 年的明治维新运动中得到加速。明治维新使日本开始了长达半个世纪的选择性变革。明治时代的日本也许可称得上世界各国中选择性变革和借鉴他国经验的杰出典范。和我们在上一章谈到的芬兰危机一样，日本的危机也源于突如其来的外界威胁（但是没有真正受到攻击）。和芬兰一样，日本进行了诚实的自我评估，并且耐心地尝试了不同的解决方案，直至找到有效的解决路径。与芬兰不同的是，日本实行选择性变革的范围要广泛得多，而且拥有更大的选择自由。因此，以明治时代的日本对比芬兰来讨论，是绝佳的研究案例。

1853年以前的日本

日本是第一个可以和现代欧洲社会以及海外的新欧洲国家（包括美国、加拿大、澳大利亚和新西兰）在生活标准、工业化程度和技术水平上相提并论的非欧洲国家。今天，日本不仅在经济和科技方面可与它们媲美，而且在政治和社会层面也表现出非常多的相似之处。例如，日本实行议会民主制，国民识字率高，流行西方衣着方式，在保护日本传统音乐的同时引入西方音乐。但在其他方面，尤其是在社会和文化层面，相比欧洲国家彼此之间的差异，日本与所有的欧洲国家之间存在的差异要大得多。日本社会呈现出这些非欧洲特性是很正常的，完全在意料之中，因为日本和西欧之间相隔8 000英里，而且日本一直以来受到周边其他亚洲国家（尤其是中国和韩国）的深远影响，日本与中国和韩国有悠久的历史渊源。

1542年之前，欧洲的影响力尚未扩及日本。1542—1639年，欧洲因为实施海外扩张而对日本产生了一段时间的影响（但因为距离较远，这次影响极为有限）。随后，欧洲对日本的影响力式微，直到1853年，日本社会开始与欧洲同步，接收了同时期的许多观点。当然，这些影响并未完全取代日本的传统，传统就是传统，仍然流芳百世。日本就像椰林俱乐部大火后的幸存者或二战后的英国，旧我和新我呈现“马赛克式”共存，只不过与本书中讨论的其余6个国家相比，日本社会中新我与旧我的拼接痕迹更加明显。

明治维新以前，日本的实际统治者是被称为幕府将军的世袭军事独裁者，天皇只是名义上的国家元首，没有实权。日本长期以来因受岛屿地理位置影响，与世隔绝，1639—1853 年，幕府将军限制日本人与其他国家的人接触，日本度过了一段漫长的锁国时期。当我们打开世界地图，对比日本群岛和不列颠群岛的地理条件时，我们会为日本那段历史感到吃惊。

乍看之下，这两个群岛似乎有一个共同的地理特征：日本群岛和欧亚大陆东岸的距离与不列颠群岛和欧亚大陆西岸的距离差不多（只要打开地图看看，你就会明白了）。日本和英国看上去大小差不多，都靠近欧亚大陆，所以人们一般会觉得，这两国在区域关系上的表现应该差不多。可实际上，自公元以后，英国曾 4 次遭受来自欧亚大陆势力的入侵，日本却一次也没有。另一方面，自 1066 年的诺曼征服起，每个世纪的欧亚大陆都留下了英国军队战斗的痕迹，而在 19 世纪末之前，除了仅有的两次匆匆的短兵相接，日本军队从未踏上欧亚大陆。早在 3 000 多年前的青铜时代，英国和欧洲大陆之间就有着密切的贸易往来，英国的康沃尔矿区是欧洲制造青铜器所需的锡的主要产地。一两百年以前，英国是世界头号贸易霸主，当时日本的海外贸易规模仍然很小。为什么两个地理条件明显相似的国家会出现如此巨大的差异呢？

要解释这种矛盾，我们需要关注重要的地理细节。尽管乍一看日本和英国拥有相近的面积和岛国状态，日本与欧亚大陆的实际距离是英国的 5 倍（两国与欧亚大陆的距离分别是 110 英里和 22 英里），而且日本的面积比英国大 50%，土地也更加肥沃。所以，日本现在的人口总数是英国的两倍多，其陆生食材、木材及海产品产量也更高。不像英国，在近代工业带来原油和金属的进口需求以前，日本必要的资源基本上都能够自给自足，几乎没有对外贸易的需求。正是在这种地理背景下，日本历史上大部分时期都处于锁国状态，自 1639 年起，这种状态更甚。

欧洲人分别于 1514 年和 1542 年首次抵达中国和日本。当时的日本已经和中国、朝鲜有了一些贸易上的往来，后来逐渐与葡萄牙人、西班牙人、荷兰人和英国人做起生意。不过，日本和欧洲国家之间并未建立起直接的贸易联系，双方只会在中国沿海或是东南亚的一些地方做交易。这种与欧洲的接触，对日本社会从武器到宗教的多个方面都产生了影响。1543 年，第一批登陆日本的葡萄牙探险家用火枪射杀鸭子，看到这一幕的日本人大为惊艳，并很快制造出了自己的火器。结果，到 1600 年，日本制造的枪支比世界上其他国家都要多、都要好。第一批基督教传教士于 1549 年抵达日本，到 1600 年，日本已经有 30 万名基督教教徒。

幕府将军对来自欧洲的各种影响，尤其是基督教的影响抱有顾虑也是情有可原的。欧洲人被指控干预日本内政，以及为日本的反政府分子提供武器。基督教教徒宣扬宗教的排他性，违反了日本政府禁止传教的命令，被认为是忠于外国统治者（教皇）。于是，1636—1639 年，幕府将军把数千名日本基督教教徒送上绞刑架，之后又切断了日本和欧洲的大部分联系。基督教在日本被禁。大部分日本人被禁止到海外旅游或定居。那些在海上被欧洲人或者美国人的船只救起来的日本渔民回到日本后，往往会被软禁在家，或者被禁止说起他们在海外的经历。只有中国商人可以进入长崎的某片区域，还有荷兰商人可以进入长崎的出岛（由于那些荷兰人信奉新教，日本人便认为他们不是基督教教徒），除了中国人和朝鲜人，其他外国人不可以进入日本。每隔4年，那些荷兰商人便要遵从命令，带上贡品去往日本首府，他们的路线都是提前规定好的，一切都在密切的监视下完成，仿佛他们是密封容器中的细菌一样。日本的一些藩确实在继续和朝鲜、中国，还有日本南边数百英里外包括冲绳在内的琉球群岛进行贸易。断断续续的日朝贸易被伪装成朝鲜使者前往日本的“朝贡”之行。不过，日本以上这些与外界的接触在规模上是有限的。

荷兰和日本之间的小规模贸易产生的经济效益微乎其微。但重要的是，对日本人来说，荷兰商人成了他们了解欧洲的信息来源。日本私塾教授的课程中有一门就是“兰学”。这门课程教授的是从荷兰传入日本的实用技能和科学知识，尤其是有关西方的医药、天文学、地图、测量学、枪支和炸药的知识。日本政府的天文部门设有一个专门的科室，负责把荷兰书籍中的相关内容翻译成日文。关于外部世界（包括欧洲在内）的很多信息经由中国、中文书籍以及欧洲书籍的中译本传到日本。

简而言之，截至1853年，日本和外界的接触是极为有限的，并且完全受控于日本政府。

佩里叩关

1853年的日本在一些重要的方面和今天的日本截然不同，

甚至和 1900 年的日本也十分不同。1853 年的日本有点类似中世纪的欧洲，仍是一个封建等级制度森严的社会，整个国家被划分为不同的藩地，分别由被称为大名的领主控制，大名的权力大于中世纪时欧洲的地主。处在权力顶端的便是幕府将军（见插图 3.1），德川家族的幕府将军自 1603 年便开始统治日本，并控制着全国 1/4 的稻田。大名的婚姻、搬迁和藩城的修建都必须得到幕府将军的准许。大名还被要求每隔一年就要带上自己的家臣在幕府将军所在的首府定居一段时间，这对他们来说是一笔相当大的开销。这些原因导致幕府将军和大名之间的关系紧张，除此之外，德川幕府时代的日本还面临其他的问题，包括幕府将军在财政上越来越入不敷出，叛乱活动日益频繁，城镇化，以及商人阶级的崛起。尽管如此，德川家族还是一一应对了这些难题，持续掌权 250 年，而且没有被倾覆的迫切风险。反而是西方人的到来给日本社会造成冲击，致使幕府将军下台。

西方向日本施压的背景是西方向中国施压，当时中国商品受到西方青睐的程度要远超日本。欧洲人特别喜欢中国的茶叶和丝绸，可是，西方的商品并不怎么符合中国人的喜好，于是欧洲人只好运来大量的白银以填补这部分贸易赤字。为了解决白银大量流出的问题，英国商人计上心头，把来自印度的廉价鸦片运往中国，并以低于中国市价的价格出售。（没错，英国人的鸦片政策并不是一个臆造的、用来攻击西方的诽谤之言，是真的有这么一条政策，人们在试图理解近代中国对西方的态度时需要牢记这一点。）可想而知，中国政府抨击了鸦片对人们身心健康的危害，禁止鸦片进口，并要求欧洲走私者交出他们停泊在中国沿海的船只上的所有鸦片存货。英国以非法贸易管制为由拒绝了中国的要求。

结果是，1839—1842 年，中英之间打响了第一次鸦片战争，这是中国和西方之间第一次正式的军事实力较量。尽管中国的国土面积和人口总数远超英国，但英国的海军和陆军装备及训练水平远胜中国。中国在第一次鸦片战争中落败，被迫做出屈辱的让步，支付巨额赔款，并且签署了不平等条约，开放 5 个中国口岸与英国通商。随后，法国和美国从中国获得了同样的优惠。

得知发生在中国身上的这些事情后，日本政府担心西方国家迟早会对自己提出类似的开放通商口岸的要求。确实，在 1853 年，日本的担心变成了现实，首先迎面而来的西方国家是美国。在一众西方国家当中，为何是美国首先对日本采取行动？原因是，在 1848 年，美国从墨西哥手中夺走了加利福尼亚，人们在加利福尼亚发现黄金，前往太平洋沿岸淘金的美国船只数量呈现爆发式增长。同时，太平洋沿岸的美国捕鲸船和商船数量也在不断增加。不可避免地，一些美国轮船在海上失事，有一部分正好漂到日本邻近的海域，幸存的水手因此在日本上岸，却因为德川幕府统治下的日本实施锁国政策而被抓捕或处决。这时候，美国当然希望自己的水手能得到救助和庇护，而且还想用自己的船只装满日本的煤炭。

正因如此，在时任美国总统米勒德·菲尔莫尔的一声令下，海军准将马修·佩里带领一支由4艘船只组成的舰队前往日本。这支舰队中包括两艘比当时日本所有船只都要高级的、以蒸汽驱动的军舰。（那时候的日本没有蒸汽船，也没有蒸汽发动机。）1853年7月8日，佩里的舰队不请自来，驶入江户湾（今称东京湾），佩里无视日本的逐客令，宣读了菲尔莫尔总统的索求信函，并称期望自己明年再来的时候能得到日本的答复。

对日本来说，佩里叩关的举动以及他强势的公开威胁正符合我们今天对“危机”的定义：一个不能以既有应对方法解决的严峻挑战。佩里离开后，幕府将军将菲尔莫尔的信函交由大名传阅，并就如何做出恰当回应咨询他们的看法。这一举动本身就已非比寻常。在各种回应建议中，大家不约而同地表达了维持日本锁国的强烈意愿，但也承认日本在面对佩里的战舰时毫无胜算，因此纷纷建议妥协以争取时间，从而使日本获得足够的西式武器和技术来保护自己。最终，这种现实的考虑占了上风。

佩里在1854年2月13日再次到达日本，这回带来的是一支由9艘战舰组成的舰队。幕府将军与美国签订了日本和西方列强之间的第一份条约。尽管日本此次未满足佩里提出的签订贸易协定的要求，但它在其他方面做出了让步，从此结束了日本长达215年的锁国政策。日本开放了两个港口作为美国船只的庇护港，接受了在其中一个港口设立美国领事的要求，并同意以人道的方式安置遭遇海难的美国水手。两国签订条约后，英国、俄国和荷兰的远东海军司令纷纷乘虚而入，分别迅速地和日本签订了类似的条约。

1853—1868 年的日本

德川幕府在 1854 年与佩里签署了条约，结束了日本两个多世纪以来的锁国状态，随后的 14 年是日本历史上一个动荡不堪的阶段。幕府竭尽全力解决日本因被迫开放而产生的问题。由于开放政策引发的日本社会和日本政府的转变一发不可收，幕府最终未能逃脱失势瓦解的命运。这些变化导致幕府被其国内对手推翻，日本在由倒幕派组成的新政府的带领下经历了更有深度和广度的变革。

虽然美国、英国、俄国和荷兰都通过与日本签订条约尝到了一丝甜头，但西方人想要打开日本对外贸易大门的胃口并未被满足。因此，在 1858 年，美国的新任驻日领事与日方洽谈，签署了一份内容更广泛的条约，其中就包括贸易问题。英国、法国、俄国、荷兰见状也纷纷效仿，各自与日本签署了新的条约。这些条约被日本视为丧权辱国的“不平等条约”，因为这些条约体现了西方的观点，在西方国家眼中，日本没有资格享有与西方国家同等的地位。例如，这些条约为在日本的西方国家公民赋予了治外法权，也就是说，这些西方国家公民不受日本法律管制。在接下的半个世纪中，日本的一个主要目标就是废除这些不平等条约。

1858 年的日本军事力量薄弱，要实现这一目标需要很长时间。因此，在 1858 年，德川幕府设定了一个短期目标，即降低西方人、西方意识及西方影响侵入日本的程度。实现这一短期目标的途径是，日本表面上佯称自己会遵守条约的要求，实际上则拖延行动，单方变更条款，利用西方人对日本地名的生疏将某些范围模糊化，并在西方列强之间挑拨离间。这些手段使西方国家深感挫败。通过 1858 年签订的条约，日本成功地把对外贸易范围限制在两个被称为“通商口岸”的港口，并且在这两个港口严格划定外国人活动的区域，其他地方则禁止外国人通行。

我之前提到，从 1854 年开始，日本幕府的基本策略就是争取时间储备自己的力量。这意味着日本要（以尽可能小的让步）满足西方列强的要求，同时获取西方军事及非军事领域的知识、设备、技术和力量，直到可能与西方抗衡。幕府以及名义上受幕府管辖，但拥有较大自治权的两大强藩——萨摩藩和长州藩[①]大力采购西方的战舰及枪支，在自己的军队中开展现代化改革，并往欧洲和美国输送留学生。这批留学生不仅学习了西方的航海、造船、工业、工程、科学和技术这类实用技能，还吸收了西方的法律、语言、宪法、经济学、政治学及字母等方面的知识。幕府成立了名为“番书调所”的机构，负责翻译西方书籍，并出资制作英文语法书和一本英文口袋词典。

但正当幕府和强藩努力储备力量时，与西方接触带来的问题在日本逐渐发酵。幕府和藩地因为要购买武器和送留学生出国，不得不向外国人借款，因而逐渐债台高筑。随着消费价格和生活

① 萨摩藩位于日本最南端的岛屿九州岛的最南端，长州藩则位于日本主岛本州岛的西南端。这两个强大的敌对藩在近代日本历史上的许多阶段都发挥了主要的作用。两藩都于 1600 年被德川军队打败。19 世纪 60 年代初，萨摩藩和长州藩均主动发起对西方人和西方船只的进攻，并因此首当其冲受到西方的报复。1868 年，两藩合力推翻了幕府统治，但在随后的 19 世纪 70 年代，它们为反对明治政府发动了最大规模的叛乱行动。

成本日益上涨，许多武士（战士阶层）和商人纷纷反对幕府垄断对外贸易的做法。由于在佩里第一次抵达日本后，幕府将军曾咨询大名的建议，一些大名开始要求更多地参与日本政策的制定和规划，而不是像以往那样让幕府将军只手遮天。虽然和西方列强谈判并签订条约的是幕府将军，但他无法控制那些偏远地区的大名是否执行这些条约。

各种问题的发酵引发了一连串互相交织的冲突。西方列强和日本之间的冲突点在于日本是否要向西方进一步开放，西方列强希望日本进一步打开国门，日本则希望尽量降低开放程度。那些历来和幕府存在冲突的藩地，比如萨摩藩和长州藩，和幕府之间的裂痕越来越大，双方都企图以西方的装备、知识，甚至盟友来打击对方。藩地之间的冲突也在加剧，甚至本代表天皇执政的幕府和有名无实的天皇之间也发生了冲突。举个例子，日本天皇并不同意德川幕府和美国在 1858 年商定的条约，但无论如何幕府还是签署了这份条约。

日本内部最尖锐的冲突是在基本战略层面面临的两难境地：到底是试着现在就做出攘夷的举措，还是等日本变得更强大之后再做这件事呢？幕府签订不平等条约后，日本国内发生了激烈的抗议：人们对那些折辱日本的外来者感到气愤，也对使日本蒙受这种屈辱的幕府将军和大名感到气愤。1859 年前后，愤恨、急躁又年轻气盛的佩刀武士开始以攘除蛮夷为目标，开展刺杀行动。他们后来被称为“志士”，意思是“高尚之人”，他们信仰日本传统价值观，并且认为自己比老一辈的政界人士要品德高洁。

这些志士在 1861 年发布了原则宣言，字里行间充斥着他们的怒火，其大意如下：我们雄伟神圣的帝国遭受蛮夷羞辱，是天皇最深悲切之源，从远古传承至今的日本之魂也到了即将殆尽的节点……据称，当主公受辱，家臣只能选择死亡。而今，帝国即将蒙羞，我们难道不应当有所行动吗？……我们以神灵起誓，帝国旗帜一日不倒，我们将始终为天皇竭诚，排忧解难，赴汤蹈火，在所不惜，尊皇攘夷。一旦有任何人置私利于帝国之前，神灵的怒火将降，他必要在众人面前切腹自尽以谢罪。

志士的刺杀行动针对外国人，甚至更多的是针对那些为西方人工作或对他们做出妥协的日本人。1860 年，一组志士成功将大老[①]井伊直弼斩首，因为他主张日本和西方签订条约。日本人针对外国人的袭击行为在 1862 年和 1863 年的两起事件中达到高潮，这两起事件分别发生在萨摩藩和长州藩。1862 年 8 月 14 日，28 岁的英国商人查尔斯·理查森遭到萨摩藩刀客袭击，最后失血而亡。原因是他对萨摩藩藩主父亲的仪仗队大不敬。英国方面要求日本赔偿道歉，处决肇事者。在与萨摩藩谈判将近一年无果后，英国的一支舰队炸毁了萨摩藩首府鹿儿岛，并杀死了大约 1 500 名武士。另外一起事件发生在 1863 年 6 月末，当时，长州藩通过海岸炮塔对西方船只开火，并关闭了本州岛和九州岛之间的下关海峡。一年后，来自英国、法国、美国和荷兰的 17 艘战舰组成联合舰队，炸毁了所有的海岸炮塔，并夺走了长州藩余下的

① 大老，江户幕府时代辅佐将军的最高官员，统辖幕府的所有事务。——编者注

大炮。

来自西方的连续报复使萨摩藩和长州藩的激进派终于见识了西方武器的威力，他们意识到，在目前日本如此弱小的情况下，驱逐外夷的尝试只会徒劳无果。激进派只好等待日本在军事上足以和西方抗衡的那一天。讽刺的是，这恰恰就是日本幕府所推行的政策，也正是激进派对幕府不满的原因。

但是，以萨摩藩和长州藩为首的一些藩地开始相信，幕府将军没有足够的能力带领日本变成能与西方抗衡的强国。大名的结论是，虽然他们和幕府将军在获得西方技术上目标一致，但要实现这一目标需要重组日本政府和日本社会。因此，他们计划以计谋夺取幕府将军的权力。萨摩藩和长州藩曾是敌对的关系，它们彼此怀疑，并且交过手。然而，由于意识到幕府军事力量的增强将会对两藩都造成威胁，它们便结成了同盟。

1866 年，前任幕府将军离世，继任的幕府将军发起了包括进口法国军备和招揽法国军事顾问在内的现代化改革速成计划。这一举动加剧了萨摩藩和长州藩的危机感。1867 年，前任天皇去世，他 15 岁的儿子继承了天皇的称号（见插图 3.2）。萨摩藩和长州藩的领导者与新天皇的祖父密谋，并从皇室中招揽倒幕势力。1868 年 1 月 3 日，倒幕派守住位于京都的皇宫大门，召开御前会议，强令幕府将军辞官纳地，为幕府统治时代画上了句号。倒幕派宣称要将日本政权“交归”天皇，尽管实际上日本政权之前一直在幕府将军手上。此次政变拉开了明治维新的序幕，标志着明治时代，也就是新天皇统治时代的到来。

明治时代

此次政变使明治政府领导者控制了京都，在此之后他们面临的最迫切的问题就是控制整个日本。虽然幕府将军本人接受了失败，但很多其他人并不这么想。不同的声音导致明治政府的支持者和反对者之间爆发内战。直到 1869 年，日本北方主岛北海道上的最后一股反对势力败北，外国势力才承认明治政府为日本的合法政府。在此之后，明治政府领导者才得以开始进行国家改革。

在明治时代初期，日本实际上处在一个十字路口。一些领导者希望由天皇实施专制；另外一些领导者则希望天皇只是名义上的统治者，实际权力掌握在“顾问”委员会手中（这正是日本最终采纳的方案）；还有一些人建议日本废除天皇，建立共和制国家。一些日本人开始慢慢欣赏西方的字母，建议以字母代替日本优美但繁复的文字体系（由汉字和两种假名组成）。一些日本人认为对朝鲜半岛开战刻不容缓，另一些人则认为应该再等等。武士阶层希望自己的民兵组织能被留用，另外一些人则希望他们卸甲归田，并废除武士阶层。

在各种相互冲突的想法交织的混乱状态下，明治政府的领导者很快确立了三个基本原则。首先，尽管部分领导者曾经是主张马上攘夷的激进分子，但他们很快就回归理性。无论是对曾经的幕府将军还是对如今的明治政府领导者来说，很明确的一点是，日本目前没有能力赶走西方人。要想赶走西方人，日本必须吸收西方力量，使自己变得强大。在这里，西方力量所指的不仅仅是枪炮武器本身，还有那些为西方国家提供不竭动力的、更为深远的政治和社会改革。

其次，明治政府领导者的一个最终目的是修改西方强加于日本的一众不平等条约。但是，要实现这一目标需要使日本变得强大，还需要使日本成为西方人眼中合格的西式国家，拥有西式宪法和法律规章。举例来说，英国前外交大臣格兰维尔勋爵曾开诚布公地告诉日方的谈判人员，英国会“严格依据日本在教化和文明方面取得的进步”承认日本“对本国境内的英国国民的管辖权”，当然，日本取得进步的程度是由英国人按照英国文明的标准来评定的。后来，在倒幕运动结束26年后，日本才最终使西方国家修订这些不平等条约。

最后，明治政府领导者要在方方面面确立、采纳和调整那些和日本的实际国情及价值观相兼容的外国模式。明治时代的日本开始了多元化的探寻，尤其是从英国、德国、法国及美国模式中借鉴经验。不同国家的模式被借鉴并运用到不同的领域，例如，明治时代日本的海军和陆军分别是以英国海军和德国军队为参照模型设立的。除此之外，在某些特定领域，日本连续尝试了几种不同的外国模式，例如，为了制定一部日本的民法典，法务省在一名法国学者的帮助下打好初稿，随后又以德国民法典为参考完成第二稿。

明治时代的日本大规模借鉴西方，并且具有很强的主动性和计划性。其中包括引进西方人才，例如，引进西方的中小学教师从事教学工作或担任顾问，还引进了两位德国学者协助完成日本宪法的制定，这部日本宪法从德国宪法中吸收了大量的精华。不过，日本主要的借鉴方式是派遣日本游学团前往欧洲和美国进行考察。明治政府前两年巩固政权后便迈出了关键的一步，那就是于1871—1873年派遣岩仓使团（见插图3.3）外出考察。该使团由50位政府使节组成，游历了美国及欧洲12国，参观了各国的工厂和政府机构，与时任美国总统尤利塞斯·格兰特以及欧洲各国政要会面，并发表了一份长达五卷的报告，详细描述了西方国家在方方面面的做法。该使团宣称，他们的目的是“从开化的国家的各种体制中找出最适合我们目前国情的制度”。1870年普法战争爆发之时，日本也派出了两名观察员，只为收集有关欧洲人如何作战的第一手资料。

赴外考察带来的附加效应是，那些有海外经历的日本人往往会成为明治时代日本的领导者，在公共部门和私有领域都出现了这种情况。举个例子，明治政府在19世纪80年代最重要的两位掌权的年轻人，一位是曾经数次对欧洲进行长期考察，并且曾主持制定新宪法的伊藤博文，另一位是曾在德国学习军事，后来成为日本首相的山县有朋。五代友厚在欧洲的经历使他成了大阪商会的会长以及日本铁路业和矿业大亨，而曾在1867年日本派往巴黎的使团中担任财务审计官的涩泽荣一则一手推动了日本银行业和纺织业的发展。

为了让这场规模宏大的借鉴西学运动得到日本传统派的认同，日本明治时代的创新和借鉴活动往往舍弃了“新”的称呼，反而被冠以回归日本传统的名号。一个例子是，1889年，天皇颁布了日本的第一部宪法，这部宪法在很大程度上参考了德国宪法，但天皇在他的演讲中称自己所登上的“皇位是万世一系”以及“自祖先传承而下的国家君主的权利”。同样地，明治时代为皇室制定的新礼被宣扬为万古长青的传统仪式。

这种把创新重塑为保留传统的做法，经常被其他国家的创新者称为“发明传统”，大大促成了明治政府的大幅度改革。残酷的现实是，明治政府领导者在1868年1月掌权之时形势十分危险。外国势力随时可能发动攻击，幕府的反对派和支持者之间极有可能发生内战，各藩之间火药味颇重，那些原来的地位和权力受到威胁的人极有可能会发动叛乱。因为武士阶层的特权被废除，日本国内出现了数次武士叛乱，其中最严重的一次是1877年的萨摩士族叛乱。整个19世纪70年代，农民武装暴乱时有发生。但事实上，明治维新的反对势力比预想中的温和一些。明治政府领导者擅长收买、笼络或调解实际或潜在的对手。例如，曾经与明治政府的军队对战的虾夷（今北海道）海军指挥官榎本武扬就在1869年归顺，最后成为明治政府的内阁大臣及全权公使。

明治维新

现在，我们来看一看明治时代的日本发生了哪些具体的选择性变革。这些变革影响了日本人生活的各个方面：艺术、服装、国内政治、经济、教育、天皇的角色、封建制度、外交政策、政府、国民发型、意识形态、法律、军队、社会以及科技。最迫切的变革发生在明治时代的最初几年，其目的是建立一支现代化的国家军队，废除封建制度，建立国民教育体系，以及通过税收改革保障政府的收入。接着，明治政府将关注点转移到法务改革，致力于制定宪法，进行海外扩张以及修改不平等条约等。在解决这些迫切的实际问题的同时，明治政府领导者还致力于打造明确的国民意识形态。

军事改革拉开了序幕，日本开始购置西方的现代化军备，招募来自法国和德国的军官作为军队教员，后来还以法国和英国的海军为模型尝试打造一支现代化的日本海军。改革的结果表明，明治政府很善于借鉴最佳的西方模式：日本政府并非仅参考一个国家的军队模式，而是分别以德国陆军和英国海军为模型打造了日本陆军和海军。（这是因为，在19世纪末的欧洲，德国拥有最强大的陆军，而英国则拥有最优秀的海军！）一个具体的例子是，当时，日本想学习制造一种由英国人发明的快速战舰，这种战舰叫作巡洋舰。日本先是委托一家英国造船厂设计并建造了日本的第一艘巡洋舰，然后日本的三家造船厂以这艘巡洋舰为模型，分别建造了一艘巡洋舰。

1873年，日本以欧洲国家的征兵法为模板，制定并实行了国家《征兵令》，规定日本男性国民依法参军三年，国家军队配备枪支。此前，每一个封建藩地都有自己的民兵组织，由佩刀的武士组成，尽管其在现代战争中作用甚微，但这对日本政府构成了一定的威胁（见插图3.4）。因此，武士先是被禁止佩刀或私下执行刑罚，后来，包括武士在内的世袭职业被废除，政府为那些原来的武士提供薪俸，再后来，政府支付原来的武士的薪俸逐渐转为附带利息的政府债券。

另外一项迫切的变革是废除封建制度。日本想要变得强大，就必须建立一个西式中央集权国家。这是一个棘手的问题，因为截至 1868 年 1 月，新天皇政府只掌握了从幕府将军手中获得的权力，其他权力依然掌握在大名（封建领主）手中。因此，1868 年 3 月，在一份措辞含糊的文书中，包括曾发起明治维新运动的萨摩藩藩主和长州藩藩主在内的 4 位大名被劝说向天皇交出他们手中的土地和治下的臣民。天皇在同年 7 月接受了他们的土地和臣民，余下的大名被下令做出同样的选择，作为交换，大名被封为各自原来所掌管的封建藩地的“知藩事”。1871 年 8 月，这些原来的大名被告知，他们昔日的藩地将被废除，改为由中央直辖的县，知藩事一职也被废除。不过，原来的大名被允许保留其前藩地资产收益的 10%，同时无须承担曾经压在他们身上的经济开支。于是，在三年半时间里，延续了好几个世纪的日本封建制度就此瓦解。

天皇仍是天皇，在这一点上没有改变。但是，明治天皇不再与世隔绝地待在京都的皇宫中，他被转移至日本当时实际上的首都江户，江户被改名为东京。在明治天皇统治日本的 45 年中，他在东京以外的日本各地出行多达 102 次，而在长达 265 年的德川幕府时期（1603—1868 年），历任天皇出行的次数加在一起也只有 3 次。

教育领域也经历了重大变革，这场改革影响巨大。日本在历史上首次建立国民教育体系。1872 年，日本开始设立初等义务教育机构；1877 年，日本创办了第一所大学；1881 年，日本开设初级中学；1886 年，日本开办了高级中学。一开始，日本的教育体系借鉴了高度集中化的法国模式，在 1879 年效仿了美国的地方管理教育模式，又在 1886 年改为德国模式。这场教育体制改革的最终结果是，日本成为当今世界上国民识字率最高的国家（达 99%），尽管日本的文字系统是世界上最复杂也最难学的。虽然新教育体系受到西方的启发，但政府宣扬的改革目的完全是为了日本：教育的本义是为了让日本国民忠君爱国，并向他们灌输民族团结的观念。

日本教育改革还有一个较为世俗但同等重要的目的，那就是培养未来的公务员，为日本的崛起和繁荣提供人力资本。19 世纪 80 年代，日本中央政府机构的人员招募考试改为考西方知识而不再是儒家哲学。国民教育体系的形成以及世袭制职务的正式废除削弱了日本传统的等级分化，高等教育水平代替出身成为进入政府高层的垫脚石。这在一定程度上使日本在世界上最大的 14 个富裕民主国家之中，成为财富分配最平均、亿万富翁占总人口比例最低的一个国家。美国在这两方面则恰恰相反。

明治政府接下来的要务，是为政府收入找到开源的途径。日本在此之前从未采用过西式的国家税务体系。每位大名在自己的藩地征收税款，用于藩地的运行开支，幕府将军也会在自己控制的土地收取类似的税款，不过还会以特定的名目从所有的大名手中收取一笔额外的费用。可是，明治政府刚刚解除了原来的大名作为知藩事的职务，废藩置县，宣布由中央政府管辖这些新设立的县区，原来的大名无须（明治政府领导者如是说）再承担这些地方的运行开支。由此，财务省推断，日本政府目前所需的年税收收入至少应该为从前幕府将军和所有大名的年税收收入之和。这个目标通过西方国家的做法得到了实现，日本政府开始征收 3% 的土地税。不管每年的收成多寡，日本农民都必须以现金支付这笔税款，因此他们时而会抱怨，有时还会发动暴乱。不过，要是他们能够预见现代西方的高税率的话，就会觉得自己已经很幸运了。比如，在我所在的加利福尼亚州，人们要上缴 1% 的州财产税，最高可达 12% 的州所得税，以及现在最高可达 44% 的国家所得税。

相对而言不那么急迫的改革事项包括，以西式法制体系代替日本传统的司法体系。日本在 1871 年设立了法院，且指派了法官，并在 1875 年设立最高法院。刑法、商法和民法也通过试验不同的外国模式走上了不同的西式改革之路。刑法典的改革一开始借鉴的是法国模式，随后以德国刑法典为模型；商法典借鉴的是德国模式；民法典则结合了法国、英国和日本本地的概念，最后从德国民法典中获取灵感。在进行每一项改革时，日本所面临的挑战是，既要找到与日本国情相兼容的方案，又要采纳西方的制度，以获取足够的国际尊重，因为只有这样才能修改那些不平等条约。比如，日本政府需要废除传统的酷刑以及对死刑的滥用，因为西方国家不认同这些做法。

日本基础设施的现代化开始于明治时代早期。1872 年，日本建立了国家邮政系统，建设了第一条铁路，并开通了首条电报线路。1873 年，日本成立了第一国立银行。东京的街道安装了煤气灯。政府还参与了日本的工业化进程，开设了砖块、水泥、玻璃、机械和丝绸工厂，这些工厂使用的是西方机器和技术。在1894—1895年的甲午中日战争中，日本战胜了中国。随后，日本政府的工业支出开始集中在与战争相关的产业，例如煤炭、电力、枪支、铁、钢、铁路和造船。

如果日本想要获得国际社会的尊重，政府改革就特别关键，也特别具有挑战性。1885年，日本设立内阁。早在1881年，日本政府就曾宣布即将出台宪法，部分原因是为了回应来自公众的压力。这部因地制宜的西式宪法在8年之后终于问世。最终的日本宪法不是以美国宪法而是以德国宪法为模型，因为德国宪法强调强人治国，这正好符合日本的国情。日本宪法诉诸该国的信仰，认同天皇的祖先是千年以前的神明，通过代代相传的皇权延续至今。在选定的1889年2月11日，日本皇宫谒见厅举行了宪法颁布典礼。当天是日本建国第2 549周年纪念日，明治天皇在拜祭祖先之后，向首相展示了新宪法的卷轴，作为天皇赠予日本的礼物。来自各国的外交使团代表和其他外国团体受邀出席这场仪式，共同见证日本的这一关键时刻：日本已经成为一个宪政体制下的文明国家，可以和世界上其他的宪政国家平起平坐了（潜台词是，日本不该再受制于那些不平等条约）。

跟日本的其他方面一样，日本文化也处于西方新元素和日本传统元素并存的状态。现在，西式的着装和发型在日本非常流行，当时它们很快就被日本男性接纳了（见插图3.5和插图3.6）。举例来说，5位岩仓使团的成员在1872年拍过一张合照，那是在明治维新运动开始的4年之后，佩里叩关也不过发生在19年以前。这张合照中，有4个人都穿着西服，打着领带，戴着礼帽，还留着西式发型，只有岩仓具视还穿着日式长袍，梳着传统的日式顶髻（见插图3.3）。在艺术领域，西方交谊舞、军乐团、交响乐、歌剧、戏院、油画、小说与日本传统的音乐、绘画、浮世绘、歌舞伎座和能剧并存。

如果一个国家的国民感受不到某种统一的意识形态，这个国家便有分崩离析的风险。在打造统一的意识形态方面，每个国家都有自己的理念和表达。比如，美国的理念是民主、平等、自由、开放、机会，相应的表达用语有"白手起家""大熔炉""自由之邦""人人平等""无限潜能之地"。政府需要有意识地打造并强化这种统一的意识形态，尤其是在刚独立的国家，比如印度尼西亚（见第五章），或者是在像明治时代的日本这种处在剧烈变革之中的国家。明治时代的日本是怎么做的呢？

1890年，日本天皇颁布了《教育敕语》。1891年，广为流传的《敕语衍义》就表达了统一的意识形态的必要性："日本……是一个小国。由于现在大国吞并小国并不受到惩罚，我们必须与全世界为敌……因此，每一个真正的日本人都必须有社会责任感，视自己的生命轻于鸿毛，昂首奋进，做好随时为自己的祖国牺牲的准备……这份诏书的目的是通过培养孝、悌、忠、信的美德来强化国家的根基，并通过培育集体爱国主义精神做好应对任何紧急状况的准备……如果我们的人民不能团结起来，再多的防御工事和战舰也不足以抵抗敌人。如果我们的人民团结一致，那么即使有百万强敌也不能伤我们分毫。”

明治时代的最后20年，在完成了税制改革和制定法典等浩繁且紧迫的任务后，明治政府得以分出更多精力向日本民众灌输一种公共责任感。这项任务的达成，一部分来自政府对传统宗教的支持，但更多得益于政府对教育的重视。传统日本宗教通过宣扬皇权神授、爱国精神、公民义务、孝道、敬神等共识来凝聚日本的民心。因此，日本政府积极宣传传统神道教和儒家哲学，资助出色的国家神社，并亲自任命它们的宫司。这些价值观将天皇尊为“现人神”，出现在日本教育体系的各个层面的全国指定教科书中。

日本的“西化”

以上我们总结了明治时代日本进行选择性变革的主要方面，至于日本海外扩张政策的变革，我们将在随后几页进行探讨。现在，我们来反思明治时代日本的这些变革，清除可能存在的误解。

明治政府的目标显然不是“西化”日本，把日本变成一个和欧洲大陆隔海相望的欧洲国家，这一点不同于在澳大利亚的英国殖民者，因为那些殖民者的目的确实是把澳大利亚变成一个远离英国的英式社会（见第七章）。恰恰相反，明治政府的目标是大量吸收西方的特征，不过要对其进行调整，以适合日本国情，同时留存相当部分的日本传统。换句话说，这些被吸收并且被调整的西方特征要被嫁接到源自日本历史的日本核心中。例如，日本在提高国民识字率和城镇化方面并不需要效仿欧洲：幕府时代的日本国民识字率就已经很高，而其首都江户在佩里叩关前的一个半世纪就已经是世界上最大的城市。明治政府的西化改革也并非盲目复制西方制度的细枝末节：明治政府的领导者在对西方社会的各方面有较为清晰的认知的基础上，加以调整之后，才把西方的军事、教育和其他制度引进日本。

明治时代的日本参考了好几种西方模式，从不同程度上借鉴了英国、德国、法国和美国在不同方面的经验。日本还参考了一些本地传统的模式：幕府时代末期的日本被分成 240 块不同的藩地，它们的纳税政策和其他制度都各有差异。除了这些正面的借鉴，明治时代的日本还从中国吸取了教训：日本要极力避免落入像中国那样受西方列强控制的命运。

明治政府的改革面向两方不同的“受众”：一方是日本国内的民众，另一方则是西方国家。一方面，这是日本自身的改革，目的是振兴国家的军事和经济，培养日本民众统一的意识形态。另一方面，此次改革还旨在让西方国家给予日本同等的尊重，因为如今日本已经采纳了受西方认可的西式制度。这既体现在基本的政府治理层面，比如制定西式宪法和法典，又体现在国民的外在形象方面，比如日本男性采纳了西式着装和发型。另外，日本天皇接受了西方的一夫一妻制，以西式婚礼迎娶了他的皇后。(在此之前，日本天皇通常妻妾成群。)

尽管明治政府的领导者在振兴日本、抵御西方国家这个目标上意见一致，但他们并没有从一开始就设计好全面的蓝图。事实上，明治时代日本的改革无论是从设计层面还是从行动层面都是一步步完成的：首先，建立国家军队，开拓政府收入来源，构建国家教育体系，还有废除封建制度；其次，出台宪法、民法和刑法；最后，通过战争进行海外扩张（随后将会讲到）。这些改革进行得并非一帆风顺，也收到各方不同的意见：明治时代的日本存在着内部冲突，比如之前提到过的武士叛乱和农民运动。

海外扩张

明治时代的日本选择性变革中，还有一条主线我们没有讨论，那就是日本从海外扩张和军事侵略的对象转变为实施者。德川幕府时期，日本实施锁国政策，并没有远征海外的雄心抱负。1853年，日本感受到军事实力更为强大的外国带来的紧迫威胁。

然而，到 1868 年，刚刚进入明治时代的日本因为军事改革和工业化发展而解除了迫在眉睫的威胁，并且有能力逐步进行海外扩张。日本在 1869 年迈出第一步，正式吞并了北部岛屿北海道，北海道的原住民阿伊努人是与日本本岛民族完全不同的民族，而北海道有一部分区域当时已在幕府控制下。1874 年，由于台湾岛上的原住民杀死了一些琉球渔民，日本对台湾岛进行惩罚性的武力讨伐。不过，讨伐结束后，日本退兵，并未吞并台湾岛。1879 年，日本吞并琉球群岛。1894—1895 年，日本在甲午中日战争中获得胜利，吞并台湾岛。

1904—1905 年的日俄战争是明治时代的日本第一次尝试与西方国家对阵。日本的海军和陆军均击败俄国（见插图 3.7 和插

图 3.8)。这是世界历史的一个里程碑：一个欧洲大国在一场竭尽全力的战争中输给了一个亚洲国家。在随后签署的和平条约中，日本吞并了库页岛的南半部分，获得了南满铁路的控制权。日本在 1905 年把朝鲜变成“保护国”，并在 1910 年将其吞并。1914 年，日本陆续征服了德国在中国的势力范围以及德国在太平洋上的密克罗尼西亚岛殖民地（见插图 3.9)。最后，在 1915 年，日本向中国递交“二十一条”文件，妄图把中国变成一个实际上的附属国。中国没有全然屈服，只同意了其中的部分要求。

日本在 1894 年之前就曾考虑进攻中国和朝鲜，但后来打消了这个念头，因为当时日本觉得自己不够强大，欧洲列强也有可能借机干预。明治时代的日本唯一一次高估了自己的实力是在 1895 年，也就是甲午中日战争的尾声阶段。中国向日本做出的让步包括，把中朝之间的海陆要道辽东半岛割让给日本。可是，法国、俄国和德国联合起来，迫使日本放弃了辽东半岛。三年后，俄国强行从中国租借了辽东半岛。这次屈辱的经历让日本警醒，认识到自己在面对欧洲大国时还是处于弱势。于是，在 1902 年，出于保险和安全起见，日本和英国结成同盟，并于 1904 年进攻俄国。尽管有盟友英国确保其安全，日本还是等到欧洲军力深陷一战中，无力像在 1895 年那样干预自己的时候，才对中国提出“二十一条”要求。

简而言之，日本在明治时代的海外军事扩张一直都很顺利，因为每走一步，日本都对自己的目标和相对实力进行了诚实、现实、审慎、充分的自我评估，并且对日本实现目标的可能性进行了正确评估。明治时代成功实行海外扩张的日本和 1945 年 8 月 14 日的日本形成鲜明的对比。1945 年，日本同时与中国、美国、英国、苏联、澳大利亚以及新西兰（还有许多对日本宣战但实际没有参与战斗的国家）开战。面对这样的对手组合，日本毫无胜算。日军的大部队在中国耗损多年。美国的轰炸机摧毁了日本的大部分城市。两颗原子弹将广岛和长崎夷为平地。一支英美舰队连续轰炸日本沿岸。苏军在满洲里和库页岛试图攻破脆弱的日本防线。澳大利亚和新西兰的军队在一些太平洋岛屿上扫荡日本驻防部队。几乎所有的日本大型战舰和商船都被击沉或者摧毁。超过 300 万日本人丧生。

如果说，日本是因为外交政策失误而被所有的国家攻击，这本身已经够糟糕的了。然而，更糟糕的是，是日本先对那些国家发动了攻击。1937 年，日本对中国发动全面战争。1938 年和 1939 年，日本和苏联展开了两场短暂却血腥的边界战争。1941 年，日本同时对美国、英国及荷兰发动突袭，尽管当时日本与苏联之间随时可能重燃战火。日本对英国发动进攻自然引发英国在太平洋地区的领土——澳大利亚及新西兰对日开战，日军随后开始轰炸澳大利亚。1945 年，苏联对日反击。同年 8 月 15 日，日本最终走向了无法避免的结局——投降。为什么 1868 年明治时代的日本能够按部就班，实现稳健而成功的军事扩张，但自 1937 年起，却一步步走向如此不切实际且最后失败的军事扩张？

造成这种局面的原因有很多：日俄战争中日本的旗开得胜、

对《凡尔赛和约》的幻灭、1929 年日本出口导向型经济的崩溃等。对照本书的主题，还有一个因素尤为相关，那就是明治时代的日本领导者和 20 世纪三四十年代的日本领导者在知识储备方面的差异和诚实的自我评估能力上的差异。在明治时代，包括日本军方领导者在内的许多日本人都曾出访海外。由此，他们获得了有关中国、美国、德国、俄国等国家及其海陆两军的详尽的第一手信息，并据此将这些国家与自己国家的实力进行比较，做出诚实的评估。然后，日本只在胸有成竹的时候才发动进攻。与之相比，在 20 世纪 30 年代，亚洲大陆上的日本军队是由一群热血澎湃的年轻军官统领，他们没有海外经历（除了在纳粹德国的经历），也不服从那些坐镇东京、经验充足的日本领导者。这些年轻热血的军官对于美国等日本潜在劲敌的工业实力和军事实力缺乏第一手资料。他们不了解美国人的心态，认为美国是个不想打仗的国家。

当时，还是有不少老一辈的日本政府领导者和军队将领（尤其是日本的海军将领）确实对美国和欧洲国家的实力有切身的了解。当我在 1998 年第一次到日本时，我印象最深的一件事是在晚餐桌上认识了一名退休的日本钢铁厂主管，那时候他已经 90 多岁了，老人向我回忆起他在 20 世纪 30 年代参观美国钢铁厂的经历。他告诉我，当他发现美国的高质钢材制造能力是日本的 50 倍之多时，他极为震惊，单凭这个事实他就断定，日本与美国打仗是极其不明智的决定。

可惜，在 20 世纪 30 年代的日本，这批有海外经历的老一辈领导者已经没有什么权力，只能退居幕后，其中有一些人还遭到那些没有海外经历的热血青年的谋杀，就如同在 19 世纪 50 年代末和 60 年代，热血志士刺杀或恐吓当时的日本领导者一样。当然，那些志士也没有出过国，他们对海外国家的实力的了解并不比 20 世纪 30 年代的日本热血青年多。但这两个群体的区别在于，志士对西方人的攻击引发了来自西方的坚船利炮，西方国家对鹿儿岛和下关海峡的轰炸使志士充分意识到，自己的策略并不现实。而在 20 世纪 30 年代，没有这样一场针对日本的轰炸事件来把那些没有海外经历的日本年轻军官拉回现实。

除此之外，明治时代的日本领导者和 20 世纪 30 年代的日本领导者的历史经验几乎是完全相反的。明治时代的日本领导者成长于一个内外交困的弱小的日本，内有纷争冲突，外有潜在的西方强敌。而在 20 世纪 30 年代的日本领导者眼中，战争是成功的代名词，他们沉醉在日俄战争的胜利中。他们曾在旅顺港成功突袭沙俄的太平洋舰队，并用同样的方式对珍珠港的美国舰队发动突袭（见插图 3.7）。不仅如此，日本海军还在对马海战中重创俄国的波罗的海舰队（见插图 3.8）。在第六章讨论德国的时候，我们将会看到另外一个类似的案例：同一国家不同年代的人因迥异的历史经验而持有完全相反的政治观点。

所以说，日本在毫无胜算的情况下仍发动二战的部分原因（而非全部原因）在于，20 世纪 30 年代的那些日本年轻军官缺乏相应的知识储备和历史经验，无法做出诚实、现实、审慎的自我评估。这为日本带来了毁灭性的后果。

危机框架

明治时代的日本深刻体现了我们在第一章中参照个人危机结果的影响因素所列出的影响国家危机结果的大部分因素。其中，在本书讨论的 7 个国家案例中，有一项因素（表 1.2 中的因素 5）在日本体现得最为突出，另外一项因素（因素 7）在包括日本在内的两个国家案例中表现得最为明显，另有 7 项因素（因素 1、因素 3、因素 4、因素 6、因素 9、因素 10 和因素 11）对日本也很重要，还有一项因素（因素 12）在日本既发挥了积极作用又发挥了消极作用。

比起本书中的其他国家，明治时代的日本在借鉴他国经验（因素 5）方面走得最远。日本首先对他国不同的模式进行仔细的比较，然后在每个特定层面挑选一种最适合自己当前国情的模式。因此，日本的宪法和陆军受到德国模式的启发，海军借鉴了英国模式，民法典的初稿学习了法国模式，1879 年的教育体制改革则取经美国模式。甚至可以说，美国的《独立宣言》也成了板垣退助和福冈孝弟等人在 1870 年起草政府改革提案的参照材料，因为他们在提案的序文部分就提出人权平等的概念，后面的众多结论均是基于这一概念。（美国《独立宣言》的第二句是："我们认为以下真理是不言而喻的：人人生而平等……"后面的许多结论均是由此引申出来的。）虽然板垣退助等人所提倡的美国政府模式后来未被采纳，但有许多其他的外国模式被一一采纳。

我们在上一部分讨论了进行诚实的自我评估（因素 7）在明

治时代的日本所发挥的作用，在本书的案例中，在这一方面能与日本匹敌的只有芬兰。通过以上的讨论我们可以明确，成功的国家自我评估需要具备缺一不可的两个元素。一个是愿意直面痛苦的真相。在日本的例子中，这个真相是西方国家比自己强大，因此日本必须通过“师夷长技”方能获得足以制夷的强大实力。另一个必要前提是知识储备。对明治政府领导者和明治维新之前10年的日本志士来说，仅仅能认识到西方军事实力强劲的痛苦真相是不够的，他们还需要通过直接观察或体验来获取培养这种实力的知识。然而，20世纪30年代的日本年轻军官显然缺乏关于西方军事实力的第一手知识。再者，与明治时代日本进行诚实的自我评估相关的，是我们提出的另外一项影响危机结果的因素：佩里叩关使日本社会萌生了对危机的共识（因素1）。

明治时代的日本展现出划清界限并实施选择性变革（因素3）的必要性。日本社会的很多方面出现了重大改变，涵括了经济、法律、军事、政治、社会和科学技术领域。但明治时代也保留了传统日本社会的其余特征，这些特征包括儒家道德观念、天皇崇拜、单一民族特性、孝道、神道，还有日本的文字体系。一开始，有人提议对其中的某些传统特征进行改革，比如在日本建立共和政体，采用西方字母。然而，日本迅速地划清了界限，区分开那些值得保留的传统特征和那些需要做出改变的部分。虽然日本国民做出改变的意愿很强烈，但其保留传统的意愿也不弱，因此，有一些变革必须被包装成“被发明的传统”以获得大众的认可。这种激烈的变革和保留传统并存的状态还体现了另外一项因素，那就是特定情况下国家的灵活性（因素 10）。

通过借鉴外国模式，明治时代的日本体现了获得他国帮助（因素 4）的价值。能说明这一点的例子数不胜数：早在 1864 年，居住在长崎的英国商人托马斯 · 格罗夫（Thomas Glover）就曾指派一行 19 个萨摩藩人到英国学习；在欧洲和美国，有许多西方人曾接待日本人；1886 年，德国顾问阿尔伯特 · 墨塞（Albert Mosse）和赫尔曼 · 勒斯勒尔（Hermann Roesler）到达日本，协助伊藤博文起草日本宪法；还有英国的维克斯造船厂，它为日本建造了第一艘巡洋舰“金刚号”，这艘战舰为日本后来自行建造的三艘巡洋舰——“榛名号”“比睿号”“雾岛号”提供了参考模板。

明治时代的日本和今天的日本均展现出强烈的国家认同（因素 6）。在日本国民和他们的领导者心中，自己的国家是独一无二的、更优越的，并且是与世界上其他国家不同的。这种共同的信仰使日本人克服了明治时代的压力，虽然有些时候他们在如何最好地保障日本的未来方面有不同的看法，但他们从未怀疑自己国家的价值。

明治时代的日本富有耐心，能够忍受最初的失败，坚持不懈，直到找到解决危机的方法（因素 9）。在 19 世纪五六十年代，日本面对外来威胁的最初回应是，试图把外国人排除在外，在外国人的活动范围被限制在特定的日本通商口岸之后，日本试图再次驱逐他们。但幕府、志士和明治政府领导者都逐渐意识到并接受了一个事实，那就是这种方法不管用，日本必须找到新的方法：把日本的国门向西方打开，向西方学习，从而振兴日本实力。同样地，日本在创立法律规章、开创国民教育体系、制定宪法方面也经历了起草、试验和修改的过程。在这三个领域，明治政府开始都借鉴了一种或多种外国模式，之后又因为不适合日本的国情而舍弃，并在最后采用另外一种西方模式。例如，日本民法典的制定从最初的法国模式转向英国模式，最后采用了德国模式。

不可动摇的核心价值观（因素 11）使日本人团结一致，甘愿为国家做出牺牲。在这些价值观当中，忠于天皇极其重要。这种价值观在二战末期展露无遗。当美国要求日本无条件投降时，尽管刚刚经历两次原子弹轰炸的日本处于军事上毫无胜算的形势下，日本人还是坚持"（投降）宣言不能包括任何有损天皇陛下作为主权统治者特权的要求"下才愿意投降。如果美国不接受这一条件，对于美国入侵本州的威胁，日本将抵抗到底。日本核心价值观的力量还体现在，二战时愿意实施自杀式袭击任务的日本士兵数量是现代国家之最。其中最有名的可以说是神风特攻队（飞行员驾驶传统战机对目标实施自杀式袭击），还有"樱花飞弹"（飞行员驾驶满载炸药的火箭动力滑翔机冲向敌军战舰）和"回天"鱼雷（水手驾驶和操作鱼雷从日本战舰驶向敌方战舰）的操作者。这些技术含量很高的自杀式武器出现于二战末期，在此之前几年，日本实施的都是低技术水平的自杀式袭击，即日本士兵在诈降后引爆事先隐藏起来的手榴弹，和敌人同归于尽。除此之外，战败的日本士兵和军官还会自杀，以遵从被反复灌输的“绝不投降”理念。例如，1943 年 11 月，塔拉瓦战役中，对抗美军入侵的 2 571 名日本精英部队成员中有 2 563 人牺牲，有很多士兵都是自杀的，最后被美方俘虏的仅有 8 人。

日本作为一个没有陆地边界的群岛，和那些与其他国家共享边界的国家（比如芬兰和德国）相比，在不受地缘政治约束（因素 12）方面处于相对优势地位。我们在上一章看到，芬兰和苏联之间漫长的边界构成了芬兰最根本的问题。在第六章，我们将会看到，和强大的邻国共享边界也是德国历史上的重要问题。尽管如此，强大的他国仍然是德川时代和明治时代的日本面临的根本问题，尽管那些国家和日本相隔半个地球。早在 19 世纪出现，同样适用于现代世界的是，科技缓解了地缘政治的约束，但并不能完全消除这些约束。

问题讨论

在明治时代的日本这一案例最后，我们来讨论仅存在于国家危机而未存在于个人危机中的 4 个因素：革命还是改革、领导者的角色、群体冲突与和解，以及是否抱有共同的愿景。

国家危机有时会以暴力革命的形式体现（例如 1973 年的智利，还有 1965 年的印度尼西亚），有时会以和平变革的方式体现（例如二战后的澳大利亚）。明治时代的日本似乎处在两者之间，但比较偏向后者。幕府的统治以不流血政变的形式结束于 1868 年 1 月 3 日。幕府将军的部分支持者，而不是幕府将军本人，随后进行了反抗，在经历了一年半的内战后被打败。但是，这场内战造成的伤亡相对较少，和1965年的印度尼西亚政变与反政变行动、1973年的智利政变及其余波，以及1918年的芬兰内战完全没有可比性。

明治维新没有出现像希特勒、皮诺切特或苏哈托那般的领导者，这些人分别在纳粹德国、1973年后的智利以及1965年后的印度尼西亚留下了深刻的个人烙印。相反，明治时代的日本在每一个时期都有好几位领导者，并且在19世纪80年代高层权力逐渐转移。日本这些领导者都对西方有第一手经验，并且共同致力于通过选择性借鉴外国模式振兴日本的基本策略。日本天皇一直担任象征性首领而非实际意义上的国家领导者。

说到群体冲突与和解，1853—1868年，日本国内针对该国基本战略存在意见分歧。从1868年开始，当基本战略确定后，像其他国家一样，日本国内针对如何有效落实该基木战略也出现分歧。直到1877年，部分分歧通过暴力得到解决，尤其是1869年以前幕府与萨摩藩–长州藩联盟之间的冲突、19世纪60年代日本志士和日本温和派之间的冲突，还有明治政府和持有不同政见的武士之间的冲突，后者体现为武士暴乱。这些冲突的暴力程度比起智利和印度尼西亚都算得上温和。随后，日本这些冲突双方的和解比起智利更为彻底，更远超印度尼西亚。这一方面是因为日本的冲突没有导致那么多人被杀，另一方面是因为明治政府领导者比智利和印度尼西亚的军方领导者做了更多努力，并展现出更多与对手和解的技巧。在本书讨论到的其他国家中，1918年内战后的芬兰在解决暴力冲突方面的成果与明治时代的日本最为接近。

大多数国家危机的化解离不开多方面的政策改革，有的国家是逐个设计和执行的，有的国家则是基于一个统一的蓝图。明治时代的日本比较接近后种情况。这并不是说明治时代日本的领导者同时进行所有的政策改革：他们知道有些问题比起其他的问题要更迫切。他们先是建立了皇家陆军，实行税务改革，并在 19 世纪 70 年代早期解决了其他一些急需处理的问题，直到 1894 年，日本开始实施全面海外扩张行动。然而，这些政策都是基于一个原则，即日本人在明治时代之初就达成的共识：日本需要在各个领域都变得强大，这需要通过选择性地学习西方来实现。

明治时代的日本为我们提供了通过选择性变革化解国家危机的第二个典型案例。芬兰（我们的第一个案例）和明治时代的日本的相似之处在于，两个国家都是面临突然爆发的危机，遭遇外部酝酿多年的军事威胁。芬兰人和日本人都有着强烈的国家认同和国家核心价值观，为了守护这些观念，他们在毫无胜算的情况下仍旧选择不惜牺牲自己的性命来面对困境。在这个方面，日本人真正面临的挑战发生在二战期间而不是在明治时代。两国人民都相当现实和诚实。不过，在其他一些方面，芬兰和明治时代的日本处于两个极端。明治时代的日本从其他国家得到了帮助，而这些国家正是当时威胁日本的国家。芬兰在冬季战争中基本上没有得到帮助。日本通过大量借鉴他国经验化解了自己的危机，芬兰则没有能够借鉴的对象。日本拥有大量的人口、强劲的经济实力，并且远离内陆，这足以让日本争取到时间和空间，使自己达到能与威胁者抗衡的军事水平。芬兰和苏联在地理位置上相邻以及在规模上的差距使芬兰无路可退。在接下来的两章中，我们将转向跟芬兰和明治时代的日本一样经历了突发式危机的国家，但在这两个案例中，危机的爆发源自国家内部因素。

第四章

全民的智利

探访智利

1967 年，我在智利休学术假的时候，那里的一切还看似风平浪静。我在智利的房东向我强调，他们的国家和其他的拉丁美洲国家非常不一样。他们解释道，这个国家有着悠久的民主历史，只发生过少数几次不流血的军事政变。不同于秘鲁、阿根廷以及其他南美洲和中美洲国家，智利鲜少出现军政府掌权的情况。智利堪称拉丁美洲政治最稳定的国家。

在智利人眼里，智利属于欧美而非拉丁美洲。举个例子，我正是通过一个智利大学和加利福尼亚大学的联合交换项目前往智利做学术访问的。这一项目的成立不仅仅是由于智利和加利福尼亚在地理位置上存在相似性——两地均位于各自所在大陆西岸的地中海气候区，还因为两地在社会氛围和政治稳定度上存在相似之处。我的智利朋友用这么一句话来概括："我们智利人知道如何治理自己。"

1973年，距我探访智利仅仅过了6年，这个国家却落到了军事独裁政府的手里，政府迫害行为几乎刷新了世界纪录。当年9月11日，在一场军事政变期间，智利的民选总统自杀于官邸。智利军政府杀害了许多智利人民，对许多人施以酷刑，还发明出各种折磨身心的严峻刑罚，导致更多智利人民流亡。不仅如此，智利军政府还策划了境外的恐怖主义政治谋杀行动，这其中包括在1976年的华盛顿特区发生的那场谋杀行动。这是在2001年“9·11”恐怖袭击事件（巧合的是，这一天正是智利军事政变的周年纪念日）发生之前，唯一一次发生在美国领土上的、针对美国公民的恐怖主义政治谋杀事件。智利军政府持续掌权近17年。

今天，距离智利军政府下台已经过去29年，但智利仍在清理军政府留下的隐患。一些施虐者和军事领导者被送进了监狱，可军方的头号人物仍然逍遥法外。不少智利人尽管哀叹着政变带来的苦痛，但依然认为这场军事政变是必然发生且无法避免的。

接下来，我将会讲述智利近代的历史，读完之后，你的心中可能会留存许多的疑惑。我们该如何解释，在这样一个拥有深厚民主传统的国家，竟会出现如此急剧的政治转向？智利和其他一些国家要如何面对如此骇人听闻的近代历史？本书关于国家危机和变革的主题如何在智利的案例中得到体现？你会看到，智利政府在经济政策及政治妥协方面做出了重大的选择性变革。你还将看到一些反复出现的主题：该国是否进行了诚实的自我评估，是否具备行动的自由，是否得到他国的支援，以及是否有他国经验可以借鉴。从两位智利领导者的身上，我们还可以看到一个不断被重提的历史问题，那就是具备独特个性的领袖能否真正改变历史的进程。

最重要的是，对于我的美国同胞而言，智利的案例引出了一个让人战栗的问题。美国和智利都拥有强大的民主传统。然而，放弃民主传统，向独裁政权屈服，这是1967年的智利人难以相信的，同样也是今天的许多美国人无法理解的。但是，这样的事情确确实实在智利发生了，而且如今回望，在这之前智利已经出现很明显的征兆。美国会不会也走上相同的道路？

1970年以前的智利

我们首先来看智利的地理、历史和国民情况。打开地图，你会惊讶地发现，智利是世界上地形最狭长的国家。自东向西，智利国土的平均跨度不过100多英里，可自北向南，智利跨越了将近3 000英里：这几乎跟美国国土的东西跨度差不多了。从地貌上看，智利和其他国家之间有天然的阻隔，它与东边的阿根廷之间隔着高耸绵延的安第斯山脉，与北边的玻利维亚和秘鲁之间隔着世上最贫瘠的沙漠。正因如此，获得独立后，智利仅仅在1836—1839年和1879—1883年跟它的两个北方邻国发生过两场战争。

虽说国土狭长，智利的肥沃田地、农业和人口都集中在该国境内的小部分地区，也就是围绕着智利首都圣地亚哥的中央山谷地区。智利的主要港口瓦尔帕莱索距离圣地亚哥市仅60英里，是南美洲西海岸最大的港口。这种地理位置上的集中性，联合下文将讨论到的智利的单一民族性，对智利人的团结统一有很大的作用，不同于许多国土面积与智利差不多大的国家，智利免于民族分裂运动带来的困扰。

南美洲的其他国家都位于热带，而智利、阿根廷及乌拉圭则位于南美洲南端的温带地区。与处于热带地区的国家相比，处于温带地区的国家具有两大优势——较高的平均农业生产率，以及较低的平均疾病暴发率。正因如此，尽管阿根廷政府长期实施一些误导性的经济政策，智利、阿根廷和乌拉圭三国仍然是南美洲人均收入水平最高的国家。智利的相对富裕得益于其农业、渔业、矿产（下文将会详述）以及制造业。早在 19 世纪 40 年代，加利福尼亚和澳大利亚掀起淘金热潮，智利便已开始对两地大量出口小麦，其农业出口国的身份由此延续下来。近几十年，智利更是成为南美洲，甚至是全球渔业产品的主要出口国。和其他的拉丁美洲国家相较，智利在制造业方面表现更为突出。

说起智利的历史和国民，在欧洲殖民者到来之前，如今被称作智利的土地上只居住着零星的美洲原住民，而在人口稠密的北方，即今天的玻利维亚、秘鲁和厄瓜多尔，曾屹立着强大的印加帝国，其文化和政治基础是智利所不具备的。与大部分其他的南美洲和中美洲地区命运相似，从 16 世纪 40 年代开始，智利逐渐被西班牙人征服，并成为殖民地。西班牙人带来了极少数非洲奴隶，而且西班牙人会和当地的美洲原住民通婚。所以，跟其他大多数南美洲国家不一样的是，现在智利的种族结构保持了相对的同质性，其国民构成中，血统纯正的印第安人或者非洲人等少数民族群体规模较小。智利人几乎要么是纯西班牙血统，要么是梅斯蒂索混血儿（西班牙人和印第安人相结合的后代），几乎所有人都是天主教教徒，说西班牙语（在其他拉丁美洲国家，很多规模较大的少数民族群体使用美洲原住民语言）。智利最大的少数民族群体是马普切印第安人，但这个群体只占全国总人口的1%。相对来说，仅有非常少的智利国民拥有西班牙人和印第安人之外的血统。

可以看到，智利的地理条件、历史因素和人口构成加在一起，在历史上形成了一种积极力量，促进了国家的团结统一，使智利的历史不像其他拉丁美洲国家那般跌宕起伏。但智利和其他的拉丁美洲国家都存在一股负面力量：西班牙殖民者在此建立了大地主制度，而欧洲殖民者在北美地区仅建立了小型的农业种植园。因此，美国和加拿大从一开始被欧洲殖民的时候就建立起了基础广泛的民主政府，而在智利，小型寡头政权控制了几乎所有的土地、财富和政治权力。这样高度集中的政治权力构成了智利历史上的一个基本问题。

一方面，处于传统的寡头权力中心的阶层丝毫不愿退让；另一方面，社会中的其他阶层力量冉冉升起。两者之间存在潜在的冲突，这种冲突可以通过政治妥协的方式解决，也可能会演变为迟迟未决的政治僵局。1925年，智利通过了新宪法，将总统、参议院和众议院的选举分开至不同的年份举行，政治冲突出现得愈加频繁。以分权制衡之名实施的这种制度，虽然出发点是好的，但不幸的是，结果往往是总统职位、参议院和众议院的控制权落在不同政党的手里，这取决于在特定的选举年哪个政党的力量最强。智利后续的两项选举投票程序变革牺牲了寡头政府原先的主宰地位，增强了左派政党的势力。其中一项变革是，智利的女性公民最终在 1934 年获得了在地方政府选举中投票的权利，并在 1949 年获得了总统选举的投票权。另外一项变革是，在过去，智利的选举是在公共场所进行公开投票，因而，地主可以看到农民的投票情况，进而影响农民的选择。但在 1958 年，智利的选举开始采用无记名投票，再次引发了权力“左倾”。

智利的政党分成了三大阵营：左派、中间派和右派。各阵营力量旗鼓相当。因此，智利中央政府有时被左派掌控，有时是右派的天下，这取决于中间派选择倾向哪边。各大阵营内部也存在着极端势力和温和势力之间的冲突。例如，在左派阵营里，温和派（包括最正统的共产主义者）希望以宪政手段促进变革，他们的竞争对手激进派则迫不及待地想要用革命的方式达到变革的目的。在 1973 年以前，军队并未参与智利的政治较量。

我在 1967 年曾在智利旅居，在那之前，最近的一次智利总统选举发生在 1964 年。对智利来说，这场选举的结果异于往常。通常，在这个国家，处于领先位置的总统候选人会获得相对多数而非绝对多数的选票，而在 1964 年选举中，中间派总统候选人爱德华多·弗雷·蒙塔尔瓦收获了绝对多数选票。选民认为弗雷善良且正直。出于对左派势力崛起的忧惧，许多右派投票者转而支持弗雷。不仅如此，在 1965 年的众议院选举中，弗雷所属党派同样获得了主导权。以上种种让智利人民期望弗雷能够做出重大变革，改变智利的政治僵局。

上台后，弗雷马不停蹄地以智利政府的名义购买了智利境内由美国所有的铜矿开采公司51%的股份。他为智利经济注入了大量的政府投资，拓宽贫困人口受教育的渠道，成功地使智利成为人均接受美国经济援助金额最高的拉丁美洲国家。他还发起一项土地改革计划，废除大庄园制。可惜，弗雷改革社会的力量受限于智利长期以来的政治僵局。一方面，弗雷的改革项目对智利右派来说太过激进。另一方面，在智利的左派人士看来，弗雷的改革还不够彻底，他们希望国家对境内的矿产开采公司拥有更大的控制权，政府投资力度更大，有更多的土地被重新分配。在弗雷执政期间，智利的经济依旧面临罢工、通胀以及物资匮乏的问题。举个例子，我在智利的那几个月里，智利的肉类产品供应一直短缺：哪怕是鲸肉和下乘的牛肉也只是偶尔才会出现在肉店里，羊眼倒是一周7天都能买到。我有智利朋友经历了街头暴力。到1969年，智利的左、中、右三大政治阵营已经对政治灰心。

阿连德

从1970年开始，智利先后经历了两位在政治立场及个人性格上完全相反的领导者，他们分别是萨尔瓦多·阿连德和奥古斯托·皮诺切特。两人唯一的相似之处在于，时至今日，我们仍无法弄清楚为什么他们会做出当时的选择。

我对阿连德的了解来自有关他的公开信息，另外，我的一名智利朋友熟识阿连德及其家族，他为我提供了一些信息。阿连德是一名典型的智利职业精英，成长于中上阶层家庭，生活富足，智力超群，充满理想主义，能言善辩，且极具人格魅力（见插图4.1）。早在学生时期，他便成为一名公开的马克思主义者，是智利社会党的创始人之一，这个党派比智利共产党要更为左倾。不过，就智利的社会主义标准来说，阿连德算是一名温和派，因为他的目标是以民主的手段而非武装革命建立共产主义政府。从医学院毕业后，阿连德在31岁的时候就当上了智利的卫生和社会福利部部长，他在这一职位上的成就得到了广泛认可。他分别在1952年、1958年和1964年竞选总统，但三次都败选了，其中两次的票数与获胜者差距尤为悬殊。在1970年，阿连德再次成为总统候选人，这次他代表的是由社会党、共产党、激进党及中间派联合组成的人民团结阵线，可在当时，他在人们眼中不过是一名不具有威胁性的、常年落败的政客。

在1970年的这场选举中，阿连德获得了最高民选票数（得票率约为36%），最终却是险胜，因为那些没有支持他的选民（约占总选民数的64%）分别把票投给了智利的右派势力（得票率约为35%，仅比阿连德低约1%）和中间派势力（得票率约为28%）。由于阿连德只获得了相对多数而不是绝对多数的选票，他的当选必须得到议会的确认。议会承认了这次选举结果的有效性，但条件是进行一系列的宪法修订，以保证智利国民的出版自由及其他自由。尽管阿连德的个性和他过往的行为都温和无害，但他的当选还是立即触发了美国政府的一次政治介入，美方试图通过操纵智利议会来反对阿连德当选，但并未成功。我的一名智利朋友甚至因为他的当选举家移民，因为他不愿看到阿连德即将实施的任何一项政策。为什么一名温和左派人士的上台会引发如此强烈的抵触情绪呢？

这是因为，建立以马克思主义思想为指导的智利政府是阿连德和他所属的党派联盟的公开目标，而这样的愿景使智利的右派和中间派、智利军方以及美国政府感到恐惧。时至今日，距离苏联解体和冷战结束已过去数十年，年轻读者没有经历过20世纪40年代、50年代和60年代的生活，所以无法想象上述各方为何会坚定不移地穷尽各种手段来压制马克思主义政权的出现。首先，二战后，苏维埃政府开始大展拳脚，开拓其统治世界的政策宏图，制造了自己的原子弹、氢弹还有洲际弹道导弹。1948年，苏联构筑封锁线将柏林一分为二。苏联夺取了一些地方的政权，并镇压了捷克斯洛伐克、民主德国、匈牙利和波兰国内的反抗活动。

最为危险的是，菲德尔·卡斯特罗在古巴建立起马克思主义政权之后，便连同赫鲁晓夫开始在古巴境内离美国的海岸线仅90英里的地方部署弹道导弹，并配备了核弹头。就在1962年10月，整整一周的恐怖气氛，在所有经历过那一时期的人（除了当时尚不记事的小孩）心中烙下了深刻的印记。无论是在那之前还是在那之后，我们的世界从未如此接近核战争（见插图4.2）。这场危机过后，逐步被公开解密的美苏机密情报资料让世人清楚地了解到，我们与核战争的距离远比当时人们所预计的更近。彼时，尽管美国军方已经知道至少有162颗导弹装置落地古巴，但他们以为这些导弹的核弹头还未运达。实际上，当时有不少核弹头已到达古巴且蓄势待发。

古巴导弹危机之后，苏联加速开发更多强劲的核武器及洲际弹道导弹。美国则坚决不再容忍在西半球建立共产主义政权。那时候，任何一位美国总统，如果无法阻止共产主义政权在西半球建立，就会立刻以严重忽视美国利益为由被弹劾。肯尼迪总统就曾被警告过，要是不能让苏联的导弹撤出古巴，他就得离开白宫。自 20 世纪 60 年代以来，美国还忙于应对越南和其他东南亚国家的共产主义势力。目睹了古巴的危机以及卡斯特罗上台后其反对者的下场，智利的右派、中间派和武装力量在反对建立马克思主义政权这件事上立场一致且态度强硬。他们都无法容忍古巴的历史在智利重演。

美国担心智利的局势还有另外一个原因，那就是智利经济最大的组成部分——铜矿开采公司。这些公司曾属于美国，由美国资本投入开发，因为在 19 世纪，智利既没有资本也没有技术，无法凭一己之力发展铜矿开采业。在弗雷总统的领导下，智利收购了这些公司 51% 的股份，美方担忧，阿连德会无偿征收余下 49% 的股份（后来被证实这种担忧是对的）。因此，从 20 世纪 60 年代起，美国通过一个被命名为“争取进步联盟”的项目，对（包括智利在内的）拉丁美洲国家的中立改革党派提供支持，并为由中间派执掌政权的拉丁美洲国家注入援助资金，以对可能发生的左派革命先发制人。弗雷总统在位期间，智利成为拉丁美洲接受美国发展资金的主要国家。

面对这般现实，阿连德在就任总统之初出台了怎样的政策呢？尽管知道支持自己的国民只占36%，智利的武装力量和美国政府均反对自己，阿连德还是没有走温和、谨慎和妥协的道路，却追求一种绝对会让反对势力深恶痛绝的政策方向。他首先获得了智利议会的一致支持，在不支付赔偿金的情况下将智利境内由美国所有的铜矿开采公司国有化，这无疑使智利在国际上为自己树立了强敌。（为了避免支付赔偿金，阿连德的托词是，这些公司的既得利润中超过特定收益的额度即为"超额利润"，这部分钱和智利政府要赔付的金额互相抵销了。）阿连德还主导了其他一些大型国际商业集团的国有化。让智利军方感到害怕的是，阿连德让大批的古巴人进入智利，他手持的私人枪支来自卡斯特罗的馈赠，并且他还邀请卡斯特罗前往智利进行访问，这次访问后来持续了5周。阿连德冻结了物价（哪怕像鞋带这种小型消费品也不放过），将智利的自由市场经济改为社会主义的国家计划，实行大幅度提薪，强力扩大政府支出，并大量印发纸币以填补由此引发的政府赤字现象。他延续并加强了弗雷总统的土地改革力度，征收大量土地，并将它们转化成集体合作社。和阿连德的其他措施一样，这场土地改革的出发点是好的，可是无法得到有效落实。例如，我的一位智利朋友就曾负责为该国国内消费品定价，而当时他年方19，还没从经济学专业毕业。另一位智利朋友则这样评价阿连德的政策："阿连德的想法不错，可执行力不佳。虽然他正确地认识到了智利的问题所在，但他选择的解决方案是不对的。"

阿连德的政策导致智利经济混乱，暴力横行，国内开始出现反对他的声音。通过印刷纸币填补政府赤字的做法导致了恶性通胀。因此，虽然表面上智利的工资水平在增长，但实际工资（即扣除通胀因素后的工资）已跌至比 1970 年更低的水平。智利的国内外投资及国外援助资金日益枯竭，贸易赤字逐渐增长。包括卫生纸在内的消费品奇货可居，这通过空荡荡的货架和顾客长长的排队队伍可窥见一斑。食物和水的定额配给日益严峻。曾经支持阿连德的工人阶级加入了他的反对阵营，发起了全国范围内的罢工运动，对智利经济损害最大的是铜矿工人和卡车司机的罢工。智利街头暴力活动越来越多，人们对政变的到来越来越肯定。左派阵营里，阿连德的激进拥趸们武装起自己；右派势力的反抗体现为不断出现在街头的海报，上面写着“Yakarta viene”。这句口号的字面意思是“雅加达（屠杀）即将到来”，指的是 1965 年印度尼西亚右翼分子对共产党人的屠杀事件，对此我们将在下一章展开具体讨论。这是智利右派阵营对左派的公开恐吓，宣称要对他们做出同样的事情，实际上他们也真的这么做了。甚至连势力强大的智利天主教会也离阿连德而去，当时他正提出要对私立的天主教学校和公立学校进行义务教育课程改革，要把学生送往工作场所进行手工劳动，以塑造相互合作且大公无私的智利“新人”。

上述种种事态的发展最终导致智利在 1973 年发生政变，这场政变的发生形式虽说不上必然，可我的许多智利朋友都觉得，政变本身是不可避免的。一位经济学家朋友曾这样向我总结阿连德政府的垮台：“阿连德之所以失败，是因为他那些倚仗民粹手段的经济政策在其他国家早已失败过多次。虽然短时间内人们尝到了甜头，但这类政策把智利的未来当作赌注，并且付出通货膨胀失控的代价。”不少智利人对阿连德尊崇备至，甚至把他看作圣人般的存在。只不过，圣人虽有美德，却不一定具备政治才能。

在开始介绍阿连德的时候我曾说过，他的所作所为背后的原因我们不甚明了。我不断地问自己：作为一名老练的温和派政治家，阿连德到底为什么会选择激进的政策？他明明知道这种政策对大部分智利人以及智利军方来说都是不能接受的。我的智利朋友给出了几个可能的解释，但其中是否有一个解释能够真实地反映阿连德的所思所虑，没有人能确定。一种可能的解释是，以往的政治成功让阿连德误以为自己能够平息反对派的不满，毕竟他曾是名成功的卫生和社会福利部部长。通过宪法修正案，他成功缓和了国会对他当选总统的疑虑，同时这些修正案并未限制他的经济政策，议会还一致同意他无偿征收铜矿公司。现在，为了安抚军方，他想把海、陆、空三军司令纳入自己的内阁。另一种可能的解释是，原本能做出更明智判断的阿连德被那些最激进的支持者推到了风口浪尖。这些人发动了革命左翼运动（西班牙语缩写为 MIR），他们想要通过快速革命推翻智利的资本主义。他们开始囤积武器，以“武装人民”为口号，他们抱怨阿连德太过软弱，不想听他“再耐心多等几年”的恳求。

即使以上两种或其中一种解释构成了阿连德的行为动机，我还是认为不够充分。在我看来，即便是在当时也可以看出（而不仅仅是后见之明），阿连德的政策完全基于不切实际的评估。

政变与皮诺切特

预期已久的政变爆发于 1973 年 9 月 11 日，而就在政变爆发前 10 天，智利武装部队的海、陆、空三大分支才达成一个统一的方案。虽然一直以来，美国中央情报局支持阿连德的反对者，并寻找机会削弱他的势力，可即便是那些曝光了美国中央情报局干预智利国内事务内幕的美国人也认为，这场政变完全是智利人自己策划进行的，美国中央情报局没有参与执行。智利空军轰炸了位于圣地亚哥市的总统府，陆军则派出坦克炮轰总统府（见插图 4.3）。意识到自己已经陷入无望的境地，阿连德举起卡斯特罗送给他的那把枪，结束了自己的生命。我得承认我对这一消息一度是存疑的，我曾怀疑阿连德实际上是被发动政变的士兵杀害。不过，在智利军政府结束统治后，恢复民主政权的智利政府对阿连德的死因展开了一项调查，得出的结论是，阿连德确实是自尽的，他离世的时候身旁没有别人。一位智利朋友向我证实了这个结论，他认识一名当时前往被烧毁的总统府的消防员，那名消防员看到了那些最后陪伴过阿连德的幸存者，包括阿连德生前见到的最后一个人。

这场政变让智利的中间派、右派人士、大部分中产阶级，当然还有寡头如释重负，他们对此次政变表示欢迎，并提供了广泛的支持。到那时为止，阿连德治下的智利经济混乱不堪，政府的经济政策不够明智，街头暴力活动频发，这一切已经让人们忍无可忍。政变的支持者觉得，军政府掌权只不过是一个无法避免的过渡性阶段，之后智利将回到 1970 年以前盛行的、由中层阶级平民主导政治权力的状态。一位智利朋友向我回忆他在 1973 年 12 月参加的一场 18 人晚宴，那时离政变落下帷幕不过三个月。其间，晚宴的谈话主题转向这样一个问题：请在场的宾客预计，军政府还能掌权多久？18 位宾客中，有 17 位认为军政府还能再掌权 2 年。余下一位宾客的预测是 7 年，其他人都认为这非常荒谬。他们纷纷指出，智利不可能发生这样的事，过去所有的军政府都迅速地把权力归还给了平民政府。这场晚宴上没有一个人能够预见到，这一回，军政府持续掌权达 17 年之久。军政府停止了一切政治活动，关闭议会，取缔左派政党，甚至是中立的基督教民主党（这让中间派大为震惊），接管智利的大学，并任命军队指挥官为大学校长。

后来手握大权的军政府成员奥古斯托·皮诺切特将军（见插图 4.4）的出现很偶然，他并未参与政变前的谋划，只在最后关头加入这场政变。政变发生的前几周，智利陆军对时任参谋长施压并促使其辞职，因为这名参谋长对军事政变持反对意见。在默认的情况下，皮诺切特成为新一任陆军参谋长，号令圣地亚哥地区的陆军部队。那个时候，皮诺切特已经 58 岁了。智利国内的其他陆军将领和武装部队司令都认为自己很了解他们的这位同僚，美国中央情报局搜集了大量关于他的资料，对皮诺切特的评价是：沉默寡言、举止温和、为人诚实、无害、友好、勤奋、务实、虔诚、朴素，是一名尽职且包容的丈夫和父亲，除军队、天主教和家庭以外，没有其他兴趣——简而言之，他不像是一个会领导政变的人。军政府本身的设想是组成势力相当的委员会，交替领导。他们在一开始选择皮诺切特作为首位领导者，主要因为他是最年长的一位，并且是国内武装部队中最大分支（即陆军）的参谋长，可能还出于和美国中央情报局一致的看法，认为皮诺切特不具有威胁性。当军政府掌权时，皮诺切特自己也曾宣布领导者会进行轮换。

可是，到了皮诺切特应该结束任期的时候，他食言了。皮诺切特不但没有下台，还成功地利用自己创建的秘密情报机关对军政府里的同僚进行恐吓。数百桩意外事故接连发生在军政府内部异议人士身上，但皮诺切特总能撇清关系。无论是皮诺切特的同僚，还是美国中央情报局，都未曾料到他的冷酷无情和强势领导，以及对权力紧抓不放的态度——与此同时，他继续带孩子上教堂，通过国有媒体平台，他仍被塑造成一个慈父和虔诚的天主教教徒。

不了解皮诺切特这个人的角色，我们就很难理解 1973 年 9 月 11 日之后发生在智利的暴行。就好像是希特勒之于 20 世纪三四十年代的德国，皮诺切特作为宏大背景的一部分，在智利的历史进程中刻下了其作为国家领导者的个人烙印。他甚至比阿连德更令人费解。我在上文提到过人们对阿连德的所作所为的两种解释，但关于皮诺切特的残酷统治，我没能找到任何可信的解释。正如一位智利朋友告诉我的那样："我难以理解皮诺切特的心理。"

军政府在夺权之际便对阿连德所在的人民团结阵线的领袖，还有其他被认定的左派人士，比如大学生，以及著名的智利民谣歌手维克多·哈拉（见插图 4.5）展开了围捕，目标是从根本上铲除智利的左倾势力。在最初的10日内，数千名智利左派人士被带到圣地亚哥的两个体育场，遭受严刑拷问和折磨，并被杀害。（其中，哈拉的遗体被发现漂浮在污浊的运河上，身上有44个弹孔，手指头被一一斩断，他的面容也遭到损毁。）政变发生后的第5周，皮诺切特亲自派遣一名军官前往智利的各个城市巡视，将军队还未动手处理的政治犯和人民团结阵线的政界人士通通解决掉，这次行动在后来被称为“死亡大篷车”（Caravan of Death）。军政府禁止任何政治活动，关闭议会，并接管高校。

政变发生的两个月后，皮诺切特设立了一个组织，该组织后来发展为智利国家情报局（DINA），这是一个国家情报组织和秘密警察机构的结合体。智利国家情报局的负责人直接向皮诺切特报告，后来成为智利主要的镇压机构。该机构因手段残忍而臭名昭著，其残忍程度超过了智利武装部队的其他情报部门。智利国家情报局建立了秘密羁留营网络，发明新的酷刑手段，让一些智利人“消失”得无影无踪。其中一个羁留营专门通过性虐待来获取情报。例如，情报局会抓住犯人的家人，以令人难以启齿的方式在犯人面前对其家属进行性虐待，还会用上啮齿动物和受过训练的狗。去圣地亚哥时，如果你承受能力足够强，而且不怕做噩梦，那么你可以去参观一个位于格里马尔迪镇（Villa Grimaldi）的羁留营，现在它已经被改造为一家博物馆。

从1974年起，智利国家情报局开始在智利境外开展行动。最初，智利国家情报局在阿根廷投放汽车炸弹，使智利前陆军总司令卡洛斯·普拉茨和妻子索菲娅遇害身亡，原因是普拉茨曾经拒绝参与 1973 年的军事政变，皮诺切特把他视为潜在威胁。智利国家情报局随后开展了一系列被称为“秃鹰计划”的国际政府恐怖主义行动，召集智利、阿根廷、乌拉圭、巴拉圭、玻利维亚，还有巴西的秘密警察头目一起开会，就跨境搜捕流亡人士、左派人士和政治人物开展合作。数百名躲藏在其他南美洲国家和欧洲的智利人被追捕杀害，还有一名是在美国遇害。这起事件发生在 1976 年的华盛顿特区，事发地点距白宫仅 14 个街区，智利外交官（阿连德政府的国防部部长）奥兰多·勒特里尔还有他的一名美国同事因一枚汽车炸弹而丧生。正如我此前所言，这是在 2001 年“9 · 11”恐怖袭击事件发生之前，已知的唯一一起美国公民在本土遭外国恐怖分子杀害的事件。

到 1976 年，皮诺切特政府已拘禁 13 万智利人，这相当于该国总人口的 1%。虽然他们当中的大多数人最终被释放，智利国家情报局和其他的军政府代理机构还是谋害了数千名智利人（大部分不到 35 岁），或者让他们“消失”，此外还有 4 名美国公民以及其他国家的一些公民也因此遇害。这些遇害者在临终前通常会遭到虐待，至少那些施虐者的部分目的是从遇害者口中获取信息。然而，不太明确的一点是，这些施虐者在多大程度上纯粹是为了追求施虐的快感。和我讨论过此事的智利学生认为，二者都是动因。当时大约有 10 万智利人流亡海外，其中许多人再未归来。

我们不禁想弄清楚，一个曾经的民主国家是如何堕落到这样一种状态的，这场军事政变在持续时长以及遭受折磨和被杀害的人数上远远超过了以往智利历史上的任何一次军事政变。部分原因在于，在阿连德的统治下，智利极左人士加强武装，右派人士则威胁称“雅加达（屠杀）即将到来”，这导致智利国内的极端化程度不断增强，暴力活动不断加剧，政治妥协的局面崩溃。阿连德的马克思主义政治规划以及与古巴的联系远超过先前左派的程度，这让军方感到恐惧，并准备采取预防性措施。据和我聊过的智利人说，另一部分原因和皮诺切特本人有关，尽管他看上去很普通，且不遗余力地为自己打造出一个仁慈、虔诚的天主教老人形象，但实际上他绝非常人。很少有文件能直接证明皮诺切特和那些伤天害理的行为有关，可能最直接的证据是他下令派遣那名军官去执行“死亡大篷车”任务。直到今天，智利的许多右翼分子还坚定不移地认为，皮诺切特本人没有下达执行酷刑和处决的命令，真正下令的是其他的军官和领导者。可我觉得这是不可能的，皮诺切特固定地每日或每周和他的秘密情报局局长见面，如果他没有发出明确的指令，智利国家情报局和其他许多的智利军职人员怎么可能例行公事般地对犯人施以酷刑。

在这种意义上，皮诺切特和希特勒一样，都可以被视为改变历史进程的恶魔领袖。然而，我们不能把智利军方犯下的全部罪行都推给皮诺切特一个人，因为没有任何证据能表明他曾亲自对任何人开枪或施虐。全盛时期的智利国家情报局拥有超过 4 000 名雇员，这些人每天的工作就是严刑审讯，实施酷刑，还有杀人。我的意思不是说大部分智利人都特别坏：每个国家都生活着数以千计的反社会分子，只要接到命令，甚至只需要在获得允许的情况下，他们便会毫不犹豫地犯下恶行。举一个例子，如果你们当中有人曾被收监入狱，哪怕是在总体而言不那么可怕的国家，例如英国或美国，且不幸在此期间曾遭到监狱看守人员和执法人员的虐待（这还是在他们并未收到明确指令要对犯人施以酷刑的情况下），那么你们就可以想象，如果真的收到对犯人施以酷刑的明确指令，他们将会做到何种程度。

“否决运动”之前的智利经济

除了消灭智利左派人士，皮诺切特政府治下的另一个主要任务是在自由市场经济的基础上对智利经济进行重构，扭转此前智利政府过分干预市场的模式。在皮诺切特上台的前一年半，这种转变尚未发生，彼时智利经济持续收缩，通胀率居高不下，失业情况加剧。但是，从 1975 年开始，皮诺切特将国家经济的管理权交到了一群新自由主义经济顾问的手里，这群人后来以“芝加哥男孩”的称号闻名于世，因为他们当中的许多人都曾在芝加哥大学受过经济学的学术训练，深受经济学家米尔顿·弗里德曼影响。“芝加哥男孩”的经济政策强调自由企业、自由贸易、市场导向、预算均衡、低通胀率、智利商业的现代化以及减少政府干预。

南美洲国家的军政府通常会优先选择那些自己能够控制且能够保障自己利益的经济政策，而不是他们难以插手的自由市场经济。所以说，智利军政府对“芝加哥男孩”提出的政策欣然接受，这是让人始料未及的，到今天我们还不能确定其背后的原因。如果没有皮诺切特，我们可能看不到这一幕，因为这些政策遭到了部分高级军官的反对，其中一名持反对意见的军政府成员是空军总司令古斯塔沃·利，皮诺切特最后迫使他于1978年辞职。智利之所以会采纳这一经济政策，被认为是因为米尔顿·弗里德曼在1975年到访智利，当时弗里德曼和皮诺切特进行了45分钟的谈话，会面后他还给皮诺切特发去一封长长的信件，写下了满满的建议。可是，会面过后，弗里德曼对在会谈中只问了自己一个问题的皮诺切特评价甚低。实际上，“芝加哥男孩”的项目和弗里德曼的建议大为不同，前者主要采纳了智利经济学家在一份绰号为“板砖计划”（因文件冗长且厚重而得名）的文件中提出的详细计划。

一个可能的解释是，皮诺切特意识到自己对经济一无所知，而且他要（或曾）展示的形象是个简单的人，他觉得“芝加哥男孩”提出的恰恰就是简单、有说服力的计划。另一个可能的解释是，皮诺切特将“芝加哥男孩”和他们的政策等同于美国的政策，而美国曾大力支持他，并且在智利政变结束后马上恢复了对智利的贷款项目。正如皮诺切特的其他一些行为（还有阿连德的一系列行为），这件事背后的动机也不甚明了。

不管动机是什么，皮诺切特采纳的自由市场政策包括：使数以百计的、在阿连德时期被国有化的企业（但不包括铜矿开采公司）重新私有化；各政府部门预算全面缩减15%~25%，从而使政府的财政赤字大幅下降；将平均进口关税税率从过去的120%大幅降到10%；开放智利经济，参与国际竞争。智利的寡头实业家和传统势力家族对“芝加哥男孩”的改革项目表示反对，因为以前他们的那些低效的企业因受到高关税的保护而免于国际竞争，现在却不得不加入竞争和创新的行列。这一政策实施后的结果是，智利的年通胀率从阿连德时期的600%锐减至9%，智利经济的年平均增长率达到约10%，外来投资猛增，国内消费支出上涨，出口开始走向多元化且不断增加。

这些积极成果并非没有碰到挫折或产生负面影响。将智利的货币——智利比索和美元挂钩的决定是不幸的，造成了巨大的贸易赤字，并在1982年引发了一场经济危机。智利人民的经济利益分配不均：中产阶级和上层阶级的智利人越发富裕，但还有许多智利人生活在贫困线以下。在一个民主国家里，有如此多的穷人生活在水深火热之中，这不是一件常见的事情，在富有的寡头商业大亨的反对下坚持实施国家政策更是一件很难的事。只有在实行专制独裁的国家，上述情况才有可能发生。不过，虽然对皮诺切特的做法并不赞同，一位智利朋友还是向我解释道：“话虽没错，可有很多智利人早在阿连德政府时期就饱受经济问题之苦，他们也不奢望自己的状况能得到最终的改善。”当智利人民逐渐意识到，军政府并不是一个暂时的过渡政权，而是打算继续掌权的时候，尽管军政府的专制有目共睹，但很多中产阶级和上层阶级的智利人还是继续支持皮诺切特，因为他带来了（不均等分配的）经济效益。除那些饱受折磨和被杀害的人以外，智利社会中洋溢着一种乐观主义氛围，阿连德治下的经济骚乱终于要走向终结，人们都大松了一口气。

正如许多智利人那样，在皮诺切特独裁期间，美国政府有大半时间对其持支持态度，因为美方看重他强烈的反共产主义立场。美国政府的政策是，在公开场合否定皮诺切特践踏人权的行为，同时在经济及军事方面扩大对智利的援助，哪怕那些被折磨和被杀害的人中包括美国公民。正如美国前国务卿亨利·基辛格所言："……虽然他们（军政府）的行为令人不快，这个政府（即皮诺切特政府）对我们来说比阿连德政府要好。"当时的美国政府支持皮诺切特，并对他的残酷行径置若罔闻，并且之后的几任美国总统延续了这种态度，从理查德·尼克松到杰拉尔德·福特，再到詹姆斯·卡特，直到罗纳德·里根执政初期。

不过，从 20 世纪 80 年代中期开始，两起事件的发生让美国政府开始转变对皮诺切特的态度。一是智利政府实施残暴统治的证据越来越多，其中还包括对美国公民施虐——这些证据越来越难以被忽视。最终，转折点发生在圣地亚哥，一名智利裔美国合法居民罗德里戈·罗哈斯（Rodrigo Rojas）全身被智利士兵浇满汽油并点火，最后在痛苦中死去。另外一个让里根政府与皮诺切特反目的事件是，1982—1984 年，智利经济陷入下行状态，很多智利民众纷纷站到了皮诺切特的对立面。由于 1984 年后智利的经济恢复未能改善大部分智利人的状况，智利左派势力重新获势，智利天主教教会成为人们公开表达反对意见的场所（尽管皮诺切特是个虔诚的天主教教徒），甚至智利军方也对皮诺切特日益不满。简而言之，皮诺切特不仅让人觉得可怕，从美国政府的角度出发，皮诺切特已然成为影响美国政治利益的不利因素，他是比恶人更糟糕的存在。

为进一步巩固智利右派和军方的利益，在1980年，智利军政府提出了新的宪法议案，并要求选民以投票的形式将皮诺切特的总统任期延长8年（即1981—1989年），从而使皮诺切特的继续执政合法化。在军政府严密掌控的选举中，大多数选民投票支持新宪法，同意延长皮诺切特的任期。在新任期接近尾声时，军政府宣布于1988年举行另一场全民投票，主要目的是将皮诺切特的总统任期再延长8年，延至1997年——他82岁时。

可是，这一回，皮诺切特失策了，他被对手以策略击败。由于国际关注，智利不得不以公开方式选举，选民投票也严格遵循诚信原则。美国方面给智利军政府的反对派提供了大量的资源，反对派竭尽全力，动员了92%的智利潜在选民登记投票，并且以一个简单的“No！”为口号设计出一场精彩的竞选宣传活动——“否决运动”（见插图4.6）。出乎皮诺切特的意料，这场“否决运动”深得民意，最终反对派获得了58%的选票。皮诺切特在竞选日当晚本来试图否认该投票结果，但其他的军政府成员迫使他接受这一结果。话说回来，在1988年的这场自由选举中，仍然有42%的智利国民把票投给了皮诺切特。

皮诺切特下台后

随着“否决运动”的胜利，皮诺切特的对手最终赢得了一次机会，有希望在计划于1990年举行的总统选举中重回权力中心。然而，这场运动的策划者来自17个不同的群体，这意味着皮诺切特下台以后，他们对智利的发展有着17种不同的愿景。因此，此时的智利面临一种风险，那就是步人后尘，走上在二战中打败德国和日本的同盟国民主政体曾走过的道路。温斯顿·丘吉尔曾在共6卷的《第二次世界大战回忆录》的最后一卷《胜利与悲剧》中这样描述那些同盟国民主政体："伟大的民主政体取得胜利了，因此它们又可以再去做那些蠢事了，须知这类蠢事几乎断送掉它们自己的生命。"智利正是碰上了这样的问题：智利人是否会重蹈覆辙，以丝毫不让步、不妥协的姿态去做愚蠢的事，尽管这个国家曾因此而失去了不少的生命，并且告别了民主政府？

大约从1973年起，那些未被皮诺切特处决的左派人士当中有10万人逃离智利，踏上了流亡的旅途。他们的流亡持续了相当长一段时间，直到1989年，中间相隔大约16年。这段时间让流亡在外的智利左派人士能够充分地回顾并反省自己过去不愿妥协的行为。他们当中的许多人去到西欧或东欧，在那里，他们穷年累月地观察欧洲国家的社会主义者、共产主义者和其他左派人士是如何行事的，以及他们最后的成果如何。那些去往东欧的智利人往往变得绝望，因为他们发现，不肯妥协的左派理想主义者的执政并未给国家带来幸福。相反，那些逃往西欧的智利人则看到了温和的社会民主政权的运转为人们带来了高水平的生活，还有比起昔日智利更为平和的政治氛围。他们发现，左派不一定要以激进的行为和毫不妥协的态度来达到目的，相反，他们可以和持有不同政见的人进行政治层面的协商和妥协，从而实现自己的诸多目标。智利的流亡者还目睹了苏联的解体和东欧共产主义政权的崩溃。种种观察过后，智利的左派人士变得不再那么极端。

于 1988 年开始的“否决运动”中，持不同意见的皮诺切特的反对派就意识到，如果不学会在内部进行合作，他们便无法取得胜利。他们同样意识到，皮诺切特仍受到来自国内商业群体和上层阶级的广泛支持，因此他们不可能真正获胜，或者说即使他们胜选，国家权力也不会被移交到他们的手中，除非那些皮诺切特的支持者的人身安全能够在后皮诺切特时代得到保障。这样的前景令人痛苦，但执政的左派政党必须容忍那些与自己政见相左，且曾经过分地对待自己的敌人。他们必须要声明自己甘愿建设一个“全民的智利”（a Chile for all Chileans）：这是在 1990 年 3 月 12 日，皮诺切特下台后，智利的首位民选总统帕特里西奥·艾尔文在其就职演说中所提出的口号。

由策划了“否决运动”的 17 个群体组成的联盟才刚获得了全民投票的大捷，联盟中的左派政党必须说服保持中立的基督教民主党：左派政党要让中间派相信，不必对建立一个新的左派政权感到恐惧，阿连德政府那般的激进左派政权不会重现。因此，左中两派政党组建起一个选举联盟，名叫“中左翼民主联盟”。左派政党表示，如果中左翼民主联盟赢得了 1990 年的这场选举（他们确实获胜了），他们就同意使总统之位在中左两派之间轮换，并且可以让基督教民主党成员先就任总统一职。左派势力之所以同意这些条件，是因为他们终究意识到这是重返权力宝座的唯一路径。

事实上，中左翼民主联盟接下来在 1990 年、1993 年、2000

年和2006年连续赢得了后皮诺切特时代的4场大选。前两位总统来自基督教民主党，分别是帕特里西奥·艾尔文和小爱德华多·弗雷（智利原总统爱德华多·弗雷的儿子）。接下来的两位总统来自智利社会党，分别是里卡多·拉戈斯与米歇尔·巴切莱特。巴切莱特是智利的首位女总统，她的父亲曾是被皮诺切特军政府施暴并囚禁的一名将军。2010年的智利大选中，中左翼民主联盟被一名右派总统塞巴斯蒂安·皮涅拉击败，之后在2014年大选中，代表智利社会党的巴切莱特再度回归，而在2018年，智利的大权又重新回到右派的皮涅拉手中。所以说，皮诺切特之后的智利重新成为一个正常运作的民主政体，在拉丁美洲国家中依然是个异类，但在这一过程中，智利做出了巨大的选择性变革：变得愿意忍耐和妥协，并且懂得分享权力。

除了改掉政治上不甘妥协的弊病，与皮诺切特之前的民主政府相比，智利新组成的中左翼联合政府还在经济政策方面做出了重要的转向。新政府延续了皮诺切特政府时期大部分的自由市场经济政策，因为这些政策似乎符合智利的长期利益。事实上，中左翼联合政府进一步发展了这些政策，截至2007年，智利的平均进口关税税率进一步降至3%，是同期全球最低值。智利分别和美国及欧盟签署了自由贸易协定。在军政府实施的经济政策的基础上，中左翼联合政府做出的最主要的变革是增加社会项目中的政府支出，还有改革劳动法。

这些改变带来的结果是，从1990年政府换届开始，智利经济以令人惊叹的速度增长，可以说，智利在经济发展上引领了整个拉丁美洲地区。在 1975 年，智利的人均收入仅为美国人均收入的 19%；到 2000 年，这个数字增加到 44%，而同时期拉丁美洲地区其他国家的人均收入均出现了下跌。智利的通胀率保持在较低水平，法治强盛，私人财产权益得到了良好的保障，不仅如此，我在 1967 年去智利的时候曾见到的贪污盛行的状况有所缓解。经济大环境的改善带来了一个结果，在智利重新回到民主怀抱的最初 7 年，吸引的外资数量翻备，这进一步促进了智利经济增长。

如今，圣地亚哥看上去和我在 1967 年见到的那个城市截然不同。这里摩天大楼林立（其中包括南美洲最高的建筑），还建了新的地铁和机场。然而，从平均分配的层面来看，智利的经济表现远未成功。智利的经济不平等问题还是很严重，社会经济流动程度较低，贫富差异依旧，虽然今日的富人不再是过去那些大地主家族，而是商业新贵。不过，智利经济从总体上看取得了巨大的进步，这就意味着，在智利，尽管穷人和富人之间的相对差异仍然存在，但穷人的绝对经济状况得到了提升。生活在贫困线以下的智利人占智利总人口的比例从皮诺切特执政最后一年的 24% 降至 2003 年的 5%。

势力犹在

“否决运动”的胜利并不意味着智利从此摆脱了皮诺切特和武装部队的控制。事实远非如此：在交出总统大权之前，皮诺切特通过立法手段成为智利的终身参议员，因此他可以任命数名最高法院的新法官，他还保留了自己作为陆军总司令的职位，直到他最终在 1998 年以 83 岁高龄退休。这意味着，智利民主党派领导者的心中时时对皮诺切特充满忌惮，害怕他随时会再组织一场军事政变。一位智利朋友曾这样向我解释："这种情况就好比是在 1945 年 5 月 9 日纳粹德国投降后，希特勒不但没有自杀，还成为德国的终身参议员和陆军的最高首领！"为了进一步巩固智利军方的权力，皮诺切特在宪法中加入了一项条款（时至今日还具有效力）——明确规定智利国家铜矿每年销售额（没错，是销售额，不仅仅是利润！）的 10% 必须被用于军费开支。该条款使智利军方获得的财政支持远远超出了该国抵御可信外部威胁所需的开支——特别是考虑到智利最近一次（也是第二次）对外战争发生在一个世纪之前的 1883 年，智利的边境有海洋、沙漠及高山作为保护屏障，智利的邻国（阿根廷、玻利维亚和秘鲁）也并不危险。唯一可能让智利武装部队出动的事情大概就是枪指自己的国民。

皮诺切特政府通过的宪法包含三项对右派有利的条款。一项条款明确规定，参议院的 35 名议员中，有 10 个名额不由民选决定，而是由总统从一份几乎只包含右派人士（例如前陆军司令和前海军司令）的名单中指定人选，前总统被任命为终身参议员。另一项条款（直到 2015 年才被废除）明确规定，每个选区需选出两名代表，其中一名代表仅需获得相对多数选票，另一名代表则需获得 80% 的绝对多数选票。在这样的条件下，任何一个选区都很难同时选出两名左派代表。最后一项条款规定，修订宪法要得到 5/7 的绝对多数支持票，可在民主国家要让 5/7 的选民同意任何事情都是非常不易的（尤其是智利这样的碎片化国家）。因此，尽管皮诺切特被迫离开总统之位已经过去了数十年，智利实施的宪法仍然是皮诺切特政府时期宪法的修订版，而多数智利国民认为这是一部不合理的宪法。

对任何国家来说，承认领导者对本国国民或是他国国民所犯下的罪行，并且为之赎罪，都是一件痛苦万分的事情。痛苦是因为逝者已矣，而很多时候众多行凶者依然逍遥法外，不见一丝悔意，其中有些人还势力滔天，并且深得民心。认错和赎罪对智利这个国家来说异常困难，因为即便是在 1988 年的那场非强制投票中，皮诺切特依然拥有庞大的支持者队伍，因为皮诺切特依然是陆军总司令，还因为民主政府有足够的理由担心，万一与军方矛头相对，智利便会爆发另一场军事政变。有两次（一次是皮诺切特的儿子被调查，另一次是人权委员会开始调查皮诺切特政府的暴行），士兵全副武装地出现在大街上。尽管他们宣称这只是“常规演习”，但这背后隐含的威胁意味再明显不过了。

皮诺切特下台后的第一任智利总统帕特里西奥·艾尔文表现得小心谨慎。当他承诺“在尽可能的情况下”确保公正时，希望进行公正审判的智利人感到了期望幻灭，他们担心艾尔文的这一说法只是“没有公正”的委婉表达。不过，艾尔文确实设立了一个“国家真相与和解委员会”，该委员会在 1991 年公开了 3 200 名被杀害或“被消失”的智利人的姓名。2003 年，另一委员会针对当时军政府实施的酷刑做了报告。在电视上发表讲话时，艾尔文热泪盈眶，他代表智利政府恳求获得遇害者家属的原谅。当前政府领导者对昔日政府的暴行做出如此衷心的致歉，这在现代历史上实属罕见。与之最为相近的一次便是联邦德国前总理维利·勃兰特在华沙犹太区对遭受德国前纳粹政府迫害的人致以衷心的歉意（详情参见第六章）。

对皮诺切特的惩罚于 1998 年到来，当时，他正在伦敦的一家诊所接受治疗，英国官方对其发布了逮捕令。这张逮捕令源自一名西班牙法官的请求，他希望将皮诺切特引渡至西班牙，以反人类罪和杀害西班牙籍公民为由对其进行审讯。皮诺切特的律师团起初以实施酷刑及处决是政府的合法功能为由为他辩护，以使他免于被起诉。英国上议院最终驳回了这一理由，律师团接着宣称，由于皮诺切特年事已高且身体衰弱，基于人道主义立场，应当将其释放。律师团仅允许皮诺切特坐在轮椅上接受拍照。在皮诺切特被软禁 503 天后，英国内政大臣拒绝了西班牙的引渡请求，名义上是因为皮诺切特身体过于虚弱，因而无法在法庭上做证，但实际上可能是由于皮诺切特政府曾在 1982 年英国对阵阿根廷的马尔维纳斯群岛战争中为英国提供了帮助。随后，皮诺切特马上乘坐飞机回到智利。飞机到达智利机场后，皮诺切特坐在轮椅上被送下了飞机，然后，他站了起来，沿着机场的柏油跑道缓行一路，和那些在此等候他并对他表示祝贺的智利军官逐个握手（见插图 4.7）。

然而，令智利的右派人士感到吃惊的是，美国参议院下属的一个委员会对外披露，皮诺切特在 125 个秘密的美国银行账户中，藏匿了3 000万美元。右派人士原本已经准备宽恕皮诺切特曾经实施的酷刑和杀戮，因为他们以为他与其他贪腐的拉丁美洲独裁者不同，当他们发现皮诺切特居然窃取并隐藏国家钱财时，他们彻底醒悟了。智利最高法院撤销了皮诺切特作为终身参议员所享有的起诉豁免权。智利的最高税务机关（相当于美国的国家税务局）以皮诺切特涉嫌伪造纳税申报单为由呈交了一份诉状。（上述机构可能是受到臭名昭著的美国黑帮大佬阿尔·卡彭落网的启发，卡彭未能因谋杀、走私、聚赌及组织卖淫而获罪，最后却因逃税而身陷囹圄。）皮诺切特接着被以其他的经济犯罪及谋杀罪起诉，被软禁，他的妻子和4个儿女也被逮捕。不过，2002年，他因患有痴呆症而被判定不适合出席庭审。2006年，91岁的皮诺切特因心脏病发作而逝世。

最终，拨开云雾见青天，数以百计的凶手和施虐者被起诉，其中数十名被送进监狱，包括曾任皮诺切特政府秘密情报局局长的马努埃尔·孔特雷拉斯将军，他被判处526年监禁，临死前仍毫无悔意。很多老一辈的智利人觉得这些刑罚过于严厉，他们还一直认为皮诺切特这么好的人受到了不公正的判决。还有很多智利人则认为这些判决太轻、涉及的人员太少，来得太迟了，所针对的主要是一些层级较低的罪犯，而且那些罪犯最后被送进了特殊监狱，那里舒适得就像度假酒店。比如，直到2015年，智利法官才对在1973年杀害了著名歌手维克多·哈拉的10名军官，以及在1986年杀害了罗德里戈·罗哈斯的7名军官判刑：这一年距离两人惨遭杀害分别已经过去了42年和29年。2010年，在智利时任总统米歇尔·巴切莱特的支持下，圣地亚哥市的格里马尔迪镇博物馆对外开放，这里详尽地记录了智利军政府实施酷刑和杀戮的可怕细节。如果皮诺切特还是陆军总司令的话，我们根本不可能了解这一切。

智利人如今还身陷道德困境之中：应如何衡量前任军政府的功与过，尤其是，如何衡量它为智利带来的经济利益以及它所犯下的罪行呢？这是一个无法解决的难题。答案也许可以很简单：何必试图衡量它的功与过，为什么不干脆承认军政府既为智利做了好事，同时也做了坏事呢？可是，在某些时刻，智利人民不得不进行衡量。例如，在1988年的全民投票中，他们只有两个选择，要么让皮诺切特在总统的位子上再待8年，要么使其下台，没有其他的选择。面对二选一的局面，还是有42%的智利人选择支持皮诺切特，尽管军政府曾做出那些让人作呕的、后来在格里马尔迪镇博物馆被公之于世的坏事。虽然现在智利大多数的年轻人都对皮诺切特持否定态度，但那些依旧记得阿连德时代和皮诺切特时代的老一辈智利人对皮诺切特的态度是存在分歧的，我曾采访的两对智利夫妻就是典型的例子。这两对夫妻双方都让我进行分别采访，因为夫妻二人对这一沉重事件的观点并不一致。实际上，两对夫妇中的丈夫都告诉我：“皮诺切特的政策虽然造福了智利的经济，但他制造的酷刑和杀戮是不可宽恕的。”而两位妻子则对我说：“皮诺切特折磨那么多人并夺走他们的生命固然很邪恶，但你得明白，他的政策确确实实造福了智利的经济。”

危机框架

以本书的危机研究框架来看，智利的案例展现了我们讨论到的许多推动或阻碍危机解决的因素。

首先，智利的变革确实是选择性的，并且较为剧烈（见表1.2中的因素3）。一开始，智利打破了长期以来军事干预最小化的传统，急剧转向自由市场的道路，从而解除了主张政府干预经济派和主张自由市场派之间的紧张态势。最终，智利军政府执政的局势得到扭转，但这种转变本身就具有选择性：没错，虽然军政府重新让位于民主政府，但曾由军政府实施的自由市场经济体制被保留下来。这成为智利实施的两大持续的选择性变革之一，并且同时展现了智利出色的灵活应变能力（因素10）：最终重新掌权的社会党人不但放弃了自己对社会主义的执着，而且保留了昔日敌对的军政府实施的经济政策。智利的另一个持续的选择性变革是，结束了不愿做出政治妥协的时代，这种不妥协的状态曾占据智利现代历史的大部分时期。

智利历经两轮的不确定性和失败才换来了这些选择性变革的成功（因素9）。第一轮是阿连德毫不妥协，试图建立马克思主义政权，以解决智利的周期性经济和社会问题，但这一尝试失败了。第二轮便是皮诺切特的失败尝试，他同样拒绝妥协，建立了一个长期执政的军政府，延长了自己的总统任期，但因对投票结果的误判在1988年的全民投票中被推翻。

智利是怎么从近乎17年的军事压迫和前所未有的政府暴行中走出来，并且没有使自己所遭受的严重创伤进一步恶化呢？虽然今天的智利仍旧在和皮诺切特政府的余波抗争，但我很高兴地发现，智利人的创伤并没有加剧。这在很大程度上要归功于智利人民的国家认同和民族自豪感（因素 6）。在智利人心中，正如 1967 年我的智利朋友所说的："智利和其他的拉丁美洲国家很不一样，我们智利人知而自治。"智利人花费了很大的努力去维持这种独特性，并且实行高效自治。他们愿意遵守建设一个"全民的智利"的诺言，尽管有很多智利人有充分的理由不接受另外一部分智利人。假使缺乏这样的国家认同，智利就不可能摆脱政治僵局，也不会重新成为拉丁美洲地区最民主和最富裕的国家。

智利在某一个阶段做出了诚实且实际的自我评估（因素 7），在另外一个阶段则缺乏这样的现实主义作风。在 1973 年，皮诺切特和他的军官同僚认为自己在国内外都能战胜对手，事实证明，的确如此；阿连德相信自己能够以民主的方式在智利建立马克思主义政权，事实证明，并非如此。这种差别进一步展现了一个可悲的真相：心存善意的好人不一定能收获成功，而邪恶之人也不见得一定会失败。

智利展现了获得他国支援和缺乏他国支援（因素 4）两种情况，以及借鉴他国经验的作用（因素 5）。美国的反对在阿连德政府的垮台中发挥了一定的作用，而在 1973 年智利军事政变发生后，美国及时对智利恢复经济援助则推动了军政府的长期执政。皮诺切特视美国经济为自由市场经济的典范，这种认知（虽不完全符合现实）影响了他对"芝加哥男孩"提出的经济政策的态度。

同样，智利还展现出能自由行事的优势和受到约束的劣势

（因素 12）。因为智利与毗邻的拉丁美洲国家之间有高山和沙漠为阻隔，这在很大程度上减轻了阿连德政府或皮诺切特政府的担忧，不用害怕自己的政策会遭到阿根廷、秘鲁和玻利维亚的干预。与智利相反，乌干达、卢旺达、孟加拉国、柬埔寨以及许多其他国家的独裁政府都受到邻国的干预。不过，阿连德政府的行事自由受到远方的美国制约，历届智利政府的行事自由还受到本国铜矿产业参与全球市场程度的约束，而全球市场状况则是智利无法控制的。

以上是从个人危机的角度对智利危机的特征所做的观察。接下来，我们来看仅限于国家危机的影响因素（也就是个人危机中不包含的影响因素），然后对比智利和其他我们要讨论的国家案例。

首先，1973 年的智利危机和我在下一章将会讨论到的 1965 年的印度尼西亚危机有相似之处，它们都是内部危机，不像 1853 年的日本和 1939 年的芬兰那样，因受到外部的冲击而陷入危机。（这并非否认美国作为外部压力来源在智利危机中所起到的作用。）智利和印度尼西亚的内部危机都源于政治极化、深层核心价值观的分歧，还有宁愿杀戮或被杀也不愿做出妥协的决心。

其次，智利的历史体现了和平演变和暴力革命之间的对比。德国在 1848 年和 1968 年都发生过激烈的暴力革命，但这些暴力革命都失败了，而这些暴力革命的许多目标在随后的和平演变中得以实现。澳大利亚自 1945 年开始的变革完全是通过和平手段达成的，这当中没有任何暴力革命的痕迹。相反，1973 年的智利危机和1965年的印度尼西亚危机都是通过暴力革命到达高潮，并因此导致军政府的长期执政。但两国的军政府最终都在和平抗议中下台。虽然这些和平抗议在开始的时候并不能够确保成功，可是，倘若有人试图通过暴力方式夺取智利的皮诺切特或者印度尼西亚的苏哈多手中的政权，一定会遭到军队镇压。相比而言，民众的和平抗议并未招致智利或印度尼西亚武装部队的镇压。

再次，我们发现1973年的智利与1965年的印度尼西亚，以及1933年的德国有相似之处，均出现一名不同寻常的领导者，对该国危机产生影响，这是明治时代的日本和二战后的澳大利亚所缺失的元素。在智利，这名领导者便是皮诺切特。（在我看来）皮诺切特的不同寻常之处在于极为邪恶。智利的朋友告诉我，20世纪60年代末及70年代初，智利的社会极化不断加剧，使暴力成了极有可能的解决方式。在1973年9月11日的军事政变发生之前，智利的暴力活动在6年内呈现不断增长的趋势。在1973年12月的那场晚宴上，我的智利朋友估计军政府最多只会执政2年，包括他在内的智利人民并未预料到暴力活动持续的时间会如此长。政变结束后的杀戮不是那种持续几天或者最多几周的阵痛，智利人民在接下来的数年当中持续受到折磨或被杀害，皮诺切特掌权近17年。不仅普通的智利民众未能预料到这个结果，甚至那些最有可能了解皮诺切特的两部分人也没有想到会是这样，他们分别是皮诺切特在智利军政府中的同僚，这些人曾与皮诺切特共事几十年，还有美国中央情报局，其职责之一就是了解其他国家的局势和走向。皮诺切特的同僚和美国中央情报局对他的冷酷无情以及紧握大权不放的决心同样吃惊，皮诺切特的表现与智利历史上的传统政变领导者很是不同。他独特的个人心理难倒了一众历史学家。

智利的现代历史还体现了一个主题，即过去的罪行对现在的制约和阻碍。1945 年 5 月，纳粹德军全盘战败，许多纳粹领导者自杀了，德国被敌军全面占领。二战结束以后，德国政府中仍有前纳粹分子存在，但他们不能公开地为纳粹的罪行辩护。德国最终开诚布公地处理了纳粹的罪行。另一种极端情况是，在 1965 年，印度尼西亚军方亲自动手或安排人屠杀了超过 50 万印度尼西亚民众，指使此次行动的印度尼西亚政府仍然掌握大权，甚至今时今日仍是如此。这也就可以解释尽管那场大屠杀已经过去半个多世纪，为何印度尼西亚人仍然避免谈论这个话题。

智利处于两种极端情况之间。曾下令杀人的智利军政府后来和平地向民主政府过渡。不少军方领导者还活着，并且保留着他们的权力。智利的新民主政府起初不敢去处置那些军事罪犯，时至今日，对他们的处置行动仍可以称得上小心翼翼。为什么要这么谨慎呢？因为军方势力有可能卷土重来，因为还有很多智利人支持皮诺切特，因为很不幸的是，“全民的智利”意味着一个包括昔日军事罪犯的智利。

最后，我的许多美国读者对今日美国日渐严重的政治极化现象表示担忧，他们可能会因为智利的这段历史而心生恐惧。尽管智利拥有强大的民主政治传统，但政治极化和政治妥协的崩溃，最终导致智利暴力横行，带来智利人难以预见的独裁统治。这样的情景会发生在美国吗？

有的人可能马上会表示反对："不，当然不会了！美国和智利可是不同的。美国军队永远不会反动，美国永远不会变成独裁专政的国家。"

没错，美国的确和智利存在差异。这些差异有的能降低美国民主走向终结的风险，有的却会加剧这种风险。如果美国的民主走向终结，不会是以军队高层暴力起义的方式，终结民主还有其他的方式。我将在第九章详细讨论这些问题。

重返智利

2003 年，我再次前往智利，这是我自 1976 年离开后的首次重访。我参观了阿连德的总统府旧址，现在它成了一个观光景点，免费对公众开放。在总统府旧址的前门有一名手持来复枪的冷面警官，他站在一个 1.5 英尺高的平台上，高出我许多。他俯视着我，脸上毫无笑容，并询问我要做什么。我回答我是一名游客，他便放行了。可是，我发现自己不禁会去想他会做什么，我是不是在不知不觉中违反了哪些规定。我默默回想："当年往罗德里戈·罗哈斯身上浇汽油，把他活活烧死的警察或者士兵也是长这样的吧！"我顿时感到毛骨悚然，在一分钟后便离开了，此时的我更加理解为何智利现在的民主政府在处理皮诺切特政府时期的施虐者和凶手时会慎之又慎。

第五章

印度尼西亚，一个新兴国家的崛起

在酒店里

印度尼西亚拥有2.6亿居民，人口数量仅次于中国、印度和美国，在世界上排名第四。世界上以穆斯林人口为主的国家中，印度尼西亚的人口是最多的，超过了巴基斯坦、孟加拉国和伊朗。这些事实让人不禁猜测，欧美的新闻媒体一定十分关注这个国家。

可事实上，在西方人的意识里，提起“穆斯林”一词，他们更多想到的是其他国家，而不是印度尼西亚。如今，欧美的新闻媒体很少提到印度尼西亚。在我的记忆中，过去15年间，印度尼西亚只有寥寥数次出现在欧美报纸的头版：2018年，印度尼西亚发生的两场大地震和一次飞机失事导致许多人丧生；2015年，印度尼西亚政府不顾其他国家的抗议，处决了几名包括外国公民在内的毒贩；2004年，印度尼西亚海啸夺走了20万条生命；还有2002年，巴厘岛炸弹事件造成众多死伤。总体来说，人们对印度尼西亚缺乏关注，这是因为今天的印度尼西亚往往和国际新闻头条报道的事情毫不沾边。国际新闻关注的往往是哪些国家发生了内战、向海外输送了恐怖分子或者涌现移民浪潮，哪些国家富得流油或者穷得叮当响，哪些国家在国际政治中兴风作浪。美国人想起印度尼西亚的时候，脑海里浮现出来的往往是一个有很多漂亮的观光景点的发展中国家，尤其是巴厘岛的风光、海滩和印度教庙宇，世界上最绚丽的珊瑚礁，深潜和浮潜圣地，还有出色的蜡染布艺。

我在1979年首次前往印度尼西亚，在我下榻的酒店，大堂的墙面上挂着几幅讲述印度尼西亚历史的绘画。在美国，类似的绘画大多以美国独立战争、南北战争、加利福尼亚淘金潮、横贯北美大陆的铁路的建成等发生在150~250年以前的事件为主题。可是，在这个印度尼西亚酒店的大堂里，我看到全部的绘画所描述的事件都发生在35年之前。大部分绘画的主题都是1965年的印度尼西亚暴动事件。这些绘画和它们下方的说明文字生动地描绘了当时印度尼西亚的7位将军如何被折磨和杀害，以及其中1位遭难的将军如何翻墙从自己的家中逃走，而他年仅5岁的女儿不幸受到枪击，并在几天后离开人世。这些绘画展示的画面给人留下这样一种印象，似乎这几位将军和那名小女孩儿被折磨和杀害就是印度尼西亚历史上所发生的最可怕的事情了。

可这些绘画并没有提到将军们离世后印度尼西亚的事态进展：在印度尼西亚武装部队的煽动之下，有近50万名印度尼西亚人遭到屠杀。在有关印度尼西亚历史的绘画中不提到这场大屠杀，着实是一大疏漏，因为自二战以来，在世界各地发生的大屠杀事件中，死亡人数超过印度尼西亚大屠杀的少之又少。自我第一次去印度尼西亚后，在接下来的20年间，我几度再访，每次待的时间并不短，却从来未曾听到我的印度尼西亚朋友谈起这场大屠杀，一直到1998年印度尼西亚政府政权更替。印度尼西亚大屠杀的伤亡之惨重，大概相当于皮诺切特政府时期智利伤亡人数的100倍，但印度尼西亚的国民从不提起这场杀戮，印度尼西亚的历史也鲜少着墨于此。

当你阅读下面的内容，思考危机和变革的一些要素时，请注意印度尼西亚和智利之间的对比。两国经历了一些相似的阶段：国内政治妥协崩溃，左翼势力试图掌权，后来军事政变的发生挫败了左翼势力的意图，从此经历一段长期的军事独裁。两国都先后出现了两位同样非凡但性格迥异的领导者。在政治团体屠杀对手以达成全国性和解的做法上，印度尼西亚与芬兰分别处于两个极端，而智利处于中间状态。你将看到，比起本书讨论的其他任何一个国家，印度尼西亚作为其中最年轻的国家，更能成功诠释建立国家认同的过程。

印度尼西亚的背景

想要弄明白印度尼西亚在1965年的这场危机中经历了什么，产生了怎样的余波，我们首先要了解一些背景。印度尼西亚是一个直到1945年才获得独立的年轻国家，在大约1910年的时候，它才成为一个统一的殖民地。印度尼西亚地处热带且横跨赤道，东边是新几内亚岛和澳大利亚，西边是欧亚大陆。印度尼西亚境内有许多高山，并且分布着不少活火山，其中一座名叫喀拉喀托火山，因为曾在 1883 年爆发而闻名。这是近代史上灾情最为惨重的一次火山爆发，几乎摧毁了整座岛屿，扬灰万里，以致接下来一年地球的气候都发生了改变。在印度尼西亚的岛屿之中，最为人们所熟知的有爪哇岛、巴厘岛、苏门答腊岛和苏拉威西岛，还有印度尼西亚和他国共享的加里曼丹岛和新几内亚岛。

观察其地理情况，印度尼西亚是世界上陆地最为分散的国家，数以千计的岛屿星罗棋布，自西向东绵延 3 400 英里。在过去的 2 000 年间，大部分时间里，部分岛上存在一些原住民国家。但他们都没能够控制印度尼西亚群岛的大部分地区，今天被我们称作印度尼西亚的地方在当时并没有一个统一的名字或者概念。从语言方面来看，印度尼西亚是世界上最多元的国家，拥有超过 700 种不同的语言。印度尼西亚人的信仰也是很多元的：虽然大部分印度尼西亚人信仰伊斯兰教，但也有很多人信仰基督教和印度教，另外还有人信仰佛教、儒教以及当地传统宗教。尽管宗教暴力和动乱时有发生，但比起南亚和中东地区，印度尼西亚的这些事件规模往往较小。很多信仰不同的印度尼西亚人彼此相对宽容。我曾去过印度尼西亚的一些地方，看见基督教村庄和穆斯林村庄互相挨着，倘若不是看见一座清真寺或者一座教堂，我都分辨不出来这些碰巧遇到的村庄的居民到底信仰什么教。

殖民时期

从 1510 年开始，葡萄牙人、荷兰人（从 1595 年起）以及接踵而至的英国人均尝试在现在属于印度尼西亚的群岛上建立殖民地。英国最终只控制了加里曼丹岛的部分土地，葡萄牙唯一留下来的殖民地是帝汶岛的东半部分。荷兰人成了殖民印度尼西亚的大赢家，其殖民地主要聚集在当时人口最多（比现代印度尼西亚人口总数的一半还多）的爪哇岛上。为了让这场殖民运动能够产生实际收益，19 世纪初期，荷兰人在爪哇岛和苏门答腊岛上建立了出口种植园。可是，大约到 1910 年，荷兰人才得以控制整片辽阔的岛屿，此时距离他们首次到达印度尼西亚群岛已经过去了整整 3 个世纪的时间。为了说明印度尼西亚群岛上还有多少地方迟迟未被荷兰人开发，我来举一个例子：直到 1910 年，一名荷兰长官才发现，位于印度尼西亚群岛的弗洛勒斯岛以及附近的科莫多岛栖息着世界上最大的蜥蜴品种——科莫多巨蜥。科莫多巨蜥身长 10 英尺，重达好几百磅[①]，却在 4 个世纪里不为欧洲人所知。

我要强调一点，“Indonesia”（印度尼西亚）这个词从前并不存在，一直到大约 1850 年，才被一名欧洲人创造出来。荷兰人管他们的殖民地叫“印度群岛”“尼德兰印度群岛”或者“荷属东印度群岛”。岛上的居民之间没有自发形成统一的国家认同，没有统一的语言，也没有一致对抗荷兰人的团结意识。例如，爪哇部落的军队就加入了荷兰军队，一同征战爪哇部落的传统敌人——苏门答腊岛上的主要部落。

---

① 1 磅 ≈0.454 千克。——编者注

20世纪初期，荷兰殖民政府对其殖民地从原来实行的纯掠夺性政策改为实施一种“道德政策”，也就是说，荷兰人终于试图为当地的印度尼西亚人做点好事了。举个例子，荷兰人在当地开办了学校，在爪哇岛修建铁路及灌溉工程，在主要城镇成立当地政府委员会，并试图鼓励爪哇岛居民向人口不那么密集的外岛迁移，以缓解爪哇岛人口过度密集的情况（但这违背了外岛居民的意愿）。不过，荷兰政府实施“道德政策”的努力收效甚微：部分原因是荷兰自己的力量太渺小了，没有那么多资金可以用来支持印度尼西亚殖民地的建设；还有部分原因是，印度尼西亚群岛上的人口增长速度极快，有如此多的人口要养活，导致荷兰人和后来的印度尼西亚政府在改善人民生活质量方面面临极大挑战。今天，印度尼西亚人认为荷兰的这段殖民历史是过大于功的。

到1910年左右，荷属东印度群岛居民数量不断增加，促使印度尼西亚人的“民族意识”开始觉醒。也就是说，他们开始意识到自己不仅仅是荷属爪哇岛或荷属苏门答腊岛的居民，还同属于一个更大范围的、被称为“印度尼西亚”的整体。开始接受这种更广泛意义上的国家认同后，印度尼西亚人组成了许多独特的群体：自认文化优越的爪哇族群、寻找宗教认同感的印度尼西亚伊斯兰运动群体、各种工会、印度尼西亚共产党、被送往荷兰求学的学生群体等。有些人可能同属于几个不同的群体。因此，印度尼西亚的独立运动在意识形态、地理划分和宗教信仰方面都是分散的，这也预示了印度尼西亚独立后会继续面临一些问题。

这些问题不仅使当地人开始针对荷兰政府发动罢工、策划阴谋和煽动暴乱，而且导致印度尼西亚各群体之间的冲突，情况变得极为混乱。以致在20世纪20年代，印度尼西亚人反抗荷兰人的行动让荷兰人难以再容忍，于是荷兰当局采取了镇压政策，将许多本地头目送往荷属新几内亚疾病丛生的偏远地区，实际上那就是一个集中营。

印度尼西亚人之所以最终能达成团结统一，其中一项重要因素是，马来语作为长期以来被使用的贸易语言，经过发展和转型，成为印度尼西亚语，即当今印度尼西亚人共同使用的国家官方语言。在此之前，即使是这里被最多人使用的方言，也就是爪哇岛中部居民使用的爪哇语，使用人数也不到印度尼西亚总人口的1/3。如果这种被最多人使用的方言变成了官方语言，便象征着爪哇在印度尼西亚占据主导优势，这会加深近代印度尼西亚持续存在的问题，那就是人们对于由爪哇人统领印度尼西亚其他岛屿的担忧。爪哇语的额外弊端是阶级划分明显，这种方言规定，针对不同阶级的人要使用不同的词语。今天，我和印度尼西亚人一样，很欣赏他们的官方语言，即美丽的印度尼西亚语。这是一门很容易学会的语言。在印度尼西亚占领荷属新几内亚并引入印度尼西亚语的短短18年间，我发现，就连那些住在偏远山区里的、未曾开化的新几内亚人也在说这种语言。印度尼西亚语的语法简单且十分灵活，为了让人能立刻猜到单词的意思，印度尼西亚语中的许多单词是在词根上直接添加前缀和后缀。例如，形容词“洁净的”在印度尼西亚语中是“bersih”，动词“清洁”则是

“membersihkan”，名词“洁净”是“kebersihan”，名词“打扫卫生”是“pembersihan”。

印度尼西亚的独立

1941年12月，日本对美国宣战，并开始向太平洋岛国和东南亚扩张，迅速征服了荷属东印度群岛。实际上，荷属加里曼丹岛的油田和马来半岛的橡胶及锡矿才是日本宣战的主要动机，也许是最大的动机，因为日本缺乏石油，长期依赖向美国进口，而当时日本对中国开战并占领了法属中南半岛，时任美国总统罗斯福为报复日本，中断了对日本的原油供应。加里曼丹岛的油田成为离日本最近的一个石油来源地。

一开始，占领荷属东印度群岛的日本军方领导者声称，印度尼西亚人和日本人是亚洲兄弟，应为反殖民目标而并肩作战。印度尼西亚民族主义者最初支持日本人，并协助日军围捕荷兰人。但是，日本人主要是想从荷属东印度群岛获取原材料（尤其是石油和橡胶），为其战场上的装备提供动力，而且他们变得比荷兰人更具压迫性。随着日本在战场上的形势发生逆转，1944年9月，尽管没有给出确切的日期，日方做出了允许印度尼西亚独立的承诺。1945年8月15日，日本投降，两天之后印度尼西亚便宣告独立，并在翌日确立了自己的宪法，还在当地成立了民兵组织。但印度尼西亚人民很快便发现，尽管日本打败荷兰，承诺让印度尼西亚独立，但随后美国与其同盟国击败日本，这些并不能确保印度尼西亚真正独立。1945年9月，英国和澳大利亚的军队从日本手中接管了印度尼西亚，随后，荷兰军队到达，想要重新夺回自己的控制权。印度尼西亚军队和英荷两军之间爆发了战争。

荷兰人以印度尼西亚的多元种族和群岛领土幅员辽阔为由，同时也是想通过“分而治之”的方式夺回控制权，便鼓动印度尼西亚建立联邦政府。他们在自己再度征服的土地上设立了不同的联邦州。然而，许多印度尼西亚革命派寻求建立的是一个囊括整个前荷属东印度群岛的单一、团结的共和政府。1946 年 11 月，双方达成了初步协议，荷方承认印度尼西亚共和政府的权威，但仅限于爪哇岛和苏门答腊岛两地。然而，到 1947 年 7 月，荷兰人变得气急败坏，发动了一场所谓的“警察行动”，实际目标是要摧毁印度尼西亚共和政府。停火后，荷兰人的“警察行动”很快卷土重来，迫于联合国和美国的压力，荷兰最终让步，并同意将权力转交给共和政府。最后的权力交接发生在 1949 年 12 月，但附加的两大限制条件使印度尼西亚人感到恼怒，后来他们花了 12 年的时间才推翻这些限制条件。一个限制条件是，荷兰人并未交出新几内亚岛的荷属部分（即西半边）。相反，他们在那里保留了荷兰的统治，理由是新几内亚岛在政治发展上远远没有达到荷属东印度群岛其他地方的水平，这个地方还没有做好独立的准备，而且从种族起源上看，新几内亚人和印度尼西亚人的差距不亚于他们和欧洲人的差距。另外一个限制条件是，荷兰的公司，比如壳牌石油，对印度尼西亚的自然资源依旧享有所有权。

1945—1949 年，荷兰试图以粗暴的手段重新对印度尼西亚建立控制权。30 年后，我的印度尼西亚同事在向我谈起这件事的时候仍然面露苦涩，1979 年我所下榻的那家印度尼西亚酒店大堂里挂着的绘画也生动地描绘了这一段历史。（例如，其中一幅画的内容是两名荷兰士兵正在强暴一名印度尼西亚妇女。）与此同时，印度尼西亚人民内部也爆发了较为激烈的争端，因为印度尼西亚内部有不少人反对建立“印度尼西亚共和国”，许多东部的印度尼西亚人以及苏门答腊人认为，建立该共和国就等于让爪哇人掌控了全国。哪怕是在 20 世纪 80 年代，我还是会从非爪哇裔印度尼西亚朋友口中听到一些怨愤的话，他们始终希望自己的区域能在政治上独立于印度尼西亚。对共和国表示反对的还有印度尼西亚共产党员，他们在 1948 年发起了反抗活动，后来被共和国军队击溃，并且有至少 8 000 名印度尼西亚共产党员被杀——为 1965 年政变失败后更大范围的大屠杀埋下了伏笔。

苏加诺

这个新的国家面临着自独立前就已存在的严重问题，其中一部分问题进一步恶化。殖民地时期的印度尼西亚长期处于被荷兰基于自身利益统治的状态，独立后的印度尼西亚要面对的是极为落后的经济情况。在荷属时期，人口增长过快就已经对印度尼西亚经济造成沉重负担，这种情况在印度尼西亚独立后并未得到改善（20 世纪 60 年代，其人口年均增长率接近 3%）。许多印度尼西亚人仍旧缺乏国家认同，还继续将自己看作爪哇人、摩鹿加人、苏门答腊人，或者是其他地区的人，而不是印度尼西亚人。最终让印度尼西亚人团结起来的印度尼西亚语在那个时候还没有得到广泛的传播，有 700 种方言在同时被使用。那些把自己看作印度尼西亚人的群体又对这个国家抱有各自不同的愿景。印度尼西亚的一些穆斯林领袖想把印度尼西亚打造成一个伊斯兰国家。印度尼西亚共产党希望印度尼西亚成为共产主义国家。部分非爪哇裔印度尼西亚人想要更多的区域自治权，或者是彻底实现地区独立，他们还策划了地区叛乱行动，最终被共和国的军队击败。

军队本身也是一个分裂的焦点所在，人们对军队的定位存在争议。印度尼西亚军队是应该像别的民主国家那样，由那些平民政治家来掌控（但印度尼西亚军方越来越不相信那些平民政治家），还是应该更加自治，追求自己的一套政策？一方面，印度尼西亚军方将自己视为革命的救星、国家身份的堡垒，并且要求在国会中拥有固定的表决权。另一方面，平民政府则希望通过裁军撤编，缩小军队规模，以达到节省开支的目的。军方内部也出现了矛盾，尤其是空军和其他军种之间意见不一致。陆军司令官之间也存在分歧，尤其是革命派地区司令官和保守派中央司令官之间。军方领袖以军事需要为由，对印度尼西亚民众和商人群体强征钱财，以走私和对电台、电力行业征税的方式筹集资金，日益攫取地区经济实权，从而导致贪污的制度化。今时今日，这仍是困扰印度尼西亚的最大难题之一。

印度尼西亚的开国总统苏加诺生于 1901 年，逝世于 1970 年，他的政治生涯早在印度尼西亚的荷兰殖民时期就开始了，当时他是一名反对荷兰殖民政府的民族主义领导者（见插图 5.1）。（与许多印度尼西亚人一样，苏加诺只有名字而没有姓氏。）殖民政府将他流放后，日本人将他带回印度尼西亚。1945 年 8 月 17 日，正是苏加诺发表了印度尼西亚的《独立宣言》。因为充分意识到印度尼西亚人缺乏国家认同，苏加诺制定了“潘查希拉”，即印度尼西亚建国五大原则，直到今天，这五大原则仍然是团结印度尼西亚民众的总体性意识形态，并被写入 1945 年宪法。这五大原则极具概括性，分别是：信仰神、民族统一、人道主义、民主政治和社会公正。

身为总统，苏加诺把印度尼西亚的贫穷归咎于荷兰帝国主义和资本主义，他废除了印度尼西亚继承的债务，将荷兰留下来的产权进行国有化处理，并将这些产业的大部分管理权交给军队。他建立起以国家为中心的经济制度，军方、平民政府和他本人都能因此从人民手中榨取利润。可想而知，印度尼西亚的私有企业和国外援助都减少了。美国政府和英国政府心生警惕，试图动摇苏加诺的地位，正如美国政府试图动摇阿连德在智利的地位那样。苏加诺对美国的回应是：“带着你的援助滚吧！”后来在 1965 年，他将美国和平队驱逐出境，并宣布印度尼西亚退出联合国、世界银行和国际货币基金组织。印度尼西亚的通胀率急剧攀升，国家法定货币印度尼西亚卢比在 1965 年贬值 90%。

印度尼西亚在独立之前没有过任何民主自治的历史。它的政府管理经验来自荷兰人的统治，而在荷兰统治下的印度尼西亚在最后的数十年间接近集权国家的状态，1942 年后的日本也是类似的情形。任何民主政体的运行都需要具备一些基本条件，包括国民有较高的识字率，能意识到自己拥有反对政府政策的权利，能够包容不同观点，愿意接受选举中的失败，政府则要保护政治上弱势的群体。显而易见，印度尼西亚在上述基本条件方面均处于弱势状态。因此，在整个20世纪50年代，印度尼西亚总理和内阁成员的席位轮换非常快。令人惊讶的是，在1955年9月的选举中，竟有高达92%的登记选民前往投票点进行投票，但投票的结果僵持不下，因为领先的4个政党的得票率均处于15%~22%，在获得的国会席位上也势均力敌。这些党派无法达成妥协，政治陷入僵局。在第四章中，我们已经从智利和皮诺切特政变的案例中看到类似的问题：势力均等的几个党派之间无法达成政治妥协。不同的是，智利民众的受教育程度和识字率较高，还有长期的民主政府传统，而这些印度尼西亚都没有。

从1957年开始，苏加诺总统通过军事戒严的方式结束了这场僵局，并且以所谓的“指导式民主”取代了印度尼西亚原先的民主制度，因为他认为这种民主制度更加适合印度尼西亚的民族特点。在“指导式民主”制度下，印度尼西亚国会应当致力于实现党派之间的“相互合作”或者是“审议后达成共识”，而不像我们通常在民主概念中看到的，把立法机构当成各方竞争的场所。为了保证国会的目标与苏加诺的目标一致，半数以上的国会席位不再由选举产生，而是直接由苏加诺任命，国会成员不再来自不同党派，而是来自不同的“功能集团”，其中军队就是这样的一个“功能集团”。

苏加诺开始坚信自己有一种与众不同的能力，能够预见并诠释印度尼西亚人民的心愿（包括那些他们自己尚未意识到的心愿），坚信自己就是人民的先知。1955年，亚非国家联合举办了万隆会议，会议结束后，苏加诺将自己的宏图扩张到世界舞台上，开始以将印度尼西亚打造成为第三世界反殖民政治的主导者为己任，尽管当时印度尼西亚国内的种种问题已经迫在眉睫。1963年，苏加诺宣布自己为印度尼西亚的终身总统。

为了将自己的反殖民立场付诸实践，苏加诺发起了两场运动，试图将两块即将获得独立的领地归为己有。第一场运动针对的是荷属新几内亚，由于那里的种族特殊性，印度尼西亚独立后，荷兰曾拒绝将其归属印度尼西亚。荷兰发起了一个应急计划来筹备新几内亚独立，新几内亚的领导者也制定好了自己的国旗和国歌。然而，苏加诺宣布，荷属新几内亚归印度尼西亚所有，对荷兰施加外交压力，并在1961年命令印度尼西亚海陆空三军以武力占领荷属新几内亚。

就苏加诺而言，这场运动的结果是其一人政治成就，但对许多参战的印度尼西亚士兵，还有那些期盼获得独立的荷属新几内亚人来说，这无疑是一场悲剧。我在1979年下榻的那家酒店大堂悬挂的绘画中就有一幅描述了印度尼西亚“战船”与荷兰人对战的场景，而事实上那只不过是一艘小小的巡逻船，后被荷兰战舰击沉，导致许多印度尼西亚士兵身亡。印度尼西亚的伞兵部队被空军用飞机投放到荷属新几内亚，当时在荷兰国防军服役的一位朋友向我描述了这些伞兵的结局。大概是因为畏惧荷军在白天的防空能力，这些伞兵在大晚上被胡乱地投放到丛林密集之处，这样的残忍程度令人难以置信。这群不幸的伞兵降落在一片炎热的沼泽中，那里长满了西米棕榈，蚊虫滋生，幸存的伞兵往往是撞到西米树上后，被身后的降落伞挂到了树枝上。他们中仅有一部分人能成功地从自己的装备中挣脱出来，但往往会掉进或是滑落到沼泽当中。我的朋友和他所在的荷兰部队围住沼泽，等了整整一周，然后划着船进去，救回了为数不多的幸存伞兵。

尽管荷兰军队取得了一些战绩，但美国政府想要营造出自己支持第三世界反殖民运动的景象，而且美国确实有能力逼迫荷兰让出荷属新几内亚。为了挽留面子，荷兰并未将荷属新几内亚直接让给印度尼西亚，而是交给联合国，在 7 个月之后，联合国将原荷属新几内亚的行政控制权（但不是所有权）转让给印度尼西亚，该转让受限于之后的全民投票结果。印度尼西亚政府随后开展大规模移民计划，将印度尼西亚其他省份的人口转移到印度尼西亚统治下的新几内亚，部分原因是要确保新得手的这块领土由非新几内亚裔印度尼西亚人主导。7 年之后，在压力之下，苏加诺亲自挑选的新几内亚领导者投票通过了将新几内亚并入印度尼西亚的决定。原本已经看到从荷兰统治下独立出来的曙光的新几内亚人，试图脱离印度尼西亚实现独立，发起游击战，在超过半个世纪后的今天，这场运动还在继续。

苏加诺的反殖民行动还针对马来西亚的一些前英国殖民地。马来西亚的领土包括在 1957 年获得独立的、位于马来半岛上的部分州和两个位于加里曼丹岛的前英国殖民地——沙巴州和砂拉越州。加里曼丹岛由马来西亚、印度尼西亚和文莱共有。沙巴州和砂拉越州在 1963 年加入独立的马来西亚。荷属新几内亚曾是荷属东印度群岛的一部分，因此苏加诺可以宣称印度尼西亚拥有荷属新几内亚的继承权，可他不能以同样的理由将属于马来西亚的加里曼丹岛区域占为己有。尽管如此，在荷属新几内亚的成功使苏加诺受到鼓舞，1962 年，他开始“对抗”马来西亚，并在接下来的一年中对马来西亚统治下的加里曼丹岛区域发动攻击。然而，这里的人民一点都不想加入印度尼西亚，同时英军和英联邦军队为马来西亚提供了有效的军事防御支持，印度尼西亚军队便丧失了对抗的欲望。

印度尼西亚政变

20 世纪 60 年代，印度尼西亚国内最强大的三股势力之间展开了一场复杂且让人迷惑的抗衡。其中一股势力来自苏加诺，作为一名魅力翩然的领袖和风生水起的政客，他以印度尼西亚独立之父和印度尼西亚首位以及（截至当时）唯一一位总统的身份在人民当中享有极高的支持率。第二股势力来自垄断军队权力的陆军。第三股势力来自印度尼西亚共产党（简称 PKI），虽然缺少军权，它却成为印度尼西亚截至此时发展最强劲且组织得最好的一支政党。

可是，这三股势力彼此孤立且各自方向不同。尽管苏加诺倡导的“指导式民主”仰仗他本人和军队之间的结盟，他同时也不断增强自己和印度尼西亚共产党之间的盟友关系，以平衡军队的势力。印度尼西亚华裔对印度尼西亚国内的反华情绪十分警惕，以至他们当中的许多人离开印度尼西亚回到中国。可与此同时，印度尼西亚在不断加强与中国的外交关系，并且宣布自己很快就会制造自己的原子弹，这令英美两国感到惊恐。印度尼西亚军方内部开始出现分裂，有的人选择支持苏加诺，有的人选择支持印度尼西亚共产党，还有一些人希望军方击垮印度尼西亚共产党。为了弥补自己在军事方面的弱势，1965 年，在苏加诺的支持下，印度尼西亚共产党提出武装农民和工人，在明面上将他们编列为除海、陆、空、警之外的第 5 支国家武装部队。据闻，出于惊惧，反共派陆军军官设立了将军理事会，以应对明显不断增强的共产主义威胁。

这场三方博弈在 1965 年 10 月 1 日凌晨约 3 点 15 分达到高潮，两支陆军部队在左翼司令员的带领下，连同 2 000 名士兵发动了政变，并专门派遣小分队分别前往 7 位将军（包括陆军总司令和国防部部长在内）的府邸将他们一一抓获，明令要把他们活捉并带到苏加诺总统跟前，好说服苏加诺总统镇压将军理事会。10 月 1 日早上 7 点 15 分，政变领导者控制了位于印度尼西亚首都雅加达中央广场一侧的电信大厦，通过印度尼西亚电台发布了一条广播，宣布开展“9 · 30”运动，声称运动的目标是保护苏加诺总统，先发制人地击破一场由腐败的将军所谋划的政变，并称那些将军是美国中央情报局和英国人手中的工具。到当天下午 2 点，政变领导者又陆续发布了三条广播，随后便一直悄无声息。请注意：虽然 1979 年我所下榻的那家印度尼西亚酒店大堂的绘画栩栩如生地描绘了这场共产主义政变，实际上发动政变的不是共产党，而是印度尼西亚的陆军部队。

可是，这场政变显然并未经过周密策划。那7支被派去劫持将军的小分队没有经过训练，他们慌张不安，战战兢兢，直到最后一刻才拼凑而成。他们也没有针对此次行动进行事前演练。最重要的两支小分队被派去劫持（而不是杀掉）印度尼西亚的两位级别最高的将军，可带队的竟是毫无经验可言的初级军官。这些小分队最后将3位将军杀死在各自的家中，其中2位遭到枪击，1位死在刺刀之下。还有位将军成功地从自家大院的后墙逃走。正如那家酒店大堂的其中一幅绘画所展示的画面，小分队不小心射中了这位将军5岁的小女儿，还杀掉了他的副官，因为小分队错把副官当成了将军本人。（为了简便，我接下来还是会用"7位将军"的说法。）小分队仅成功活捉了余下的3位将军，然而他们接着还是把人给杀掉了，没有听从指挥，让他们活着去见苏加诺。

尽管政变的组织者之一是苏加诺总统私人保镖队的队长，他的职责是全天候知悉苏加诺的所在，但他们还是没能找到苏加诺，因为当时苏加诺正在和某一个妻子（他共有4个妻子）共度良宵。政变组织者犯的一个致命错误是从未试图拿下位于中央广场一侧的印度尼西亚陆军战略后备队（简称Kostrad）的司令部，尽管中央广场余下的三侧都被政变军队控制住。政变组织者既没有坦克，也没有对讲机。因为他们在占领电信大厦的时候关闭了雅加达的电话系统，身处雅加达不同地点的政变组织者只能用派遣信使走街过巷报信的方式尝试沟通。令人难以置信的是，政变的组织者无法为驻扎在中央广场上的士兵提供水和食物，结果，大批又饥又渴的士兵离开岗位，成为散兵游勇。另一支军队去往雅加达哈利姆空军基地，到那里后发现大门紧闭，只好在外面的大街上滞留了一整晚。政变组织者之一的印度尼西亚共产党领袖未能协调好党内其余成员的行动，因此印度尼西亚并未出现大规模的共产主义者起义。

陆军战略后备队司令是在苏加诺之后，第二位影响了印度尼西亚历史进程的、具备非凡特质的领导者。他叫苏哈托，和苏加诺的名字很像，容易让人混淆。他是爪哇人，也是一名老练的政治家（见插图 5.2）。与苏加诺相比，苏哈托的不同点是，他比苏加诺要年轻 20 岁（苏哈托生于 1921 年，逝世于 2008 年），也并未在反抗荷兰殖民政府的斗争中扮演过重要的角色，而且在 1965 年 10 月 1 日早上之前，他鲜少被印度尼西亚军队圈子以外的人关注。当天一大早，苏哈托得知了起义的消息，他采取了一系列的对策，同时争取时间，试图弄清楚瞬息万变、令人迷惑不解的事态进展。他传召驻扎在中央广场上的两支军队的司令员，让他们到陆军战略后备队的司令部里见他，在那里，苏哈托告诉这两名司令员他们正在造反的事实，并要求他们听令于自己，两人照办了。政变的组织者以及与苏哈托一样对事态发展之快搞不清楚状况的苏加诺，现在聚集在哈利姆空军基地，因为空军是印度尼西亚武装势力当中最认同共产党人的军种。苏哈托派出可靠的部队先控制电信大厦，随后攻下哈利姆空军基地，部队没有遭遇多少反抗即完成使命。当天晚上 9 点，苏哈托通过电台广播宣布自己目前已控制印度尼西亚陆军，将摧毁“9 · 30”运动，并将保护好苏加诺总统。政变的组织者纷纷逃离哈利姆空军基地和雅加达，随后又乘飞机和火车逃往爪哇岛中部的其他城市，并在当地组织了其他的起义事件，部分将领因而遇害。不过，和雅加达起义的结果相似，其他地方的起义也都在一两日内便遭到效忠当局的陆军部队镇压。

大屠杀

时至今日，关于这场失败的政变，有许多问题仍然没有得到解答。看似清晰的一点是，这场政变是两部分领导者合力造就的结果：一部分是一些支持印度尼西亚共产党的初级军官，另一部分则是一位或多位印度尼西亚共产党的领导者。可是，为什么专业的军官竟毫无军事策划的技巧，发动这样一场计划不周、漏洞百出的政变呢？他们为什么不通过召开媒体发布会来获取公众支持呢？参与这场政变的印度尼西亚共产党人仅限于那几个领导者吗？其他人有没有可能也参与策划并支持了这场政变？为什么政变的组织者没有将苏哈托列入要劫持的将军名单里？为什么政变势力没有控制中央广场另一侧的陆军战略后备队司令部？苏加诺总统事先知道这场政变吗？是不是反共派军官事先对政变就已知情，但故意任由其发生，好以此为借口实施事前制订好的镇压印度尼西亚共产党的计划？

军方的反应速度之快让人觉得最后一种情况的可能性极大。在三天之内，军方司令员开展了一场宣传运动，为大范围抓捕和杀害印度尼西亚的共产主义者及他们的支持者这件事正名（见插图 5.3)。1965 年 10 月 1 日政变当天，在雅加达有 12 人被杀，加上第二天在爪哇的其他城市还有少数人遇害。这几起谋杀给苏哈托和印度尼西亚军方提供了实施大屠杀的借口。军方对这场政变的反应如此迅疾、高效，且范围如此之广，以至让人很难相信这是对突发事件在短短几天之内做出的临场应对之策。相反，这必定是一个预谋已久的计划，只是在等待一个恰当的时机，而发生在 10 月 1 日和 2 日的那场失败的政变正好提供了一个时机。

对于这场大屠杀，军方的动机来自 20 世纪 50 年代和 60 年代早期印度尼西亚国内政治妥协的失败以及民主政府的崩溃，这集中体现为印度尼西亚共产党、军方势力和苏加诺总统三方势力之间的斗争。军方看上去即将输掉这场斗争。作为印度尼西亚规模最大且组织得最好的政党，印度尼西亚共产党足以威胁到陆军的政治权力，还有军队从国有企业攫取的钱财，以及通过走私及贪污获得的利益。印度尼西亚共产党提出要把工人和农民作为单独的部队武装起来，这威胁到了陆军对军事权力的垄断地位。后续事件表明，苏加诺总统独自一人并不足以同陆军抗衡。不过，苏加诺希望将印度尼西亚共产党变成自己的潜在同盟，以制衡军队的实力。不仅如此，印度尼西亚军方内部本身就存在分裂，那些支持共产党的军官成为这场政变的组织者之一。因此，这场政变为反共派军官提供了一个机会，来肃清自己在军队内部的政治对手。对印度尼西亚共产党的崛起心怀警惕的陆军司令员早早准备好了应急计划，这一点都不令人意外，此次政变只是为计划的实施提供了最佳时机。苏哈托本人是否早就参与起草了这个应急计划，还是他只是在最后一刻才接管其他人筹备好的军事占领行动（像智利的皮诺切特将军那样），这仍然是一个未知的问题。

1965 年 10 月 4 日，苏哈托来到了一个在印度尼西亚语中被称为“鳄鱼洞”的地方，参与政变的小分队劫持并杀害几位将军后便把他们的尸体抛弃在这里的一口废井中。在摄影记者和电视机镜头前面，这些已经开始腐烂的遗体重见天日。10 月 5 日，装着已故将军棺木的汽车驶过雅加达的街道，数以千计的市民前来送行。尽管执行谋杀任务的人实际上来自军队，但反共派军官立马将责任全部推到印度尼西亚共产党身上。一场明显就是事先准备好的政治宣传活动立刻如火如荼地展开，营造出歇斯底里的气氛，警告非共产党人的印度尼西亚民众，他们正处于致命的危险中，并且称印度尼西亚共产党正在制作准备杀害的人员名单，而且手段极为残忍，会剜去人眼。还有传言称，印度尼西亚共产党下设的女性组织使用性虐待和阉割等酷刑来对付那些被劫持的将军。苏加诺总统试图尽可能地淡化 10 月 1 日那场政变的影响，并且反对军方采取如此大规模的对策，可当时军方已经从他手中夺走了事态的控制权。自 10 月 5 日开始，印度尼西亚军方开始展开追捕行动，目的是消灭印度尼西亚共产党和所有相关组织的成员及其家属。

印度尼西亚共产党的反应一点儿都不像一个刚刚策划过一场政变的组织。整个 10 月和 11 月，很多印度尼西亚共产党人在被传唤到军事基地和警察局的时候并没有表示出不情愿，因为他们以为自己要面临的不过是被盘问一场，随后便会被释放。印度尼西亚共产党本可以通过动员铁路工人去破坏火车，动员技术工人去捣毁军队车辆，号召农民封锁道路，以支持政变并阻挠军方的对策，但他们什么也没做。

因为印度尼西亚大屠杀的执行者不像二战集中营中的纳粹分子那样，对屠杀行为进行了详细的组织和记录，所以印度尼西亚大屠杀受害者的具体数量至今仍难以确定。最高的估计是大约200万人；被最多人引用的数字是50万人，这个数字是苏加诺总统的真相调查委员会里的一名成员提供的。印度尼西亚大屠杀中使用的杀人方式比起纳粹分子要原始得多：行刑者用大刀或其他手持武器将受害者一个一个杀死或掐死，而不是将好几百人关进毒气室一次性解决掉。纳粹分子会把尸体扔进特制大熔炉，印度尼西亚大屠杀中的行刑者则将尸体随意抛弃。尽管如此，印度尼西亚在1965年和1966年发生的屠杀依然可以被列为二战之后全世界的大屠杀事件中最惨烈的。

人们通常误以为这场大屠杀的主要对象是印度尼西亚华人。事实并非如此，大多数遇害者都不是印度尼西亚华人。这场大屠杀的对象是所有疑似共产党人的印度尼西亚人以及与他们有关的人，不管他们是不是华裔。人们还存在另一个误解，认为这场大屠杀是一次失去理智的、情绪不稳定的、不成熟的“杀人狂”群体的无意识行为。这里的“杀人狂”是指那些在精神恍惚的状态下疯狂杀人的人。不，并未有任何证据显示印度尼西亚人天生情绪不稳或杀人成瘾。实际上，是印度尼西亚军方一手策划并安排了这场屠杀，目的是保护自己的利益，而且军方的宣传行动让很多印度尼西亚民众相信，他们必须为了保护自己的利益去执行屠杀的任务。军方的屠杀行动尽管邪恶，但并非是不理性的：它的目的是摧毁军方最强劲的对手，并且确实做到了。

1965 年 10 月底，苏哈托命令军中部分但非全部领导者效忠于他。苏加诺仍是终身总统，视他为印度尼西亚开国元勋的民众依然尊敬他，他在军官和士兵中依然受到欢迎，他的政治技巧依旧老练。苏哈托不能就这么把苏加诺推开，正如某些雄心勃勃的美国将军不能在我们深爱的开国元勋乔治·华盛顿总统的第二任期期间将他推开不用。

昔日，苏哈托曾被看作一名富有成效的将军，但仅此而已。可是，现在他不断地展现出甚至已经超越苏加诺的政治技巧。他逐步赢得了其他军队领导者的支持，把那些支持印度尼西亚共产党的军官和公务人员换成对自己忠心耿耿的人，并且在接下来的两年半中，他一边佯作代苏加诺行事，一边慢慢地、谨慎地取代苏加诺。1966 年 3 月，苏加诺被迫在一封信件上签名，将手中权力交给苏哈托；1967 年 3 月，苏哈托成为印度尼西亚的代总统，并在一年后取代苏加诺正式成为总统。他在这个位子上稳坐 30 年。

苏哈托

苏哈托并未像苏加诺那样继续第三世界反殖民政治，也没有对印度尼西亚群岛以外的地方展现出野心。他把关注点放在印度尼西亚的国内问题上。特别值得关注的是，苏哈托终结了苏加诺与马来西亚之间因加里曼丹岛而引起的武装“对抗”，让印度尼西亚重新加入联合国，还放弃了苏加诺出于意识形态而靠近中国的策略，并且出于经济和战略上的考虑促成印度尼西亚与西方的合作。

苏哈托本人没有接受过高等教育，也丝毫不懂经济理论。所以，他将印度尼西亚的“官方”经济（相对于下文将会谈到的非官方经济）交到一帮颇有资历的印度尼西亚经济学家手中，他们当中有多人都毕业于加利福尼亚大学伯克利分校。因此，这帮经济学家有了一个绰号——“伯克利黑帮”。印度尼西亚经济在苏加诺的统治下饱受政府开支赤字之苦，导致国家债台高筑，通胀率高企。就像是智利的案例中皮诺切特将军找到了“芝加哥男孩”，苏哈托的“伯克利黑帮”通过平衡预算，削减补贴，以市场为导向，减轻印度尼西亚的国家债务和降低通胀水平来推动经济改革。由于苏哈托放弃了苏加诺的左倾政策，“伯克利黑帮”借机鼓励国外投资流入，吸引了来自美国和欧洲国家的援助，用于开发印度尼西亚的自然资源，尤其是石油和矿产资源。

印度尼西亚的另一个经济计划机构便是军方。苏哈托宣布：“军队对于国家和社会的现代化进程深感兴趣，希望能在这一进程中发挥重要作用……面对巩固新秩序的过程中出现的问题，倘若军队袖手旁观，便是一种失职，也有违历史的使命……军队拥有两大职能，一是作为国家的武装工具，二是作为达到变革目标的功能群体。”试想如果在美国，一位将军当上了总统，然后发表这样一番关于军队的言论，将会产生何种影响！事实上，印度尼西亚军方设立了一个平行军政府，这个军政府的预算和印度尼西亚官方政府的预算大致持平。在苏哈托治下，印度尼西亚有超过半数的市长、地方政府长官和省长都是军官出身。地方军官有权力以疑似“妨害安全”为由逮捕和拘留任何人。

军官们开始做起生意，并且大规模贪污和敲诈，有的是想给军队找钱袋子，有的则是为了中饱私囊。虽然苏哈托本人没有招摇奢靡的生活习惯，但他的妻子和儿女皆因严重的贪污而臭名昭著。苏哈托的儿女甚至一分钱本金都没出，就通过做生意赚得盆满钵满。当苏哈托的家人被指控贪污时，他十分生气，坚持称自己的家人是通过商业才能获得新财富的。印度尼西亚人给苏哈托的妻子起了一个绰号叫“10% 夫人”（或“提成夫人”），因为据闻她总会从政府合同中榨取 10% 的回扣。苏哈托结束统治时，印度尼西亚是全世界贪污最严重的国家之一。

贪污遍布这个国家日常生活的每个角落。比如，当我在印度尼西亚为世界自然基金会工作的时候，另外一名也在那里工作的印度尼西亚朋友指着基金会驻当地办事处的一名主任，悄悄告诉我，这个主任的绰号是“贪污哥”：因为他不是普通的贪污者，而是超级贪污者。基金会的海外捐资方给这个办事处捐赠了一艘船，这艘船最后变成了他的私人物品。另外一个例子是非政府部门的贪污，在印度尼西亚时，出于工作需要，我经常在乘飞机的时候带很重的行李，这便会产生行李附加费。我逐渐习惯了一个事实，那就是每当我在印度尼西亚机场的国内航班柜台办理登机手续时，工作人员总会从柜台后面走出来问我要行李附加费，但他们会把钱放进自己的口袋里，而不是交给航空公司。

苏哈托用后来被称作“新秩序”的做法代替苏加诺的“指导式民主”。据推测，“新秩序”的意思是要回归印度尼西亚 1945 年宪法中的纯粹概念以及潘查希拉建国五大原则。苏哈托宣称自己要摒弃那些由印度尼西亚各党派带来的糟糕的改变。他眼中的印度尼西亚人松懈放纵、盲目自大、与虎谋皮，而且还没准备好进入民主的时代。在自传中，苏哈托写道：“西方风格的反对派在潘查希拉民主中没有一席之地。在潘查希拉民主的国度里，我们认可以审议的方式使人民达成一致意见……我们不认可西方的那种反对模式。我们这里不承认基于冲突的反对和仅仅旨在标榜存异的反对……民主必须懂得纪律和责任，因为若是缺乏两者中的任何一项，民主只会意味着混乱。”

苏哈托的核心思想是：“只有一条路，并且毫无争议。”这一思想被应用在印度尼西亚人生活中的许多层面。在印度尼西亚，只有一种可以被接受的意识形态，那就是潘查希拉，公务员和军队成员必须通过参加政府指导计划来学习它。当然，罢工是被禁止的，因为这种行为违反了潘查希拉原则。唯一可以被接受的种族认同就是印度尼西亚人，所以印度尼西亚华人不能使用中文书写，也不能保留自己的中文名字。要维护国家政治统一，亚齐、东帝汶、印度尼西亚新几内亚和其他遥远区域的自治都是不被允许的。最理想的情况下，苏哈托更想实行一党制，但印度尼西亚政府如果想要取得国际合法性，就必须要有多党竞争的国会选举。不过，其中一个叫专业集团党（Golkar）的政府功能集团总是能以高达70%的得票率赢得选举，而剩下的其他政党则合并成为两大功能集团：一个是伊斯兰集团，另一个是非伊斯兰集团，他们总是在选举中落败。如此一来，苏哈托治下的印度尼西亚逐渐变成了一个集权国家，跟荷兰殖民政府统治下最后10年的情况几乎如出一辙，唯一的区别是现在印度尼西亚的统治者不是外国人。

我在1979年于印度尼西亚酒店大堂看到的历史绘画传达出了苏哈托强调的思想：1965年那场失败的政变是印度尼西亚共产党的阴谋，并且这一事件应当被视为印度尼西亚近代史的关键性时刻。每一年（现在依旧如此），在1969年设立的巨大的潘查希拉纪念碑（见插图5.4）前，印度尼西亚人都会举行一场庄严的仪式，既用于缅怀被视为"革命七英雄"的7名被害将军，又重新向潘查希拉建国五原则致敬。在纪念碑的浮雕上和毗邻的博物馆中，均描绘了1965年那场政变以来的印度尼西亚后殖民历史。每年的9月30日，所有的印度尼西亚电视台都要播放一段由政府委托制作的长达4个小时的恐怖影片，影片讲述的是7名将军被劫持和杀害的故事，所有的印度尼西亚学生都要观看。当然，影片中没有提及被报复杀死的那50万名印度尼西亚人。直到12年后，也就是1979年，我到印度尼西亚工作时，大部分政治犯才终于得到释放。

在苏哈托的5年总统任期期满后，印度尼西亚国会一次又一次地让他当选。将近33年后，在议会宣布苏哈托将第7次连任印度尼西亚总统一职后不久，苏哈托政权于1998年5月出乎意料地迅速崩塌。有多个影响因素导致了这样的结果。一个因素是亚洲金融危机，这场危机导致印度尼西亚货币贬值80%，并因此激发暴乱。另一个因素是苏哈托本人，77岁高龄的他已经与现实脱节，失去了他的政治技巧，并且在1996年因妻子的离世而受到沉重的打击，因为他的妻子一直以来都是他最亲密的伙伴和支柱。当时，广大群众对苏哈托家族的贪污行为及其积累的财富十分愤怒。苏哈托的成就创造了一个工业现代化的印度尼西亚社会，但他坚持认为印度尼西亚人无法自治，而人民已经不再容忍这种想法。就像1998年“否决运动”之后的智利军政府一样，印度尼西亚军方显然意识到人民的抗议浪潮已势不可当，苏哈托（就像当日的皮诺切特）应该在情况失控之前辞职。

1999年，苏哈托下台一年后，印度尼西亚举行了40多年后的第一场相对自由的选举。自此，印度尼西亚举行了一系列选举，选民投票率比美国还要高：在美国，哪怕是总统选举，选民投票率也不过60%，而在印度尼西亚这一数据则高达70%~90%。反建制派平民佐科·维多多在2014年的印度尼西亚总统选举中获胜，曾任雅加达市市长的维多多在这场选举中击败了一名陆军将领。在如今的印度尼西亚，贪污行为有所收敛，而且有时候会受到惩治。

苏哈托的功过

现在，我们来总结失败的1965年政变及随后成功的反政变行动所引发的危机和苏哈托政权的影响。消极影响很明显。最糟糕的便是50万名印度尼西亚人遇害，还有几十万印度尼西亚国民被监禁长达10年以上。贪污行为严重影响了印度尼西亚的经济增长速度，如果印度尼西亚军方没有拿走那么多钱来运营平行军政府，那么印度尼西亚的经济增长率会高很多。上行下效，贪污行为遍布印度尼西亚社会的各个角落（甚至包括航空公司的员工）。因为苏哈托认为自己的国民没有自治能力，印度尼西亚人民学习如何进行民主自治的机会被推迟了好几十年。

从1965年的政变事件中，印度尼西亚军方得出的感悟是，唯有使用武力和杀戮方可获得成功，试图解决问题反而会导致人民的不满。这种杀戮性的军事镇压政策让印度尼西亚在新几内亚岛和苏门答腊岛，尤其是印度尼西亚东部的帝汶岛（帝汶岛在政治上东西分属葡萄牙、印度尼西亚）等地付出了高昂的代价。1974年，葡萄牙殖民者放弃帝汶岛上最后的殖民地时，从地理位置上看，人们自然而然地认为东帝汶将会成为印度尼西亚的一个新省份，毕竟印度尼西亚早已接纳了许多拥有不同文化、语言、历史的省份。当然你可以反驳说，一个国家的边界不单单由地理因素决定：加拿大不是美国的一部分，丹麦也不是德国的一部分。但东帝汶与加拿大或者丹麦没有可比性：它不过是群岛中一座小岛的东半部分，剩下的部分全部属于印度尼西亚。印度尼西亚政府和军方只要用一点点战术，或许就可以通过谈判，在保留东帝汶部分自治权的情况下将其并入印度尼西亚。可相反的是，印度尼西亚军队对东帝汶采取了入侵、屠杀然后吞并的手段。迫于国际压力，在苏哈托之后继任印度尼西亚总统的哈比比于1999年

8 月就东帝汶的独立批准了一场全民投票，这令印度尼西亚军方感到恐慌。在那个时候，当地人显然压倒性地支持独立。于是，印度尼西亚军方组织起拥护印度尼西亚的民兵，再次挑起杀戮，强行将东帝汶人撤离到印度尼西亚统治下的西帝汶，并且将这个刚刚独立的新国家焚烧殆尽——当国际部队试图在此恢复秩序，而东帝汶也终于夺回主权，成立东帝汶民主共和国的时候，这个国家就只剩一片瓦砾废墟。东帝汶人付出了代价，它失去了全国 1/4 的人口，而幸存者在此建立起亚洲最贫困的迷你小国，其人均收入仅为印度尼西亚的 1/6。印度尼西亚人也付出了代价，从他们国土的中央分裂出一个独立的国家，并且这个国家的主权中包括一片可能蕴藏丰富石油资源的海床，而这一切已不再属于印度尼西亚了。

现在，通过对苏哈托政权的影响进行详细叙述，我们似乎已没有别的东西可以探讨了。但历史鲜少在我们面前展现纯粹的邪恶或者纯粹的良善，而我们应当诚实地去评价历史。尽管苏哈托政权在很多方面都造成了可怕的后果，但它还是产生了一些积极影响的。苏哈托政府创造并维持了印度尼西亚的经济增长，尽管这种增长在某种程度上因贪污而被部分抵消（见插图 5.5 和插图 5.6）。苏哈托政府吸引了外资流入，重点关注印度尼西亚的国内问题，而不是将精力挥霍在世界反殖民政治或是拆分毗邻的马来西亚上。苏哈托政府提倡计划生育，因此缓解了自荷兰殖民统治时期就困扰印度尼西亚的一个最大的基本问题。（即使是在最偏远的印度尼西亚新几内亚山村，我也看到了政府宣传计划生育的海报。）苏哈托发起了一场绿色革命，通过提供化肥和改良种子，大大地提高了水稻和其他粮食作物的产量，因而大大地提高了该国的农业生产率和印度尼西亚人的营养水平。在1965年以前，印度尼西亚承受着巨大的国家压力；今天，印度尼西亚没有明显的分裂风险，尽管它是由分散的岛屿组成，领土横跨数千英里，拥有数百种方言且各种宗教共存，而这些都是极易导致灾难的因素。80年前，大多数印度尼西亚人并不把自己当作印度尼西亚人；如今，印度尼西亚人的国家认同已经深深地扎根在心中。

不过，有许多印度尼西亚人和非印度尼西亚人都觉得，苏哈托政府毫无功劳可言。他们认为，印度尼西亚在其他政权的统治下也很可能会取得同样的进步。这是一个有关历史的假设性问题，这样的问题没法得到确定的回答。

危机框架

印度尼西亚的危机是否适用于我们的国家危机分析框架呢？

印度尼西亚确实体现了选择性变革和划清界限（见表1.2中的因素3）的重要性。一方面，在界限之内，是那些时机成熟可以进行改革的主要领域。这些领域包括：苏哈托以军事独裁代替平民政府，他的继任者则扭转这一局势；苏哈托任用接受西方教育的经济学家，从而使印度尼西亚经济从倒退转为增长；还有苏哈托放弃苏加诺对第三世界政治领导权的追求。另一方面，在界限之外，是印度尼西亚在1965年之后仍旧保留的主要特点，包括国家领土的完整、对不同宗教较高的宽容度，以及非共产主义政府。这些延续的特点被苏加诺、苏哈托及其继任者认为是不可动摇的核心价值观，当然例外情况是，苏加诺曾有和印度尼西亚共产党结盟的意愿。

印度尼西亚案例中彰显的部分因素不利于这个国家解决危机。作为新独立出来的前殖民地国家，印度尼西亚成立之初在国家认同（因素 6）水平上是十分有限的，它不像芬兰，在独立以前就已经享有很大程度的自治权。作为一个新成立的国家，除了 1945—1949 年的独立抗争，印度尼西亚无法从以往成功应对危机的历史中积累自信（因素 8）。苏加诺总统未能做到诚恳、现实的自我评估（因素 7），他相信自己有独特的才能，可以诠释印度尼西亚人民潜意识中的愿望。印度尼西亚军方中的许多（甚至大部分）军官的核心价值观，是愿意献出其他人的生命而不是自己的生命（因素 11）。印度尼西亚的行动自由受到贫困和人口增长过快两大内部因素制约（因素 12）。

与此同时，印度尼西亚在解决危机上也拥有自己的优势。作为群岛国家，印度尼西亚像智利那样免受来自外部的制约，这点和芬兰不一样：自荷兰人离开后，再没有任何国家对印度尼西亚产生过威胁（再次涉及因素 12）。“伯克利黑帮”的经济学家能够借鉴在其他国家已经得到充分试验的模型，对印度尼西亚经济进行改革，并实现经济增长（因素 5）。在苏哈托以亲近西方的外交政策取代他前任的政策后，印度尼西亚从西方国家获得了大笔的投资和国外援助，得以重建经济（因素 4）。

苏哈托确实时常展现出诚恳且现实的、极富权谋的自我评估

(因素7)。他逐步降低广受爱戴的印度尼西亚国父兼首位总统苏加诺的影响力，并谨慎行事，每一步都计算好自己的得失，最终成功地取代了苏加诺，虽然这一过程花了一点儿时间。苏哈托的现实主义还表现为放弃了苏加诺追求的超出印度尼西亚所能的外交政策雄心，他放弃了对马来西亚的游击战，也放弃了成为世界反殖民运动领导者的企图。

印度尼西亚的案例还体现出三个仅出现在国家危机中，而没有出现在个人危机中的因素。类似智利，而不同于芬兰的是，印度尼西亚因政治妥协的崩溃而导致政治僵局和20世纪50年代初的分裂主义运动，引发了苏加诺“指导式民主”体制的建立，进一步促使印度尼西亚共产党呼吁武装工农阶级，并导致随后军方以大屠杀的方式来回应。同样地，印度尼西亚的案例还展现了非比寻常的领导者所带来的影响。在印度尼西亚的案例中，这种领导者有苏加诺，他以魅力服人，但缺点是对自己过分自信。还有苏哈托，他耐心、审慎，极富政治手腕，但缺点是制定了极为残忍的政策，对自己家人的贪污行为视而不见，而且对自己的国民缺乏信心。最后，在政治妥协崩溃引发国民间自相残杀后的和解阶段，印度尼西亚和芬兰站在了两个极端，智利则处在两者之间：在芬兰，我们看到内战之后国民迅速和解；智利国民对行凶者进行了比较公开的讨论和审判，不过这种和解是不彻底的；在印度尼西亚，国民达成和解的程度极为有限，没有对行凶者进行审判。印度尼西亚没有对行凶者进行公开审判的原因可归结为以下几个因素：印度尼西亚缺乏深厚的民主传统；智利曾在后皮诺切特时代打出“全民的智利”的口号，而在后苏哈托时代，印度尼西亚没有出现类似的时代口号；最重要的是，大屠杀后，印度尼西亚的军事独裁持续了33年，军方在今天的印度尼西亚仍然保留很大的权力，这点也与智利极为不同。

重返印度尼西亚

我可以根据自己在印度尼西亚的亲身经历来说明这个国家的选择性变革。苏哈托统治期间，我在印度尼西亚工作了17年（1979—1996年）。在那以后，我直到2012年（苏哈托下台14年后）才再度前往印度尼西亚，并且之后又陆续回去过几次。我在这些行程中遇到了许多惊喜。

第一个惊喜发生在搭乘航班的时候。在20世纪八九十年代，印度尼西亚商业航空的运作通常漫不经心，十分危险。除了被敲诈和被索要行李附加费用外，我曾经搭乘过一架航班，只见飞机上的大型机油桶被放置在客舱里，非常不安全，乘务员在飞机起飞时仍保持站立，乘客的安全带和呕吐袋也不够（我亲眼看到有一名乘客正在呕吐，却没有呕吐袋可以提供给他）。在另一架飞往查亚普拉的大型客机上，机长和副机长打开舱门与空姐聊天，因为聊得太过专注而没有发现飞机将要进入跑道的时候离地距离太高，为了弥补过失，他们不得不让飞机急剧俯冲并急刹着陆，飞机停下来的时候距离跑道的围护沟只有20英尺。不过，到2012年时，作为印度尼西亚首屈一指的航空公司，印度尼西亚鹰航空公司被评为世界上最好的地区航空运营商之一。自

2012年以来，每次我带着超重行李去登机，都会被带到该航空公司的行李超重办理点，以信用卡向该航空公司支付行李超重费用，并且能拿到收据。在1996年之前，我常被要求向工作人员行贿；从2012年开始，再也没有人向我提出这样的要求。

2012年，我在印度尼西亚沿海水域看到了一艘看上去属于军方的船只，我问身边的人那是什么，并惊讶地得知那是一艘查找非法渔船的政府巡逻船。在1996年之前，我会认为“印度尼西亚政府的巡逻船”这个词组就像是“巨大的小虾”一样是一种自相矛盾的修辞。我曾经习惯性地认为，印度尼西亚军方应该是被巡逻监视的对象，而不是执行巡逻任务者。

当我在2014年来到在印度尼西亚新几内亚的海岸上时，我很惊讶地在那里发现了一些大型的或者是色彩斑斓的鸟类，包括皇鸠、犀鸟、棕榈巴丹凤头鹦鹉和极乐鸟，它们过去曾是非法狩猎者的主要目标，现在却出现在海岸村落或附近。之前，这些鸟一旦出现在村子附近，要么被射杀，要么被诱捕，只有在人迹稀至的地方才能碰见。

在我刚回到印度尼西亚新几内亚的时候，印度尼西亚的朋友告诉我一些事情，这些事情听上去就像是20世纪八九十年代的场景重现。在这个新几内亚村庄里，一名印度尼西亚警察朝4名新几内亚人开了枪，而那个区域的行政长官贪污得厉害。这听上去并不让人惊讶，那有什么新的变化吗？这一回，不同的是，那名警察和那个行政长官都上了法庭，并且都被送进了监狱，这在从前断然不会发生。

尽管这些都是进步的表现，但我们也不能夸大事实。印度尼西亚的许多老问题在不同程度上依然存在。行贿受贿现象仍然比比皆是，虽然我自己没有再遇到过。我的印度尼西亚朋友还是对1965年的那场大屠杀闭口不谈：比较年轻的朋友那时还没出生，年长些的朋友虽然那时已经出生了，但他们在这件事情上对我保持沉默，尽管有美国同事曾告诉我，他们确实有碰到不少对这场大屠杀感兴趣的印度尼西亚人。印度尼西亚人始终对军队干政心怀恐惧：当一名平民政治家在2014年的大选中击败了一名陆军将领时，焦虑的氛围持续数月，直到大家确定这名陆军将领不会宣布这场选举作废。在2013年，一发子弹从地面射出，在印度尼西亚新几内亚上空打破了我租的直升机的挡风玻璃。后来我一直都无法确定，这发子弹是来自那些仍在为独立而战的新几内亚游击队，还是来自那些伪装成游击队开火，从而为自己的镇压行动找到借口的印度尼西亚军队。

余下的个人观察仍需要更详尽的解释。在本书讨论到的国家当中，印度尼西亚是建国历史最短、语言最多样化的一个，并且是唯一一个在一开始就面临领土分崩离析的严重危险的国家。这片曾被称为荷属东印度群岛的前荷兰殖民地很有可能分裂成几个不同的民族国家，就好像昔日被法国殖民的中南半岛，最终分裂成越南、柬埔寨和老挝。这种分裂显然是荷兰人在20世纪40年代末于印度尼西亚设立不同的联邦州的意图，因为他们想要破坏印度尼西亚共和国这个初生的统一国家。

但印度尼西亚没有分崩离析。从无到有，印度尼西亚国家认同的建立快得令人惊讶。这种认同部分是自发生成的，部分则是通过有意识的政府努力培养的。这种国家认同的一个基础是1945—1949年脱离荷兰殖民统治的革命自豪感。政府通过不断重述这段被修饰过的历史来强化这种自豪感，把它描绘成一段争取民族独立的英勇抗争史，就像美国的学校反反复复地向学生讲述美国独立战争。印度尼西亚人对自己国家辽阔的领土感到自豪，并通过一首印度尼西亚民族歌曲《从沙璜到马老奇》（*Dari Sabang sampai Merauke*）表达这种自豪感（沙璜和马老奇分别位于印度尼西亚的最西端和最东端，相隔3 400英里）。印度尼西亚国家认同的另外一个基础便是被国民迅速接纳的国家语言——印度尼西亚语，这种简单易学且极为丰富的语言和另外700种当地方言相得益彰。

除了这些国家认同的深厚基础，印度尼西亚政府还持续努力通过强调潘查希拉建国五大原则，并且每年在雅加达的潘查希拉纪念碑旁举行对7位将军的缅怀仪式，来强化这种国家认同。2012年再度到访印度尼西亚后，我在许多家酒店下榻过，但再也没有在哪一家酒店的大堂看到过我在1979年看到的讲述那场政变的绘画。现在，印度尼西亚人已经具备充分的国家认同，所以他们再也不需要通过误导性的方式宣扬那场政变来强化国民的国家认同。作为一个印度尼西亚的访客，对我来说，这种日益深化的国家认同是我所见证的印度尼西亚最大的变化之一。

第六章

重建德意志

1945 年的德国

1945 年 5 月 7—8 日，德国宣布投降，标志着二战的欧洲战场落下帷幕。德国当时的情况是这样的。

希特勒、戈培尔、希姆莱、鲍曼等纳粹领导者要么已经自杀，要么即将自杀。在征服了欧洲的大片土地以后，德军开始受到反制，并且最终惨败。截至此时，约有 700 万德国人失去性命，他们当中有纳粹士兵，有死于炮弹之下的平民，还有在流亡途中遇害的难民。他们的敌人主要是从东边不断挺进的苏联军队，后者为了报复之前德军对苏联平民的暴行而大开杀戒。

数百万幸存的德国人在经历这番狂轰滥炸之后深受创伤（见插图 6.1）。目光所及之处，德国所有的主要城市几乎都在轰炸和对战中化为瓦砾与灰烬（见插图 6.2）。德国城市中有 1/4~1/2 的房屋被摧毁。

德国领土的 1/4 被划给了波兰和苏联。剩下的德国领土在二战后被4国分区占领，后来，这些分区被合并为两个不同的国家。

大约有1 000万德国人成了无家可归的难民。数以百万计的德国人在战乱中与亲人失散，多年后，其中一些人奇迹般地得以与亲人团聚，而大多数人的亲人自此杳无音信，生死未卜。1954年，我的第一位德语老师尚未结束自己的流亡生活，他曾提到自己有一个儿子。当我天真地问起他这个儿子的去向时，我的老师悲痛不已："他们把他带走了，我们自那时起再也没有听到过他的消息！"我遇到这位老师的时候，他和他的夫人已在这种惴惴不安中熬过了10年的时光。和这位老师相比，我后来结识的两位德国朋友要"幸运"一些：其中一位朋友在父亲失踪"仅"一年后，便得知父亲可能已经离世；另一位朋友则是在弟弟失踪三年后获知了弟弟的死讯。

1945年，德国经济陷入全面溃败。通胀令德国的货币迅速贬值。在此之前，德国人民经历了整整12年的纳粹政府时期。在此期间，基本上德国所有的政府官员和法官要么是纳粹分子，要么与纳粹分子串通一气，因为他们想保住自己的铁饭碗，于是不得不宣誓效忠希特勒。彼时，权威主义笼罩着德国社会。

今天的德国是自由民主的国家。德国的经济总量在全球排名第四，德国还是世界领先的出口型经济体之一。在俄罗斯以西的欧洲，德国是最强大的国家。德国先是发行了稳定的国家货币（德国马克），随后又积极参与了欧洲共同货币（欧元）的制定和欧盟的成立，并在其中发挥主导作用。在今日的欧盟，德国与那些昔日在战场上与自己兵戈相见的对手和平共处。德国很努力地去直面自己的纳粹历史，权威主义色彩在如今的德国社会中已极大地淡化。

那么，1945 年 5 月至今，是什么事情导致德国发生了这些变化？1959 年，我第一次去往德国；1961 年，我在那里住了很长一段时间；此后我又多次到访德国。现在，我来谈谈我所目睹的二战后的德国在 5 个方面的变化。其中两方面（分墙而治和联邦德国的经济复苏）在我到德国之前已几近完成；另外两方面（德国直面纳粹遗留问题和开展的社会变革）在当时已经步入正轨，不过后来加快了速度；还有一方面（德国的重新统一）发生在几十年后，这对身处 1961 年的我和我的德国朋友来说是无法想象的。以本书的危机与变革框架来看，德国的案例在很多方面均表现得非常极端，例如，它所面临的地缘政治约束，还有独特的领导者（包括极其优秀的领导者与极其糟糕的领导者）起到的作用。最重要的是，德国所面临危机的严重程度是其他国家未曾经历的。明治时代的日本可能仅仅面临受到攻击的威胁；芬兰和澳大利亚确实受到了攻击，但它们都没有被占领。而 1945 年的德国和日本不但受到攻击，还被征服和占领，经历比本书中的其他国家都要悲惨得多。

1945—1961 年的德国

在二战中取得胜利的 4 个同盟国将德国分区占领：美国占领了德国南部，法国占领了西南部，英国占领了西北部，苏联则占领了东部。德国的首都柏林虽然位于苏联占领区的中央，但它同样没有逃脱被上述 4 国瓜分的命运，仿佛成为苏联占领区的一座孤岛。1948 年，为了让美国、英国和法国放弃其在柏林的飞地，苏联封锁了三国通往柏林飞地的陆上通道。在接下来将近一年的时间里，美国、英国和法国通过空运向柏林投递物资，直到苏联于 1949 年解除了封锁。

1949 年，美国、英国和法国将其在德国的占领区合并，成立了德意志联邦共和国，简称联邦德国。苏联占领区成了一个独立的整体，成立了德意志民主共和国，简称民主德国。如今，民主德国经常被当作共产主义政体的反例，因为它后来走向崩溃，最终被并入联邦德国。现在，人们很容易忽视的一点是，除了苏联的强大势力，德国人的理想主义也是促使民主德国成立的因素之一，许多德国知识分子主动选择从联邦德国或是从海外移居到民主德国。

可是，生活在民主德国的人民的生活水平和自由程度远远落后于联邦德国。在来自美国的大量经济援助流入联邦德国之际，苏联要求民主德国提供经济补偿，其完整的工厂被拆除并被搬到苏联，而且民主德国的农业被重组，实行集体农庄制。在 1990 年德国重新获得统一前，两代民主德国人民在成长中越来越缺失的，是西方民主国家的人民所熟知的、为更好的生活而奋斗的动力。

这种趋势带来的结果是，民主德国的民众开始逃往联邦德国。1952 年，民主德国封锁了与联邦德国的边界，可是民主德国的民众还是可以经东柏林去往西柏林，然后从西柏林乘飞机到达联邦德国。柏林在战前建设的公共交通体系（地铁和城际列车）连接了东柏林和西柏林，因此，只要跳上列车，任何人都可以从东柏林到达西柏林。我在 1960 年第一次到柏林，和其他西方游客一样，我搭乘地铁游览了东柏林，并依照原路返回西柏林。

1953 年，日益不满的民主德国民众发动了一场罢工，这场罢工升级为一场暴乱，随后被苏联军队镇压。民主德国的民众仍是通过柏林的公共交通体系逃往联邦德国。终于，在 1961 年 8 月 13 日夜里（当时我还住在德国），民主德国政府突然关闭了东柏林的地铁站，并在东柏林和西柏林之间筑起了一道围墙，由边防警卫队进行巡逻，射杀试图翻越围墙的人（见插图 6.3）。我依然记得翌日早上，我在联邦德国的朋友看到柏林墙时不可置信、震惊乃至愤怒的心情。民主德国政府给出的借口是，这道围墙是用来阻隔那些来自联邦德国的间谍和罪犯，他们不愿承认其建墙的实际目的是要阻止民心溃散的民主德国民众逃往联邦德国。西方势力不敢打破这道墙，因为它们知道，西柏林被民主德国及苏联包围，对此他们无能为力。

从那时起，民主德国便保持着独立国家的形态，试图逃往联邦德国的民主德国民众在边境被杀死的概率非常之大。（有超过 1 000 人因此死亡。）当时，由苏联和东欧社会主义国家组成的阵营与由美国和西欧国家组成的阵营之间两极分化严重，德国重新统一的希望十分渺茫。这就仿佛是美国被密西西比河一分为二，东西两边分别为共产主义美国和民主主义美国两个阵营，而且在可预见的将来看不到重新统一的希望。

二战之后，获得胜利的西方盟国在联邦德国实施了“摩根索计划”，旨在防止这个国家重建自己的产业。在该计划下，联邦德国的经济回归以农业为主导的模式，并且像一战结束后那样，西方盟国在德国攫取了大量的战争赔款，苏联也对民主德国实施了同样的政策。这一计划起源于同盟国间广为流传的观点，即德国人不仅要为在希特勒时期挑起二战负责（这种观点获得了广泛的认同），而且必须要为在恺撒·威廉二世时期引发一战负责（这一观点则饱受争议），允许德国重新工业化将可能导致另一场世界大战。

随着冷战的进展，西方盟国改变了主意，因为它们逐渐意识到，有可能带来另一场世界大战的真正风险来自苏联而不是德国。正如我在第四章中解释美国对智利的政策时提到的，这种恐惧构成了二战后数十年间美国外交政策背后的主要动机。那些早被苏联军队占领的东欧国家纷纷建立了共产主义政权，苏联成功研发了原子弹和氢弹，并在 1948—1949 年试图封锁西方盟国在柏林的飞地，某些西欧民主国家（尤其是意大利）也出现了强劲的共产主义势力，以上种种都预示着，在西欧，冷战很可能会升级为下一场世界大战。1961 年，我正打算在德国居住一段时间，我的父亲十分严肃地劝告我，一旦欧洲出现了危险的征兆，我要随时准备好逃往瑞士的临时避难场所。

从这一层面来看，地处欧洲中心腹地、毗邻民主德国和捷克斯洛伐克的联邦德国对西欧的自由来说至关重要。西方盟国需要联邦德国再次变得强大，成为对抗共产主义势力的一座堡垒。除此之外，西方盟国想让联邦德国变强大还有其他的动机，包括尽量防止一个脆弱且失意的联邦德国再度堕入政治极端主义（正如一战后发生的那样），减轻西方盟国为养活及扶持一个虚弱的联邦德国所需的经济成本。

1945 年之后，西方盟国花了好几年的时间才使这一观念日臻成熟，在此期间，联邦德国经济状况持续恶化。最终，在 1948 年，美国开始将马歇尔计划的经济援助延伸至联邦德国，早在 1947 年美国已经在其他西欧国家实施该项计划。与此同时，联邦德国将疲软且持续通胀的货币替换为联邦德国马克。当西方盟国将其在德国的占领区合并为一体化的联邦德国时，它们保留了对联邦德国立法的否决权。然而，联邦德国的首位总理康拉德·阿登纳聪明地利用了美国人对共产主义势力崛起的担忧，使盟国默许联邦德国获得越来越多的主权。阿登纳的财政部部长路德维希·艾哈德将改良后的自由市场政策制度化，并且充分利用马歇尔计划的援助资金，使联邦德国的经济复苏格外成功。后来，联邦德国的这场经济复苏被称为“经济奇迹”。联邦德国废除了定量配给制，工业产出急剧增加，人们的生活水平快速提升，买得起汽车和房子的梦想变为现实。

当我从英国搬到联邦德国的时候，联邦德国给人的感觉比英国要更加繁荣和舒适。我的英国朋友经常会苦涩地谈起这一饱含讽刺意味的现实：二战中被打败的是德国，赢家是英国，然而创造出经济奇迹的却是联邦德国而非英国。在政治领域，1955 年，联邦德国重新获得主权，二战后盟军占领的时代终结。在西方盟国为打败和解除德国的武装而打了两场世界大战之后，联邦德国开始重新武装自己，重建了军队——这并不是出于联邦德国自己的意愿，甚至与联邦德国国会的投票意见相左，而是出于西方的要求（这简直令人难以置信！）。如此一来，联邦德国便和西方盟国一起承担起西欧防务的重担。对比1945年的局势，这件事表现了美国、英国和法国在对德政策方面最令人震惊的转变。

联邦德国经济的主要特征表现为：劳工关系相对良好，罢工运动不甚频繁，就业市场较有弹性。雇主和雇员之间心照不宣地达成了战略性共识——雇员不罢工，则商业继续繁荣，那么雇主就能够和雇员分享商业繁荣带来的好处。德国产业的发展建立在学徒制之上，这种制度已延续至今，年轻人成为公司的学徒，在公司学习工作所需的技巧，与此同时，公司会支付给他们薪水。学徒期结束之后，他们将在该公司正式入职。今天，德国是欧洲最大的经济体。

德国人的自我审判

在二战结束后，反法西斯同盟在纽伦堡以战争罪为名处决了24名幸存的纳粹主要领导者。有10人被判处死刑，其中职衔最高的两人分别是德国外交部前部长约阿希姆·冯·里宾特洛甫和前空军元帅赫尔曼·戈林（后者在计划行刑的前夜服毒自杀）。有7人被判处长期监禁或终身监禁。纽伦堡法庭还对众多低级别的纳粹犯人做出短期监禁的判决。盟国还要求对更多的德国人进行“去纳粹化”改造，包括审查他们的纳粹历史，并对他们进行再教育。

但纽伦堡审判和“去纳粹化”改造并未解决德国人的纳粹遗留问题。仍有数百万底层的德国人曾是纳粹分子或曾听从纳粹分子的指示，可他们未被审判。由于此次审判是由盟国而非德国主导，那些要为德国的行为负起责任的德国民众并未被审判。在德国国内，这些审判被视为“胜利者的正义”：不过是胜利的一方对被击败的一方展开的报复而已。联邦德国自己的司法体系也实施了判决，但是这些判决的范畴从一开始就极为局限。

无论是盟国还是德国人自己，要建立一个能够正常运转的战后德国政府均面临一个实际问题，即需要配备有经验的官员。可是，在 1945 年，大部分具备政府工作经验的德国人都曾供职于纳粹政府，这便意味着二战后所有适合担任德国政府官员（包括法官）的人都曾是纳粹政府的一员，或者至少曾和纳粹分子合作过。唯一例外的是那些流亡在外或者被纳粹分子送进集中营的德国人，而这些人没有政府管理的经验。例如，二战后联邦德国的第一位总理是康拉德·阿登纳，他在任职科隆市市长之时便被纳粹分子驱逐，没有成为纳粹分子。就任总理后，阿登纳实行了“特赦和融合”政策，其实这就是一种委婉说法，指的是对德国民众在纳粹时期的那段历史不再追究。相反，德国政府把重点放在当前要务上，那就是解决上千万名食不果腹且无家可归的德国人的温饱问题和住房问题，重建被炸毁的德国城市，重振一落千丈的经济，以及结束长达 12 年的纳粹统治后重新建立民主政府。

最终，大部分德国人逐渐接受了这样一种观点：纳粹的罪行应归咎于一小部分邪恶的领导者，广大的德国群众是无辜的，那些曾经英勇对抗苏联军队的德国普通士兵没有罪，而且截至此时（20 世纪 50 年代中期），关于纳粹罪行的进一步调查也应该停止了。联邦德国政府无法进一步审判纳粹罪犯的更深层原因是，二战后该国很多政府检察官本身就是前纳粹分子。比如，在联邦德国设立的联邦刑事犯罪调查局的 47 名官员中，有 33 名曾是纳粹狂热组织党卫军的成员，联邦德国情报部门的许多成员也曾属于这个组织。1961 年，我住在德国期间，曾偶然听到一些老人为纳粹辩驳，他们曾在三四十岁时亲历了那个时代。因为我和他们的关系处得不错，他们在私下与我谈论了这些话题。例如，我曾和一位女音乐家一起弹奏大提琴和钢琴鸣奏曲，她的丈夫曾跟我说，几百万犹太人被灭族这个说法在数学上根本说不通，这就是一个最大的谎言。另外一名年长的德国人后来为我播放了一段希特勒演讲的录音，她在聆听之时充满了愉悦与欢乐。

1958 年，联邦德国各州的司法部部长终于设立了中央办公处，开始集中调查并审判那些发生在联邦德国境内外的纳粹犯罪案件。其中的领导者是一位名叫弗里茨·鲍尔的犹太裔德国律师，他曾是反纳粹的社会民主党成员，1935 年被迫从德国逃往丹麦。1949 年回到联邦德国后，他便马不停蹄地开始处理这些案件。弗里茨·鲍尔从 1956 年开始担任联邦德国黑森州的首席检察官，直到 1969 年离世。弗里茨·鲍尔在职业生涯中坚守的一项中心原则是，德国人应当自我审判。这意味着要审判普通的德国民众，而不仅仅是审判那些已经被盟国处决的纳粹领导者。

鲍尔在后来被德国人称作“奥斯威辛大审判”[①]的庭审中一举成名，在审判期间，他起诉了那些在奥斯威辛集中营（纳粹德国时期最大的集中营）中相对活跃的基层德国纳粹分子。那些被鲍尔起诉的奥斯威辛工作人员属于底层工作人员，比如寄衣室经理、药剂师和医生。接着，他还对以下人群提起诉讼：纳粹政府的基层警官，曾经对犹太人和反对纳粹的领导者做出不当裁决或是下令对他们执行死刑的德国法官，曾经迫害过犹太商人的纳粹分子，参与执行安乐死的医生、法官和其他工作人员，德国对外办事处的官员，以及在东部前线犯下暴行的德国士兵。对最后这类人的审判最让德国人感到不适，因为大部分德国人一直坚信，只有诸如党卫军之流的纳粹狂热团体才会犯下如此暴行。

除了对以上人员提起诉讼，鲍尔还试图追踪那些最关键、最邪恶的纳粹分子，战争结束后，他们都销声匿迹了，比如希特勒的助手马丁·鲍曼、奥斯威辛集中营的医生约瑟夫·门格勒（他直接在囚犯身上做医学实验，人称“死亡天使”），还有阿道夫·艾希曼，他是执行犹太人“最终解决方案”（即种族灭绝）的负责人。鲍尔未能成功找到门格勒和鲍曼，前者于1979年死在巴西，后者后来被证实早在1945年和希特勒在差不多时间自杀了。

不过，鲍尔成功获得了艾希曼所在位置的信息，原来艾希曼逃到了阿根廷。鲍尔决定，他不能直接把这一信息告知德国的情

---

① 因为此次审判场地在法兰克福，所以也被称作“法兰克福审判”。——译者注

报部门，以使其对艾希曼实行追捕及惩处，因为他担心德国情报部门会暗中向艾希曼通风报信，从而使艾希曼逃走。于是，鲍尔将艾希曼的下落转告以色列情报部门，该部门最终成功地在阿根廷抓获艾希曼，用一家以色列航空的飞机将其秘密运送至以色列，对其进行公开审判，并最终将其绞死。这件事不仅让世人把目光聚焦于艾希曼，还使人们开始正视那些对纳粹罪行负有责任的所有个体。

鲍尔对纳粹分子的起诉在德国国内引起了广泛关注。最重要的是，他通过这一行为向生活在 20 世纪 60 年代的德国人揭露了 20 世纪 30 年代和 40 年代的德国人在纳粹时期都做过些什么。那些被鲍尔起诉的纳粹分子为自己辩护时所用的借口如出一辙：我当时不过是听从命令；我只是遵守了那个时候我身处的社会的准则和法律；我不应该对受害者负责任；我仅仅参与了把犹太人运往集中营这件事；我不过是奥斯威辛集中营的一个药剂师（或者保安人员）；我本人没有杀害任何人；我因为信任权威，被纳粹政府宣扬的意识形态蒙蔽，所以当时无法意识到自己做了错事。

在庭审现场和其他公开场合，鲍尔再三对这些辩解做出回应。他指出，那些被他起诉的德国人犯下的是反人性的罪行，纳粹当局颁布的法律是非法的。因此，一个人不能以遵守这些法律为由为自身的犯罪行为开脱。没有任何一项法律能够允许反人性的罪行。无论一个国家的政府宣扬什么，每个人都必须要有明辨是非的意识，并坚守这种意识。在鲍尔看来，类似奥斯威辛集中营这样的杀人机器，每一个参与其中的人都是有罪的。不仅如此，诸多被鲍尔带上法庭的被告都宣称自己是被迫行事，但实际上，他们在做出那些行为时并未受到胁迫，而是出于自愿。

事实上，鲍尔起诉的案件中，许多（或者可以说大部分）都未成功：哪怕是在 20 世纪 60 年代，那些被告通常还是会被德国法庭宣告无罪释放。鲍尔则频繁地成为大众舆论攻击的目标，甚至他的人身安全都受到威胁。不过，话说回来，鲍尔做出的努力的意义在于，作为一名德国人，他一次又一次在德国的法庭上，通过揭示那些痛苦的细节，向德国民众展现了纳粹时期德国人的信仰与所作所为。纳粹政府的斑斑劣迹并不仅仅是几个邪恶领导者的“杰作”。相反，大量的德国普通士兵和官员（其中包括许多后来在联邦德国政府身居高位的人）执行了纳粹的命令，他们因此犯下了反人性的罪行。鲍尔的这些努力促成了 1968 年德国学生运动的一个必要背景，下文将会详细讨论这一事件。

1982 年，距离我上一次旅居德国过去 21 年后，德国人对纳粹时期的看法发生了改变，且极其鲜明地呈现在我面前。那一年，我和妻子玛丽到德国度假。正当我们驱车沿着高速公路向着慕尼黑行进时，前方的公路出口标识指向了城郊的达豪，那是前纳粹集中营的所在地，后来被德国人改建为博物馆。我俩之前都没有参观过纳粹集中营旧址，但通过玛丽的父母（他们都是纳粹集中营的幸存者）讲述的故事和我在童年时代看到过的新闻片段，我们对纳粹集中营也算有一些了解。尽管如此，这“区区”一个博物馆的陈列展依旧让我们深有感触。万万没想到，我们会被德国人对纳粹集中营的解释（或辩解）方式打动。

事实上，这趟前往达豪的参观经历可以说是惊心动魄——至少跟我们后来去参观更大、更臭名昭著的奥斯威辛集中营时一样令人印象深刻。奥斯威辛集中营的展览不是由德国人布置的，因为它在波兰。达豪博物馆内的照片和德语文本栩栩如生地刻画和描绘了达豪集中营当年的场景及其背景：1933 年，纳粹势力崛起；20 世纪 30 年代，纳粹对犹太人和非纳粹德国人进行处决；希特勒步步为营，开启战火；达豪集中营本身的运作，还有其他纳粹集中营系统的运作。德国人丝毫没有推诿责任，这场展览印证了弗里茨·鲍尔的格言——“德国人要自我审判”。

我和妻子在达豪的所见所闻正是德国的孩子从 20 世纪 70 年代开始都要了解的内容。在学校里，学生会从老师那里详细地了解到纳粹的暴行，许多孩子在学校组织的郊游中参观了像达豪这样的、后期被改造为博物馆的前纳粹集中营。这种举国上下、共同坦然面对过去的罪行的做法绝非理所当然。实际上，在我的认识里，没有哪个国家能像德国这般严肃认真地承担起历史的责任。印度尼西亚的学生依然对 1965 年发生的大屠杀（见第五章）一无所知；我认识的日本年轻人告诉我，他们的教科书里没有提到过日本的战争罪行（见第八章）；在美国，没有哪一条国家政策规定，老师应该向学生详细认真地讲述美国人对越南人、美洲原住民还有非洲奴隶犯下的恶行。在 1961 年的时候，我能感受到德国人对自己国家的黑暗过往并未有足够的认识。如果要问哪一年可以被当作德国人观念转变的标志性分水岭，那应该是我们接下来看到的 1968 年。

1968年学生运动

20世纪60年代，抗议和示威运动在自由世界里大行其道，学生在其中充当了尤为重要的角色。一开始是美国的黑人民权运动、反越战运动、加利福尼亚大学伯克利分校发起的言论自由运动，还有“学生争取民主社会组织”（简称“学民社”）发起的“新左派”运动。学生示威运动在法国、英国、日本、意大利和德国呈现一片星火燎原之势。在美国等国家发生的这些示威运动，一定程度上体现了年青一代与上一代的对抗。然而，这种代际对抗在德国以尤为暴力的方式呈现出来，其背后有两方面的原因。首先，上一代的德国人经历了纳粹时期，这便意味着两代德国人之间的鸿沟远比美国人之间的要深得多。其次，传统德国社会的权威 主义色彩使两代人对彼此都嗤之以鼻。整个20世纪60年代，德国见证了引领自由主义的示威运动的生根发芽，1968年正是这些示威运动积聚到最高点，进而爆发的一年（见插图6.4）。为什么是1968年呢?

无论是在德国还是在美国，每一代人都因自己特殊的经历而获得了各异的称呼。在美国，我们常常会谈论婴儿潮一代、X一代、千禧一代等。不过，德国逐年发生的变化要比美国迅速、深刻得多。在美国，当你结识新的美国朋友，两人分享或比较各自的生活经历时，对方大概不会一开始就说：“我出生在1945年，光是了解到这一点，无须我多言，相信你就能对我的人生和我的人生态度有一定程度的了解。”可是，德国人就会用这样的话作为开场白，比如，他们会说“Ich bin Jahrgang 1945”，意思是

“我出生于 1945 年”。这是因为所有的德国人都知道，出生和成长于不同时期的德国人有着迥异的人生经历。

我要举的例子是和我岁数差不多的德国朋友的经历。他们在 1937 年前后出生，他们的成长经历在我们美国人或者年青一代的德国人看来是非正常的。因为战争，在很小的时候他们便都经历了诸多不幸。比如，我有 6 名在 1937 年前后出生的最亲近的德国朋友：其中一人因为当兵的父亲牺牲，便成了孤儿；一人从远处眼睁睁看着父亲生活的街区被轰炸，好在他的父亲活了下来；一人因为父亲是战犯，从 1 岁到 11 岁期间都未能见到父亲；一人因为二战失去了两个哥哥；一人整个童年时期都在桥洞里过夜，因为他所在的小镇每晚都遭受炮轰，当地居民无处安眠；还有一人被自己的母亲指派，每天到铁路调车场上去偷煤，好让家人不至于被冻僵。由此可以看出，这些在 1937 年前后出生的德国人有着这样一种特殊的经历：他们的年纪足够大，曾亲身经历战争带来的创伤，也曾经历战后的混乱与潦倒，他们曾因战争而无法在学校接受教育；他们却没有年长到被纳粹青年组织——希特勒青年团用纳粹思想洗脑。1955 年，联邦德国组建起新的联邦军队时，他们当中的大部分人都太年轻，因此未被征召入伍。1937 年生的德国人正好是被卡在征兵年龄线外的那一批人。

在不同时期出生的德国人经历了截然不同的人生，这在一定程度上解释了为什么德国会在 1968 年发生那样一场暴力的学生运动。算起来，参加 1968 年德国学生运动的示威者基本出生在 1945 年左右，正好是二战结束之际。他们是如此年轻，没有被培养为纳粹分子，没有经历过二战，对战后的混乱和潦倒也没有记忆。他们成长于德国经济复苏之后、经济条件相对宽裕的时期。他们未曾为了生存而苦苦挣扎，他们享受着充分的闲暇与安逸，因而有足够的精力投身于学生运动。1968 年，这些年轻人正值 20 来岁。20 世纪 50 年代和 60 年代初期，他们还只是青少年，而弗里茨·鲍尔揭露的正是他们父母那一代人的纳粹罪行。这些示威者的父母大部分出生于 1905—1925 年。这就意味着，在 1945 年左右出生的德国人看来，他们的父母曾投票给希特勒，曾顺从于希特勒，曾为希特勒而战，或者曾被希特勒青年团控制下的学校组织灌输纳粹信仰。

青少年普遍会有批判和挑战自己父母的倾向。当弗里茨·鲍尔在 20 世纪 60 年代向大众公开他的调查结果时，大部分在 1945 年左右出生的年青一代德国人的父母都避谈纳粹时期的那段经历，而是退守他们的工作岗位，创造战后经济奇迹。要是他们的孩子问道："爸爸妈妈，纳粹时期你们都在做什么呢？" 他们的回答和 1961 年的时候那些老一辈德国人对我说的话是相似的："你们这些年轻人啊，根本无法想象在专制国家中生存是什么样的体验，那时的人没办法随心而为。"当然，这般托词并未让年轻一代的德国人满意。

结果是，1945 年左右出生的德国人不信任自己的父母一代，认为他们是纳粹分子。这同样解释了为什么在二战中的另外两个侵略国——意大利和日本，也发生了由学生组织的暴力示威事件。相反，1945 年左右出生的美国人视自己的父母一代为战争英雄。

不过，这并不是说在 20 世纪 60 年代，美国的青少年比起其他地方的青少年在挑战父母的权威方面有所收敛，而仅仅是说，前者不会因为把父母看作战犯而不屑一顾。

1968 年的德国有一个被众人铭记的标志性时刻。一个名叫贝亚特·克拉斯菲尔德的年轻非犹太裔德国女性（比 1945 年左右出生的那代人要大几岁）嫁给了一名犹太人，该犹太人的父亲在奥斯威辛集中营中被用毒气毒死。1968 年 11 月 7 日，贝亚特朝着时任联邦德国总理库尔特·基辛格尖叫一声“纳粹”，并往他的脸上扇了一巴掌，因为库尔特曾是一名纳粹党人。尽管 1945 年左右出生的德国一代视自己的父母为纳粹共犯，并因此看不起他们，但这并不是导致 1968 年德国学生运动的唯一原因。德国学生更多的是与 1968 年的美国学生和“嬉皮士”抗议相似的主题：越南战争、权威、资产阶级的生活、资本主义、帝国主义，还有传统的道德观念。1968 年的德国示威者觉得当代德国的资本主义社会就是法西斯社会，而老一辈的德国保守派则将这些年轻的暴力左翼叛乱者称为“希特勒的孩子”，因为他们仿佛是当年暴力且狂热的纳粹冲锋队和党卫军[①]的化身。许多抗议者是极“左”分子，部分人实际上移居到了民主德国，为其在联邦德国的拥趸提供资金和信息支持。老一辈的联邦德国人这样回应那些叛逆的年轻人：“好啊，你们不喜欢这里，就上民主德国待着去吧！”

① 纳粹冲锋队是二战时期仅次于德国正规军的庞大军事组织，党卫军是德国纳粹党的法西斯特务组织和军事组织。——译者注

1968年，德国学生中的激进派比同时期的美国学生更为暴力。部分德国学生前往巴基斯坦接受了恐怖分子的培训。在德国的恐怖分子群体当中，最为人熟知的是一个自称“红军旅”的组织，这个组织还被叫作“巴德尔和迈因霍夫集团”，以该组织的两名恶名远扬的头目乌尔丽克·迈因霍夫和安德里亚斯·巴德尔命名。这些恐怖分子起初是在商店里纵火，继而开始绑架，投放炸弹，大开杀戒。那些年间，被他们绑架或杀害的人中包括德国“建制派”的领袖人物，例如西柏林最高法院的一把手和西柏林的一名市长候选人，还有德国的联邦检察官、德意志银行的负责人，以及联邦德国雇主协会的会长。结果，甚至大部分的德国左翼人士都感受到极端左翼愈演愈烈的威胁，因此他们不再支持极端左翼。联邦德国的恐怖主义势力在1971—1977年达到顶峰。1977年，恐怖分子劫持了一架汉莎航空的客机，以换取被囚禁的恐怖分子的自由。此次恐怖主义行动失败后，安德里亚斯·巴德尔和另外两名“红军旅”成员在狱中自杀，把联邦德国的恐怖主义推向了一个高潮。随后，陆续有两波恐怖主义浪潮再次袭来，直到1998年，“红军旅”才宣布解散。

学生运动的余波

在某些场合，1968年的德国学生运动被形容为“虽败犹荣”。意思是，虽然学生激进分子的两个目标——以不同的经济体系代替资本主义体系和推翻联邦德国民主政府都失败了，但他们确实间接地达成了部分目标，因为他们呼吁的部分议程被联邦德国政府采纳，他们的许多想法也被主流社会吸收。时移世易，一些参加了 1968 年学生运动的激进分子后来成为联邦德国绿党中领衔的政治人物，例如约施卡·菲舍尔，他从昔日活跃的激进分子一跃成为西装革履、美酒在手的联邦德国外交部部长，后来还升任联邦德国副总理。

从政治和社会的角度来看，传统德国是权威型社会。这些特点早在希特勒之前便存在已久，但纳粹社会因强调“Führerprinzip”，即“领袖原则”，而使这一特点更为明显。在纳粹统治之下，全体德国人民不仅要向被正式称为“领袖”的希特勒起誓，而且要在政治上对他无条件服从，同时在生活的各个方面也要对他无条件服从。

尽管在二战中的惨败使德国权威型政体的信誉有所下跌，但老一辈德国精英及他们的思想在战后德国仍发挥着重要作用。我 1961 年住在德国的时候，曾观察到一些与政治无关的现象。比如，体罚儿童在当时的德国是很普遍的，父母不仅可以打孩子，而且还将其视作一种必要的教育方式。我曾在德国的一所科研机构工作，那里有 120 名科学家，他们的职业生涯走向完全由该机构的主任一个人说了算。比如，要想在德国的大学找到一份教职，你首先得拿到一个博士以上的学位，这个学位叫作“特许任教资格”（Habilitation）。可是，我所在的那个机构的主任每年只批准这 120 名科学家中的一人获得这个特许任教资格，而且这个人选完全由他来决定。不管你走到哪里——大街上、草坪上、学校里、私人或公共建筑里，都能看到一些标语，上面写着禁止做什么，应该做什么和不该做什么。有一天早上，我的一名德国同事气冲冲地来上班，因为前一天晚上他回家的时候发现公寓大楼前的草坪被带刺的铁丝网（在德国，铁丝网不禁会让人想起集中营）围了起来，而这片草坪原来是他家孩子玩耍嬉戏的乐园。当我的这位朋友质问公寓的经理时，后者毫无歉意地回应道："禁止踩踏草坪，但是那些被宠坏的小孩还是在草坪上走来走去，所以我觉得应该架起铁丝网来阻止他们继续这么做。"

回想起来，在我结束1961年德国之旅时，德国人的权威主义行事方式和态度已经开始逐渐发生变化。一个著名的例子是1962年的"《明镜周刊》事件"。当时，经常对国家政府进行批判的《明镜周刊》发表了一篇质问德国联邦国防军实力的文章，阿登纳总理的国防部部长弗朗茨·约瑟夫·施特劳斯以富有权威主义色彩的傲慢态度做出回应，逮捕了《明镜周刊》的编辑，并以叛国罪为由没收了他们的文件。该事件引发德国公众强烈的谴责，迫使政府放弃镇压政策，施特劳斯不得不下台。然而，施特劳斯依旧手握权势，1978—1988年，他一直担任德国巴伐利亚州的州长，还在1980年参加了德国总理的竞选（最终被击败）。

1968年以后的德国，自由化趋势日渐强盛。在1969年，这股趋势导致保守党的落败，该党此前在德国已以联盟形式连续执政长达20年。今时今日的德国比起1961年的德国，在社会层面要自由许多，再也没有父母体罚孩子的现象了，实际上，体罚孩子在如今的德国是被法律明文禁止的。德国人的穿着打扮变得更为随性，女性地位的不平等程度有所缓解（参见德国政坛中的常

插图 0.1　1942 年 11 月 28 日，波士顿椰林俱乐部突发大火，492 人丧生。正是这场大火催生了危机治疗法。

插图 2.1　一张用芬兰语写的告示牌，这是一门只有芬兰人才懂的语言，也是芬兰国家认同的一大关键要素。

插图 2.2
冬季战争中，芬兰招募的士兵不光有 20 多岁的青年，还有年过半百的男女，以及青少年。

插图 2.3　维普里，当时芬兰的第二大城市，在 1940 年 2 月被苏联军队轰炸。

插图 2.4　插图 2.3 中的地点数十年后的景象，曾经属于芬兰的维普里如今变成一个俄罗斯城市。

插图 2.5　芬兰士兵用雪橇翻越重重雪山，他们身着白色制服，与冰雪融为一体，穿行在森林中，打击道路上的苏联纵队。

插图 2.6　滑着雪橇的芬兰小分队伏击且摧毁了一支苏联机动部队。

插图 2.7　芬兰儿童被疏散至瑞典，这是历史上规模最大的一场战时儿童疏散行动。

插图 3.1 日本最后一任幕府将军，当时日本的实际统治者，他的下台拉开了日本明治维新运动的序幕。

插图 3.2 1867 年，日本新任天皇继位，他主导了明治时代日本的选择性变革。

插图 3.3 1871—1873 年，日本派出岩仓使团前往美国和欧洲考察，学习西方实践。除一人外，其他使团成员的穿着打扮皆为西式风格。

插图 3.4
日本佩刀武士，明治维新运动之前，他们是日本传统的私兵组织。

插图 3.5
明治时代的一支日本运动队，身着西式装束。

插图 3.6
明治时代前往美国的日本游客，身着西式装束。

插图 3.7　1904 年，日俄战争伊始，一艘俄国战舰在港口被日军的鱼雷击沉。

插图 3.8　1905 年的日俄对马海战中，一支俄国舰队被日本海军歼灭。

插图 3.9　1914 年，被日军俘虏的德国殖民军士兵。

插图 4.1　萨尔瓦多 · 阿连德，智利的民选总统，死于 1973 年政变。

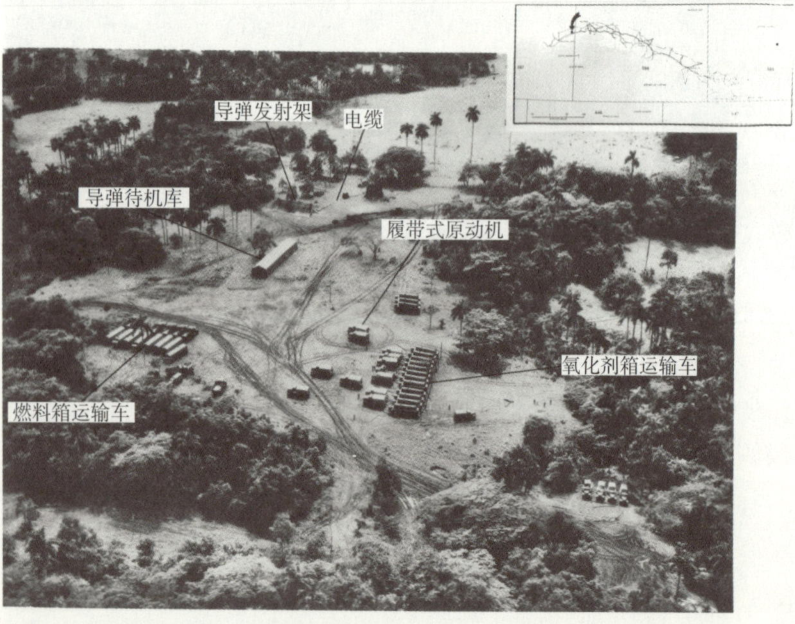

插图 4.2　1962 年的古巴，建设中的苏联核导弹基地。这是美国和智利的右翼、中立派以及军方坚决阻止阿连德在智利建立马克思主义政权的主要原因。

插图 4.3　1973 年 9 月 11 日，智利发生军事政变，在智利首都圣地亚哥出动的士兵和坦克。

插图 4.4
奥古斯托　皮诺切特将军（戴墨镜端坐者），1973 年军事政变后成为智利的军事独裁者。

插图 4.5　著名的智利左派民谣歌手维克多·哈拉，在 1973 年军事政变后被军方杀害，双手手指均被斩断，身上有 44 个弹孔。

插图 4.6
1988 年“否决运动”的海报，该运动成功地阻止了皮诺切特再度当选智利总统。

插图 4.7
皮诺切特于 2000 年重新回到智利，声称因身体原因只能坐在轮椅上的他站了起来，与前来祝贺他归国的智利军官打招呼。

插图 5.1　苏加诺，印度尼西亚的开国总统。

插图 5.2　苏哈托，在 1965 年政变失败后担任了 7 届印度尼西亚总统。

插图 5.3　1965 年政变失败后，印度尼西亚士兵对疑似共产主义者进行围捕。

插图 5.4　印度尼西亚巨大的潘查希拉纪念碑，纪念在 1965 年政变中被害的 7 位将军。

插图 5.5　印度尼西亚首都雅加达的摩天大楼。

插图 5.6　印度尼西亚首都雅加达的贫民窟。

插图 6.1　变成一片废墟的德国城市中，行走的德国民众与盟军士兵。

插图 6.2　二战中盟军的战机轰炸科隆。这个城市和大部分其他德国主要城市一样被炮火摧毁。可以看到，莱茵河上的一座桥已被炸毁，而科隆大教堂奇迹般地依然矗立着。

插图 6.3　民主德国政府在东柏林和西柏林之间建起了一道臭名昭著的墙，声称是为了阻隔来自联邦德国的间谍，实际上是为了阻止民主德国的民众逃往联邦德国。

插图 6.4　1968 年德国学生运动，这一年标志着联邦德国民众的代际变迁。

插图 6.5
近代德国历史的一个关键时刻：访问波兰华沙犹太区期间，联邦德国总理维利·勃兰特情不自禁地双膝跪地，承认纳粹德国的战争罪行和被他们杀害的数百万受害者，请求波兰人的原谅。

插图 6.6　1939 年，德国军队越过平坦、辽阔的欧洲北部平原，入侵波兰，历史上其他国家的军队也是经此处入侵如今的德国。

插图 7.1　20 世纪中叶，澳大利亚人口的主要构成为白人。

插图 7.2　澳大利亚独特的沙漠与袋鼠景观，和欧洲国家的景观截然不同。

插图 7.3　如今，澳大利亚的人口呈现种族多元化特征。

插图 7.4.1 和 7.4.2
澳大利亚国旗（上图）由英国国旗（米字旗，下图）和南十字星构成。

插图 7.5　为了保卫自己的母国英国，澳新军团跨越半个地球，于 1915 年 4 月 25 日登陆加利波利，对土耳其军队发起进攻。此后，每年的这一天被定为加利波利登陆纪念日，它是澳大利亚一个主要的国家节日。

插图 7.6　1941 年 12 月 10 日，英军试图保卫其新加坡海军基地期间，英国战舰“威尔士亲王号”被日本战机击沉。

插图 7.7　1942 年 2 月 15 日，驻新加坡海军基地的英国军队投降，澳大利亚暴露在被日本攻击的风险之中。

插图 7.8　1942 年 2 月 19 日，澳大利亚的达尔文市遭受日军轰炸，现场火光烟雾四起。

插图 7.9
1954 年，英国女王伊丽莎白访问澳大利亚期间，数百万澳大利亚人走上街头，欢迎女王的到来。

插图 7.10　悉尼歌剧院，是澳大利亚最负盛名的建筑，也是现代世界最著名的一座新建筑，由丹麦建筑师设计，于 1973 年正式落成。

插图 9.1　美国的航空母舰，美国拥有的航空母舰数量比其他所有国家的总数还要多。

插图 9.2　美国一望无际的大平原，世界上最高产的农田区。

插图 9.3　洛杉矶港，美国沿海众多的天然深水港口之一。

插图 9.4　密西西比河上的航运，这是美国最大的内河航道系统，为成本低廉的水路运输提供了条件。

插图 9.5
美国公民针对政府制定的发动越南战争的政策发起抗议活动——这项政策最终被证明确实不够明智，随后被废除。

插图 9.6
美国联邦体制的一个优点——各州可制定自己的法律，哪怕该法律在其他州看来非常疯狂，倘若该法律最终被证明合理，其他州便可以效仿。一个典型的例子是，在美国各州中，加利福尼亚州首先规定，遇到红灯时，汽车在停稳后可以右转。

插图 9.7
托马斯·爱迪生，美国最有名的发明家与创新大王。

插图 9.8　哈佛大学某个毕业班的学生，其中很多人都是新移民。

插图 9.9
当政治妥协在美国依旧有效时：美国共和党总统罗纳德·里根和众议院议长、民主党人托马斯·奥尼尔两人虽然常有意见分歧，但依然能达成妥协，有效地进行合作，通过大部分立法。

插图 9.10
美国参议员詹姆斯·斯特罗姆·瑟蒙德发表的冗长发言创下了纪录，这是一种程序性阻挠议事策略，经常被少数派用来强行使多数派做出妥协。

插图 10.1　1992 年，洛杉矶发生了罗德尼·金暴动，其根源就在于美国社会存在的经济不平等和无助感。

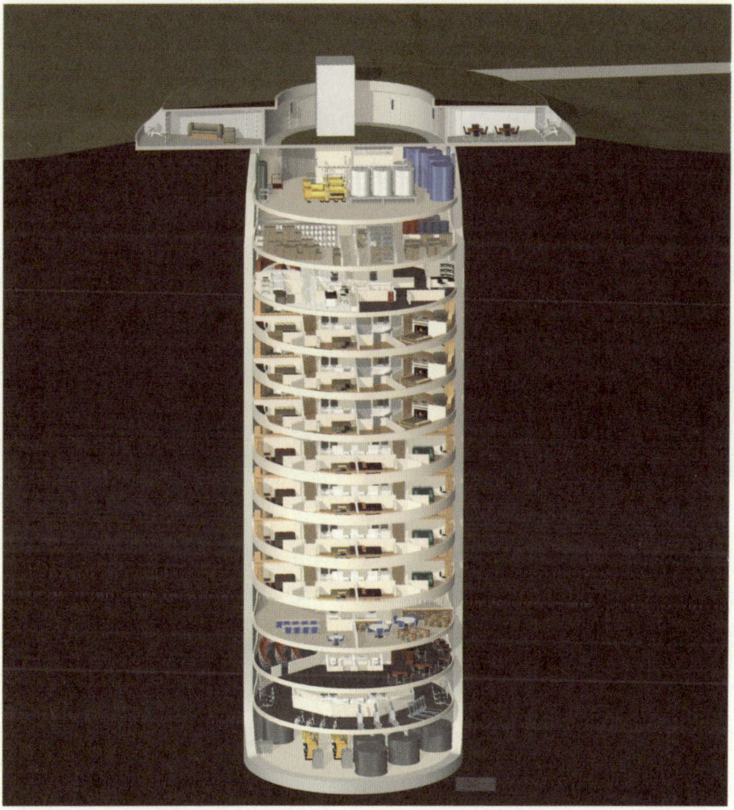

插图 10.2　面对美国社会存在的普遍问题，部分有钱有势的美国人的回应方式：不是试图去解决这些问题，而是一味地逃避，花一大笔钱把废弃的地下核弹发射井改造成奢华的防御地堡。

插图 11.1　当今世界面临的一个主要问题：使用核武器的潜在危险。

青树——女总理安格拉·默克尔），在称呼上，人们更多地使用非正式的代词“Du”（你），而不再经常使用正式的代词“Sie”（您）。

然而，现在我去德国时还是会被那些铺天盖地的“禁止××”的标语困扰。我的那些德国朋友在去过美国之后的感受各不相同，他们中有的人认为如今德国的权威主义色彩比美国要淡得多，有的人则认为目前德国依然存在许多令人惊恐的权威主义行为。反过来，当我询问去德国旅游的美国人是否认为德国是权威型国家时，处于不同年龄段的人给出了两种不同的答案。出生在 20 世纪 70 年代或之后的美国游客，因为未曾见证过 20 世纪 50 年代的德国，凭直觉比较今日的美国和德国，得出的结论是：德国仍旧处于权威型社会。像我这样较为年长的美国游客因为见证过 20 世纪 50 年代末期的德国，则会拿现在的德国和当年的德国做比较，得出的结论是：今日德国的权威主义色彩已经大大淡化。我觉得这两组比较都很准确。

勃兰特与德国的重新统一

1968 年的德国学生运动中，学生呼吁的许多目标在联邦德国总理维利·勃兰特任下通过和平政府加速达成。勃兰特总理出生在 1913 年，曾因政治观点不同被迫从纳粹德国逃亡，二战时期待在挪威和瑞典。1969 年，在康拉德·阿登纳所属的保守党——基督教民主联盟（CDU）连续执掌总理之位 20 年之后，担任德国社会民主党（SPD）一把手的勃兰特成为联邦德国第一位左翼总理。在勃兰特的带领下，德国开始进行社会改革，政府追求的目标包含当年学生提出的一些主张，例如淡化德国的权威主义色彩、提高女性地位等。

不过，勃兰特最辉煌的成就是在对外关系领域。在他上台之前，联邦德国政府由保守党执政，政府拒绝承认民主德国政府的合法性，并坚持称联邦德国政府是德国人民的唯一合法代表。除了苏联，联邦德国政府未同其他任何东欧共产主义国家建立外交关系。联邦德国政府拒绝承认奥得河与尼斯河以东的原德国领土已然丧失的事实——其中东普鲁士被划归苏联，余下部分则被波兰占去。

勃兰特采取了一种全新的外交政策，不再全然坚持上述的立场。他与民主德国政府签订条约，同波兰及其他被称为“东方集团”的东欧社会主义阵营国家建交。他承认奥得河 – 尼斯河线为波兰与德国的边界，也因此接受了该边界线以东的原德国领土都已无法收回的事实，这当中包括那些一直以来都属于德国并且对于德国的国家认同至关重要的区域：西里西亚、普鲁士的一部分和波美拉尼亚。放弃对这些区域的所有权是德国迈出的沉重一步，对德国国内的保守党——基督教民主联盟而言，这是无法忍受的，该党宣布，如果能赢得接下来 1972 年的大选，它将会在重新掌权后废除上述条约。事实上，勃兰特的所作所为正合德国选民的心意，他所在的政党以高于上一届选票的多数票赢得了 1972 年的大选。

勃兰特职业生涯中最戏剧性的一幕发生在 1970 年访问波兰

首都华沙之时。波兰是二战中国民丧生比率最高的一个国家。最大的纳粹集中营就位于波兰。波兰人有千万种理由去憎恨那些不知悔改的纳粹德国人。在1970年12月7日访问华沙时，勃兰特参观了华沙犹太区，这里的犹太人曾于1943年4月和5月发起反抗纳粹占领运动，但都失败了。在波兰民众面前，勃兰特情不自禁地双膝跪地，承认纳粹侵害了数百万受害者，并且为希特勒的独裁与二战中德国的所作所为请求众人的原谅（见插图6.5）。哪怕是那些后来仍然不信任德国人的波兰人也承认，勃兰特的举动并非有意策划，而是充满诚恳并且饱含深意的。在当今世界，外交声明无不是经过精斟细酌，再由领导者照本宣科地读出，而勃兰特在华沙犹太区下跪的举动无疑树立了一个典范，它代表着一国领导者为本国给他国人民造成的巨大痛苦而真心实意地道歉。想想许多国家的领导者从未做到这样：美国总统没有对越南人民这么做，日本首相没有对韩国人民和中国人民这么做，斯大林没有对波兰人民和乌克兰人民这么做，戴高乐也没有对阿尔及利亚人民这么做。

勃兰特之举为联邦德国带来的政治回报在他访问华沙犹太区20年之后才体现出来，当时距离他辞去总理一职（1974年）已经过去很久。在20世纪70年代和80年代，对一位联邦德国总理来说，要想通过个人努力来直接推动德国的重新统一，几乎是一件难以实现的事情。勃兰特之后的两位联邦德国总理——社会民主党的赫尔穆特·施密特和基督教民主联盟的赫尔穆特·科尔，均延续了勃兰特的一系列政策：与民主德国进行贸易，与东欧国家寻求和解并与“铁幕”两边主要国家的领导者培养良好的私人关系。在美国与西欧国家眼中，联邦德国现在是值得信赖的民主国家和可靠的同盟。在苏联和它的东方集团伙伴眼中，联邦德国现在是主要的贸易伙伴，同时不再会对自己构成军事上或领土上的威胁。

勃兰特与民主德国签署的条约在施密特与科尔时期持续得到认可，这使成千上万的联邦德国民众得以探访民主德国，还让一小部分的民主德国民众得以进入联邦德国。两德之间的贸易渐增。渐渐地，民主德国的民众得以观看联邦德国的电视节目。这让他们开始对比联邦德国不断提升的生活水平和民主德国不断下降的生活水平。此时的苏联面临着经济层面和政治层面的困境，因此也越来越难强迫其他东欧集团国家按它的意思行事。在此背景下，民主德国开始走向终结，这是完全不受民主德国或联邦德国控制的一步：1989 年 5 月 2 日，与民主德国南部相隔一个东欧集团国家（捷克斯洛伐克）的另一个东欧集团国家匈牙利，决定撤走自己与西方民主国家奥地利之间的围栏，而奥地利毗邻联邦德国。4 个月之后，当匈牙利正式开放这一边界时，成千上万的民主德国民众抓住机会，经捷克斯洛伐克与匈牙利逃往联邦德国。（这一边界正式开放的日期为 9 月 11 日，恰巧与发生在智利的 1973 年皮诺切特政变和发生在美国的 2001 年世贸双子塔恐怖袭击事件是相同的日期。）很快，成千上万的民主德国民众在莱比锡的大街上对本国政府发起了抗议，民主德国的其他城市很快便跟上莱比锡的步伐。民主德国政府本想向民众宣布未来将会发放前往联邦德国的直接通行许可，以了结这件事。然而，负责在电视上宣布这一决定的官员把事情给搞砸了，这位官员一时口误，宣布民主德国政府“即刻”开放前往联邦德国的通行许可。当天（1989 年 11 月 9 日）夜里，数以万计的民主德国民众抓紧机会，马不停蹄地奔向联邦德国，没有受到边界警卫队的阻挠。

尽管当时的联邦德国总理赫尔穆特·科尔并非创造这一局势的人，但他懂得如何谨慎地充分利用这一局势。1990 年 5 月，他代表联邦德国与民主德国达成了一项关于经济融合和社会福利一体化（但并未涉及政治统一）的条约。他殚精竭虑，巧妙地化解了其他西方国家与苏联不愿让德国重新统一的情绪。举个例子，1990 年 7 月，在与苏联总统戈尔巴乔夫进行关键会面时，科尔对苏联提出了一揽子财政援助计划，成功说服戈尔巴乔夫在同意德国重新统一的基础上，允许德国保留其北约成员身份。1990 年 10 月 3 日，民主德国解体，各地区重新加入（联邦）德国，成为德国重新统一后新的联邦州。

地缘政治约束

综上所述，我们可否依照此前在第二章至第五章中讨论前 4 个国家案例时使用的框架，对二战后的德国历史做有益的探讨？与前 4 个国家相比，二战后的德国历史显然大为不同。前 4 个国家均是在一日之内骤然爆发了单个危机：1853 年 7 月 8 日，佩里船长在日本港口登陆；1939 年 11 月 30 日，苏联对芬兰发动进攻；1973 年 9 月 11 日，皮诺切特在智利发动军事政变；1965 年 10 月 1 日，印度尼西亚突发政变，虽然结果并未成功。相较之下，二战后的德国并未出现压倒性的主要危机，相反地，它在 1945—1990 年陆续经历了互相叠加而又渐次展开的数轮危机。我们将在第七章看到，二战后澳大利亚危机的发展进程也遵循了平缓渐进的德国模式，同样有别于我们在前 4 章中所探讨的突发式危机。将“危机”一词涵盖的范围从突发式案例扩展至渐进式案例，是否有误导之嫌？

事实上，这两类案例之间并不存在清晰的界限：它们之间不过是存在程度上的差别。德国也曾经历突发式冲击，而且事实上经历了三次：1945 年 5 月 7 日和 8 日，德国正式投降，此时的德国满目疮痍，所面临的危机是本书谈到的所有国家中最严重的；1961 年 8 月 13 日，柏林墙建立；1968 年，德国学生运动持续数月。相较而言，佩里叩关和智利的皮诺切特政变事实上也并非毫无预兆的独立事件。相反，它们是先前好几十年间事态逐渐发展、累积，进而爆发的结果，而且要解决这些危机需要经过连续好几十年的努力：这两项特征同样也适用于二战后德国的历史。接下来我们将看到，我们在第二章至第五章中探讨的所谓“突发式国家危机”的影响因素与第六章和第七章中探讨的所谓“渐进式国家危机”的影响因素有相似之处。

因此，我察觉到，将两类不同的案例放在同一框架内探讨是有用的。尤其二战后德国的历史不但体现了本书危机分析框架中的大部分因素，而且将其中 4 项因素的作用体现到极致。我们先讨论这 4 项因素，随后再考虑余下那些体现得不那么明显却仍然意义非凡的因素。

德国首先体现得最为明显的是地缘政治因素对于国家主动权的约束（表 1.2 中的因素 12）。这一因素决定了一国是否有必要根据他国的行动等待对自己有利的时机。在第二章到第七章讨论的 6 个国家案例中，只有芬兰在独立自主行事方面受到的约束堪比德国。如果你不是德国人，一开始听到这个判断也许会觉得很荒谬，因为人们习惯性地认为，20 世纪的德国享有充分的主动权，典型的例子是德国在威廉二世和希特勒治下采取果敢的军事行动，引发了两次世界大战。但实际上，两次世界大战正好印证了我的结论：这两件事都为德国带来了灾难性的后果，因为威廉二世和希特勒都没有等待有利时机的到来，而是主动采取行动，结果自食苦果。

要理解地缘政治因素对德国主动权的约束，只需参照近代的欧洲地图。如今，德国与 9 个国家（荷兰、比利时、卢森堡、法国、瑞士、奥地利、捷克、波兰和丹麦）接壤，同时，德国隔着北海和波罗的海与另外 8 个国家（英国、挪威、瑞典、芬兰、俄罗斯、爱沙尼亚、拉脱维亚和立陶宛）相望。除此之外，德国在 1938 年吞并奥地利之时增加了三个陆上邻国（意大利、南斯拉夫和匈牙利）。1918—1939 年，德国的陆上邻国还多了一个立陶宛。1918 年以前，上述部分国家是德国的两大陆上邻国（俄国和哈布斯堡王朝）的一部分。也就是说，在近代历史上，德国总共曾拥有 20 个邻国（如果每个历史主体只算一次，而不把陆上邻国和水上邻国分开计算，也不把过去的国家和现代国家分开计算的话)。1866—1945 年，这 20 个邻国当中有 19 个（除了瑞士之外）要么曾入侵或经由海路进攻德国，要么曾有德国军队驻扎或经过（指瑞典），要么曾遭到德国的入侵。这 20 个国家中，有 5 个国家是（或曾是）非常强大的国家（法国、俄罗斯、哈布斯堡王朝、英国和曾经的瑞典）。

并非只有德国才有邻国，大部分其他国家也都有邻国，只不过其他国家与邻国之间的边界通常都是具有防护作用的地理屏障。然而，德国北部是一望无际的波德平原（见插图 6.6），没有任何的天然防护屏障：这片平原上没有山脉（不像西班牙和法国有比利牛斯山脉为界，也不像意大利被阿尔卑斯山脉环抱），仅有历史上军队总能轻易跨越的、窄窄的河流。（即使是莱茵河，从严格意义上讲对军队也构不成障碍。）当我和我的美籍波兰裔夫人玛丽一同乘飞机从柏林飞往华沙时，她从飞机上俯瞰德国和波兰所在的这片平原，用波兰人惯有的黑色幽默（正是这种幽默让这个民族在波折的历史中得以保持健全的理智）调侃道："真是完美的坦克战选址啊！"她想到的是 1939 年，希特勒的坦克轧过波兰的领土。而一个了解历史的德国人看到这一幕则可能会想到那些从东边和西边浩浩荡荡地闯进德国北部的军队，包括二战时期的同盟军、两个世纪之前拿破仑率领的军队，还有在那之前的其他入侵者。

在我看来，德国这种被邻近国家包围的地理区位向来是德国历史中最重要的一项影响因素。当然，这样的区位也不乏优势：德国因此成了各方在贸易、技术、艺术、音乐和文化上的交汇点。

具有讽刺意味的是，这种地理区位还在二战中便于德国入侵其他许多国家。

然而，德国的地理区位也为其带来了极大的政治和军事劣势。17世纪，西欧和中欧主要国家之间最重要的宗教与权力斗争——“三十年战争”的主战场便在德国，这场战争使德国失去了将近一半的人口，而且使其经济支离破碎，政治陷入倒退，影响持续了两个世纪之久。德国是最后一个（1871年）完成统一的西欧大国，这次统一离不开出众的外交家俾斯麦，他拥有一种独特的能力，能够预料到众多其他欧洲势力的反应，并做出万全准备。对统一的德国来说，被自己的东西方邻国（俄国及法国）两面夹击无疑是一个噩梦。这个噩梦确实发生了，并且让德国在两次世界大战中均尝到了战败的滋味。二战后，德国被美国和自己的三个邻国瓜分。除了等待其他国家爆发事端，从而为自己创造出有利时机，联邦德国政府对于德国的重新统一无能为力。

德国与众不同的地缘政治约束条件意味着，比起那些在地缘政治方面不太受限的国家，糟糕的领导者对德国造成的影响会严重得多。举个例子，虽然德皇威廉二世和他手下的官员因失策与迂腐而臭名远扬，但美国、英国和其他的国家也不乏糟糕的领导者。有海洋作为保护屏障的美国和英国不会因为无能的领导者做了蠢事就惹祸上身，而威廉二世和他手下的官员确确实实在一战中给德国招致了灾难。

俾斯麦曾以一个比喻来总结那些成功的德国政治家所采取的外交政策指导原则背后的哲理：“我们应当尽可能地看看，在世界历史进程中，上帝大步流星地走过哪些地方，又要去往何处。然后，把握时机，抓紧他的衣摆，紧跟他的步伐，这趟旅程能走得越远越好。”这也是赫尔穆特·科尔总理在1989—1990年采取的政策，在维利·勃兰特于1969—1974年采取了一系列政策之后，民主德国与苏联的政治走向终于为德国的重新统一创造了时机。美国的橄榄球赛场上有一个相同的战术，被称为“伺机而动”。对彼时处在实力巅峰的大英帝国来说，这样的哲理是难以理解的，对今日的美国来说（在外交领域而不是在橄榄球赛场上），这仍然是无法理解的。这是因为，无论是曾经的大英帝国还是如今的美国都期望掌握主动权，将自己的意志强加于他国。

自我怜悯?

德国的案例还充分体现了另一个因素——自我怜悯和受害者心态（因素2）的影响。这是特别发人深省的一个讨论议题，因为德国实际上曾走上不止一个，而是两个极端：德国在一战和二战后的反应是截然相反的。

1918年10月，正值一战即将结束时，德国在西方战场上最后的军事进攻也失败了，协约国军队向前挺进，并且新增了百万名美国士兵，德国战败已不可避免，只是时间早晚的问题。德军依然在有条不紊地后撤，协约国军队也尚未到达德国边境。然而，由于一支德国舰队发生兵变，还有德国境内爆发武装暴动，停战协商的进程不得不加速，最后只能匆匆达成一致。这便为一战之后德国国内的煽动者，尤其是阿道夫·希特勒，提供了可乘之机，他宣称德军并未在军事上被击败，而是背信弃义的平民政客背叛了德军。获胜的协约国通过《凡尔赛和约》强加给德国的条款，包括声名狼藉的“战争罪责条款”，给德国贴上了挑起战争的侵略者标签，这激起德国人更深一层的怨怼。因此，尽管一战后不少德国历史学家分析了战前德国的政治错误导致德国在战争中陷入不利的局势，但一战后的德国民众普遍认为，德国是受害者，国家的不幸并非领导者的责任。

现在，我们来对比一战后德国民众形成的受害者心态和二战后德国民众的心态。1945 年 5 月，德国军队在各大战场上均被击败，整个德国被同盟国军队分区占领，德国提出无条件投降。无论是德国人还是非德国人都一致认为，二战的欧洲战场完全是由希特勒挑起的。德国人逐渐了解到，德国政府所实施的集中营政策以及德国军队在东部前线的所做所为给人类带来了史无前例的灾难。德国的平民也深受其害，尤其是汉堡、德累斯顿和德国其他城市均被轰炸。面对苏军的挺进，德国民众纷纷逃离家园，战争结束后，波兰、捷克和其他东欧国家政府对所有生活在东欧及前德国东部领土上的德意志族群进行驱逐。据估计，苏联的占领和驱逐行动使超过 1 200 万德国平民流离失所，其中有超过 200 万人被杀害，有 100 万女性遭强奸。

德国人民的痛苦在二战后的德国获得了一定的关注。不过，二战后，自我怜悯和受害者心态并未像一战后那样，成为德国人的主流心态。部分原因是，德国人意识到，俄罗斯、波兰和捷克之所以对自己施加恶行，是因为不久之前德国给这些国家的民众造成了痛楚。可是，我们不应该就此认为，德国人在二战后摆脱受害者心态、直面那段耻辱是理所当然之举，毕竟一战后的德国人和二战后的日本人（见第八章）均抱有受害者心态。这种直面自己过往历史的痛苦经历使今日的德国受益良多，不像一战后的德国或今天的日本，如今的德国更加安全，与其昔日的敌人之间的外交关系要好得多。

领导者与现实主义

还有两个在德国体现得最为极致的因素，它们之间是相互联系的：一个是领导者的角色，一个是能否进行诚实的自我评估（因素 7）。由于地处欧洲的中心，不像有海洋保护的英国和美国，德国一直以来都面临更多的困难与危险，领导者优秀与否对德国的影响也远大于英国和美国。

在给国家带来消极影响的领导者队伍中，希特勒当属近代世界历史中的头号人物。有人可能会争辩说，即使没有希特勒，光是《凡尔赛和约》的签署和 1923 年德国货币的崩溃，还有从 1929 年开始出现的失业与经济萧条，这些因素加在一起，便足以促使德国为推翻条约而开战。也有人可能会反驳道，没有希特勒，德国挑起的二战会是截然不同的一场战争。希特勒异于常人的邪恶头脑、与众不同的个人魅力、果敢大胆的外交政策，还有消灭一切犹太人的企图，都是那个时代德国其他的修正派领导者所不具备的。尽管他在一开始取得了军事胜利，但不切实际的自我评估使他不断推翻自己麾下将领的策略，并最终导致德国的战败。那些致命的、不切实际的决策包括：在1941年12月无缘无故地对美国宣战，尽管当时德国正同时与英国和苏联打得不可开交；1942—1943年，当将领们申请让受困于斯大林格勒的德军撤退时，希特勒驳回了他们的请求。

在德国近代历史上，排名紧随其后的糟糕领导者便是德皇威廉二世，他统治德国长达30年之久，并导致了德国在一战中的落败。有人可能会再次争辩说，不管有没有威廉二世，一战都会发生。然而，同样地，倘若没有威廉二世，这样一场大战很可能会呈现完全不同的发展态势，因为就像希特勒，威廉二世也是一个异于常人的角色，尽管这体现在不同的方面。虽说威廉二世远不及希特勒强大，但他始终手握任命和废除德国宰相的权力，大多数德国人都效忠于他，而且他还可以指挥德国的武装力量。虽然他不是恶人，但他有很多缺点，例如情绪不稳定、不切实际、判断力弱等，他在很多场合行为极度不当，为德国制造了很多不必要的麻烦。他的诸多不当政策最终导致德国在形势不利的情况下参与一战，并最终战败，比如他拒绝更新俾斯麦签署的德俄之间的条约，从而使德国因地理位置导致的军事噩梦变为现实，即在东西两线上与俄国和法国同时开战。

与上述两者相反的是维利·勃兰特，他是一名成功的德国领导者，并且会对形势做出现实的评估。他承认了民主德国和其他东欧集团国家的合法性，接受德国分别与波兰和苏联签署的条约，接受了奥得河－尼斯河线以东的原德国领土已经丧失的事实，扭转了联邦德国此前长达20年的外交困境。随后的联邦德国总理延续了勃兰特的政策，人们可以说，作为德国领导者的勃兰特确实扭转了乾坤。勃兰特的对手基督教民主联盟在接下来的几年中持续反对他的上述政策。勃兰特接受奥得河–尼斯河线作为国界确实需要具备非同寻常的现实主义精神和政治勇气，他的前任缺乏这样的品质，而他的继任者则缺少他在华沙犹太区之行中展现出来的令人信服且深入人心的个人魅力。康拉德·阿登纳、赫尔穆特·施密特和赫尔穆特·科尔也是二战后诸多德国总理之中的佼佼者。总体而言，二战之后的德国总理一直保持良好的判断力。作为一个美国人，我对此深感诧异，因为在同一时代，美国却出现了好几个失败或平庸的总统。

另一位带来积极影响的德国领导者是奥托·冯·俾斯麦，他是普鲁士王国的首相、德意志帝国的首任宰相，在 1871 年完成德国的统一。当时，德意志的统一面临着巨大的阻碍，特别是遭到除普鲁士之外的德意志小型邦国的反对，遭到强大的邻国哈布斯堡王朝和法兰西的反对（只能靠战争解决），遭到距离更远的俄国和英国的潜在反对，还要面对哪些德意志民族可以真正融入统一的德国这般恼人的问题。俾斯麦是一名超现实主义者，他熟知 1848 年德意志革命失败的缘由，了解德国统一所面临的来自内部和外部的反对之声，然后一步步推进统一的进程，先以一些小的举措为开端，仅在小举措失败之后才采取更强力的手段。他意识到普鲁士在重要事件上的主动权受到地缘政治因素的约束，因此他必须等待有利时机，迅速行动。同时代的德国其他政治家在政治技巧上很难望其项背。但俾斯麦也常常为世人诟病，因为他没能培养出一个适合的继承人，没能解决德国存在的一些问题，而正是这些问题最终导致了在他的宰相任期结束24年之后一战的爆发。可是，在我看来，要俾斯麦代替威廉二世及其手下的官员受过，似乎有失公允。俾斯麦还被批判好战，可是，如果没有他发动的三场战争（而且其中两场历时非常短暂），被一众反对者包围的德国几乎不可能获得统一。（4场战争方才换来意大利的统一，然而意大利并没有被贴上好战的标签。）当德国在1871年实现统一时，还有数百万讲德语的人被划在边境之外，但俾斯麦足够理性地认识到，他已经尽己所能了，其他势力绝不会容忍德国的进一步扩张。

危机框架

我们接下来简单地讨论危机框架中其他与德国的案例吻合的因素。二战后的德国展示了选择性变革（因素3）的作用。在本书讨论的所有国家当中，德国在政治层面做出了最大的改变，它彻底重新审视了自己的纳粹历史。德国还实施了一些重大的社会变革，尤其是在淡化往昔的权威主义色彩和提升女性地位等方面。不过，德国传统社会的许多核心价值观几乎没有发生改变，其中包括政府对艺术的支持、对全民医保和退休福利的支持，还有强调集体观念高于个人权利。作为美国人，每当我再去德国，我都会惊喜地发现，即使在德国的小城市也有歌剧院，我年长一些的德国朋友在退休后依然能维持体面舒适的生活，村庄往往保留着当地特色（因为分区法规明确指出，居民房屋屋顶的样式要与本地样式相统一）。

在德国近代历史上，来自其他国家的援助（因素 4）在不同时间和不同地区差异较大。联邦德国充分利用美国“马歇尔计划”带来的援助，在 1948 年后创造了经济奇迹。相反，因战败而被要求支付战争赔款，导致了二战后的民主德国和一战后的魏玛共和国的衰退。

强烈的国家认同（因素 6）帮助德国人民熬过战时的惨败、被他国占领以及分墙而治的痛楚。（有些德国之外的人可能会认为德国人的国家认同过于强烈。）这种国家认同和民族自豪感的基础是德国举世闻名的音乐、艺术、文学、哲学和科学成就。马丁·路德以德语编纂的《圣经》译本促进了各种德语方言的统一。另外，尽管德国几个世纪以来在政治层面处于碎片化状态，但共同的历史印记让德国人始终认定自己是统一的整体。

德国展现了面对挫折和最初尝试失败时的耐心（因素 9），还展现了从过往的成功中孕育而出的自信（因素 8）。德国从两次世界大战的失败中恢复过来，它的成功离不开耐心。例如，它在 1871 年不顾重重困难达成统一，在 1990 年同样于复杂局势中等到重新统一的时机，还在二战结束后创造了经济奇迹。

二战后，德国的发展既有内部力量又有外部力量的作用。内部力量促使德国直面其纳粹历史，但也导致 1968 年国内学生运动的爆发。外部力量，例如匈牙利在 1989 年对奥地利开放边界，以及苏联的衰落，促使德国的重新统一被提上日程。

在不同于个人危机的国家危机影响因素中，德国很明显地展现了与昔日的对手进行和解这一点。德国承认自己的纳粹历史，标志性的事件是勃兰特在华沙犹太区下跪，这使德国有可能与毗邻的波兰和法国发展出相对平和、诚恳的关系。与之相比，日本与韩国或中国之间的关系要疏远得多（见第八章）。另外一个国家危机所独有的因素是，彻底的变革要通过暴力革命还是和平演进的方式来完成。近代德国经历了三次革命，或者说暴动（其中两次直接宣告失败）：1848 年德意志革命，试图实现统一和民主化，但最终失败；1918 年德国革命，最终推翻了帝制；1968 年德国学生运动，寻求以暴力方式改变德国社会、经济体系和政府形式。其中一次革命的宗旨最终通过和平演进的方式得以达成：1968 年后，学生运动中的许多目标以和平的方式得以实现。1989—1990 年德国的重新统一也是通过和平演进的方式实现的。

有意思的是，近代德国提供了 4 组有关一国遭遇惨败和随后试图反败为胜（两者之间相隔 21~23 年）的案例。这 4 组案例分别是：1848 年统一革命的失败和 1871 年的成功统一（相隔 23 年）；1918 年在一战中的惨败和 1939 年为扭转败局而发动的二战，但最终还是落败（相隔 21 年）；1945 年在二战中的惨败和 1968 年的学生运动（相隔 23 年）；还有 1968 年的学生运动与 1990 年德国的重新统一（相隔 22 年）。当然，这 4 组案例之间存在很大的差异，外部因素也影响了这些间隔的长短，尤其是 1968 年和 1990 年之间的间隔。不过，我认为这些平行的组合还是多少有些意义的：21~23 年大致意味着人类一个代际的变迁。1848 年、1918 年和 1968 年的经历对当时德国的年青一代来说是决定性的，而20余年后，当他们成了国家的领导者时，会发现自己正试图完成年轻时未竟的事业（例如1871年和1990年）或试图消除年轻时不快的经历（例如1939年）。1968年学生运动的领导者和参与者并非四五十岁的、经验老到的政界人士，而是二十多岁、初出茅庐的激进派年轻人。正如一位经历过1968学生运动的德国朋友告诉我的："没有1968年，就不会有1990年。"

第七章

澳大利亚：我们是谁？

探访澳大利亚

1964 年，我头一次去到澳大利亚，在此之前我刚在英国度过了 4 年光阴。那时，澳大利亚给我的印象是，它比英国本身更像英国——仿佛穿越时间，回到好几十年前的英国的感觉。澳大利亚最大的城市是悉尼，那里的街景让人不禁联想到英国的一景一物：跟伦敦一样，悉尼也有海德公园、国王十字车站和牛津街。当时，澳大利亚人的祖先不仅大部分是白人，而且基本上都是来自英国的白人。澳大利亚人吃的也是单调的传统英式食物：周日的传统烤肉、随处可见的炸鱼块和薯条快餐店，还有早餐必备的维吉麦酵母酱——这是在效仿英国人常吃的马麦酵母酱。那些年，澳大利亚有很多英式酒馆，效仿英国人的习惯，这些酒馆里有男士独享的酒吧间和男女共处的沙龙间，它们和英国本地的酒馆一样，有固定的营业时间。除了英式食品，人们当时在澳大利亚能吃到的只有意大利菜和希腊菜，偶尔有几家中餐馆。

自这次的游历后，我又先后十多次前往澳大利亚，见证了这个国家所发生的变化。对我来说，在亲身经历的澳大利亚的诸多变化之中，最具象征意义的是在 2008 年，当时我带着儿子乔舒亚前往澳大利亚，在布里斯班的昆士兰大学进行为期半年的学术访问。当我俩走在校园中时，我感到自己所处的不再是我曾经认识的那个澳大利亚，而仿佛是在我任教的大学——加利福尼亚大学洛杉矶分校的校园里，因为现在这里竟然有那么多的亚洲学生。澳大利亚不再是那个以英裔为主的“白澳”了。

在 1964 年，澳大利亚社会的基本现实依然是这个国家的地理位置与其人口构成、国民情感和文化纽带之间的矛盾。英裔在澳大利亚的总人口中占非常大的比重，这极大地影响了人们的国家认同（见插图 7.1）。可是，澳大利亚和英国之间几乎隔着半个地球：澳大利亚地处南半球而英国位于北半球，两地之间相差 8~10 个时区。在人类宜居的所有大洲中，同时拥有袋鼠、卵生哺乳动物、笑翠鸟、巨蜥、尤加利树和沙漠的澳大利亚当之无愧是最特别的（也是最不像英国的）（见插图 7.2）。从地理位置上看，澳大利亚与中国、日本以及其他东亚国家的距离比欧洲要近得多，澳大利亚和英国之间的距离是它和印度尼西亚之间距离的 50 倍。然而，走在 1964 年的澳大利亚街头，我丝毫感受不到澳大利亚与亚洲之间的亲近。

44 年后，当我带着乔舒亚到布里斯班时，从这里亚洲人的数量之多（见插图 7.3），还有鳞次栉比的日本餐厅、泰国餐厅和越南餐厅来看，亚洲和澳大利亚之间的亲近关系已变得显而易见。

曾以官方明令的形式将亚洲移民挡在门外的“白澳政策”，还有设法打消非英裔欧洲白人移民澳洲的念头的非官方政策，均已退出历史舞台。不过，澳大利亚的官方语言依然是英语，英国女王依然被奉为澳大利亚象征性的元首，澳大利亚的国旗中也依然能看到英国国旗的元素。澳大利亚是一个很棒的国家，连续被评选为全球最理想居住地之一，还是居民满意度最高和居民寿命预期最长的国家之一。我曾认真考虑过移民到两个国家，澳大利亚便是其中之一。它与英国若即若离。在我断断续续探访澳大利亚的这几十年间，是什么让它出现了这些选择性变化？

接下来，我们将快速回顾澳大利亚的历史。与此同时，请思考，在我们讨论过的 5 个经历危机的国家中，澳大利亚与哪个国家最为相似。同上一章谈到的德国相似，但与第二章至第五章中的 4 个国家不同的是，澳大利亚经历的并不是一场突如其来的危机。（在 1941—1942 年的 71 天里，澳大利亚遭受了三场军事袭击，这件事影响深远。）相较而言，澳大利亚所面临的危机就像德国曾面临的那样，部分是对二战时期的经历所做的回应。对这两个国家来说，二战证明了国家传统的解决方法已不再适用，可是，饱受战争摧残的德国证明这个结论的方式比澳大利亚要更为悲壮，也更有说服力。比起本书中其他国家的国民，澳大利亚人更关注有关国家认同的问题：我们是谁？自二战之后，澳大利亚人开始意识到，一直以来他们把自己的国家看作与英国相隔半个地球的“第二个英国”——这种自我认知已经过时，已与周边变化的环境格格不入。可是，对大多数澳大利亚人来说，单单来自二战的影响并不足以让他们抛弃原来的自我认知。

即使是对个人而言，要回答“我是谁”这个问题，也是需要时间的。那么，对于一个由数百万人组成、且不同群体对自己的身份认同持不同看法的国家来说，要回答“我们是谁”这个问题，需要的时间就更长了。因此，澳大利亚人至今还在与这个问题苦苦纠缠，便不足为奇了。颇为矛盾的一点是，虽然澳大利亚解决危机的进展极为缓慢——慢得让许多澳大利亚人压根儿就没觉得这是场危机，但在目前本书所涉及的 6 个国家中，澳大利亚曾在最短的时间内（在 1972 年 12 月的 19 天中），提出并执行了一套最具广度的变革方案。这些变革，还有尚未提及的其他情况，让我感受到了澳大利亚近代历史的迷人之处，这也正是接下来我们将要了解的内容。

第一舰队与澳大利亚原住民

最先在澳大利亚的土地上定居的是澳大利亚原住民的祖先，他们在此生活了大约 5 万年后，1788 年 1 月，第一批来自欧洲的殖民者搭乘由 11 艘船组成的舰队，从英国出发，到达澳大利亚。英国政府并不认为澳大利亚是个适合移居的绝佳选址，之所以派出这支舰队，是因为当时英国面临囚犯过多、无处安置的难题，只好将其中一部分人流放至远方。当时有人提议将囚犯流放至澳大利亚，也有人提议流放至地处热带的西非，但人们很快发现，对欧洲人来说，热带疾病肆虐的西非不是一个安全的选址。看上去，澳大利亚有好几个优点：它比西非更加远离英国本土，未有证据表明居住在这里会影响欧洲人的健康（事实证明确实没有太大影响），这里还能为英国的海军船只、商人、捕鲸者、木材和亚麻供应商提供一个潜在的太平洋基地。于是，英国政府最终选定了澳大利亚——具体来说，英国选定的位置位于今悉尼市的近郊。

第一舰队载着 730 名罪犯、看守人员、长官、杂役和一名被任命为总督的英国海军军官到达澳大利亚。随后，英国派遣了更多的舰队和船只，陆续将更多的罪犯运至悉尼，后来还运往澳洲大陆的其他 4 个地方。很快，这些罪犯和他们的看守迎来了新的伙伴——没有犯罪记录的英国自由移民。然而，32 年之后，也就是在 1820 年，澳大利亚的欧洲裔人口中，罪犯和曾有犯罪记录的人所占的比重仍高达 84%。直到 1868 年，英国才停止向澳大利亚输送罪犯。在当时尚未开荒的澳大利亚，人们的生存和繁衍都是极其困难的，因此，那些祖先是流放罪犯的现代澳大利亚人并不会因自己的家族历史而感到羞耻——他们把这看作一种自豪的勋章，正如现代美国人为自己的祖先在 1620 年搭乘“五月花号”轮船到达美洲大陆而自豪万分一样。

人们猜想，这批罪犯和其他的移民得花上相当长时间才能学会如何通过种植作物来养活自己（他们预料得没错）。因此，第一舰队携带了粮食，并且直到 19 世纪 40 年代，英国才停止向新移民提供所需补给。过了好几十年，澳大利亚人才有能力开始真正往英国出口产品：一开始仅仅是那些通过猎杀鲸和海豹得到的产物；从 19 世纪 30 年代开始有了羊毛；1851 年开始因为“淘金热”的浪潮出现了黄金；直到 19 世纪 80 年代，随着可应用于长途海运的冷藏船的出现，澳大利亚人开始往英国输送肉制品和黄油。今天，世界上 1/3 的羊毛都产自羊群充足的澳大利亚，这个国家人均拥有 5 只羊。不过，自二战以来，矿业成为澳大利亚经济的主导力量，因为这片大陆蕴藏着各种丰富的矿产，它是铝、煤、铜、金、铁、铅、镁、银、钨、钛和铀的主要出口国。

以上便是对 1788 年以来欧洲人在澳大利亚殖民定居过程的简单描述，其中没有谈及在更早的时候便扎根在这片大陆上的原住民群体。在其他的英属殖民地，比如美国、加拿大、印度、斐济和西非，英国殖民者或是以和平谈判的方式与当地的酋长或首领达成协议，或是以军事手段与当地军队或者部落势力决出胜负。可这些办法在澳大利亚并不管用，因为当地原住民的聚集形式多为小型群居，他们没有军队，没有酋长，也没有首领。当地原住民过着游牧式的生活，没有形成固定的村落。在欧洲殖民者看来，这便意味着当地原住民不算“拥有”土地。

所以，欧洲殖民者就这么霸占了澳大利亚原住民的土地，既没有同他们商量，也没有给他们报酬。殖民者也没有跟原住民势力开战：他们只同小部分的原住民发生过冲突，引发冲突的原因有时候是原住民猎杀了几只羊，因为在原住民的眼里，这些羊跟自己平常猎杀的袋鼠或者其他的野生动物并无区别。面对此类冲突，欧洲殖民者的回应方式是屠杀原住民，最近的一场大屠杀（遇害者共 32 名原住民）发生在离现在不久的 1928 年。当一名英国长官下令开庭审判，并对那些杀害澳大利亚原住民的欧洲人判以绞刑时，澳大利亚舆论的天平却倒向了凶犯殖民者那一边。

远在伦敦的英国殖民当局意识到，自己已然无法阻止大英帝国的子民在遥远的澳大利亚为所欲为——譬如夺走当地原住民的性命。

由于以狩猎和采集食物为生，澳大利亚原住民跟有固定居所的农耕民不一样，澳大利亚的白人很是瞧不起自己眼中的这些“原始人”。让我感到震惊的是，直到现在，在受过教育的澳大利亚人当中，藐视原住民的观念依然很普遍。一名澳大利亚议员曾表示：“没有科学证据表明，他们（指原住民）属于人类。”当原住民因患病、被屠杀和被剥夺土地而日渐减少时，澳大利亚的白人开始相信，原住民要走向灭亡了。一名澳大利亚主教曾写道：“原住民正在消失。在最多两个代际之后，澳大利亚的最后一个黑家伙（即原住民）将面朝黄土，回归大地……到那一天，我们传教的任务将变得简单，那就是送这个即将灭亡的种族走完最后一程。”

后来，当地原住民未经政府同意严禁与非原住民通婚。20世纪30年代，澳大利亚出台了一项颇具争议的政策：强制要求将白人与原住民所生的混血儿童，甚至包括原住民儿童从他们的家人身边带走，放在寄养机构或寄养家庭中（声称是为他们好）。从20世纪90年代开始，澳大利亚兴起了一项白人向当地原住民道歉的运动，但遭到强烈抵制。在2008年，时任澳大利亚总理陆克文公开发表了正式的道歉，但其前任约翰·霍华德辩驳道：“这一代的澳大利亚人无须为国家的过去行为和政策感到愧疚或承担责任，他们控制不了已经发生的事情。”

简而言之，英属澳大利亚的“白澳政策”不只针对那些潜在的海外非白人移民，还针对那些土生土长的非白种澳大利亚人。对于后者而言，他们的土地被英国殖民者占领，他们的土地所有权被否认，他们可能还面临种族灭绝的危险（许多白人殖民者希望如此）。

早期移民

在澳大利亚被殖民的前几十年，自由移民和被流放的罪犯都来自英国（包括当时还属于英国的爱尔兰）。1836 年，第一批大规模的非英国移民开始出现在南澳大利亚。不同的是，来到南澳殖民地的不再是流放囚犯，而是由一家地产开发公司精挑细选的来自欧洲的开垦者。在这批移民中有德国路德教的教徒，他们到此是为寻求信仰自由，这一动机在美国早期的移民中更为常见。这批德国移民是受过技能训练的白人，他们开发了园艺农业和葡萄园种植业，迅速适应了澳大利亚的生活，也很少收到反对的声音。而引起较多争议的是，在 19 世纪 50 年代，成千上万的中国人（还有许多欧洲人和美国人）在第一波“淘金热”中接踵而至。这次移民浪潮带来的后果是，心怀不满的当地群众殴打、抢劫华人，甚至剥掉他们的头皮，最后不得不靠英国军队出动才平息了这场暴乱，这也是英国军队在澳大利亚土地上最后一次动用武力。

19 世纪 60 年代，随着糖料作物种植园在昆士兰地区的发展，第三批非英裔移民到达澳大利亚。这些人均为太平洋岛民，来自新几内亚岛、马拉尼西亚群岛屿和波利尼西亚，来到澳大利亚后成了种植园工人。虽然其中有一部分是自愿被招募来的，但更多人是从自己的家乡被绑架而来的，这一过程往往伴随着突袭和随之而来的杀戮，后来被称为“黑奴贩子”（Blackbirding，因为太平洋岛民一般拥有深色皮肤）。当德属新几内亚和澳属新几内亚都相应地发展起种植园（尤其是椰子种植园）时，以同样的方式将太平洋岛民带到新几内亚的种植园。在新几内亚，这种“招募”劳工的手法一直延续到20世纪。1966年，我曾在澳属新几内亚遇到过一名澳大利亚人，他告诉我他是一名招工者，并不遗余力地解释自己只招募那些自愿前来的人，而且还会向他们支付现金报酬。他自豪地说，自己不是那种使用绑架手段的“黑奴贩子”（他依然在用这个词），而有一些跟他存在竞争关系的招工者还在用着老一套。无论如何，这些在澳大利亚糖料作物种植园工作的深色皮肤劳工，不管是自愿前来还是被迫加入的，都未曾影响澳大利亚常住人口的结构，因为他们签订的是定期合约，在劳动期结束后，他们便会被驱逐出境。

此外，一小批非英裔移民来自英属印度殖民地。二战结束前，除了上述这几批总数并不可观的德国人、中国人、太平洋岛民和印度人之外，澳大利亚通过相关政策保持了以英裔白人为主导的人口结构。

走向自治

熟知本国历史的美国人会发现，虽然美国和澳大利亚同为英国殖民地，但二者试图与英国脱离关系的过程是有所区别的。在美国独立战争结束后，北美的各大殖民地纷纷宣告独立，组成联邦，面对英军的强烈抵制，毅然斩断所有与英国之间的政治纽带。每年的 7 月 4 日，也就是美国《独立宣言》发表的周年纪念日，被定为美国的“独立日”，这是美国人一年之中最重要的节日之一。相较之下，澳大利亚人不会庆祝独立日，因为他们压根就没有这样的纪念日。在英国政府没有提出反对的情况下，英属澳大利亚殖民地获得了自治权，但它从未完全斩断与英国之间的联系。澳大利亚仍然是英联邦国家之一，也仍然承认英国君主为本国名义上的国家元首。为什么在处理与英国的关系方面，澳大利亚和美国会出现如此不同的操作呢？

原因在于以下几个方面。其一，英国在美国独立战争中付出了昂贵的代价，因而从中吸取了教训，从此改变了对其白人殖民地的政策，爽快地将自治权下放给自己在加拿大、新西兰和澳大利亚的殖民地。事实上，在澳大利亚人提出请求之前，英国便已主动将许多的自治权赋予他们。其二，比起美国东海岸，英国到澳大利亚的航行距离要远得多。第一舰队花了 8 个月才到达澳大利亚，19 世纪初期，英国与澳大利亚之间的航行几乎要花费半年到一整年的时间。由于远距离导致的沟通延滞，远在伦敦的英国殖民当局无法对澳大利亚实行严密的管控，任何来自英国的决定和法律只能先到达殖民地总督处，再由总督将命令下达至澳大利亚各处。举个例子，在 1809—1819 年的整整 10 年间，英国驻澳大利亚新南威尔士殖民地的长官甚至没有向伦敦报告过自己采用的新法律。

其三，造成差异的还有一个原因，即英国殖民政府不得不在其美洲殖民地上驻扎军队，因而就需要养活这支军队。这支殖民地军队要与驻扎在北部加拿大的法国军队对抗，以争夺对北美大陆的控制权，还要和武器装备稍弱但人多势众的印第安人部落作战，这些部落人口众多，由酋长统领，实行集权管理。相较之下，在澳大利亚大陆上，没有其他的欧洲国家与英国争夺控制权，当地原住民人口稀少，未形成武装势力，且未实行集权管理。因此，英国不需要在澳大利亚驻扎大量军队，自然也不需要对澳大利亚人强征不得人心的税金以维持军队的开支。英国政府在未征得美国人同意的情况下向美国人征收税款，正是美国独立战争爆发的直接原因。1870 年，英国主动撤回英军驻扎在澳大利亚的最后一小支派遣队伍，这次撤军并非出于澳大利亚的施压。当然，还有一个原因是，和英属北美殖民地相比，英属澳大利亚殖民地收益甚少，英国没有那么重视，而英属北美殖民地则是不列颠人眼中的富庶之地，是一个重要的税收来源。对英国来说，比起澳大利亚，其在加拿大、印度、南非和新加坡获利更多，因此更受重视。最后一个原因是，在很长一段时间里，澳大利亚主要的英属殖民区域之间保持各自为政的习惯，对此我将在下一节做出解释。

澳大利亚殖民地获得自治权的过程如下。1828 年，也就是第一舰队登陆澳大利亚的 40 年后，英国在其最早于澳大利亚建立的两个殖民地——新南威尔士和塔斯马尼亚设立了立法委员会，并任命其成员（而不是由选举产生）。立法委员会成员获得任命后，1842 年，（在新南威尔士）出现了第一个由部分选举产生的澳大利亚代议制殖民政府。1850 年，英国起草了英属澳大利亚殖民地的宪法，不过后来各殖民地可根据自身情况自由地修订这些宪法，这意味着在很大程度上，各殖民地能够随心所欲地规划自己的政府。诚然，1850 年制定的宪法和随后经修订形成的各殖民地宪法“保留”了英国政府对澳大利亚的部分事务——比如防务、叛国罪的论处和入籍等问题的决策权，还在理论上赋予了英国驳回任何殖民地法律的权利。然而，在实际操作中，英国鲜少使用这部分保留权利。到 19 世纪末期，英国保留的唯一一项重要权利，便是对澳大利亚外交事务的控制权。

在这些保留权利之外，整个 19 世纪，英国持续为澳大利亚提供重要事务方面的帮助，而这些都是澳大利亚应该独立解决的。其中一项帮助便是由英国战舰对澳大利亚提供军事保护，其背景是，在 19 世纪后期，其他欧洲国家还有日本、美国在太平洋事务上呈现出越来越独断的姿态。另一项帮助与英国向澳大利亚殖民地派驻的总督有关。这些总督并不是强势的宗主国派去镇压殖民地反抗者的角色。相反，澳大利亚各殖民地在走向自治的过程中时常会陷入政治僵局，而这些总督扮演了必不可少的沟通者角色。被任命的英国总督不得不频频为殖民地议会机构中意见不一的上下两院做调解工作，居中斡旋以促成议会联盟，更要决定何时解散议会、进行选举。

澳大利亚联邦

至此，我介绍澳大利亚殖民地历史时，似乎会让人产生一种错觉，以为它是顺风顺水地一路向前，变成了今天统一的澳大利亚。可事实上，澳大利亚的前身是6块不同的殖民地：新南威尔士、塔斯马尼亚、维多利亚、南澳大利亚、西澳大利亚和昆士兰。它们之间的联系比起英属北美各殖民地（随后组成美利坚合众国的各州）之间要松散得多。这种松散的联系源于澳大利亚的地理条件，纵观整片大陆，肥沃多产的几片地域被广袤的沙漠和其他的不毛之地分隔开来。一直到1917年，其中5块殖民地的首府才经由铁路实现连接。（另一块殖民地塔斯马尼亚的首府霍巴特从未实现与其他首府之间的连接，这是因为塔斯马尼亚是距离澳大利亚大陆130英里开外的一座岛屿。）各殖民地采用的铁路轨距并不相同，从42英寸[①]到63英寸不等，这导致火车无法从一块殖民地直接开往另一块殖民地。跟独立的国家一样，各殖民地之间设立了保护性的关税壁垒，在各自的边境设有海关，用于收取进口关税。1864年，新南威尔士和维多利亚之间的边境差一点发生武装冲突。结果是，直到1901年，这6块殖民地才组成澳大利亚这个统一的国家整体，这时候距离第一舰队登陆已经过去113年。

一开始，各殖民地对统一没有展现出丝毫的兴趣。殖民者最初称自己是身居海外的英国人，后来他们自称维多利亚人或者昆士兰人，而不是澳大利亚人。直到19世纪后半叶，随着日本军事实力的增强，美国、法国和德国在太平洋地区的势力不断扩张，接连吞并了太平洋诸岛，对英国在太平洋地区的殖民地产生了潜

---

① 1英寸≈2.54厘米。——编者注

在威胁，关于组建一个澳大利亚联邦的想法才逐渐萌生。然而，在最初阶段，各英属澳大利亚殖民地对将要组成的联邦的地域范围并不明确。于 1886 年举行的首届“太平洋中南诸岛”联邦议会的参与者包括来自英属新西兰的代表和远道而来的斐济代表，而组成今日澳大利亚的 6 个前殖民地中只有 4 个派出代表参会。

虽然《澳大利亚联邦宪法》起草于 1891 年，可直到 1901 年 1 月 1 日，澳大利亚作为一个统一的联邦才得以成立。这部宪法的序言部分指出，各前殖民地同意“在大不列颠及爱尔兰联合王国女王的恩准下，联合成为一个不可分离的联邦国家”，由英国指派联邦总督；还有条款规定，由澳大利亚高等法院做出的判决可向英国的枢密院（相当于英国的最高法院）提出上诉。试想美国宪法中倘若出现这样的条款会是怎样的场景！这部澳大利亚宪法呈现出当时澳大利亚人对英国王权的拥护。弗兰克·韦尔什在《澳大利亚史》中称，他们“接受共同的价值观——法治、出版和言论自由、对个人自由的保障，享受由当时的超级大国派出的英国皇家海军的保护，为成为日不落帝国的一部分而感到自豪，甚至还对维多利亚女王本人心怀仰慕”。从那时沿用至今的澳大利亚国旗以英国国旗为主要元素，嵌以南半球夜空最明亮的南十字星座（见插图 7.4）。

拒之门外

参与制定联邦宪法相关讨论的澳大利亚人在许多议题上各执己见，却在将非白人排除在本国之外的决定上保持意见一致。下面的引述代表了当时澳大利亚人意欲守住“白澳”的愿望。1896年，《墨尔本时代报》（*Melbourne Age*）刊文如下：“我们渴望见证澳大利亚成为同根同源的伟大白人的家园，这样方能全然避免让美国陷入内战的那些种族问题……如若我们准许来自远东的贫困劳工进入我们的国家，本国的劳动力便得不到保护。”1901年，新成立的澳大利亚联邦政府首先着手制定的法令之一便是《移民限制法》，这部法令被所有政党一致通过，其目标是确保澳大利亚的白人属性。《移民限制法》禁止妓女、心智不足者、饱受恶疾困扰者和罪犯移民至澳大利亚（尽管澳大利亚的前身便是罪犯流放地）。该法令还规定，黑人与亚洲人不得移民澳大利亚，澳大利亚人应当是“团结一致的单一民族，并且要维护这种单一民族性，不混杂其他人种”。一名澳大利亚工党领袖曾为该法令辩护道：“外来人种的涌入将会大大降低社区群体的整体水平，在极短的时间内，社会立法将失去效力。相反，如果我们保持民族的纯粹性，塑造民族性格，我们将成为一个高度发达的民族，英国政府也将会为我们的长青长健而感到骄傲。”

在同一时期，澳大利亚联邦出现的其他观点还有：“外来有色人种与澳大利亚的荒野并不兼容”；中国人无法“达到澳大利亚几个世纪以来所传承的文明程度”；“要是那些到教堂去做礼拜的衣着华丽的女士想到她们端坐的位置可能不久前刚被一个又大又肥、浑身散发臭气、携带着来自横滨的各种病菌的（不宜刊印的词语）坐过，想必她们脸上的神色会很精彩”。甚至澳大利亚联邦政府的首位总理埃德蒙·巴顿也曾写道：“种族平等是不存在的。那些（非白人）种族无法和白人种族相提并论，前者是更低等的。人人平等的说法从来都不适用于英国人和中国人之间……我们没法通过教化、改良或任何其他手段来使某些种族获得与其他种族平等的地位。”澳大利亚的另一位总理阿尔弗雷德·迪肯曾宣称：“民族的统一是澳大利亚团结一致的绝对必要条件。”

英国的殖民部大臣反对澳大利亚联邦如此露骨地打出种族这张牌，部分原因是，当时英国正试图与日本达成军事同盟，澳大利亚的种族排外主张成为其谈判的阻力。因此，澳大利亚联邦避免直接谈论种族问题，而是试图通过其他方式达到相同的目的——控制其他种族的移民流入。它要求进入澳大利亚的移民必须通过一项语言听写测试——不一定是英语测试，至于要考哪种欧洲语言，全凭首席移民官来决定。当一整船劳工从位于地中海的各族混居的英属殖民地马耳他岛来到澳大利亚时，那些有可能通过英语测试的劳工会收到进行荷兰语（无论是马耳他人还是澳大利亚人都不会这种语言）测试的指令，因为这样就有了驱逐他们的正当理由。对于那些早前以劳工身份被准许进入澳大利亚的太平洋岛民、华人和印度人，澳大利亚联邦政府对他们进行了遣返，唯独留下两种专业技能人群（来自阿富汗的赶驼人和来自日本的潜水采珠人）。

这些移民壁垒的设立一方面主要受到当时种族主义的影响，但另一方面也是因为澳大利亚工党想要通过禁止廉价劳动力流入的方式保护本国劳动力的高薪。但是，我无意将澳大利亚人描绘成极端的种族主义者。事实上，世界上与他们持有相同种族观的人广泛存在，唯一的区别是澳大利亚人将这种观点体现在移民政策中。而且，考虑到澳大利亚偏低的人口密度，其移民政策在排除外族的同时还鼓励英国人到此定居。同一时期，英国和欧洲大陆国家对于移民是全盘排斥的。二战后，许多非裔从英属西印度殖民地到达英国，最终导致了 1958 年发生在英国诺丁汉郡和伦敦诺丁山区的种族暴动事件。日本至今仍不接受大规模移民。美国虽然摒弃了澳大利亚对英国身份的那种忠诚，最终从欧洲大陆、墨西哥和东亚接收了大量移民，但也曾遭遇强烈的抵制。

一战

在二战结束以前，“英国的子民”是澳大利亚人身份认同的核心。这种身份认同最明显的表现是，澳大利亚军队在那些和本国利益没有直接关联的英国战争中无比热情地与英军并肩作战。例如，1885 年（早在澳大利亚联邦成立以前），新南威尔士殖民地派遣军队加入英军在苏丹镇压反叛分子的战争，苏丹和新南威尔士可以说是天各一方，彼此间毫无关系。更有甚者，在 1899 年的布尔战争中，澳大利亚再次加入英国的阵营，在南非共同对抗荷兰殖民者的后裔，这一次战争和澳大利亚的国家利益也毫不相关。澳大利亚士兵在此次布尔战争中表现出色，获得了 5 枚维多利亚十字勋章（英国表彰战士英勇行为的最高荣誉奖章），从而获得了英国忠诚臣民的声誉，只不过代价是约 300 名澳大利亚士兵亡于战场。

1914 年 8 月，一战的号角刚刚吹响，英国对德宣战，未征询澳大利亚和加拿大的意见。英国任命的澳大利亚总督仅仅将开战的消息转达给澳大利亚的民选总理，澳大利亚人就毫不犹豫地表示支持英国开战的决定，并且这一次澳大利亚提供支持的力度远远超过了布尔战争时或是英国与苏丹作战时。一名澳大利亚记者写道："我们必须保护我们的国家。我们必须维护神圣的遗产免遭（德国）暴力的毒手。"不过，这场战争对澳大利亚的国家利益还是产生了一丝影响：参与一战给了澳大利亚军队占领位于新几内亚岛东北部的德国殖民地和俾斯麦群岛的借口。但是，澳大利亚对一战的主要贡献是，这个国家派出了数量庞大的志愿兵——共 40 万人，占国内可服役男性的一半以上，当时澳大利亚的总人口不到 500 万。这些志愿兵跨越半个地球，到达法国和中东地区，为维护英国的利益而战。有超过 30 万澳大利亚士兵被派遣至海外，其中有 2/3 的人伤亡。至今，几乎在每一个澳大利亚山区小镇的镇中心都还保留着阵亡将士的纪念碑，上面密密麻麻地刻满了一战中牺牲的士兵的姓名。

澳大利亚军队在一战中最为知名的战事便是澳新军团（澳大利亚和新西兰陆军军团的简称）登陆土耳其的加利波利半岛，对土耳其军队发动的战役（见插图 7.5）。澳新军团于 1915 年 4 月 25 日登陆，但由于负责指挥行动的英方将军领导力不足，军团惨遭巨大伤亡，并在 1916 年撤出加利波利半岛，英国宣称此次行动失败。从此，为纪念加利波利登陆战，每年的 4 月 25 日被定为"澳新军团日"，这是澳大利亚最重要且最富有感情色彩的国家节日。

如果你不是澳大利亚人，你可能很难理解当地人对澳新军团日的重视。在历史上的这一天，澳大利亚的年轻男性被屠杀，被英军将领背弃，他们跨越大半个地球到一个半岛上，和土耳其人打了一场跟自己国家的利益毫无关系的仗，澳大利亚人为何还要庆祝这一天？然而，我已经学会了保持缄默，不去对这种理性的问题刨根问底。直到现在，每当谈论到一个世纪以前的加利波利登陆战时，我的澳大利亚朋友依然会热泪盈眶。我想，一个合理的解释是，没有任何一件事能够比在加利波利半岛上牺牲的年轻的澳大利亚士兵更能说明澳大利亚人曾经甘愿为自己的母国英国赴汤蹈火的心情。加利波利登陆战后，澳大利亚开始被视作一个国家，这反映出一种普遍观点：任何国家的诞生都免不了有人为之抛头颅、洒热血。加利波利一役中的巨大牺牲体现了澳大利亚人的国家自豪感，因为在那一刻，他们是为自己的母国英国而战的澳大利亚人，而不是维多利亚人、塔斯马尼亚人或者南澳大利亚人——这一战役还代表了澳大利亚人公开认同自己作为忠诚的英国子民的身份和对母国的深厚情感。

澳大利亚人的这种身份认同在 1923 年得到加强。在当时的一场大英帝国成员国会议上，各成员国达成一致意见，自此之后大英帝国的自治领地可以自行任命其驻外大使或外交使臣，废除以往由英国大使作为代表的做法。加拿大、南非和爱尔兰都随即任命了自己的外交使臣，澳大利亚却没有这么做，因为其国内公众对这一象征着澳大利亚脱离英国统治、获得民族独立的举动没有太大的热情。

尽管如此，澳大利亚和英国之间的关系不单单是顺从的孩子想要从受人尊敬的母亲那里获得认可那么简单，而是充满了爱恨交加的成分。举一个个人事例，我有一位朋友在澳大利亚的一家绵羊屠宰场工作，这家屠宰场的产品一部分留在国内销售，余下的都被冷藏并运往英国。羊胆汁的苦味让人终生难忘，而我的这位朋友和他的工友们时不时会将装满了苦汁的羊胆混进准备装箱运往英国的羊肝中。关于澳大利亚人对英国的怨恨，更明显的例子来自二战后澳大利亚总理的公开言论，我将在稍后提到。

二战

对澳大利亚而言，二战的意义和一战很是不同，因为在二战中澳大利亚是遭受袭击的一方，而且二战的熊熊战火已蔓延至澳大利亚附近的岛屿，澳大利亚人不再是隔着半个地球想象战争的场景了。英国在其位于新加坡的大型海军基地向日军投降的那一刻，通常被看作澳大利亚自我形象演化的转折点。

一战过后的20年间，日本逐渐加强陆军和海军建设，对中国不宣而战，并逐渐成为澳大利亚眼中的危险因素。以澳大利亚守护者自居的英国加强了其位于马来半岛南端的新加坡的海军基地，尽管这个基地离澳大利亚足足有4 000英里之遥。澳大利亚便倚仗这个遥远的英国海军基地，还有更遥远的、集中在大西洋和地中海的英国舰队为自己保驾护航。不过，我们不能把“新加坡战略”的最终失败完全归咎于英国，因为在同一时期，澳大利亚也疏于增强自身的防务能力。澳大利亚于1930年废除了征兵制，仅保留了规模十分有限的空军和海军部队。澳大利亚海军既没有配备航空母舰和普通战舰，也没有比轻型巡洋舰更大型的主力战舰，要想保护澳大利亚及其海域免受日军的袭击，可以说是绝对无法胜任的。与此同时，英国自身面临着来自德国的更为严峻和紧迫的威胁，在应对日军袭击方面的军事准备也是不够充分的。

就如同一战打响，英国在1939年9月3日对德国再次宣战时，时任澳大利亚总理甚至在没有和议会打招呼的情况下就迅速地公开宣告："大不列颠已经宣战，因此，澳大利亚也准备（与德国）开战。"跟一战的情况相似，二战一开始，与澳大利亚相隔半个地球的欧洲战场与这个国家没有直接的利益关系，欧洲战场上仅仅是德国与波兰、英国、法国以及其他西欧国家之间的对抗。然而，正如一战后续的发展，澳大利亚向欧洲战场派去了自己的军队，主要参加了位于北非和克里特岛的战斗。随着日军来袭的风险逐步加大，澳大利亚政府请求撤回在欧洲战场的军队作为自我防卫。时任英国首相温斯顿·丘吉尔对澳大利亚人再三承诺，英国和英国舰队将会通过新加坡基地保护澳大利亚免受日军的入侵，保护澳大利亚的海域不受任何日本战舰的侵扰。而事实证明，这些承诺不过是一张空头支票。

从1941年12月7日起，日本对美国、英国、澳大利亚和荷属东印度发起了进攻。同年12月10日，距离日本宣布开战不过三天，日军的炮火便击沉了英国留在远东、用于保卫澳大利亚的仅有的两艘主力舰，一艘是“威尔士亲王号”战舰（见插图 7.6），另一艘是“反击号”战斗巡洋舰。1942 年 2 月 15 日，驻新加坡基地的英军总指挥官向日军投降，导致英国及其他英联邦国家的 10 万名士兵被送进了战俘营——这是英国有史以来遭遇的最惨重的一场军事失败（见插图 7.7）。令人悲伤的是，这些投降的士兵中包括 2 000 名澳大利亚士兵，他们在同年的 1 月 24 日，也就是仅仅三周前才到达新加坡，只为完成不可能完成的保家卫国的使命。1942 年 2 月 19 日，在没有英国舰队保护澳大利亚的情况下，曾经对美国在珍珠港的海军基地狂轰滥炸的日本航空母舰开始对澳大利亚的达尔文市开火（见插图 7.8）。这是日军对澳大利亚发动的第一次空袭，随后日军又对澳大利亚发动了 60 多次空袭，此外，一艘日本潜艇还试图对悉尼港发动袭击。

在澳大利亚人眼中，新加坡基地的陷落不仅是一个冲击或一场令人胆战的军事挫败，而且意味着母国英国对澳大利亚的背弃。日军在向新加坡挺进之时，时任澳大利亚总理约翰·柯廷曾向丘吉尔发去电报，指出此前英国已再三保证新加坡基地坚不可摧，如果现在英军从新加坡撤离，那对澳大利亚来说将是一场“不可原谅的背叛”。不过，新加坡基地的陷落实际上是因为英军在欧洲战场和远东战场之间跨度过大、战线太长，导致实力被大大削弱，还因为前来进攻的日军以高明的战术胜过在数量上取胜的防守方——英联邦军队。

疏于自我防范的澳大利亚也难辞其咎。尽管如此，它对英国的怨怼情绪还是持续了很长一段时间。直至 1992 年，距离英军在新加坡投降已过去 50 年，在一场国会演讲中，时任澳大利亚总理保罗·基廷尖锐地指责了英国的行为，言语中透露出他的怨恨："当我还在上学的时候……我便已意识到澳大利亚要自尊自爱——而不要再低三下四地讨好那个曾经决定不再保卫马来半岛，对新加坡基地弃之不理，并且不把我们的军队还回来，导致我们无力抵抗日军侵略的国家。这就是你们（来自两大保守党派的澳大利亚议会成员）选择紧密相依的国家……即使它抛弃了你们。"

二战给澳大利亚留下了两大教训。第一个教训是，英国并无保护澳大利亚的实力。相反，在麦克阿瑟将军的指挥下，美国在澳大利亚建立了指挥部，大量部署了军队、战舰和飞机，成为澳大利亚国防所倚仗的力量。麦克阿瑟亲自指挥了大部分的行动，对澳大利亚军队也做出了部署：没有人会觉得此时的美国和澳大利亚之间存在平等的伙伴关系。尽管人们有所担忧，但日军在澳大利亚登陆的可能性并未变成现实。不过，我们很清楚，如果日军真的登陆澳大利亚，出力抗御的将会是美国而不是英国。在将近 4 年间，随着对日战争的渐次展开，澳大利亚军队在新几内亚岛、新不列颠岛、所罗门群岛以及加里曼丹岛与日军展开对抗。1942 年，日军曾试图穿越科科达小径，占领澳属新几内亚殖民地的首府莫尔兹比港。在粉碎这次的日军行动中，澳大利亚军队在前线发挥了关键作用。但自此以后，麦克阿瑟越来越多地将澳军调配到远离前线的次级行动中去。这样一来，尽管澳大利亚在二战中遭受了直接攻击，但该国在二战中的伤亡人数还不到其一战伤亡人数的一半。

二战给澳大利亚留下的第二个教训是，尽管在两次世界大战期间，澳大利亚都往欧洲战场派去了自己的军队，但二战的不同之处是，它使澳大利亚意识到近在眼前的、来自亚洲地区的威胁。因此，现在澳大利亚将日本看作敌手是合情合理的。二战期间，被日军俘虏的2.2万多名澳大利亚士兵在战俘营中遭受了极其残忍的对待，有36%的澳大利亚被俘士兵因此身亡：而德军战俘营中美国士兵和英国士兵的死亡率是1%，英军和美军战俘营中德国士兵的死亡率为1%，相比之下，澳大利亚士兵的死亡率极高。对澳大利亚人来说，尤为令人震惊的是“山打根死亡行军”事件。2 700名澳大利亚士兵和英国士兵被日军俘虏并囚禁在加里曼丹岛的山打根，他们被迫行军跨越整个加里曼丹岛，在此过程中，他们忍饥挨饿，还不断遭到日军毒打，直到最后，几乎全部被虐待致死。

渐行渐远

二战结束后，澳大利亚与英国之间的关系日渐疏远，同时发生转变的还有澳大利亚人作为“身居澳大利亚的忠诚的英国子民”这一自我身份认同，从而导致了“白澳政策”的瓦解。即使是那些并未对澳大利亚产生特别兴趣的历史学家也认为，这些变化为国家自我身份认同的转变提供了一个研究模型。对由不同的利益群体组合而成的国家来说，这种转变肯定不如个人来得那么快。在澳大利亚的例子中，这种转变持续了好几十年的光景，而且如今还在继续。

二战给澳大利亚的移民政策带来了直接影响。早在 1943 年，时任澳大利亚总理便总结道：地广人稀的澳大利亚（1945 年的总人口不到 800 万）根本无法与日本（人口超过 1 亿）、仅仅 200 英里之外的印度尼西亚（人口多达 2 亿）或者是中国（人口超过 10 亿）抗衡。和人口密度较大的日本、印度尼西亚或者中国相比，澳大利亚显得人烟稀少，很容易成为亚洲国家入侵的目标——当然这只是澳大利亚总理的想法，亚洲人自己并不这么想。另外一种鼓励移民流入的解释源自一种错误的观念——任何一个国家要想成为强劲的发达经济体，庞大的人口规模是必不可少的。

上面这些观点根本说不通。一直以来，澳大利亚的人口密度远小于日本或者印度尼西亚，其背后是有合理原因的。日本和印度尼西亚整体气候湿润、土地肥沃，岛上大部分地方均适合发展高产出型农业。然而，澳大利亚的大部分区域都是贫瘠的沙漠，只有很小一部分是丰饶的农田。至于大量的人口基数对建设强有力的发达经济体的必要性，看看丹麦、芬兰、以色列和新加坡，这些国家的人口仅为澳大利亚的 1/4，却都取得了不俗的经济成就，这说明人口在经济发展中的作用其实是质重于量的。事实上，如果澳大利亚的实际人口比目前少一些，它会发展得更好，因为人口的减少能够降低澳大利亚脆弱的地形所遭受的人为影响，并且还会提高自然资源与人口之间的比率。

可是，20 世纪 40 年代的澳大利亚总理既非生态学家，也非经济学家。因此，二战后的澳大利亚开启了一个鼓励移民流入的应急计划。不幸的是，来自英国和爱尔兰这两个最受欢迎的移民来源地的申请者数量远远不足以完成澳大利亚政府当时设定的移民接收目标，而且，“白澳政策”限制了澳大利亚在接收移民来源上的选择。鼓励驻扎在澳大利亚的美国军人留下永居也不是一个好的选择，因为这个群体当中有太多的非裔美国人。因此，在澳大利亚，北欧成为继英国和爱尔兰之后排在第三位的最受欢迎移民来源地。排在第四位的是南欧，来自这一地区的移民带来了我在 1964 年时常光顾的那些意大利餐厅和希腊餐厅。澳大利亚的移民支持者“惊奇地发现”：“若是经过精挑细选，意大利人也能成为绝佳的公民!!”澳大利亚还有一项重要举措，那就是允许那些被带回澳大利亚的意大利战俘和德国战俘留在这个国家。

亚瑟·卡尔韦尔于 1945—1949 年担任澳大利亚的移民部部长，他是一名公开的种族主义者。在他看来，那些在战时娶了日本、中国或印度尼西亚妻子的澳大利亚男性毫无爱国之心，因此他不允许那些男性将他们的妻子和子女带回国内。卡尔韦尔写道：“任何日本女性或者欧亚混血人种都不会被准许进入澳大利亚，他们不被需要，并且永远不受欢迎……澳大利亚是绝不可以出现杂种的。”除了来自英国的移民，卡尔韦尔还比较赞同接收来自波罗的海三国（爱沙尼亚、拉脱维亚和立陶宛）的移民，由于被苏联吞并，三国中有成千上万受过良好教育的白人试图移民，他们的眸色和发色跟英国人接近。1947 年，卡尔韦尔参观了战后欧洲的难民营后，发现这些难民是“绝佳的人力资源”，而且尤其满意来自波罗的海三国的人：“他们当中很多人有着红头发和蓝眼睛。还有一部分男女拥有天然的金色头发。”这种选择性的鼓励移民方案带来的结果是，1945—1950年，在澳大利亚接收的将近70万移民（这个数量相当于该国1945年人口总数的约10%）中，有半数是英国人，其余的都来自欧洲其他国家。1949年，澳大利亚甚至大发慈悲，允许来自日本的战时新娘留下来。

随着“白澳政策”被削弱，亚洲移民逐渐进入澳大利亚，随之而来的还有我在2008年的布里斯班看到的那些亚洲餐厅。澳大利亚接纳亚洲移民是出于5个方面的考虑：军事保障的需要、亚洲的政治发展、澳大利亚贸易模式的转变、移民自身的原因，以及英国的政策。关于军事方面的考虑，二战的经历使澳大利亚明确地意识到，英国不再是太平洋地区的军事大国。换言之，澳大利亚已经与美国建立了军事联系。这明确表现为，1951年，在英国缺席的情况下，美国和澳大利亚及新西兰联合签署了《澳新美安全条约》（又称《太平洋安全条约》）。朝鲜战争、马来西亚和越南国内的动荡，还有印度尼西亚对荷属新几内亚、马来西亚治下的加里曼丹岛和葡属帝汶发动的军事干预等，这一系列不断恶化的周边安全问题给澳大利亚发出了警示。在1956年的苏伊士运河危机中，英国试图推翻埃及总统纳赛尔的统治，但未能成功，最终屈服于美国施加的经济压力，这暴露出英国在军事和经济上的弱势。令澳大利亚人震惊不已的是，英国在1967年宣布准备撤回其在苏伊士运河以东部署的全部军事力量。这一事件标志着英国长久以来作为澳大利亚保护者的角色正式终结。

在亚洲的政治发展方面，该地区昔日的殖民地、受保护国和托管地纷纷独立，包括印度尼西亚、东帝汶、巴布亚新几内亚、菲律宾群岛、马来西亚、老挝、柬埔寨和泰国。这些国家都在澳大利亚附近：巴布亚新几内亚距澳大利亚仅几英里，印度尼西亚和东帝汶距澳大利亚也不到200英里。这些新成立的亚洲国家开始制定自己的外交政策，不再附庸于从前宗主国的外交政策。它们的经济也在日渐腾飞。

在贸易层面，英国曾是澳大利亚最大的贸易伙伴，直到20世纪50年代初期，与英国之间的贸易仍占澳大利亚出口量的45%和进口量的30%。随着澳大利亚逐渐克服种族主义偏见，其因二战对日本产生的敌意有所缓解，澳、日在1957年签署了贸易协定，1960年，澳大利亚解除了对日本出口铁矿石的禁令，澳日之间的贸易量显著增加。到20世纪80年代，日本竟一跃成为澳大利亚最大的贸易伙伴，紧随其后的是美国，而英国作为澳大利亚的贸易伙伴，地位已经远远落后。1982年，澳大利亚对日出口量占澳大利亚出口总量的28%，对美出口量占11%，而对英出口量仅占4%。不过，这时的澳大利亚存在一个显而易见的矛盾：在向日本和其他亚洲国家释放渴望贸易的信号的同时，澳大利亚还传达出另外一种信息——我们觉得日本人和其他亚洲国家的人不适合来我们的国家定居。

英国人优先的"白澳政策"被削弱的另一个因素，是澳大利亚接收的移民自身出现的变化。二战之后移民到澳大利亚的人——意大利人、希腊人、爱沙尼亚人、拉脱维亚人，还有立陶宛人，毫无疑问都是白人，但都不是英国人。这些移民跟传统上把自己看作忠诚的大英帝国子民的澳大利亚人之间无法产生身份认同上的共鸣，他们也不像英国人和澳大利亚人那样，直到 20 世纪 50 年代还依然对亚洲人抱有强烈的种族偏见。

最后一点，不仅仅是澳大利亚在主动疏远英国，英国也在渐渐疏远澳大利亚。跟澳大利亚一样，英国的国家利益也发生了改变，往昔的自我认知也越来越过时。英国政府比澳大利亚政府更早意识到这些残酷的现实，然而双方都经历了漫长且痛苦的阶段才接受这一现实。1958—1962 年我住在英国时，恰好见证了英国经历变革的高峰时期。澳大利亚人将自己视为大英帝国子民的传统观念基于两个现实基础：一是其人口的血统来源，二是英国带来的贸易和提供的军事保障。然而，这二者都在发生改变。与此同时，英国传统的自我认知形成的基础是，曾经的英国是世界上最大的帝国（“日不落帝国”），后来的英国是英联邦的领导者。大英帝国的殖民地和后来的英联邦成员国都曾是英国主要的贸易伙伴，并为英国提供了大量的军事资源：想想那些在两次世界大战中与英国士兵一同牺牲的澳大利亚士兵、新西兰士兵、印度士兵和加拿大士兵。然而，英国和英联邦其他成员国之间的贸易量日益缩减，英国的贸易重心逐渐转向欧洲，正如澳大利亚与英国之间的贸易量随着该国与亚洲及美国贸易量的增加而出现了减少的趋势。英国在非洲和亚洲的殖民地纷纷独立，发展出自己的国家认同，制定了自己的外交政策，并且成功地（在英国的反对下）将奉行种族隔离政策的南非从英联邦中除名。当澳大利亚因要在英国和“亚洲与美国”之间做出选择而备感压力时，英国也因要在英联邦和欧洲之间做出选择而犯难。

1955 年，英国决定退出与六大西欧国家（法国、德国、意大利、比利时、荷兰和卢森堡）就创立欧洲经济共同体（即共同市场）而展开的谈判。出乎英国当时的意料，在英国缺席的情况下，西欧六国成功地创建了这一组织。到 1961 年，时任英国首相哈罗德·麦克米伦意识到，英国的国家利益已经走到了一个拐点，欧洲其他国家对英国的重要性越来越大，甚至已经超过了其他英联邦国家，无论在政治层面还是经济层面都是如此。因此，英国申请加入欧洲经济共同体的申请。比起新加坡军事基地的陷落，英国的这一举措及其后续进展对澳大利亚和英国的关系构成了更为根本的冲击，虽然前者更为戏剧性，也更具标志性，对澳大利亚人造成的心理创伤至今尚未愈合。

英国申请加入欧洲经济共同体，不可避免地导致了英澳两国之间的利益冲突。西欧六国共同建立起一道关税壁垒，将非欧洲经济共同体成员阻挡在外，英国如果想加入这个组织，就要接受这样的壁垒。这些关税壁垒将直接影响澳大利亚的食品和精炼金属的出口，因为当时英国仍然是澳大利亚这两种产品的主要出口市场。来自法国、荷兰、意大利和丹麦的食品将取代澳大利亚的食品在英国市场上的份额。无论是时任英国首相麦克米伦，还是时任澳大利亚总理罗伯特·孟席斯，都认识到这个残酷的现实。麦克米伦对澳大利亚和其他的英联邦成员国许下承诺，称英国将会在与欧洲经济共同体的谈判当中坚决维护英联邦的利益。然而，在当时看来，麦克米伦能否在谈判中占上风都让人存疑，事实是，西欧六国拒绝就澳大利亚的利益做出重大让步。

对于英国申请加入欧洲经济共同体一事，澳大利亚人的反应让人回想起他们在得知新加坡基地沦陷时的反应。英国的这一决定被澳大利亚人谴责为不道德、不诚信，是造成怨恨的根源——它是对加利波利之战的背叛，是对一个世纪以来澳大利亚人为英国这个母国做出的其他牺牲的背叛，也是对澳大利亚人传统身份认同中强调的英国属性的背叛。无论从象征意义还是从具体意义来看，此次冲击均十分强烈。然而，更强烈的标志性冲击即将到来。英国为阻止来自西印度群岛和巴基斯坦的英联邦成员国移民而颁布了《1962 年英联邦移民法案》，但为了掩饰该法案的种族主义色彩，英国取缔了其他所有英联邦国家公民（包括澳大利亚公民）原本享有的进入和居住在英国的权利。随后，英国又颁布了《1968 年移民法案》，宣布除非祖父母中至少有一人出生于英国，否则所有的外国人（澳大利亚人现在被归为外国人了！）都不能自动享有进入英国境内的权利，这个条件将当时很大一部分澳大利亚人都排除在外。到 1972 年，英国甚至宣布澳大利亚人“非我族类”，这对澳大利亚人来说简直就是侮辱！

简单来说，不是作为孩子的澳大利亚要离开母亲英国去寻求独立。相反，英国才是主动离开的一方，它主动松开了自己和英联邦其他成员国之间的纽带，抛下了自己的孩子。

英国和欧洲经济共同体的谈判进展断断续续，缓慢得令人痛苦。1963 年，法国总统戴高乐一票否决了英国加入欧洲经济共同体的申请。1967 年，他再次行使了一票否决权。在戴高乐辞去法国总统一职并逝世后，英国于 1971 年提出第三次申请，这一次，西欧六国和英国国内的公投结果都表示同意。此时，与英国的贸易只占据澳大利亚出口份额的 8%。澳大利亚当局终于意识到，加入欧洲经济共同体是英国的核心利益所在，澳大利亚不应该也不能够阻拦英国追求自己的利益，而且澳大利亚先前和英国之间的种种联系已经成为过眼云烟。

“白澳政策”的终结

从澳大利亚人的视角来看，当本国总理魏德伦于 1972 年带领着澳大利亚工党在 23 年来首次登上执政舞台时，澳大利亚人的身份认同似乎发生了急剧而全面的转变。在魏德伦上任的最初 19 天内，甚至尚未来得及任命新内阁成员，他和副手便已着手制订了一个在澳大利亚内部实施选择性变革的紧急计划，现代世界中很少有哪次变革在速度和广度上能与之相提并论。在这短短的 19 天内，魏德伦引入的变革有：废除征兵制度；从越南撤走所有的澳大利亚士兵；承认中华人民共和国；宣告巴布亚新几内亚独立，澳大利亚曾先后在国际联盟和联合国的授权下对其进行长达大半个世纪的管理；禁止以种族特征挑选来澳参赛的海外运动员队伍（这条规定专门针对全由白人组成的南非运动队伍）；废除以英式荣誉体系（爵士勋章、官佐勋章、爵级司令勋章等）嘉奖澳大利亚人的方式，并制定了一套全新的澳大利亚荣誉体系；还有就是，正式废除“白澳政策”。魏德伦的内阁成员提名得到一致通过后，他们马上为这个紧急计划添砖加瓦：将公民投票年龄最低要求降至 18 岁；提高最低时薪；分别赋予北部地区和首都地区在联邦参议院的代表权；准许上述地区参与立法委员会；要求工业开发提供关于环境影响的声明书；提高对原住民的预算；赋予女性同工同酬权利；允许无过失离婚；推行全面医疗保险制度；在教育方面推行重大变革，例如取消大学学费，增加对学校的财政援助，将资助高等教育的责任从各州转移至澳大利亚联邦。

魏德伦总理把他发起的这场改革准确地形容为“承认（澳大利亚）已然存在的问题”，而不是一场无中生有的革命。事实上，澳大利亚的英国属性正在日渐消失。1942 年新加坡基地的沦陷是对澳大利亚这一属性的第一次巨大冲击，1951 年《澳新美安全条约》的签署是澳大利亚的英国属性开始消失的早期标志，东欧和越南共产主义的发展则对澳大利亚提出了警示。然而，在新加坡基地陷落之后的很长时间里，澳大利亚还是指望着英国，支持着英国。20 世纪 40 年代末，澳大利亚士兵在马来西亚与英军共同对抗共产主义浪潮；20 世纪 60 年代初，澳大利亚士兵又在马来西亚治下的加里曼丹岛与英军一起打击印度尼西亚在当地的渗透势力。20 世纪 50 年代末，澳大利亚允许英国在自己国家的荒漠地区进行原子弹试验，试图维护英国不受美国支配的全球军事地位。在 1956 年的苏伊士运河危机中，英国对埃及发动攻击的行为被大加谴责，澳大利亚却是少有的几个支持英国的国家之一。1954 年，在位的英国君主伊丽莎白女王首次访问澳大利亚，感受到了澳大利亚人对英国难以抑制的情感：有超过 75% 的市民走到大街上欢迎她的到来（见插图 7.9）。不过，到 1963

年，也就是英国申请加入欧洲经济共同体的两年后，伊丽莎白女王再次到访澳大利亚，这时候，澳大利亚人对伊丽莎白女王和英国的热情已然骤减。

在魏德伦正式宣布废除“白澳政策”之前，这项政策便已呈现阶段式的瓦解之势。其中，澳大利亚政府在1949年开始允许来自日本的战时新娘进入澳大利亚便是第一个阶段。20世纪50年代，在为促进亚洲发展而设计的“科伦坡计划”下，澳大利亚接收了来自亚洲的一万名访问学生。令人唾弃的移民听写测试于1958年被废除，同年出台的《1958年移民法案》规定，允许“杰出和高素质的亚洲人才”移民至澳大利亚。在此背景下，当魏德伦在1972年正式宣布“白澳政策”落下帷幕，并且废除任何官方形式的种族歧视行为时，他的行为并未引起太激烈的抗议，鉴于这一政策深受拥护并延续了一个世纪以上，这种情况并不常见。1978—1982年，澳大利亚迎来了更多来自中南半岛的难民，这一群体占澳大利亚国民总人口的比重高于世界上其他国家。截至20世纪80年代末，有接近半数的澳大利亚公民是在海外出生，或者双亲中至少有一人是在海外出生。到1991年，亚洲移民在澳大利亚的移民群体中所占的比重已超过50%。到2010年，在海外出生的澳大利亚公民占该国总人口的比重（25%）排在全球第二位，紧随以色列之后。亚洲移民带来的影响和他们的数量其实是不成比例的：在悉尼各大名校中，亚洲学生所占比重超过70%；根据我在2008年对昆士兰大学的观察，拥有亚洲面孔的学生在这所大学中所占比重也相当可观；如今，澳大利亚有超过半数的医学生是亚洲人和其他非欧洲人。

澳大利亚的变化还体现在政治层面和文化层面。1986年，英国枢密院对澳大利亚司法的终审权被取消，从而使英国主权在这片土地上的最后一丝痕迹被清除，澳大利亚终于实现了完完全全的独立。1999年，澳大利亚最高法院宣布，英国从此属于“外国”之列。文化方面，曾在20世纪60年代风靡澳大利亚、以牛肉馅饼和啤酒为标志的英式食物被各式各样的国际化美食取代——20世纪60年代那种只有意大利餐厅、希腊餐厅和少数中餐馆的局面被彻底改变。有些澳大利亚葡萄酒，今天也荣登世界顶级殿堂。（说到美味而实惠的餐后甜酒，我特别推荐德保利酒庄的“贵族一号”，奔富酒庄的“葛兰许”红酒同样很棒，但是稍贵一些，而路斯格兰产区的莫利斯酒庄生产的麝香葡萄酒则是一款既好喝又实惠的加烈葡萄酒。）于1973年开始对外开放的悉尼歌剧院（见插图7.10）如今已成为澳大利亚的一个标志性建筑，同时也是世上首屈一指的现代建筑成就，由丹麦建筑师约恩·乌松设计而成。

关于“我们是谁”的辩论，人们所关注的不仅仅是澳大利亚人的现实身份，还包括每一处潜在的身份象征。澳大利亚人使用的货币是否应该继续沿用承袭自英国的非十进制英镑，还是应该重新采用一个具有澳大利亚特色的名字，比如“袋鼠币”？（最终，澳大利亚的决定是，不再使用英镑，转而采用一种美式或者说国际化的十进制货币名称，即澳大利亚元。）澳大利亚还要用《天佑女王》作为国歌吗？（在1984年，澳大利亚国歌换成了《前进的澳大利亚》。）澳大利亚的国旗还是以英国国旗为蓝本吗？（依然是的。）澳大利亚每年最盛大的国家节日依然是缅怀1915年加利波利登陆战中澳大利亚士兵为保卫英国利益而做出的悲壮牺牲吗，还是应该变成纪念1942年澳大利亚军队为维护自己国家的利益在新几内亚的科科达小径英勇对抗日军时所取得的胜利？（澳大利亚最隆重的国家节日依然是纪念加利波利登陆战的澳新军团日。）还有，澳大利亚是继续承认英国女王为澳大利亚的名义君主，还是改为采用共和政体？（澳大利亚至今依然承认英国女王的地位。）

危机框架

澳大利亚的案例是否适用于本书介绍的危机与变革框架？

和我们讨论的其他国家都不同的是，澳大利亚所面对的中心问题始终关乎国家认同和核心价值观（表1.2中的因素6和因素11）：我们是谁？澳大利亚难道是英国白人恰好设立在亚洲附近（但对自己的亚洲近邻毫不关注）的一个岗哨？澳大利亚人还是需要获得英国的认可才有自信，倚仗英国的保护，感觉无须自行任命驻外大使，为展示自己的忠诚而自告奋勇地在对英国具有战略意义（却对自己毫无用处）的远方战役中从容赴死的英国子民吗？还是说与之相反，澳大利亚是一个紧临亚洲地区的独立国家，拥有自己的国家利益、外交政策和驻外大使，与亚洲的交往日益密切，甚至已超过同欧洲之间的接触，且其英国文化属性正日渐减弱？直到二战结束，这场辩论才真正开始变得严肃起来，并且一直持续到今天。正当澳大利亚针对自己的身份是否仅为大英帝国的岗哨而展开辩论时，英国也在讨论自己的身份问题，它曾作为（衰退中的）大英帝国引以为豪的中心，现已成为一个与欧洲大陆密切相连的非帝国主义国家，英国正在努力适应自己的全新身份。

诚实的自我评估（因素 7）在二战后的澳大利亚起到越发重要的作用，澳大利亚人逐渐意识到，在现代世界，本国的情况已经发生了改变。虽然不情不愿，但澳大利亚人确实得承认：英国作为自己昔日最亲密的贸易伙伴，如今只是一个次要的贸易伙伴了；曾经最可恶的敌人日本现已成为自己在贸易上最重要的合作伙伴；而且，澳大利亚无论如何都不可能再担任英国在亚洲外围设置的一个岗哨了。

澳大利亚变革的动力部分来自外部因素，部分来自其国家内部因素。其中主要的外部因素是：英国实力减退、英国海外帝国宏图的终结，还有日本、中国及其他亚洲国家实力的提升。与此同时，主要的内部因素是：移民的流入使澳大利亚人口中英国人所占比重逐渐下降，而亚洲人和非英裔欧洲人所占比重上升，人口结构的变迁推动着政府选择有别于以往的政策。

澳大利亚突出展示了选择性变革和划清界限（因素 3）的作用。澳大利亚经历的主要变革体现为：澳大利亚人改变对自己身份的认知；制定独立的外交政策，而不是将决定权交给英国；人口结构和文化结构日益呈现多元化（城镇地区比乡村地区更为明显）；在政治和经济上转向亚洲和美国。同时，在其他一些重要的方面，澳大利亚保持了传统特征：澳大利亚仍然是议会制民主政体；英澳两国之间仍然保持着重要的象征性关系，比如英国女王仍然是澳大利亚名义上的国家元首，英国女王的肖像依旧出现在澳大利亚的五元纸币和硬币上，澳大利亚国旗中仍旧能看到英国国旗的影子；澳大利亚始终保持着高度平等的社会价值观和强烈的个人主义倾向；澳大利亚社会依旧秉持着原汁原味的澳式品味，例如对体育运动的热爱，尤其受欢迎的是由澳大利亚人自己设定规则的澳式足球（他们自己发明的球类运动，其他地方的人都不玩），还有游泳、曲棍球和英式橄榄球等从英国传入的运动项目。尽管这些国民消遣方式有一定的危险性，但澳大利亚的领导者也很乐于参与其中：1967 年，由于在海里游泳时遭遇强劲的洋流，时任澳大利亚总理哈罗德·霍尔特溺水身亡。

在大多数经历了显著的选择性变革的国家中，不同的变革通常是在不同年间独立进行的。而在澳大利亚总理魏德伦的带领下，在 1972 年 12 月 1 日至 19 日的 19 天内，澳大利亚经历了旋风式的综合改革，在这项统一的改革方案中包含多项变革，这是极为少见的。

不受地缘政治约束（因素 12）对澳大利亚来说是一个很重要的优势，并且这一优势随着时间的流逝而发生变化。二战前，海洋作为天然屏障保护着澳大利亚不受外界攻击，正如在“9 · 11”恐怖袭击事件发生之前，同样的自然条件也保障了独立之后的美国大陆的安全。直到 1942 年 2 月 19 日，日军对达尔文港发动空袭，澳大利亚人才意识到，他们的国家从此再也不是免受外部攻击的乐土了。

在 1942 年以前，以欧洲人为主导的澳大利亚社会实际上一直非常依赖来自友国的帮助（因素 4）：起初是英国，自第一舰队登陆澳大利亚之后，英国就开始为其提供食物，到后来为其提供防务；自二战以后，美国开始对其伸出援手。虽然在达尔文港遭遇空袭之前，澳大利亚从未面临被外界直接攻击的风险，但自 19 世纪后半叶开始，法国、德国、美国和日本在太平洋群岛上的军事和殖民扩张还是使澳大利亚人感到担忧。为解决这些担忧，澳大利亚全身心倚仗英国的舰队为自己保驾护航，以致没有在 20 世纪 30 年代主动承担起本国的防务责任（因素 2），反而缩减自己的军队规模。

在过去的 70 年间，澳大利亚的转变并非是因为一场突发式危机，而是因为一场长期的渐进式危机，二战后，随着其身份认同中的英国属性逐步化为云烟，这种危机开始加剧。虽然澳大利亚人不会使用“危机”一词来描述自己国家的这段经历，但我认为，将澳大利亚的这段经历看作一场渐进式危机是有好处的，因为澳大利亚做出的选择性变革恰好与许多面对突发式危机的国家做出的选择性改变是相似的。就这一方面来说，澳大利亚在近几十年发生的改变和同时期德国所经历的改变（见第六章）是类似的，都是循序渐进的。当然，澳大利亚的危机在缓慢发展的过程中也出现了一些表现较为剧烈的时刻，尤其是“威尔士亲王号”和“反击号”战舰被击沉，英军在新加坡基地投降，达尔文港遭遇空袭，这几件事都发生在 71 天之内。但是，在澳大利亚的危机和变革中，我们并未看到一些突发性冲击，而在 1853 年 7 月 8 日佩里叩关，1939 年 11 月 30 日苏联入侵芬兰，1973 年 9 月 11 日智利的皮诺切特政变和阿连德的死亡，还有 1965 年 10 月 1 日印度尼西亚失败的政变及随之而来的大屠杀等事件中，我们都能看到这种突发性冲击。

澳大利亚人对自己核心价值观的重新评估，还有缓慢进行的选择性变革，至今都还在持续。1999 年，澳大利亚就是否用共和体制代替以英国女王为国家元首的君主立宪制进行了全民投票。这场全民投票的结果是 55% 的反对票对 45% 的赞成票，因而未能通过。但在几十年前，哪怕是举行这样一场公投都无异于痴人说梦，更不用说赞成的声音占 45% 了。出生在英国的澳大利亚公民所占比重正迅速下降。看起来，澳大利亚再次举行这种全民投票只是时间早晚的问题，而且人们投赞成票的概率将会更高。在 10~20 年之内，亚裔在澳大利亚总人口和议会中的占比很可能将超过 15%，而在澳大利亚最好的学校中，亚裔学生所占比重将超过 50%。迟早有一天，澳大利亚将会迎来一位亚裔总理。（在我写下这一句话的时候，南澳大利亚州的总督已经是一名越南裔移民了。）随着这些变化的出现，澳大利亚还依然视英国女王为国家元首，在货币中保留其肖像，并且在国旗中保留英国国旗的元素，难道不是一件很不和谐的事吗？

第三部分

国家与世界：酝酿中的危机

第八章

日本：前路何方

今天的日本

到目前为止，我们已经讨论过6个国家以往所经历的危机。在前4个案例当中，国家危机呈现突发式特点，这些危机中距今最长的已有166年（明治时代的日本），最短的也有44年（智利）。随后2个案例中的国家所遭遇的是一种渐进式危机，这两场危机在大约半个世纪之前达到顶峰状态。虽然很难说这些危机至今已完全得到解决（或者已全然陷入僵持状态），但时光的洗礼足以让我们对既有的结果展开富有成效的讨论。

在后面的4章里，我将会做出调整，讨论一些目前已经能看出些许苗头的危机。然而，至于这些星火是否当真会演变成燎原之势，它们未来的走向和结果如何，只有时间能告诉我们。接下来，我们主要关注的方向是当代日本、美国与全球。

在先前的讨论里，我们了解到明治时代的日本曾面临的危机，现在我们把目光再次投向这个国家，就日本如今可能面临的危机展开讨论。（我在本章中仅关注日本特有的问题，当然，日本也面临着全球普遍存在的一些问题，这些问题我会放到第十一章进行探讨。）我的日本朋友、亲戚和其他日本民众都纷纷意识到，他们的国家正面临几个令人担忧的问题。除此以外，我对日本的担忧还包括一些通常日本人自己未曾意识到或者忽略掉的问题。可是，目前很多关于日本的讨论要么一边倒地抨击，要么全然盛赞。因此，在开始讨论当代日本所面临的问题之前，我们先来看看这个国家的优势。我们将看到，日本也好，别的国家也好，一国的优势与劣势实际上往往是互通的关系。在此，我要谈到的日本的优势主要包括这个国家的经济实力、人力资本、文化，还有环境条件。

日本的经济

近年来刚被中国赶超的日本，目前是世界第三大经济体。日本在全球经济总产出中的占比约为8%，这一占比约为全球最大经济体（美国）的一半，是英国（另外一个举世闻名的生产大国）的两倍多。一般来说，一国的经济产出等于一国人口总数与该国人均经济产出的乘积。日本的经济产出较高，原因是它拥有庞大的人口总数（在富裕民主国家中排第二，仅次于美国）和表现不俗的人均生产力。

虽然人们大多关注的是日本数量庞大的国内债务（随后将详述），但日本同样也是世界领先的债权国。日本的外汇储备量排名世界第二，而且已超过中国成为美国最大的债权国。

这种经济实力背后的一个重要因素是，日本为驱动创新而在研究与开发（下文简称“研发”）领域投入了大量资金。从绝对投入来看，日本的年均研发投入额排名全球第三，仅次于人口比它多得多的中美两国。从相对投入来看，日本对研发的投入占其GDP的3.5%，这一占比几乎是美国（1.8%）的两倍，与另外两个以高研发投入而著称的国家——德国（2.9%）和中国（2.0%）相比，仍然高出许多。

世界经济论坛每年会发布国家或地区的全球竞争力指数排名，决定这个排名的是10多组影响一个国家或地区经济生产力的数据。多年以来，日本在这个排名中始终位居前十；日本、新加坡和中国香港是前十名中除西欧国家和美国之外仅有的三个经济体。在外界人士的眼中，日本之所以名列前茅，有两个显而易见的原因：一个是日本拥有完善的基础设施和交通网络，比如世界著名的铁路系统；二是日本的劳动力普遍身体素质较高，受过良好教育，尤其擅长数学和科学（下一节中会详述）。还有很多其他的原因，虽然影响没有那么明显，不过依然能够引起对日本有一定了解的外籍人士的共鸣。现将这些原因罗列如下（排名不分先后）：对通胀的管控；协作性的劳工关系；竞争激烈的本地市场；培养出一众科学家和工程师的优质研究机构；广阔的国内市场；低失业率；居全球首位的人均专利申请率；重视对私人财产和知识产权的保护；对技术的迅速吸收；精明的消费者和同样精明的商人；训练有素的企业员工。我列出这么一长串清单并不是为了测试读者的记忆力，而是为了传达一条明确的信息：日本商业界之所以能在全球市场中保持自己的竞争力，是有多方面原因的。

最后，我们不可忽略的一点是，日本经济还具备一个特征，这一特征在当前为该国带来了巨大的经济收益，但也为其未来面临的风险埋下伏笔。美国和中国是仅有的两个经济体量超过日本的国家，这两国均把财政预算的很大一部分用于军费开支。日本倒是省下了这一笔钱，因为由美国强制实施（但现在已经获得很大一部分日本国民认可）的 1947 年日本宪法中包含了一项条款，规定要将日本的军事实力削减至最低。

日本的优势

除经济实力之外，日本拥有的第二个优势是人力资本，也就是由其国内人口带来的优势。日本的总人口超过 1.2 亿，国民健康状况普遍良好，且受教育程度较高。日本人的预期寿命是全球最长的：日本男性的预期寿命为 80 岁，日本女性则为 86 岁。在美国，有很大一部分民众的个人发展机会受限于社会领域和经济领域的不平等，而这种不平等现象在日本要少见得多：日本在全球收入分配平等程度上排名第三，排在它前面的是丹麦和瑞典。日本政府施行的教育政策是其中一个原因：与较为繁荣的地区相比，在那些经济条件相对薄弱地区，学校被要求开展小班教育（师生比例更佳），因此，出身相对贫穷的孩子能更容易追赶上出身相对较好的同龄人。（相反，美国的教育体系则倾向于往贫困地区的学校教室里塞进更多的学生，从而加剧不平等。）比起世袭优势和家族人脉，一个日本人的社会地位与他的受教育程度之间有更高的相关性，美国的趋势则与之相反。简单来说，日本并非只着重投资一定比例的国民，而是对全体国民一视同仁——至少对男性公民如此（接下来我会单独谈及日本女性）。

在识字率和受教育水平这两项指标上，日本的排名几乎是全球最高的。日本孩子的幼儿园和高中入学率几乎达到了100%，尽管幼儿园和高中在日本不属于义务教育范围。世界各地的学生测试结果显示，日本学生在数学和科学应用能力上名列全球第4，比所有的欧洲国家和美国都要高。日本学生高中毕业后继续去大学深造的比例接近50%，在世界上排名第二，仅次于加拿大。不过日本人自己也认识到，日本的教育方式给学生太大压力，使他们过度关注考试成绩，而对自我激励和独立思考的重视则不足，这些因素在一定程度上削弱了上文提到的日本教育的优势。结果是，日本学生一旦从高压锅般的高中学习氛围中逃出来，进入大学后，他们对学习的热情就会减退。

尽管我们很难测量一国的文化实力、国家认同和生活质量这类指标，但它们往往会体现在各个方面。踏入日本境内的海外游客很快便会发现，它的首都东京在市容整洁方面堪比亚洲顶尖的卫生城市新加坡，是全世界数一数二的卫生城市。这是因为，日本的孩子从小就养成讲卫生、爱打扫的习惯，他们深知自己有责任爱护日本，并将其完好地交到下一代手中。（日本出土的考古遗迹中的解释性文字有时会指向一些证据，能够证明早在古代日本人便养成了爱干净的习惯。）游客还会注意到，日本的城市往往较为安全，犯罪率较低。日本监狱中的囚犯总数（约 8 万）比美国（约 250 万）要少得多。日本鲜少发生暴乱或抢劫事件。在日本，种族关系紧张的程度比美国和欧洲都要低，这是因为日本保持了较高的民族同质性，只存在很小一部分少数族群。（正如下文将讨论到的，这一特征对日本既是优势又是劣势。）

最后，日本在环境方面拥有巨大的优势。由于地处温带气候区，日本免受热带农作物病虫害之扰，强降水量集中于夏季，与当地作物生长时节吻合，还有肥沃的火山泥，正因为结合了这些优势，日本的农业生产率非常高。考虑到日本的人口和农业活动主要集中分布在较小一部分（12%）区域，其平均人口密度在发达国家中是很高的，而上述环境优势为日本养活数量如此庞大的国民提供了支持。（日本的大部分地区都是崇山峻岭，只分布着少数人口和少量农业活动。）肥沃土壤中的养分流入水里，滋养了日本的河流和沿海水域的各种鱼类、贝类、可食用海草和其他水产品。作为世界第六大海产品生产国，日本过去只在本国海域从事捕捞作业，而如今世界各地都出现了日本远洋捕鱼船队的踪影。由于拥有这些环境优势，日本在远古时期就已经展现出不同寻常的一面，至少早在日本农业出现一万年以前，以采集和狩猎为生的日本人就已拥有固定的村落，他们还开始烧制陶器，不像游牧民族那样终日居无定所。直到近 150 年，日本人口才呈现爆炸式增长，在此之前，日本的粮食生产足以养活当地的人口。

政府债务

现在，我们把目光从日本的优势转向它存在的问题。当经济学家被问及日本最严重的问题是什么时，他们大致会回答："政府背负的巨额国债。"这笔债务目前已高达日本年度 GDP（即日本国内生产总值）的 2.5 倍，这便意味着，即使日本人不吃不喝，将全部收入拿来填补这笔债务，他们也得花上两年半的时间才能彻底还清。更糟糕的是，多年来，日本财政赤字保持连续上涨的趋势。与之相比，虽说美国的财政保守派对本国的债务状况十分担忧，但美国国债实际上"不过"大致相当于美国的 GDP。在欧洲国家中，希腊和西班牙都因为债务问题而深陷困境，然而（当我写下这句话的时候），日本债务占 GDP 的比重竟是希腊的 2 倍，是西班牙的 4 倍。日本的政府债务相当于整个欧元区 17 国的政府债务总和，而欧元区国家的总人口数是日本的 3 倍。

在如此沉重的债务负担下，为什么日本政府没有早早陷入崩溃或是违约呢？首先，这笔债务主要的债权人并非来自国外，而主要是日本国内持有债券的个人、企业、养老基金（其中许多是政府基金）和日本央行，这些债权人对自己的政府态度并不强硬。与之不同的是，希腊的大部分债权人来自国外，他们态度强硬，并对希腊政府施压，要求其改变财政政策。尽管日本政府对自己的国民欠下如此多的债务，但日本同时也是其他国家的债权国。其次，日本通过政策手段将利率维持在较低水平（1% 以下），从而控制了日本政府的利息支付。最后，日本国债的本国持有者和外国持有者都对日本政府的偿债能力抱有信心，因此他们还是继续购买日本政府出售的债券。实际上，购买国债是日本个人和企业进行投资的主要方式。然而，没有人能够知道，在这些债权人失去信心、日本政府不得不违约之前，这笔债务会上升到何种程度。

尽管日本的利率很低，但其国债的体量、老年和退休人口数量意味着债务利息、健康和社会安全支出会消耗大部分政府税收所得。长此以往，日本政府原本可用于教育、研发、基础设施建设和其他经济增长引擎的投资将会减少，而这些投资恰恰是刺激税收的动力所在。以发达国家的标准来看，日本政府的税率较低，也就是说政府的收入相对较少，这将进一步加剧上述问题。最终，老一辈的日本人将成为本国债务的主要持有者，他们将自己的钱或直接（购买政府债券）或间接（从大量投资政府债券的养老基金中领取自己的养老金）地投资国债，而负责偿还政府债务利息的主要是年青一代的日本人，因为他们还在工作，还在缴税。所以，实际上日本的债务代表了年青一代向年老一代的支出，这会导致一种代际冲突，而且相当于把日本的未来变成了抵押品。由于日本年青一代人口正在缩减，而老年人口正在增长，这笔抵押贷款正日渐增长。

为了减轻日本的债务负担，有人提出了提高税率、缩减政府支出、降低老年人的养老金水平等方案。但事实证明，这些方案和其他的解决方案一样，实施起来困难重重。所以，日本的政府债务是一个在该国被广泛意识到的大难题，它由来已久，而且多年来情况越来越糟，但是目前日本国内还未达成一致的解决方案。

日本的女性

日本人广泛认识到的该国存在的根本性问题还包括：女性的地位、本身较低且在不断下降的出生率、不断减少的人口数量以及人口老龄化。这 4 个问题彼此之间存在关联。我们先来看日本女性的地位。

理论上，日本男女拥有平等的地位。由二战后占领日本的美国政府起草且至今仍具有法律效力的 1947 年日本宪法中包含了一项规定性别平等的条款（出自一名美国女性之手）。尽管遭到日本政府的强烈反对，但这项条款还是被通过了，时至今日，仍有一些日本的立法者想要改写这项条款。

现实中，日本女性在获得平等的道路上面临着许多社会壁垒。当然，我将描述的这些壁垒也存在于日本以外的国家。但在日本，这些壁垒更为坚固——日本在健康、教育、就业和政治领域面临的性别鸿沟，比起除韩国以外的任何一个富裕的发达国家都更严重。据我推测，这是因为在所有富裕的发达国家中，日本的女性地位在过去最为低下且刻板的，这种情况直至近期才稍有改变。比方说，在公共场合，传统的日本女性被要求距离丈夫身后三步之遥。为简洁起见，我将概要地描述日本女性所面对的社会壁垒。当然，在不同地区和处于不同年龄阶段的日本女性所面临的壁垒是有区别的。例如，日本农村地区的女性面临的社会壁垒比东京的女性要更严重，而年长的日本女性面临的社会壁垒会比年轻女性更严重。

在家庭生活当中，日本已婚夫妇之间的性别分工通常被称为

“男主外、女主内”。这是一种在日本很常见，但效率较低的家庭内部分工模式，丈夫主外，须投入两倍的工作时长以肩负起养活家人的责任，从而导致失去了陪孩子的时间，而妻子主内，也牺牲了获得一份有成就感的工作的机会。日本的雇主希望自己的员工（主要是男性员工）留在办公室加班到很晚，并能在下班后与同事小酌以联络感情。如此一来，哪怕丈夫想要帮助妻子分担部分家务，也身不由己。日本丈夫承担的家务量比其他富裕发达国家的丈夫要少。举例来说，日本丈夫每周做家务的时长仅为美国丈夫的 2/3，配偶为职业女性的日本丈夫做家务的时长并未多于配偶为全职家庭主妇的日本男性。因此，在日本，主要是由妻子来承担养育儿女和照顾丈夫以及双方父母的责任，同时她们还要在闲暇时间管理家庭收支。如今，许多日本的已婚女性发誓不会让下一代女性如同自己一样，被苦苦束缚在这些家庭责任中。

在职场中，日本女性的参与度率低，所获薪酬水平也不高。随着工作所需承担责任范围的扩大，日本女性参与率急剧下降。日本大学生中的女性占比为 49%，入门级工作岗位的女性占比为 45%，而日本高校教职中的女性占比仅为 14%（相较之下，美国、英国、德国和法国高校教职中的女性占比为 33%~44%）。日本中高层管理岗位中的女性占比仅为 11%，董事会中的女性占比为 2%，企业核心管理层中的女性占比为 1%，而 CEO（首席执行官）层级中的女性占比甚至不到 1%。在这些较高的职业层级，日本女性的占比比除韩国以外的其他发达国家都要低。跻身日本政界的女性寥寥无几，况且日本从未有过一名女首相。

日本的全职员工中，男女薪酬差异之大在35个富裕的发达国家中排名第三（仅次于韩国和爱沙尼亚）。平均来说，日本女性职员的薪酬仅为同等级别男性职员的73%，富裕的工业化国家在这一方面的平均值为85%，新西兰更是高达94%。日本女性面临的职场壁垒还包括：工作时间太长，工作之余还需与同事应酬，有孩子的女性还面临在外应酬时家里的孩子由谁来照顾的问题，尤其是当自己的丈夫也无暇抽身，或者是不愿承担照顾孩子的责任时。

对日本的在职母亲来说，托儿是一个很大的难题。日本法律明文规定，女性在产前享有4周的假期，在产后享有8周的假期，部分日本男性享有陪产假。日本1992年通过的一项法律甚至允许员工休一年的无薪育儿假。可在现实生活中，几乎所有的日本男性和大部分的日本女性都没有使用这些法定的假期。相反，70%的日本职业女性在头一胎出生之后便会选择离职，而且她们当中的大部分人要过许多年才会重返职场，有的人则会彻底退出职场。虽说名义上日本雇主通过施压使育有子女的女性员工辞职是非法的，但在职母亲确实感受到了雇主施加的压力。相较而言，日本在职母亲的托儿选择空间很小，因为日本不像美国拥有大量可提供私人托儿服务的女性移民（随后会谈及），也不像斯堪的纳维亚国家那样拥有众多私人或公立的托儿中心。所以，日本人的普遍观点是，母亲应当待在家里亲自照顾小孩，而不是外出工作。

因此，日本的职业女性陷入两难的处境。一方面，许多（甚至是大部分）日本女性都想工作，但她们同时也想要生孩子，并且希望能陪伴孩子成长。另一方面，日本的企业对雇员培训投资巨大，通常会为雇员提供一份终身制的工作，因此希望员工加班加点，一份工作做到老。所以，日本的企业不太情愿雇用和培训女性员工，因为她们可能会想要分出时间来养育孩子，因而不想长期加班，也可能在生完孩子之后就不回来上班了。因此，日本企业的高层职位鲜少对女性抛出橄榄枝，日本女性也不大会接受这一层级的工作邀请。

现任日本首相安倍晋三属于保守派，此前他从未对女性议题表现出兴趣。然而，最近安倍晋三一反常态，宣布自己要帮助日本的母亲找到重返职场的路径——很多人猜测，这并不是因为安倍晋三突然开始关注女性，而是因为日本人口不断缩减，导致劳动力规模下降（下文会详述）。一半的日本人口，尤其是一半的日本高校毕业生都是女性。因此，日本女性的就业不充分导致该国在人力资源上直接失去了半壁江山。安倍晋三提议：在保证会回到原岗位的前提下，在职母亲应当享有三年产假；政府要增加公立托儿中心的数量；对雇用女性员工的商业机构提供财政激励。可是，很多日本女性，包括我的一部分接受过高等教育的日本女性朋友，都表示反对安倍晋三的提议。她们的担心是，这可能只不过是日本政府把女性困在家中的又一个阴谋！

日本的新生儿

日本下一个相关的人口问题是出生率较低且不断下降。日本人已然意识到这个问题的严重性，但目前尚未找到解决的办法。

出生率较低且不断下降，这在发达国家是很常见的现象。然而，日本的出生率几乎达到了全球最低——每年每 1 000 人中只有 7 名新生儿，在美国这个数字是 13，世界平均值为 19，而在部分非洲国家这个数字可高达 40。不仅如此，日本本来就低的出生率还在不断下降。如果近年来有人试图对日本出生率的逐年下跌做线性推算，他可能会得出这样一个结论：日本的出生率会在 2017 年降至 0，也就是说，这一年会没有一个日本婴儿出生！显然事态没有变得那么糟糕，但不可否认，日本本就十分低的出生率仍在持续下降。

另外一个体现一国生育状况的指标被称为“总和生育率”，指的是一国平均每名女性一生中生育孩子的总数。全球总和生育率平均为 2.5；在规模最大的发达经济体中，这一指标为 1.3~2.0（例如，美国是 1.9）。日本的总和生育率仅为 1.27，处于较低的范畴，韩国和波兰属于少数几个总和生育率更低的国家。可是，一国要达到人口持续稳定的状态，平均每名女性需要生育的孩子数量——也就是所谓的“人口替换率”要略大于 2。日本和其他一些发达国家的总和生育率均低于人口替换率。对其他的发达国家来说，这倒也不是难题，因为尽管这些国家的生育率低，但移民的流入能使其人口总数保持恒定甚至上升。然而，日本几乎没有移民流入，所以它的人口总数实际上是在下降的，我们在下面将继续讨论这个话题。

在某种程度上，头婚年龄的上升是导致日本出生率不断下跌的原因之一。目前，日本男性和女性首次步入婚姻的年龄约为

30 岁。这便意味着，女性在绝经之前可受孕的时间相对缩短了。日本出生率下跌更重要的原因是，日本的结婚率（每 1 000 人中已婚人士的占比）迅速下滑。有的人可能会反驳说，在大部分发达国家，结婚率也出现了下降的趋势，可是那些国家并没有出现像日本这般灾难性的出生率下跌状况。这是因为那些国家出现了许多未婚妈妈：美国的非婚生婴儿占新生儿总数的 40%，法国的这一比率是 50%，冰岛是 66%。可是，这种状况并不能缓解日本面临的问题，因为该国非婚生婴儿在新生儿总数中的占比仅为 2%，几乎可以忽略不计。

为什么日本人越来越不愿结婚和生育子女呢？当被问到这样的问题时，日本人给出了以下几个原因。一个是经济层面的原因：结婚往往意味着要搬出原生家庭，成立新的家庭，要自己支付房租和养孩子的费用，相较而言，保持单身、住在父母家里要实惠并且轻松得多。对女性而言尤其如此，因为结婚生子让她们难以获得或保住一份工作，造成巨大的经济损失。日本人给出的另外一个原因是单身的自由，这对那些不想承担家务和照顾丈夫、孩子、双方父母等责任的女性来说尤其重要。当然，还有一个原因是，许多思想前卫的日本人（男女比例相当）都认为，就美满的人生而言，婚姻并不是必需的。

除了持有上述观点的人之外，还是有 70% 左右的日本未婚男女自称渴望婚姻。那么，他们为什么没能找到自己的另一半呢？根据日本的婚恋传统，这些人自己是不需要费心思的，因为在日本，年轻的未婚男女都是通过媒人安排正式的相亲，从而步入婚姻殿堂的。直到1960年，相亲还是日本人觅得良缘的主要方式。但在那以后，随着媒人数量的减少，还有西方自由恋爱婚恋观的兴起，这种包办式婚姻在日本婚姻中的占比降到只有5%。但是，许多现代的日本年轻人面临的问题是，他们的工作太过忙碌，面对约会太过羞涩，或者是在发展一段恋情的时候不够成熟。

尤其近几十年来，包办式婚姻在日本逐渐淡出，以电子邮件、短信和手机为主要工具的非面对面式电子通信方式的崛起，导致人们的社交技巧日渐退化。我的朋友就讲过一个典型的例子，有次他正在一个餐馆里用餐，注意到旁边一桌坐着一对打扮入时的年轻男女，两人的气氛尴尬且沉默，只见他俩都把头埋得很低，看着自己的大腿而不是坐在对面的人。我的朋友注意到，这对男女的腿上都放着一部手机，两人在交替地打字。我的朋友顿时恍然大悟：这个男孩和对面的女孩都不好意思直接跟对方说话，所以他们就在桌子下你来我往地发起了信息。这可不是一个发展恋情的好办法呀！当然，美国的年轻人也沉迷于电子社交，然而（不像日本的同龄人），他们也很熟悉传统的约会文化。

老龄化和不断下降的人口总数

本就很低且在不断下降的出生率和结婚率，直接导致了日本国民普遍意识到了另外两个重要问题：一个是不断下降的人口总数，一个是人口老龄化。

由于多年来日本的出生率一直低于其人口替换率，显然日本的人口总数终有一天会完全停止增长，并开始减少。可是，当人们从人口普查数据中得知这个可怕的时刻实际上已经到来时，那种冲击感还是很强烈的。日本每 5 年进行一次人口普查，2010 年的普查结果显示其人口总数为 128 057 352，2015 年的普查结果显示其人口总数已下滑至 127 110 000，也就是说，这 5 年间日本减少了近 100 万人口。据预测，从日本人口目前的发展趋势和年龄分布来看，到 2060 年，日本人口将会再减少 4 000 万，到那个时候，该国人口总数将变为 8 000 万。

不断下降的人口总数和农村人口向城镇转移给日本带来了显而易见的影响。日本每年要关闭大约 500 所学校。农村人口减少导致许多村落和小镇被遗弃。人们担心的是，缺少了人口增长这股经济增长所需要的动力，人口日渐减少的日本将失去财富，其在世界舞台上的实力也将日渐衰弱。1948 年，日本人口在世界各国中排名第 5；到 2007 年，日本人口排名第 10，落后于尼日利亚和孟加拉国；目前，有预测结果显示，未来的几十年间，日本的人口数量甚至将位居刚果和埃塞俄比亚等国家之后。这可是一种耻辱，要知道，根据隐性假设，如果一国的人口少于刚果，那么它的国力将比刚果更弱，也更不值一提。

因此，日本首相安倍晋三于 2015 年宣布，安倍政府将致力于将日本人口维持在至少 1 亿的水平，具体的手段便是将日本的总和生育率从 1.4 提高到 1.8。然而，新生儿数量多少的决定权不在安倍，而是掌握在日本年轻人的手中。我在上文中已经和大家讨论过日本年轻人为什么选择不生育，即使他们承认生育更多的孩子能够造福于日本。

不断下降的人口总数对日本来说是一个“问题”吗？有许多人口总数比日本少得多的国家和地区在世界舞台上依然扮演着富强且重要的角色，包括澳大利亚、芬兰、以色列、荷兰、新加坡、瑞典、瑞士和中国台湾地区。当然，这些国家和地区皆不是全球军事领域的领导者，可如今的日本也不是，这一方面是因为它的宪法，另一方面是因为日本国内盛行的反战主义思想。在我看来，人口的减少对日本来说反倒是一件好事，因为这意味着日本国民对国内资源和进口物资需求的下降。稍后我们将了解到，自近代以来，资源压力一直是日本面临的一大诅咒，日本人也认为自己生活在一个资源匮乏的国家。由此，我认为日本不断下降的人口总数是一个巨大的优势，而不是一个问题。

即使是那些对国内人口数量减少感到担忧的日本人也同意，人口老龄化才是日本面临的更严重的问题。日本国民的预期寿命是全球各国中最长的（84 岁，美国国民的预期寿命是 77 岁，而许多非洲国家国民的预期寿命仅为 40~45 岁），其老年人口占总人口的比重也是全球最高的。目前，日本有 23% 的人口超过 65 岁，有 6% 的人口超过 80 岁。预计到 2050 年，65 岁以上人口和 80 岁以上人口在总人口中的占比将分别达到 40% 和 16%。（在非洲的马里共和国，这两项指标数据仅为 3% 和 0.1%。）到那时，日本国内 80 岁以上的老年人数量将超过 14 岁以下的儿童数量，且 65 岁以上老年人数量和 14 岁以下儿童数量之间的比例将超过 3∶1。

请注意，我本人对 80 岁以上的老年人并没有任何意见。（否则不就是自我厌弃吗，毕竟我现在已经 82 岁了。）但凡事并非多多益善，这个道理也适用于老年人数量。老年人数量太多对一国的医疗系统来说是沉重的负担，因为比起年轻人，老年人患病的概率要大很多，尤其是涉及慢性病、绝症、难治之症和花销巨大的病症（比如心脏病和老年痴呆）时。并且，随着 65 岁以上人口占总人口比例的上升，退休人口在总人口中的占比也在上升，而劳动力的占比则会下降。这便意味着数量不断减少的年轻劳动力要养活数量不断增加的退休老人：其直接表现是，在家庭内部，年轻人需花费金钱和精力赡养更多的老人；间接表现是，年轻人通过缴纳税款来支撑政府福利金和医疗养老体系。日本劳动力与退休人口之间的比例一直在急剧下跌，从 1965 年的 9∶1 降至如今的 2.4∶1，到 2050 年预计将降至 1.3∶1。

不过，你也许会反驳道，日本并不是唯一的一个出生率不断下降，人口出现老龄化趋势，养老基金与社会安全体系负担日益沉重的国家。这些现象在发达国家很常见，只不过在日本体现得尤为明显。作为美国人，我也很担忧未来美国的社会保障体系将面临资金不足的问题。西欧国家的出生率都低于自己的人口替换率，其中有两个国家的出生率甚至比日本还要低。然而，美国与欧洲国家面对这些问题并不像日本那样担心，因为它们尚未陷入人口总数缩减和老年人口过度增长的窘境。为什么呢？它们是如何避开这一陷阱的呢？

这时就需要谈到我眼中日本面临的另外三个主要问题，这些问题在日本国内尚未被普遍承认。首先是移民不足的问题，它在一定程度上能够解释上述问题。

移民问题

日本人一向引以为傲的一件事是，在世界上的单一民族国家中，日本是最富裕而且人口最多的一个。日本不欢迎移民，这对于想要移民至日本的人来说是个难题，而对于成功移民至日本的人来说，要获得日本国籍更是难上加难。以移民和移民后代占一国总人口的比重来看，澳大利亚是28%，加拿大是21%，瑞典是16%，美国是14%，而日本只有1.9%。至于对寻求庇护的难民的接收率，瑞典是92%，德国是70%，加拿大是48%，而日本仅为0.2%。（比如2013年和2014年，日本接收的难民总数分别仅为6人和11人。）在美国和德国，外籍劳工占全体劳动力的比重分别为15%和9%，而在日本，外籍劳工占比仅为1.3%。确实，日本也接收短期的外籍务工人员（也就是所谓的“客籍劳工”），他们通常是高级职业技术人才（例如造船工程师和为2020年东京奥林匹克运动会添砖加瓦的建筑工人），工作签证的有效期为1~3年。但是，这些外国人很难在日本获得永久居住权或者是公民身份。

现代日本唯一一次规模较大的移民潮发生在二战之前和二战时期。当时，朝鲜半岛是日本的殖民地，有好几百万朝鲜半岛居民移居到日本。然而，其中很多，甚至大部分人都是以苦役的身份被强行带到日本的。比如，很多人都不知道的是，在广岛被第一颗原子弹炸死的受害者中，有 10% 的人其实是来自朝鲜半岛的苦役。

有几名日本内阁大臣最近开始呼吁增加移民。例如，安倍内阁的地方创生担当大臣石破茂就说："曾经，人们离开日本成为美洲的移民，融入了当地社会，同时维系着身为日本人的尊严……在我们的国人移民海外的同时，我们却对来到日本的外国移民说不，这是不合情理的。"有事实为例，秘鲁曾有过日裔总统，美国也曾有过日裔参议员、国会议员和大学校长。不过，目前日本政府尚未考虑改变其反对移民的政策。

日本政府对移民的反对态度恰恰反映出日本国民在许多舆论调查中就移民问题表达的负面观点，日本人对待移民的态度比其他富裕国家的国民更为极端。对于增加外籍居民数量持反对意见的日本人高达 63%；有 72% 的日本人认为移民会导致犯罪率上升；有 80% 的日本人不认为移民带来的新想法能够改善社会。与之不同的是，有 57%~75% 的美国人、加拿大人和澳大利亚人相信，移民的到来有助于社会的进步。而且，几乎没有日本人（仅有 0.5%）认为移民问题是日本面临的最严峻的问题，而多达 15% 的美国人、法国人、瑞典人和英国人认为移民问题是自己国家面临的最严峻的问题。

我需要澄清一点：我并不是说日本人对移民的抗拒态度是"错的"或者是应该改变的。对每个国家来说，移民在制造麻烦的同时也带来了收益。国家在制定自己的移民政策时，需要自行权衡利弊。作为一个曾长期实施锁国政策且没有移民历史的单一民族国家，日本很看重自己的民族同质性，这无可厚非。像美国这种种族多元、几乎所有国民都是移民后裔的国家就不怎么看重民族同质性。日本面临的窘境就是，面对与其他国家共同的问题，其他国家选择通过移民策略来缓解，而日本尚未找到除了诉诸移民策略之外其他的解决方法。

日本面临的最大难题，正是以上讨论到的相互关联的一系列问题：出生率不断下降，人口老龄化，以及由此导致身体健康、可以纳税的年轻劳动力越来越少，领着退休金、身体状况越发虚弱的老年人越来越多，为支撑不断增加的社会福利和医疗开销，年轻人的经济重担越发沉重。尽管美国、加拿大、澳大利亚和西欧国家同样面临出生率不断下降和人口老龄化问题，但这些国家以大量引进年轻移民的方式，将这些问题所产生的影响最小化。日本也无法通过鼓励更多受过教育的家庭主妇重新就业来填补劳动力市场的空缺，因为不像美国有大量移民女性提供私人保姆服务，这种人力资源在日本很稀缺。在美国，大量的移民还很好地填补了养老护工、医院护士和医院其他岗位的空缺，而日本也缺乏这种资源。（写下这几句话的时候，我刚从一位日本亲戚去世的可怕经历中恢复过来，在她病入膏肓时，医院要求她的亲属自行准备好病人的三餐并清洗她的私人衣物。）

日本的创新活力素来备受认可，这从日本发明者获得的大量专利中便可见一斑。然而，日本人担忧的是，尽管国家对研发投入如此之大，但日本的创新实力似乎缺乏突破性的进展。这个问题具体表现为，获得诺贝尔奖的日本科学家数量相对较少。大部分美国的诺贝尔奖获得者要么是第一代移民，要么是移民的后代。可是，就如同移民在日本总人口中的占比，移民及其后裔在日本科学家中的占比也极小。移民和诺贝尔奖之间的关系其实并不难理解，因为，无论是移民活动还是最高层次的创新活动，敢于冒险和敢于颠覆传统都是前提条件。

短期内，日本并不愿意通过移民来解决我们在本章提到的问题。从长远看，日本人是否会继续面临这些问题，是会选择改变自己的移民政策来解决问题，还是会找到其他尚未知晓的解决办法，一切都是未知数。如果日本确实打算重新考虑引入移民的议题，加拿大的政策或许比较值得借鉴，该国着重强调以对本国的潜在价值为基础来评估申请者。

中国和朝鲜半岛问题

除了移民问题，另一个被日本忽略的严峻问题是，日本在二战时对中国和朝鲜半岛民众的所作所为对今天的中日关系和日本与朝鲜半岛的关系造成的影响。二战之前以及二战期间，日本对待其他亚洲地区民众，尤其是中国和朝鲜半岛民众十分残忍。日本于 1941 年 12 月 7 日“正式”宣战，然而早从 1937 年起，日本就已不宣而战，对中国发动了战争。在这场战争中，日本军队杀害了无数中国人，而且使用的方式极其残忍，例如：声称为了磨炼日本士兵的意志，日军将中国战俘绑成一排供他们做刺刀练习；在 1937 年 12 月至 1938 年 1 月间，日军在南京屠杀了几十万中国平民；在 1942 年 4 月，出于对杜立特空袭行动的报复，日军杀害了更多人。尽管现在日本人普遍不承认这些杀戮，但有当年中国人、外国观察者以及日本士兵自己拍的照片为证，这些罪行都被一一记录了下来。（在史咏和尹集钧编著的《南京大屠杀：历史照片中的见证》一书中，你可以看到超过400幅当时的照片。）1910年，日本吞并朝鲜半岛，在长达35年的占领期间，日本强制朝鲜半岛上的学校以日语代替朝鲜语，并强迫大量的当地女性和其他国家的女性成为日本军妓院中的性奴隶，而大量的当地男性则被迫成为日军的苦役。

因此，今天的中国和朝鲜半岛民众普遍对日本抱有憎恶情绪。在中国和朝鲜半岛民众看来，日本至今仍未充分承认自己在战争时期犯下的暴行，没有道歉，也未表达悔意。中国的人口是日本的11倍，韩国和朝鲜的人口加在一起也超过了日本的一半人口。中国、朝鲜和韩国都拥有配备精良的军队，可在日本，由于1947年宪法的规定和当前日本民众普遍存在的反战情绪，日本的军事实力实在是微不足道。朝鲜之所以向日本发射导弹，就是为了证明自己的炮火可到达日本境内。然而，日本还与中国及韩国因为杳无人踪的小岛而发生领土纷争，这些岛屿只因其附近海域的渔业、油气和矿产资源而受到重视。在我看来，结合上述事实，日本为自己埋下了巨大的长期隐患。

在担任新加坡总理的几十年间，敏锐的人民观察者李光耀先生对日本、中国、朝鲜和韩国领导者多有了解，他从亚洲的角度出发，这样去评价日本人对于二战的看法：“日本人不像德国人，他们并未得到精神上的净化，还没能将自己思想中的毒素清除干净。日本人没有告诉下一代自己过去犯了什么错。桥本龙太郎（日本前首相）曾于 1997 年 9 月到访北京，在出席纪念二战胜利 52 周年的活动时，他表达了自己‘最深的遗憾’以及‘深切的哀悼’。然而，他并未道歉，而中国和朝鲜半岛人民最希望日本领导者做的事就是道歉。我确实无法理解，为什么日本人无论如何都不愿承认过往，郑重道歉，再重新出发。出于某些原因，他们就是不想道歉。道歉意味着承认自己做错了事，遗憾或者哀悼不过是对当前主观情绪的表达。日本人不承认发生了‘南京大屠杀’；他们不承认在前线战场，来自朝鲜半岛、菲律宾、荷兰等地的女性被掳走或被强迫成为日本士兵的‘慰安妇’（性奴隶的一种委婉说法）；他们也不承认自己曾在中国的东三省地区用活生生的中国人、朝鲜半岛人、蒙古人、俄罗斯人还有来自其他地方的囚犯做残忍的活体实验。针对以上每件事，都是直到人们从日本人自己的记录中找出了无可辩驳的确凿证据，他们方才不情不愿地承认发生过这些事情。以上种种加剧了人们对日本未来意图的怀疑。日本人现在的态度预示了他们将来的行为。只有当他们对自己的过往感到羞愧时，他们未来重蹈覆辙的概率才会变小。”

每一年，我在加利福尼亚大学洛杉矶分校教的本科生中都会有来自日本的学生，他们会跟我谈论自己在日本接受的教育以及到加利福尼亚求学的经历。他们告诉我，日本学校的历史课不怎么讲二战史（“因为在日本几千年的浩瀚历史中，二战只占寥寥几年”），极少谈及（或闭口不谈）日本作为侵略国的角色，却着重强调日本是受害者（两颗原子弹导致大约12万日本人丧生），而不承认日本应对数千万外国人，还有几百万日本士兵和平民的丧生负责，还怪罪美国有意诱导日本成为这场战争的发动者。（平心而论，各国教科书对二战的描述也都是为自己的立场服务。）当我的那些日本学生加入洛杉矶的亚洲学生社团，在那里认识了来自韩国和中国的学生，并且有生以来第一次听闻日本那些至今仍能引起别国学生反感的战争罪行时，他们被震惊了。

与此同时，我的部分日本学生，还有一些日本人指出日本政治家已多次道歉，并问道："日本难道道歉得还不够吗？"答案很简单：不够，因为这些道歉的言辞听上去不够真诚，没有可信度，而且言语中充满了推卸责任和否认自身错误的意味。要详细地回答这个问题的话，可以比较日本和德国在面对各自近代历史的遗留问题时所采取的截然不同的做法，问问为什么德国的做法能够有效地安抚先前的敌人，而日本的做法却并未让中国和朝鲜半岛这两个主要地区的受害民众感到信服。本书的第六章讲述了德国领导者以多种方式表达哀悼并承认德国的责任，而且德国学生在学校里被教育要直面自己祖国的过往。如果日本人能像德国人那么做，中国和朝鲜半岛民众也许会相信日本的诚意。比方说，日本领导者可以访问南京，当众下跪，为日本在战争期间对南京民众的屠杀行径恳求原谅；日本可以在国内设立各式各样的战争博物馆和纪念碑，并在战俘营旧址上陈列关于日本战时暴行的照片及详细解说；日本的学龄儿童在郊游的时候可以被带去参观那些战俘营旧址，以及在日本境外的战争遗址，比如南京、山打根、巴丹和塞班；还有，日本可以多花些力气去描述日本战争暴行下的别国受害者，而不是反复强调自己才是战争的受害者。所有这些场景都没有在日本发生，也难以想象会在日本发生，然而类似的做法在德国被广泛实行。在日本做到这些事情之前，中国和朝鲜半岛民众将仍然无法接受日本人照本宣科式的道歉。而且，只要中国和朝鲜半岛还是全副武装，而日本依旧缺乏保卫自己的军事实力，那么，日本的头上便始终悬着达摩克利斯之剑。

对自然资源的管理

树木、鱼类、表土层、洁净的水源和新鲜的空气等可再生的自然资源是人类赖以生存的必需品。所有这些资源都涉及管理问题，科学家在这一方面已经积累了不少的经验。如果全世界的森林资源和渔业资源都根据科学家推荐的最佳方法管理，那么林产品和水产品的数量足以满足当前世界人口的需求。然而，令人遗憾的是，现实中存在许多具有破坏性和不可持续性的资源获取行为。全球森林面积正在大幅度缩减，大多数渔场产量出现衰退或者已经枯竭。没有哪个国家可以在所有自然资源上都实现自给自足，所有国家都会进口部分资源。因此，大多数国家都设有政府机构、国际环境组织的分部（例如世界自然基金会和保护国际基金会）以及地方性环境组织，它们的工作便是致力于解决这些资源问题。

在这方面，日本面临的问题尤为严峻。1853 年以前，日本选择实行锁国政策，进口量可以忽略不计，当时日本在自然资源方面是自给自足的。17世纪时，因为不得不依赖本国的森林资源，而且森林资源的减少引起了人们的警醒，为了对其进行有效管理，日本人走上了有别于德国和瑞士的科学推进林业发展的探索之路。现在，由于自1853年以来日本人口的爆炸式增长，日本民众的生活标准和消费水平不断提升，狭小的空间里挤进了大量的人口，再加上现代工业化发展需要关键的原材料，日本已成为全球自然资源最大的进口国之一。在不可再生能源方面，日本所需的所有石油、天然气、镍、铝、硝酸盐、碳酸钾和硫酸盐，以及大部分所需的铁、煤和铜，都必须依靠进口。在可再生自然资源方面，日本对海产品、木材、胶合板、热带硬木、纸品和纸浆原料的进口需求在全球均排名前三位。

日本依靠进口获得的关键资源种类真是数不胜数。这些资源中有任一种在世界范围内大幅减少，日本都将会成为第一个或首批受影响的国家。日本同时也是最为依赖粮食进口的一个主要国家。目前，日本在农业方面的进出口比例（20∶1）在主要国家中是最高的。第二高的是韩国，可它的这一比例仅为6∶1，而美国、巴西、印度、澳大利亚等主要国家都是粮食净出口国。

因此，日本人有充分的理由认识到自己的国家是资源匮乏的。所以，人们自然会期待日本这个对资源进口最为依赖的发达国家，为维护自身利益而成为资源可持续开采方面的全球引领者。尤其是该国依赖的全球渔业和林业资源，合理的政策应是让日本率先对其进行可持续开发。

令人困惑的是，实际情况正好与我们预期的相反。我作为世界自然基金会美国分会和保护国际基金会的干事，知道这两个组织需要处理许多关于资源管理的国家政策。而且，我还从日本朋友和同事那里听到许多与日本政策相关的事情。对于海外的可持续资源政策，日本似乎非但不支持，反而是最为反对的发达国家。不管是以人均数量，还是以在林木产品进口总量中的占比来看，日本对非法获取和以不可持续方式获取的林木产品的进口量都远远超过美国或欧盟成员国。日本还带头反对就海洋渔业及捕鲸业实施审慎监管。以下是两个实例。

第一个例子是关于大西洋和地中海地区蓝鳍金枪鱼的捕捞问题，这种价格不菲的鱼类在日本被做成刺身或寿司。最近，一尾进口的大型蓝鳍金枪鱼以超过 100 万美元的天价在日本售出。这种金枪鱼的数量正因过度捕捞而急剧下降，因而人们正为保护这种珍贵的资源而努力，具体措施包括设定统一的捕捞规则和实施渔获配额。2010 年，有人针对蓝鳍金枪鱼存量提请国际保护，提议将其列入《濒危野生动植物种国际贸易公约》附录，日本非但不主动发起该提案，反而阻止了该提案并视其为外交胜利，这着实令人难以置信。

第二个例子是日本如今已成为全球最大且最固执的捕鲸国。国际捕鲸委员会是决定各国捕鲸配额的机构。每一年，日本都以科研为借口合法地绕过这些配额的限制，捕杀大量的鲸，却几乎没有发表过关于这些被捕杀的鲸的科研报告，而是出售它们的肉。然而，日本民众对鲸肉的需求很低并且在不断下降，由于人没有兴趣食用，这些鲸肉最后都被浪费，变成了狗粮和化肥原料。坚持捕鲸对日本来说是一笔经济损失，因为日本捕鲸业在好多方面都不得不依靠政府的大量补贴：包括对捕鲸船的直接补贴；为捕鲸船提供护航服务的船只产生的额外费用；还有一种隐性成本，即日本以所谓的“对外援助”为名，贿赂不参与捕鲸行动但又是国际捕鲸委员会成员的小国，以换取它们对捕鲸行为的支持。

为什么日本会坚持这样的立场呢？我的日本朋友给出了三种解释。首先，日本人很看重与自然和谐共处的自我形象，而且历史上他们确实以可持续的方式管理本国的森林资源——不过他们如今开采的海外森林资源及渔业资源不在他们的考虑当中。其次，日本人的民族自豪感决定了他们不愿意屈服于国际社会的压力。日本人尤其不希望看到自己的国家屈服于绿色和平组织和海洋守护者协会的压力，也不愿看到它屈服于蓝鳍金枪鱼渔业的国际立法压力。日本可以被形容为“反对反捕鲸”的国家，而不是支持捕鲸的国家。最后，日本对自身资源有限这一事实的认知，导致它在过去的140年间声称自己对全球的自然资源享有不受限制的开采权，并以此作为国家安全的核心以及外交政策的基石。尽管在过去全球资源充足、供大于求的时代，这种政策是可行的，但如今，全球资源正不断减少，这种政策已经不再可取。

我作为一个旁观者，虽然很钦佩日本，但也认为它在可持续利用海外资源方面的倒行逆施是一件令人遗憾的事，而且终会导致自我毁灭。攫取海外资源的欲望已经促使日本做出过一次自我毁灭的举动，即与中国、美国、英国、澳大利亚、新西兰还有荷兰同时开战。那时，日本的战败是不可避免的结果。今时今日，日本的落败也是必然的——不是因为军事征服上的失败，而是因为对全球可再生资源和不可再生资源的开采终有穷尽的一天。如果我是来自一个对日本充满憎恨而且想不费一兵一卒就毁掉它的国家，我必然会加入日本的行列——致力于毁掉日本赖以生存的海外资源。

危机框架

最后，参考本书提出的 12 个危机影响因素，我们来看看日本的前路究竟在何方。作为一种简单的学术训练，我们可以提出这样的问题：根据这些因素来预测，日本能否成功地解决它目前面临的难题。更有实际意义的做法是，针对日本人应如何利用这些预测因素设计应对方案，并且打破他们目前给自己制造的部分障碍，我们可以提出一些建议。

人们有理由对日本抱乐观态度。一个原因是日本历史上有成功化解危机的经验（表 1.2 中的因素 8）。在近现历史中，日本作为一个民族国家，曾两度在进行自我评估和做出选择性变革方面展现不俗的成绩。日本最激烈的变革体现为 1868 年开始的明治维新运动。1853 年的佩里叩关事件强行打开了日本的大门，让这个国家从忧患中意识到，像其他的非欧洲国家一样，自己也面临着被西方势力吞噬的风险。日本通过实施一项紧急的选择性变革方案完成了自救。日本一改与世隔绝的政策，放弃了以幕府将军为首的政府形式、武士阶层，还有原来的封建制度。日本还制定了宪法，设立内阁政府，建设国家军队，走向工业化，打造以欧洲国家为模板的银行体系，迎接全新的教育系统，适应更为西化的服饰、食物和音乐。与此同时，日本保留了天皇制、传统语言和文字系统以及大部分的文化。通过这样的变革，日本不仅成功地保持独立，还成为首个在财富和实力上足以与西方抗衡的非西方国家。二战之后，日本在选择性变革上继续向前迈进一步，放弃了原有的军国传统和对君权神授的信仰，拥抱民主，采纳新的宪法，并成为欣欣向荣的出口型经济体。

另一个重要的因素是，日本展现出从失败和挫折中恢复的耐心及能力（因素 9）。我先前提到的对日本提出批评的新加坡前总理李光耀先生也对日本的这种能力做出肯定："抛开我在日本侵占新加坡时期的经历以及我深知应该惧怕的日本特质，我现在对日本人是心怀尊重且钦佩的。他们的集体观念、严于律己、聪慧、勤奋和甘愿为国家奉献的特质，使他们凝聚成一股强大且高效的力量。深知本国资源之匮乏，日本人将继续不遗余力地去实现未竟之事。正因为其独特的文化价值观，在每次的劫难平息之后，日本都是孤独伫立的幸存者。历史总是在重演，日本人一次又一次地经历着大自然不可预测的磨炼——地震、台风与海啸。但他们往往会接受现实，重整行装，再创一番天地……当我在 1996 年 11 月访问神户的时候，我对日本人用一年半时间就能从（大）地震中恢复的能力感到震惊。他们已走出这场灾难，从容应对新的生活。"

我之所以说人们有理由对日本抱乐观态度，还包括一些其他因素：日本作为一个群岛国家，没有与其他国家接壤，这为其带来了一定的选择自由（因素 12），但这种自由又因为日本与中国和朝鲜半岛在水域上的接近而受到限制；日本人拥有强烈的国家认同、民族自豪感与民族凝聚力（因素 6）；绝大多数贸易伙伴对日本给予友善的支持或者至少是持中立态度（因素 4）；日本在解决部分主要问题时有其他国家的经验可供借鉴（因素 5，下文将谈及）。正如我们在本章伊始所谈到的，日本的其他主要优势还包括它的经济实力、人力资本、文化和环境条件。

除了上述优势之外，我还发现了日本发展面临的三个障碍。我之所以要提及这些因素，并不是为了制造悲观情绪，而是想让人们注意到，如果日本想要成功解决目前的问题，它需要在哪些方面转变态度。其中一个障碍是，随着环境的变化，日本有一项传统价值观已经变得不合时宜（因素 11）：它似乎依旧认为全球自然资源是取之不尽、用之不竭的，依旧毫无节制地取用世界自然资源，而不是作为表率，在国际合作中倡导以可持续的方式开采日益减少的资源。另外一个障碍则是，二战结束后的日本采用自我怜悯式话语，将自己打造成战争的受害者，而不愿承认自己对战争应负的责任，不敢于担当自己过去的作为（因素 2）。无论是在国家政治层面还是在个人生活层面，只要一天不承认自己的责任，就无法进一步解决问题。如果日本希望改善自己与中国及朝鲜半岛的关系，那么它必须在承认自己的责任这方面好好学学德国。

在我看来，日本还面临一个障碍，那就是在几个关键层面，日本均缺乏诚恳且现实的自我评估（因素 7）。两个典型的例子就是刚刚提到过的资源进口问题与对二战那段历史的叙述方式问题。还有一个，就是日本人误以为防止人口减少是当务之急。当然，如果日本的总人口从当前的 1.27 亿减少到 2 000 万，那势必会导致种种问题的发生。可是，我认为，如果日本的人口减少到 8 000 万，不但没有害处，反倒是一件不折不扣的好事：换句话说，适度的人口减少可以缓解日本目前对资源进口的需求，毕竟近代日本尝尽了资源匮乏带来的苦头。日本的强大源于本章开头讨论到的许多优势，并非因为它的人口，毕竟墨西哥的人口总数正好也是 1.27 亿，而更为强大的德国仅有 8 100 万人口。

还有一个需要日本重新进行自我评估的领域，那就是移民的问题。日本已经意识到的自己存在的一些严重问题中，有许多国家都是通过接收移民来解决的，尤其是不断下降的年轻劳动力与退休人口之比，托儿服务选项的捉襟见肘，以及养老护工的稀缺问题。日本可以以成绩斐然的加拿大移民项目为模板，重新考虑移民这个选项，或者是参考本国人移民到美国和南美洲的经验。日本也可以继续对移民说“不”，而采取其他替代性方案，例如通过消除日本女性在就业市场上面临的壁垒来增加本国劳动力的数量，或者是大力延长外籍劳工中保姆、护士及护工的签证有效期。这些不同的潜在解决方案各有利弊。日本真正要做的是勇于面对现实，形成一致的方案，以避免局面的进一步恶化。

下一个 10 年，日本正在面临的这些问题能否迎刃而解？实际上，比起终结日本长期奉行的锁国政策的1853年佩里叩关事件和1945年8月经历的那场近乎毁灭性的战败，目前日本面临的问题并没有那么可怕。日本从过往的困境中成功恢复的经历使我们看到了一丝希望。今天，当这个国家再度出现问题时，也许它能够再次选择性地重新评估自己的核心价值观，取其精华，去其糟粕，以扬弃的姿态去应对不断变化的现代世界。

第九章

美国的未来——优势与最大的难题

今日美国

截至我写作本书时，美国并没有经历过1853年7月8日佩里叩关之后日本所经历的突发式危机。不过，大部分美国人都认为，美国确实正面临一些严峻的问题。在许多人看来，目前的美国和二战后的德国或澳大利亚类似，正在经历一场渐进式危机。美国面临的问题既包括社会层面和政治层面的内部问题，也包括国际关系等外部问题。

例如，在国际关系问题上，不少美国人担心的是，从长期来看，中国的崛起将给美国带来威胁。目前，中国已经成为仅次于美国的世界第二大经济体，中国的人口总量比美国的4倍还要多。连续多年来，中国的经济增长速度不仅超过了美国，同时也超过了其他的主要国家。中国拥有世界上最大规模的军队，还是世界上军费开支第二大国（紧跟美国之后）。在某些先进技术领域（比如可替代能源和高速铁路运输），中国已经超越了美国。美国政府的效率往往受两党制和分权制衡的限制，而中国政府的办事效率要高很多。在很多美国人看来，中国在经济上和军事上超越美国，只不过是时间早晚的问题。我们越来越频繁地听到这样一种论断：21 世纪即将成为“亚洲世纪”，更具体地说，会成为“中国世纪”。

我和大部分美国人一样，都不能对上面提到的问题一笑置之。在我的有生之年，几乎每逢 10 年，美国都会经历一些问题，使美国人认为这是美国有史以来最艰巨的 10 年。例如，20 世纪 40 年代，美国与日本及纳粹德国在二战中对峙；20 世纪 50 年代，美国和苏联之间上演了冷战；20 世纪 60 年代，古巴导弹危机和越南战争撕裂了美国社会。以上每个 10 年在当时似乎都会被人们认为是美国历史上形势最为严峻的时期，这使我们的直觉似乎变得不那么可信。可即使这样，我还是不得不承认：21 世纪的第二个 10 年，当真是美国有史以来最令人焦虑的 10 年。

正因如此，继上一章讨论了日本的未来后，我认为用本章和下一章（第十章）两章的篇幅来讨论美国的未来再适合不过了。延续上一章的风格，我在这两章中不会只关注美国的劣势。相反，我会先思考从长远看美国的根本性优势有哪些。对每一个优势，我也会简要地评估中国在同一领域的表现，以了解美国国民认为长远下去中国会超越美国的忧虑是否合乎实际。当然，除了中国，其他的国家，尤其是朝鲜、俄罗斯和阿富汗也给美国带来了压力。然而，鉴于其他国家对美国构成的压力停留在较为有限的领域，以中美两国做比较更能达到本书的目的。接着，我会提出在我看来美国目前面临的根本性问题——不是即将到来的 2020 年美国总统选举这种迫在眉睫的问题，而是在下一个 10 年间美国依然会面临的那些最为重要的问题。跟上一章对日本的讨论类似，随后我将谈到美国面临的独有挑战，而那些会对美国造成影响的更为广泛的全球性问题，我会留到第十一章继续讨论。最后，我将根据本书提出的影响危机结果的 12 个因素，探讨如何在解决这些根本性问题时做到趋利避害。

美国的财富

在我看来，美国享有的首项优势是，在过去的几十年间，直到现在，美国都是世界上最强大的国家，是全球第一大经济体。（中国的经济规模跟美国很接近，按照某些测量标准，中国甚至超过了美国。）为了理解美国如此庞大的经济体量是基于何种基础，可以回想上一章中我们是如何解读日本经济的。一国的国民经济产出（或收入）是国家的人口总数与人均产出（或人均收入）这两项因素相乘的结果。美国的这两项指标在全球均名列前茅，而其他国家很少有两项排名都靠前的。

说到人口，美国的人口总数（目前约为 3.3 亿）在全球排名第三，仅次于中国和印度。而实际上，人口总数排名全球前 20 的国家中，有 16 个国家（包括中国和印度）的人均产出较低，仅为美国人均产出的 3%~40%。（剩余 3 个人口总数排在全球前 20 的富裕国家分别是日本、德国和法国，但它们的人口总数仅为美国的 21%~39%。）美国大片肥沃的土地孕育了规模庞大的人口。俄罗斯和加拿大的国土面积虽然比美国大，但它们的人口总数要比美国少得多，因为两国都有很大一部分国土位于北极，这些地区往往土地贫瘠，人烟稀少。

我认为，庞大的人口数量是美国经济优势的一大来源，而在上一章中我提出，日本的人口数量之大非但不是一个优势，反而可能是该国的一个劣势。这两个论断似乎相互矛盾。其实，这是因为两个国家之间存在明显的不同：美国是一个资源充足的国家，粮食和大部分原材料都能自给自足，地域辽阔，且人口密度不到日本的 1/10；日本则是一个资源匮乏的国家，粮食和原材料严重依赖进口，国土面积不到美国 1/20，并且人口密度极大（超过美国的 10 倍）。这便意味着，美国比日本更容易喂饱大量人口。

美国的国民经济产出领先全球的另一个因素是其人均产出较高，这得益于美国在地理环境、政治和社会层面享有的优势，接下来我将会对其一一解析。衡量一国人均产出的指标有许多，其中包括以购买力平价差异（不同国家中一美元可以买到的商品量的差异）计算的人均国内生产总值和不以购买力平价差异计算的人均国内生产总值。不管以上述哪一种计算方法来看，美国的人均产出都远远超过其他所有人口众多且经济体量大的国家。人均国内生产总值高于美国的国家，要么是小国（人口仅为 200 万 ~ 900 万，例如科威特、挪威、卡塔尔、新加坡、瑞士和阿联酋），要么是超小国（人口只有 3 万 ~ 50 万，例如文莱、列支敦士登、卢森堡和圣马力诺）。这些小型国家主要的财富来源是石油或金融业，但财富集中在少部分人手中，结果其国民人均国内生产总值很高，而国民经济总产出（也就是人均产出与人口总数的乘积）的世界排名则较为靠后。

美国作为全球最大经济体，拥有全世界最强大的军队。尽管中国军队在人数上占据优势，但美国长期以来在军事技术和远洋战舰（见插图9.1）中的投入使其军事优势远超中国。例如，美国拥有10艘可在世界各地部署的核动力航空母舰。除美国以外只有一个国家（法国）拥有一艘同类型的航空母舰，其他大部分国家压根没有航空母舰。因此美国成为当今世界唯一一个能够并且确实在世界各地实施军事干预的军事大国，尽管人们对美国的干预行径褒贬不一，但这确实是事实。

地理条件

美国的经济繁荣和军事实力强大并不是一个意外。除上文已经提到的地域辽阔和人口众多两个优势外，美国在地理、政治、经济和社会方面也享有众多优势。以防有读者在阅读后面几页时觉得我是在盲目吹捧美国的优势，我要事先说明：在谈论完美国的优势之后，我将用更多篇幅去探讨美国目前面临的重大问题。

从地理条件上看，我们美国人是很幸运的，大自然赋予了我们丰富的物产。美国本土的48个州完全处在温带，这是全世界农业最发达的地带，从公共卫生的视角来看也是最安全的地带。虽然中国的很大一部分地区也处于温带，但其南部地区主要地处亚热带，还有一部分地区属于热带。更严峻的是，中国境内坐落着世界上面积最大、海拔最高的高原，这些地区的农业生产价值极低。此外，中国还有大片的高山地带（其中包括世界最高的6座山峰中的5座），除了可用于发展登山旅游业，其冰川资源可为河流提供水源之外，这些地带不能为人类带来任何的经济价值。

温带气候区的土壤总体上比热带的土壤更为肥沃，部分原因是冰河时代遗留下来的高纬度冰川移动，冰川的来回移动磨碎了岩石，产生或暴露出了新鲜的土壤。这种现象不仅发生在北美，也发生在欧亚大陆北部，使这些地区的土壤变得肥沃。不过，由于在世界各大洲中，北美洲拥有一项得天独厚的地理特征，冰川作用对这片大陆的影响尤为显著。要找出这一特征，只需快速浏览世界地图，了解每一个大洲的大致形状。你会发现，南美洲和非洲都是中部最为宽阔，越往南越窄，欧亚大陆和大洋洲则是南北两端都很宽阔。然而，北美洲却是一个独特的楔形，靠近北极的高纬度地带较为宽阔，往南逐渐收窄。

这种地理特征对北美洲的土壤状况是有影响的。早在冰河时代或者更新世时期，冰川在北极成形，朝南推进，这在北美洲和欧亚大陆都发生过数十次。由于北美洲的楔形构造，在宽阔的高纬度地带形成的大量冰体向低纬度地区推进时逐渐收窄，形成了更大的冰川。由于欧亚大陆不是楔形构造，产生于高纬度地带的冰体汇入了同样宽阔的低纬度地带。由于南美洲、非洲和大洋洲的南端距离南极圈较远，无法形成朝北推进的冰川。所以说，高纬度地带形成的冰川来回运动，从而催生肥沃的新土壤的现象，在北美大陆最为显著，欧亚大陆次之，在余下的三块南部大陆上几乎不存在。结果，北美大平原深厚肥沃的土壤令最初移民到此的欧洲人惊叹不已，它如今已成为全世界最大、最高产的农业产区（见插图 9.2）。所以说，北美大陆的楔形构造和历史上反复的冰川作用，结合如今这片大陆上大部分地区适度的降雨量，共同造就了美国农业的高生产率，使其成为世界上最大的食品出口国。相比之下，中国的土壤则因受到侵蚀而肥力下降，再加上其平均人口密度是美国的 4 倍，这些原因使中国成为粮食净进口国。

美国拥有的主要地理优势还包括其沿海和内河航道。由于海路运输成本是公路或铁路运输成本的 1/30~1/10，给美国节省了一大笔钱。美国东临大西洋，西接太平洋，东南部为墨西哥湾，三面环海的地形造就了绵延不断的海岸线，大西洋与墨西哥湾海岸有许多岛屿，形成了天然屏障。所以，在大西洋与墨西哥湾沿岸航行的船只实际上会在一定程度上受到那些岛屿保护。美国三大海岸的海岸线均有许多巨大的凹入处，从而形成了长岛海湾、切萨皮克湾、加尔维斯顿湾、圣弗朗斯西科湾和普古特海湾等深水港湾（见插图 9.3）。因此，美国拥有许多得天独厚、条件优良的天然海港，单是美国东海岸的海港数量便超过了墨西哥以南的整个美洲地区的海港数量。

说到内河航道，美国东岸分布着许多短小、适于航行的河流。不过，美国最重要的一条内河航道是巨大的密西西比河水系，以及其主要支流，例如密苏里河。这条水系灌溉了美国一半以上的区域，包括东部大平原上的大片良田。通过建造运河和水闸等，这些河流上的通航障碍得以消除，从墨西哥湾沿岸出发的船只可以一路向美国的中部挺进 1 200 英里（见插图 9.4）。密西西比河水系的源头就是五大湖，这是世界上面积最大、可承载航运能力最强的湖群。密西西比河水系和五大湖加在一起，便构成了世界上最大的内河航运网。再加上美国沿海水域的航道，美国国内可供航行的水路航道比全世界其他国家加起来还要多。相较而言，墨西哥境内并无大型可供航行的河流，而整个非洲大陆只有一条可航入海洋的河流（即尼罗河）。中国与美国相比，海岸线要短很多（仅存在于中国的东部），没有那么好的港口，可航行河流流经区域较小，而且没有能与五大湖相提并论的大型湖群。所有的这些水路航道通过成本低廉的水路运输，将美国的大部分地区连接起来，并且将美国与世界其他地区连接起来。

美国的海岸还有另外一个优势，那就是可以作为屏障，阻挡外敌入侵。也许这听上去有点自相矛盾：我刚刚称水路运输是货物运输的理想渠道，现在又称它并非军事运输的最佳方式。这当然是因为，只有当没有面临任何陆上威胁时，水路运输才会比陆路运输成本更低、风险更小。如果面临陆上威胁，那么水路运输便是一种成本极高且极不安全的运输方式了。两栖登陆向来被看作最为危险的作战方式之一，典型的事件有：1942 年 8 月，加拿大军队在突袭法国沿海城市迪耶普时，伤亡率高达 58%；1943 年 11 月，美国海军陆战队在塔拉瓦环礁争夺战中伤亡率高达 30%。夏威夷和阿拉斯加这两个非本土州的加入使美国多了一层控制太平洋沿岸状况的保护屏障。除了海上边界，美国在陆上与墨西哥和加拿大接壤，这两个国家的人口和军队数量都比美国少很多，不足以构成威胁（虽说在 19 世纪初，美国和这两国分别都发生过战争）。

因此，美国基本上免受外敌入侵的威胁。自美国独立后，没有任何一个国家曾尝试对美国发起进攻。自 1846—1848 年由美国主动发起美墨战争之后，美国本土就再也没有发生过战争。甚至针对美国本土发生的突袭事件也是少之又少，主要有：1812 年战争中英军突袭了华盛顿；1916 年墨西哥农民运动领袖比利亚对新墨西哥州的哥伦布小镇发动了袭击；二战期间，一艘日本潜艇对位于圣巴巴拉的美国海岸发射了炮弹；还有同是在二战期间，6 名美国平民死于日本的氢气球炸弹。相比之下，在最近一个世纪里，其他的主要国家要么被入侵过（日本、中国、法国、德国、印度），要么被占领过（日本、意大利、韩国、德国），要么曾面临被入侵的威胁（英国）。尤其是中国，不仅在 1937—1945 年曾被日本大范围攻击和侵占，还受到来自英国、法国和日本的海上攻击；之后，中国因陆地边界与俄罗斯、印度和越南都有过冲突。而且，中国在过去曾频繁地受到来自中亚军队的骚扰。

民主的优势

以上是美国的地理优势。现在，我们来看看美国的政治优势。首先，美国自建国后保持了 230 年从未间断的民主制度。

民主的真正优势——或者至少民主的潜在优势是什么呢？（我强调“潜在”是因为，我们将了解到，本应秉持民主制度的美国政府正因日渐偏离真正的民主而失去了部分潜在优势。）如今，越来越多的人对民主的幻想已经破灭，美国人有时候会羡慕那些在制定和执行好的政策方面富有成效的国家。毫无疑问，民主国家在制定与执行政策上要花费较长的时间，因为民主的要义正是分权、制衡，加上其政策的制定要以广泛民意为基础（所以特别耗时）。有例为证，无铅汽油在其他国家的普及可能只需较短的时间，而同样的政策在美国经历了 10 年的辩论期，而且要多次接受司法挑战。中国在高速铁路运输网络、城市轨道体系和长距离能源输送方面的建设迅速超越美国，令我们感到羡慕。对民主制度存疑的人也许还会指出，有许多通过民主选举上台的领导者为自己的国家带来了灾难性的后果。

民主确实存在这些缺陷，可专制的弊端更多、更致命。自世界上最早建立集权政府以来，在长达 5 400 年的历史长河中，没有人能保证集权政府雷厉风行地落实的政策大部分都是好政策。比如，20 世纪 30 年代的德国和日本曾实施自我毁灭性的政策，由于当时的德国和日本政府均为专制型政府，制定的政策缺乏广泛的群众基础，两国对其他国家发起战争的决定导致数以百万计的本国公民失去性命（更别提其他国家因此失去了超过 2 000 万国民）。这正是为什么有人在抱怨民主的弊端时，温斯顿·丘吉尔反讽道：民主确实是最下下策的制度，如果不算上那些早就被尝试过的其他制度的话。

民主政体的优势有很多。在一个民主政体中，公民实质上可以提出任何观点或就任何观点发起辩论，哪怕他的观点是当前执政的政府所深恶痛绝的。如此一来，经过辩论和抗议的过程，最好的政策才有可能被发现。但在专制国家，一些观点可能永远不会以辩论的方式展现在大家面前，这些观点中有道理的部分可能永远不会被接受。近代美国历史上有一个显著的例子，和越南战争有关，美国政府曾经非常坚决地参与越南战争，尽管这一决策的弊端十分明显。但是，由于美国民众反对越南战争的示威抗议非常激烈，美国政府最终决定结束这场战争（见插图 9.5）。相较之下，1941 年的德国人却没有机会去辩驳希特勒那愚不可及的决定——他在德国和英国正打得不可开交时，下令德军入侵苏联，并且宣布与美国开战。

公民知道自己的观点会被听取、被讨论，这是民主的另外一个基本优势。即使自己的观点在当下未被采纳，但他们知道，在未来的选举中自己的观点还是有机会被采纳。反之，如果没有民主作为保障，公民更易受挫，从而认为诉诸暴力是自己唯一的选择，甚至还会试图推翻政府。使公民知道有平和的方式表达自己的意愿，可以降低公民诉诸暴力的风险。一位愤世嫉俗却在政治上极为敏锐的朋友曾对我说："民主的表象便足以筑起民主。"我这位朋友想要表达的意思是，表象的民主便足够说服公民放弃诉诸暴力的意图，哪怕实际的民主已经不知不觉地被弱化了（现在的美国正是如此）。

民主的另外一个基本优势是以妥协作为其运行的必要手段。政治妥协降低了执政者实施暴政的可能，否则他们很可能会忽略反对者的观点。从另一个角度来看，妥协还意味着利益受挫的少数群体同意不会因此而使政府陷入瘫痪。

民主还有一个基本优势，那就是在现代民主政体中，普选权的存在让所有公民都获得了投票的机会。因此，当权的政府就有理由关注全体公民，如此一来，相较于那些机会集中在少数精英手上的社会，民主社会的公民便可获得更多的发展机会。

除了以上这些民主政体的普遍优势，美国所推行的民主政体——联邦政府，还存在更多独特的优势。在联邦体系当中，政府的重要职能保留在地方民主机构手中，并不是国家层面的单一中央集权政府的特权。美国的联邦体系由 50 个州组成，在现实中常常体现为，面对同一个问题有 50 种不同的解决方案，它们是互为竞争的关系，由此便可找到这一问题的最佳解决方案。比如，美国各州针对协助自杀制定了不同的法律，有的州允许协助自杀（比如俄勒冈州），有的州则严禁协助自杀（比如亚拉巴马州）；美国各州的税率也不同，有的州税率很高（比如加利福尼亚州），有的州税率相对较低（比如蒙大拿州）。再举一个例子，我在美国东北部的马萨诸塞州度过童年时光，我遇到的第一个加利福尼亚人告诉我，加利福尼亚州的法律规定，当面前的交通指示灯为红灯时，车辆在停稳后可以右转。当时加利福尼亚州是全美唯一有此规定的州。在美国，各州政府而非中央政府享有设立这样的交通法规的特权。在 20 世纪 60 年代初，除了加利福尼亚州的其他州（包括我所在的马萨诸塞州）的市民都认为这条规定太危险了，只有那些加利福尼亚州的疯子才会想去尝试。然而，加利福尼亚州经过亲身实践，证明了这条法规的安全性，因而其他的州便可以从中吸取经验，最后所有的州都采纳了这条规定（见插图 9.6）。

你也许会反对，认为允许或禁止车辆在遇到红灯时停稳后右转这件事并不足以证明美国联邦体系的优势。最近几年，堪萨斯州前州长布朗贝克发起了一项影响更大的试验。布朗贝克坚持认为，削减州税比维持一个资金充足的公共教育系统更有利于堪萨斯州人民的福祉。因此，自 2012 年起，他大力削减该州所得税收入，以致该州不得不减少公共教育支出。对这场试验的结果，其他州饶有兴致地保持了观望态度。截至 2017 年，甚至与布朗贝克同属一个党派的堪萨斯州立法者也不得不承认，这场试验的结果证明，削减公共教育支出并不是一个好方法，因此，他们通过投票将该州所得税税率重新调高。美国联邦系统允许一个州去尝试新的想法，其他的 49 个州便可以从这个州的试验中吸取教训。

以上便是美国作为民主政体享有的一些明显的优势。在我看来，只要美国一直坚持民主政体，便能一直保持其在人均收入上的优势。我要重申一点：假如一国的民主制度受到严重破坏，那么该国便会失去上述优势，而只是一个名义上的民主国家。对此稍后我将继续拓展。同时我也承认，民主并非所有国家的最佳选项。如果一个国家缺乏受过教育的选民基础和较为一致的国家认同，那么民主难以盛行。

我要简单论述美国拥有的另外两个除了民主政府以外的政治优势。在整个美国历史中，美国向来由文官控制军队。而大部分拉丁美洲国家的情况与之不同，20 世纪 30 年代到 1945 年间的日本更是截然相反，并因此酿成灾难。以世界标准来评判，堂而皇之的贪污现象在美国相对较少，虽然美国的清廉指数排名落后于丹麦、新加坡以及其他 20 多个国家。贪污对国家运作和企业运营来说都影响较坏，因为贪污的政治家或者商人在制定决策时会出于私利，因而有可能从整体上损害国家或企业利益。贪污对企业运营的坏处还在于合同的执行得不到保障。然而，美国确实存在不少隐性的贪污问题，来自华尔街和其他地方的财富持有机构及个人通过游说和为竞选活动提供资金支持的方式，影响美国政府的政策和行为。尽管这些支出在美国是合法的，但其引起的后果和贪污无异。具体来说，执法者和政府官员会采纳对公共利益有害，而对捐资方有益的政策或行动，而且有时候这些执法者或政府官员也会从中分一杯羹。

其他优势

我要提到的美国的另一个优势是大家耳熟能详的，大部分美国人往往在我谈起美国的地理优势和政治优势之前就会想到这一点。美国被认为是（至少截至近期一直被认为是——我在第十章会补充这一点）一个社会经济流动性较高的国家。我们秉持“白手起家”的信念，这意味着（或者曾经意味着）哪怕是出身条件不好或一贫如洗的人来到美国，只要努力工作就能收获财富。这为人们勤奋工作提供了一个很大的动力，也代表着美国能够较为充分地利用潜在的人力资源。

美国的卓越之处在于，哪怕是年纪轻轻的人也有可能成就一番事业。（想想亚马逊、苹果、脸书、谷歌、微软，还有相对没那么成功但也赚得盆满钵满的新企业，真是不胜枚举。）

长期以来，我们对教育、基础设施、人力资源和研发领域投入巨大，不管是联邦政府、州政府和地方政府的公共投资还是私人投资。（中国在这些领域的投资不过是在最近几年才开始迎头赶上。）巨额投资带来的结果是，从论文发表的数量和诺贝尔奖的获得量来看，美国在每一个主要科学领域中的成就都领先于全球其他国家的总和。大众公认的全球最好的研究型大学及研究机构中，有半数位于美国。在将近150年时间里，我们在发明、技术和创新型制造业实践中保持着巨大的比较优势，具体表现为伊莱·惠特尼推动的枪支可互换零件的大规模生产，亨利·福特的流水线工厂，莱特兄弟发明的动力飞机，托马斯·爱迪生发明的碱性蓄电池、白炽灯泡、电影设备和留声机（见插图9.7），亚历山大·格拉汉姆·贝尔发明的电话，以及最近来自贝尔实验室的晶体管，还有登月计划的实施，移动电话、因特网和电子邮件等。

我要提到的美国的最后一个优势在今日的美国人看来并非一个优势，就是移民（见插图9.8）。当然，移民带来了许多问题，这使我们感到苦恼。然而，现实情况是，如今的美国人要么是移民，要么是移民的后代。大部分移民是在过去的4个世纪中来到美国（我的祖父和祖母分别在1890年和1904年移民到美国）。哪怕是被称为原住民的印第安人也是移民后裔，他们的祖先早在至少1.3万年前开始抵达这片大陆。

为了理解移民带来的根本性好处，试想将任意一国的人口分成两组：一组基本上是该国最年轻、最结实、最勇敢、最甘于冒险、最勤勤恳恳、最有雄心壮志且最具有创新能力的人口；另一组则是余下的人口。然后，试想将第一组人口迁移到另外一个国家，而将第二组人口留在他们的祖国。这种选择性的迁移基本上可以反映现实中移民的决定及其取得的成就。这也就不难理解为什么在获得诺贝尔奖的美国人里，有超过 1/3 的人出生在其他国家，有超过半数是移民或者移民的后代。这是因为，获得诺贝尔奖的研究者所需的品质——果敢、敢于承担风险、勤奋努力、雄心勃勃、富有创新能力，正是那些决定移民的人所具备的。移民和移民的后代还在美国的艺术、音乐、烹饪和体育领域做出了巨大的贡献。

政治极化

以上所述可以归结为一句话：美国享有巨大的优势。然而，一个国家也可能将自己的优势挥霍殆尽，正如阿根廷。如今，美国已经出现一些征兆，警示我们这个国家可能正在挥霍自己的优势。在这些征兆中，比较突出的是 4 个层面的问题，作为我们的历史优势之一的美国民主很可能会因为这些问题而走向溃败。我将会利用本章余下的篇幅来讨论这当中第一个，也是最为严峻的一个问题。接下来的一章（第十章）中，我将讨论“其他”三个严峻的问题。我把另外三个问题统统列为“其他”，仅仅是因为它们与第一个问题比起来都显得不甚严峻。

当今能够威胁美国民主的基本问题中，排在首位并且在我看来最可怕的一个问题，是政治妥协的加速崩溃。正如我先前解释的那样，政治妥协是民主政体相较专制政体所拥有的基本优势之一，因为政治妥协能在预防多数人的暴政的同时，防止心灰意冷的少数派造成政府瘫痪。美国联邦宪法通过设立分权制衡的体制来形成政治妥协的压力。举例来说，我们的总统负责发起政府政策的制定，但国会控制着政府的预算，且众议院（国会中的下议院）议长负责制定众议院的议程，就总统提案进行讨论。经常发生的情况是，我们选出的国会代表各持己见、僵持不下，而且各方观点都未能获得足够多的支持者，因而都无法被通过。在这种情况下，各方必须达成某种妥协，政府才能采取实际行动。

当然，在美国历史上，激烈的政治斗争时常发生，而且多数人的暴政或少数人导致政府瘫痪的情况也会偶然发生。但是，除了引发 1861—1865 年美国内战的那次明显的政治妥协崩溃之外，我们通常都能够达成政治妥协。一个比较现代的例子是共和党总统罗纳德·里根和作为众议院议长的民主党人托马斯·奥尼尔两人在 1981—1986 年的关系（见插图 9.9）。两位都是老练的政治家，个性都很强，拥有对立的政治理念，而且在许多甚至是大部分政治问题上都意见相左。他们在主要的政治议题上各执一词，针锋相对。尽管如此，两人都很尊重对方，承认宪法赋予对方的权利，并且遵守行事规则。虽然奥尼尔不喜欢里根提出的经济议程，但他承认宪法赋予总统提案的权利，并就该提案发起了众议院投票，而且按照拟定的日程行事。在里根和奥尼尔的带领下，联邦政府保持正常运转：各项议程按时完成，政府预算得到通过，政府从没有停摆，程序性阻挠议事的现象也不常发生。里根和奥尼尔以及他们的支持者在减税、联邦税改、移民政策、社会安全保障体系的改革、非军用支出的削减以及军费的增加等方面意见相左，但最后还是成功达成妥协。尽管里根提名的联邦法官人选通常不合民主党人的胃口，民主党还因此否决了某些提名人选，但里根还是如愿任命了超过半数的联邦法官，包括 9 位最高法院大法官中的 3 位。

然而，自 20 世纪 90 年代中期以来，在美国，政治妥协的形势不断恶化，尤其大概从 2005 年开始。不光是美国的两大主要政党之间，就连各政党内部的激进派和温和派之间也出现了妥协崩溃的情况。这种情况在共和党内部尤为严重，与民主党达成妥协的温和派共和党候选人在竞选连任时面临的主要挑战来自共和党内的激进派——茶党。因此，2014—2016 年，美国国会通过法案的数量是美国近年来最少的，预算的通过也落后于原定的计划，这为政府停摆埋下隐患，或者说实际上加速了政府的停摆。

在美国，政治妥协崩溃的表现包括阻挠议事和阻止任命总统提名的政府职位候选人。阻挠议事是美国参议院的议事规则所容许（但在宪法中没有被明确提及）的一种策略，指的是反对某项提案的少数参议员（甚至是一名参议员）通过发表冗长的反对意见（或是威胁要这么做），以达到强行使对方做出妥协或撤回此项提案的目的。（阻挠议事的最高纪录发生在 1967 年，有参议员进行了超过 24 小时的连续演讲（见插图 9.10）。根据参议院的议事规则，只要参议员中的绝对多数人（100 名参议员中的 60 名及以上）同意，就可以对提案“终结讨论”，从而终止阻挠议事。在实际操作中，那些原本会被多数派击败却意志坚定的少数派可使用阻挠议事策略强行与多数派达成妥协，而那些心志坚定的绝对多数派可通过“终结讨论”拒绝与少数派达成妥协。

尽管明显存在权力滥用的可能性，即少数派通过阻挠议事策略使政府瘫痪，或多数派通过“终结讨论”达到暴政的目的，这一体系在美国历史上的大部分情况下还是管用的。少数派鲜少使用阻挠议事策略，多数派也鲜少发起“终结讨论”的投票。在美国宪政的前220年间，在43位总统的带领之下，我们的参议院曾使用阻挠议事策略反对总统提名的68位政府职位候选人。然而，民主党总统奥巴马在2008年当选时，共和党领导者宣布，他们将反对奥巴马的所有提案。共和党人仅仅在4年间就通过阻挠议事策略否决了奥巴马提名的79名政府职位候选人，比过去整整220年间的总数还要多。民主党的回应是，针对除最高法院法官之外的总统提名候选人，废除参议院确认投票环节所适用的绝对多数规则，如此一来，便可在总统提名的政府职位候选人获得批准的同时，降低心怀不满的少数派的安全阈值。

阻挠议事不过是阻挠总统提名的政府职位候选人获得参议院批准的最为极端且最不常见的一种策略。在2012—2016年，即奥巴马总统的第二任期期间，由共和党控制的参议院批准的总统提名法官人数是自20世纪50年代以来最少的，批准的联邦上诉法院（最高法院的下一级）法官人数也是自19世纪以来最少的。参议院拒绝批准总统提名的政府职位候选人时，最常见的策略是拒绝召开讨论该提名的参议院委员会会议，第二常见的策略是针对已被相关参议院委员会通过的提名，拒绝发起正式的参议院投票。比如，一名大使职衔的提名候选人可能会一直没有机会上任，因为他在获得提名后的两年多时间里一直没有等到参议院的投票，在参议院进行投票之前他可能已经过世了。甚至一些比法官或大使职位的争议性和影响力要小很多，或者远没有那么重要的职位也会遭到阻挠。我有一位朋友曾被提名担任美国国家海洋与大气管理局的一个二级职位，在等了一年却迟迟未得到确认任命之后，他放弃了这一机会。

原因何在

为什么美国的政治妥协在近 20 年间出现加速溃败的趋势？除了会造成其他伤害，这也是一个自我强化的恶性循环，因为它使人们不再愿意作为民选代表在政府供职，当然那些毫不妥协的空想家除外。我有两位朋友曾是声誉极高的美国资深参议员，而且只要他们愿意，连任的可能性很大，然而他们都决定从这个职位上退下来，因为国会的政治氛围实在令他们感到沮丧。我曾问及民选代表和那些对国会事务经验丰富的人，是什么导致了这样的趋势，他们提供了以下三种解释。

第一种解释是，竞选活动成本的不断攀升使捐资人变得更加重要。尽管部分重要职位的候选人能通过筹集许多小额捐款来资助自己的竞选活动，许多或者说大部分其他职位的候选人不得不依靠几笔大额捐款。毫无疑问，大额捐款背后的捐资人对特定的政策目标有强烈的意愿，他们只会把钱捐给支持这些目标的候选人，而不会捐给愿意妥协、保持中立的候选人。一位朋友在结束很长一段时间的政治生涯之后心灰意冷地写信给我说："在我们面临的所有问题当中，我认为到目前为止，听命于金钱是我们的政治体制和个人生活中最大的败笔。用钱财收买政治家以实现某种政治目的的情况愈演愈烈……对政治资金的争夺消耗了大量时间、金钱和政治热情……政治议程向金钱低头，政治话语越发不堪，政治家在自己的选区和华盛顿之间飞来飞去，他们互相之间根本就不认识。"

我这位朋友提到的最后一点恰恰是政治妥协崩溃的第二种解释：随着国内航班的增加，华盛顿和美国各州之间的通行变得更为频繁，也更为迅速。从前，我们的国会议员平时在华盛顿上班，到了周末，他们依然留在华盛顿，因为区区一个周末的时间不足以让他们在华盛顿和家乡之间往返。他们的家人也住在华盛顿，他们的孩子在华盛顿上学。一到周末，这些国会议员往往会携各自的伴侣和孩子参与社交活动，在这样的相处之下，国会议员之间除了存在对手关系或同盟关系之外，还存在朋友关系。然而到如今，竞选活动的高昂成本给了国会议员很大压力，为了筹款，他们经常要回到自己的家乡，国内航空旅行的便利也助长了这种趋势。许多国会议员的家人选择留在家乡，他们的孩子也在家乡上学。这样一来，议员们的孩子没有机会一起玩耍，议员们也没有机会认识彼此的家属，他们在彼此的眼中只是一名政治家。当下，在国会的 535 名成员中，大约有 80 人甚至未在华盛顿购置或租用公寓或房屋，工作日的时候他们就在办公室的床上过夜，到了周末便飞回自己的家乡。

我听到关于政治妥协溃败的第三种解释与一种被称作“格里蝾螈”(即不公正的选区划分)的行为有关系。这一行为具体是指，为了确保某个党派的成员在一个州当选议员的概率高于该党派在该州获得的选民支持率，重新划分该州选区的行为。在美国的政治实践中，这并非新鲜事。事实上，这个概念的灵感便来源于马萨诸塞州昔日的州长埃尔布里奇·格里，早在1812年，他所在州的州政府就对州内选区进行了重新划分，唯一的目的便是增加格里所在党派的成员当选议员的数量。这导致重新划分的选区呈现出怪异的地理形状，其中一个选区的形状特别像一条蝾螈，“格里蝾螈”一词便由此而来。

今时今日，美国每10年进行一次全国人口普查，并根据普查结果重新分配对各州在众议院中的席位，之后每个州的立法机构可以重新划分州内众议院选区的界线。越来越多的州立法机构开始重新划定选区界线，尤其是在被共和党控制的州，这些州的立法机构将尽可能多的民主党选民集中到尽可能少的选区里(通常是位于城市的选区)，在这些选区，民主党占绝对优势。这样一来，该州余下的民主党选民便分散在尽可能多的其他选区里(通常是位于郊区的选区)，在这些选区，共和党的优势通常都能得到保障。美国最高法院近日驳回了由共和党控制的北卡罗来纳州立法机构提出的选区重划方案，指出该方案中的选区界线毫无地理意义，显然这种“如外科手术般精准”的选区划分，目的就是牺牲民主党在众议院中的席位，换取更多共和党议员席位。

重新划分不公正的选区对政治妥协造成的影响是，各个选区的多数选民大概率会支持哪个党派和哪些政策，都是可以预知的。因此，如果候选人选取了同时讨好两党的做法，则他很可能会落败。所以，候选人知道，自己应该选取一种极端化的立场，只吸引那些预计在自己的选区能获胜的政党。不过，尽管看上去是选区的不公正划分导致了目前的政治极化现象，但这并不是全部的事实，原因如下：不公正的选区划分无法解释参议院层面的极化现象（因为各州划分的是众议院选区，这跟参议院议员的选举没有关系，而如今的参议院议员正变得像众议院议员般不肯妥协）；不公正的选区划分也无法解释未被重新划分的选区里出现的极化现象；况且，即使是在被重新划分的选区当中，有很多早在被重新划分之前就已经出现了两极化的迹象。

然而，上述三种关于美国政治极化趋势的解释——竞选成本的攀升带来的筹款压力、国内航空旅行的便利，还有不公正的选区划分，仅仅试图解释政治人物的极化趋势，可他们只是美国人当中的很小一部分。实际问题的范围要广泛得多：美国人整体上正变得越来越极化，在政治上越来越不愿妥协。你只需看看2016年美国总统大选的结果分布图，将共和党和民主党拿下的州分别以红色和蓝色标识，便可以发现，我们的沿海地区和大城市基本上是民主党的大本营，而内陆地区和乡村则是共和党的天下。各党派内部正日益走向同质化，在意识形态上越来越极端：共和党人愈加趋向保守，民主党人愈加趋向自由主义，而两党中温和派的身影逐渐消失。调查显示，不少支持其中一党的美国人对另外一党越来越不能容忍，将其视为美国福祉的真正威胁，不愿意成为对方党派支持者的亲属或伴侣，而且期望生活在一个人人都与自己持相同政治观点的社区里。如果你是一名美国读者，你可以用自己的亲身经历来验证美国的极化现象：在你认识的人和你的朋友当中，有多少人在 2016 年的总统大选中和你支持的是不同党派的总统候选人？

所以说，我们要回答的问题不是为什么政治家日益不愿妥协。我们需要理解的是，为什么美国的选民变得越来越不愿让步，在政治上越来越不肯妥协。政治家不过是顺从了选民的意愿。

关于美国社会的整体政治极化现象，一个常常被提到的原因是"定制信息"。当我还是个青葱少年时，有线电视还没有出现；直到 1948 年，我所在的城市波士顿才开始有了第一套电视节目；自那以后的很多年里，我们美国人主要从三大电视网、三份主要的新闻杂志周刊以及报纸中获得新闻信息。那时候，大部分美国人接收信息的来源是一致的，这些来源没有明显的保守主义或自由主义立场，也没有任何一方费力地去捏造事实。随着有线电视、新闻网站和社交服务网站脸书的兴起，还有面向大众市场的纸质新闻杂志和周刊的衰落，现在的美国人根据自己先入为主的观点来选择接收信息的来源。我的月度有线电视账单显示，我有 477 个电视频道可以选择：不仅可以根据我的保守主义或自由主义倾向在（政治立场偏右的）福克斯新闻频道和（政治立场偏左的）微软全国广播公司的节目中做取舍，而且可以通过各种频道关注非洲、大西洋海岸联盟竞技、烹饪、犯罪、法国、曲棍球、珠宝、犹太人的生活、俄罗斯、网球、天气等具体的主题和观点。所以，我可以选择只关注自己目前感兴趣和认同的观点。这样的结果是：我把自己封锁在一个为自己量身定制的政治壁龛中，我只承认自己认同的那一套“事实”，我继续为我一直支持的党派投票，我不了解对方党派的支持者为什么会做出跟我不同的选择，当然，我也不希望自己投票选出的代表和那些跟我政见不同的代表达成妥协。

大部分的美国人现在都使用社交媒体，例如脸书和推特。我有两位朋友，他们相互不认识，刚好一位是民主党人，另一位是共和党人，两人都曾向我谈及，他们的脸书账号已经成为他们主要的信息过滤器。我这位民主党人朋友（他是一名年轻人）在脸书上发布新的消息，给自己的网络好友评论，他的那些好友也会在自己的主页上发布自己的看法，我这位朋友之所以会和那些人成为好友，部分原因正是他们的立场一致。当他的好友中有人发布了支持共和党的观点，他便会和那个人“解除好友关系”，也就是从自己的脸书好友名单中删除这个人。被他“解除好友关系”的人中包括他的阿姨和叔叔，因为他们支持共和党，我这位朋友在生活中也不再去拜访他们。他会一整天不断地用手机刷新自己的脸书主页，用这个软件来识别和浏览与自己观点一致的网络新闻，但他不会去订阅任何纸质新闻报纸，也不看电视。而我的那位共和党人朋友跟我说了差不多的话，只有一点不同：她在脸书上解除好友关系的熟人是支持民主党的人。于是，我们看到这样的一个结果：我的这两位朋友分别只接触自己的定制信息。

其他层面的极化现象

不过，尽管我们已经将分析对象从美国政治家的极化立场扩展至美国全体选民的极化立场，在探讨美国今日的政治极化问题上，我们的思考范围还是过于狭隘。因为这种逻辑仅将极化现象局限在政治层面。事实上，极化现象涉及的范围不止于此：在政治层面以外，美国的其他方面也呈现出越来越明显的极化、偏执和暴力趋势。40 岁以上的美国读者不妨思考一下你亲身经历的变化，比如美国人的电梯礼仪问题（如今人们在等电梯时越来越不愿意遵守先下后上原则），交通礼让行为不断减少（驾驶者之间互不相让），登山步道和街道上的善意不断减少（相比 40 岁以上的美国人，40 岁以下的美国人更不愿与陌生人打招呼）。除了这些以外，在不同圈子中，各式各样的“语言”暴力越来越多，尤其是在电子通信平台上。

我从 1955 年开始进入美国学术界，在这个领域也经历了类似的趋势变化。比起 60 年前，今日美国学术界中的辩论变得更加充满恶意。早在我刚刚开启学术生涯之时，我就经常会与一些学者意见相左，现在依然如此。然而，曾经的我会把那些在科研问题上与我持不同意见的科学家看作朋友，而不是敌人。比方说，我记得有一次参加完一场生理学会议之后，我在英国度假，和一位友善、温和的美国生理学家一起游览了西多会修道院遗址，尽管我和他在那场学术会议上就有关上皮细胞的液体传输机制持截然不同的看法。这样的关系在今天已经不太可能了。相反，我如今不断受到来自和我意见相左的科学家的起诉或威胁，而且他们还会对我使用语言暴力。邀请我去讲课的主办方曾经不得不雇用保安人员，以免我受到那些极端反对者的攻击。在针对我的一本书所发表的书评中，一名学者以“闭嘴吧！”这样的字句作为结语。美国的学术界和我们的政治家、我们的选民、我们的电梯乘客、我们的汽车驾驶人、我们的行人一样，都反映出了美国人的整体生活状况。

以上这些代表了同一个现象的不同方面，这个现象就是被广泛讨论的“社会资本”的衰落。政治学家罗伯特·帕特南在《独自打保龄》一书中给“社会资本”下了定义：“社会资本指的是个体之间的关联——社会关系网络、互惠性规范以及由此产生的信任。在这个意义上，社会资本和被有些人称作‘公民美德’的概念密切相关。”社会资本是指人们通过积极参与并成为各种群体的成员而建立起来的信任、友谊、群体从属感、施助和受助的期待感，这些群体可以是读书会、保龄球俱乐部、桥牌社、教会组织、社区组织和家长教师协会，也可以是政治组织、职业协会、扶轮社、社区居民代表会、工会、退役军人协会等。参与这样的群体活动可以培养人们之间普遍的互惠性，即为他人服务，和他人共事，信任他人，并相信他人以及团体中的其他成员也会为自己提供帮助。可是，美国人越来越少参与这种面对面的群体活动，却越来越热衷于加入各种线上的群体，这种线上群体的成员之间从来不会碰面，看不见也听不见对方。

对于帕特南等人提出的美国社会资本的衰落问题，其中一个解释是，以牺牲直接沟通为代价而崛起的非面对面交流。电话于1890年出现，但直到1957年前后才在美国市场得到普及。收音机从1923年出现，到1937年达到市场饱和。电视机则是于1948年出现，到1955年就被普及。而最大的变革发生在近期，即互联网、移动电话和电子短信的兴起。我们使用收音机和电视机进行娱乐和获得信息，后来使用电话和更现代的电子媒介来达到相同的目的，只是多了一项通信的作用。可是，在书写被发明之前，所有的人类信息传达和通信都是面对面实现的，通过人与人之间交谈或者一起观看（或聆听）表演者（演讲者、音乐家和演员）的演出来完成。尽管1900年以后出现的电影院没有提供面对面式的娱乐方式，但它至少让人们走出自己的房子，融入社会群体，而且相约看电影的通常是朋友，这正是人们一同欣赏现场演讲、音乐会、表演的延伸形式。

然而，现在我们的许多娱乐载体——智能手机、iPods（苹果公司的数字多媒体播放器），还有电子游戏，使人们更倾向于独处而非社交。这些往往是为个人定制的娱乐方式，就像上文提到的为个人定制的政治信息。电视仍然是美国最大众化的娱乐方式，它使美国人足不出户，甚至和自己的家庭成员之间也渐渐沦为名义上的关系。美国人花在看电视上的时间比与人交流的时间要多3~4倍，其中至少有1/3的时间是自己一个人在看电视（通常看的是网络电视而不是坐在真正的电视机前面）。

这样做的后果是，比起不爱看电视的人，沉迷电视节目的人对他人的信任度更低，也较少加入自发式组织。在把这些行为归咎于看电视之前，有人可能会提出疑问：究竟哪一个是原因，哪一个是结果，或者这两组现象之间会不会只是存在关联，但没有实际的因果关系？在加拿大实施的一组计划之外的自然实验回答了这个问题。在加拿大的一座山谷中，坐落着三个相似的小镇，唯一的不同点是，其中一个小镇恰好接收不到电视信号。在这个小镇终于接收到电视信号后，其俱乐部和其他集会的居民参与度纷纷下降，直到最终和其余两个一开始就能收到电视信号的小镇水平相当。从这个结果可以看出，是看电视导致人们群体活动参与度的下降，并不是人们因为不愿参加群体活动才选择看电视。

我曾去新几内亚岛上的一些边远地区进行野外考察，那里还没有出现新的通信技术，当地人的交流仍是面对面专注进行的——美国人曾经也是这样。传统的新几内亚人将除睡觉以外的大部分时间花在与人交谈上。和美国人之间那种不常发生且经常被打断的对话相比，传统新几内亚人的对话从不会因为其中一方低头看手机而被打断，也不会出现其中一方因在回电子邮件或回短信而注意力不集中的情况。我有一个朋友是一名美国传教士的儿子，他在新几内亚岛上的村落长大，直到读高中时才迁回美国，当他发现新几内亚岛上的孩子和美国的孩子在娱乐方式上存在差异时，感到十分震惊。他曾向我描述这一发现，在新几内亚，村里的孩子会到同伴家串门儿，而在美国，我的朋友发现："孩子们各回各家，关上门，各看各的电视。"

美国人平均每 4 分钟看一次手机，每天至少会花 6 个小时盯着手机屏幕或电脑屏幕，而且每天有超过 10 小时（即除睡眠之外的大部分时间）在使用电子设备。这导致大部分美国人不再与人面对面打交道，不再能直接看到对方的面部表情和肢体动作，不再能直接听到对方的声音，不再能直观地了解对方。相反，我们主要通过屏幕上的电子信息来和他人交流，偶尔会通过手机听到对方的声音。当面对一个活生生的，离我们只有两英尺，能够看得见、听得着的人时，我们倾向于抑制自己的无礼举动。而当面对屏幕上的信息时，我们更容易做出无礼和轻蔑的回应。一旦我们习惯了远距离的口头暴力，那么对活生生的人施以暴力也就不再是难事了。

然而，以上这些对美国政治妥协的崩溃和社会不文明行为的增加给出的解释，有明显的破绽。非面对面的通信方式不仅在美国流行，而且在全世界范围内兴起，尤其是在富裕的国家。意大利人和日本人对手机的依赖程度不亚于美国人。为什么在其他的富裕国家中，没有出现政治妥协崩溃和社会不文明行为增加的情况呢？

我能想到两个可能的解释。第一个解释是，在 20 世纪，电子通信和许多其他的技术创新首先在美国崭露头角，这些技术创新和由此带来的影响从美国蔓延到其他富裕国家。由此看来，美国只是第一个而绝非唯一一个面临政治妥协崩溃问题的国家，像电话和电视机一样，这种问题也会蔓延到其他地方。实际上，有英国朋友告诉我，比起我 60 年前住在那里的时候，英国现在出现的个人暴力行为要严重很多。澳大利亚的朋友告诉我，澳大利亚的政治生活中也出现了越来越多的妥协崩溃现象。如果我的解释有一定的道理，那么接下来其他富裕国家迟早也会出现美国目前面临的政治僵局。

另外一个可能的解释是，早在过去，美国就因为一些原因缺乏足够的社会资本来抵抗现代科技带来的去人格化力量，今天也依然如此。美国的国土面积比起除加拿大以外的其他富裕国家要大 25 倍以上，而美国的人口密度（即总人口除以国土面积）只有其他富裕国家的 1/10，人口密度排在美国之后的只有加拿大、澳大利亚和冰岛。与强调集体主义的欧洲和日本比起来，美国一向更强调个人主义。在富裕国家里，只有澳大利亚在个人主义的排名上超过美国。美国人经常搬家，平均每 5 年就会搬一次。鉴于美国国内各地之间的距离比起日本或任何西欧国家更远，这意味着美国人一旦搬家，他们和昔日好友之间往往相隔较远。与之相比，日本人或欧洲人很少搬家，而且即使搬了家，他们和昔日好友之间的距离也相对较近。因此，美国人的社会关系往往较为短暂，朋友的流动性很高，很少拥有抬头不见低头见的一辈子的朋友。

然而，美国的面积和美国国内各地之间的距离是固定的，不会改变。美国人不太可能摆脱对手机的依赖，也不太可能减少搬家的频率。上述的解释将美国政治妥协的崩溃归咎于社会资本较低背后的隐含因素，如果这种解释正确的话，那么比起其他的富裕国家，美国将继续面临更大的政治妥协崩溃风险。这并不代表我们注定会走向不可逆转的、越来越糟的政治僵局。但这确实意味着，比起其他国家，美国的政治领导者和美国的选民需要更有意识地去努力扭转我们的政治僵局。

前面我们已经讨论过智利和印度尼西亚这两个国家的例子，由于政治妥协崩溃，一方势力以军事独裁的手段上台，其明确的目标是全然消灭对方的力量。在大部分美国人看来，这种情况不可能发生在美国。当我还在智利的时候，也就是 1967 年，这种情况对我的智利朋友来说也是天方夜谭。然而在 1973 年，这样的事情确实在智利发生了。

美国人也许会提出反驳："但美国可不是智利！"是的，美国与智利当然是不同的。两个国家之间存在的部分差异使美国不易像智利那样沦为暴力的军事政府独裁政体，但另一部分差异会使美国更容易陷入这种状况。一方面，美国不易发生这种可怕情况的因素有：我们有更深厚的民主传统，我们有平等主义的历史理念，我们不像智利有世袭的地主寡头势力，而且在我们的历史上从未出现由军队发起的独立政治行动。（在 1973 年之前，智利军方确实有好几次短暂干预政治的经历。）另一方面，美国较之智利，会助长可怕情况发生的因素包括：对私人枪支的管制较松，在现在和过去都存在更为泛滥的个人暴力行为，在历史上曾以暴力对抗部分群体（非裔美国人、印第安人还有部分移民群体）。我认为，如果美国会出现军事独裁统治，那么其发展路径定会有别于 1973 年的智利。美国不太可能会被军方独自接管。与之不同，我认为在美国有可能发生的情况是，执掌美国政府或州政府的党派将不断操纵选民登记，往法院里塞满串通一气的法官，从而利用法庭来质疑选举结果的合法性，然后诉诸“执法机关”，利用警察、国民警卫队、预备役或者军队去镇压持不同政见者。

这正是为何我认为政治极化是美国当前面临的最严峻的问题，它比来自墨西哥的竞争要危险得多，但我们的政治领导者更沉迷于对付墨西哥。墨西哥不能摧毁美国，只有我们美国人具备摧毁自己的能力。在下一章中，我们将思考美国所面临的其他基本问题，还有我们为防止出现令人黯然的这一幕而做出选择性变革时所面临的正面或负面的影响因素。

第十章

美国的未来——三大“其他”问题

其他问题

在上一章的开头部分，我谈到了美国如今的优势。美国成为世界上最富有且最强大的国家并非出于偶然，而是由人口、地理、政治、历史、经济和社会等多方优势共同作用的结果。在上一章的余下部分，我谈到了美国面临的一些问题：我认为在这个国家特有的问题当中（在此，我暂时没有谈及美国所面临的全球性问题），最为严峻的是美国近来频频出现的政治妥协的崩溃。

在本章，我准备探讨美国面临的三个“其他”重大问题，第一个问题和选举相关。我把这三个问题归到看似不那么重要的“其他”问题之列，不过是因为和政治妥协崩溃比起来，这三个问题对美国民主政府的破坏力似乎没有那么强。不过，这三个问题仍然需要被严肃对待。对于想要做进一步了解的读者，我推荐阅读霍华德·弗里德曼的著作《评估国家》（*The Measure of a Nation*）。该书包括很多图表，对比了美国等主要的民主国家，其中的部分变量接下来我们将会讨论到。当然，我无法穷尽美国所面临的所有问题。我没有在此展开讨论的问题包括种族关系和女性的地位，对比 50 年前，美国在这两方面都取得了进步，但它们依然是美国社会的痛处。而我选择讨论的 4 个问题（上一章谈到的那个问题加上本章要谈到的 3 个问题）毫无疑问在近几十年里会呈现不断恶化的趋势，在我看来，这些问题对当前美国的民主和经济力量构成了最严峻的威胁。

美国的选举

选举是民主的精髓。如果一个国家以宪法或法律明文规定实行民主政体，但该国的公民不参加投票或者不能投票，这样的国家不配被称为民主国家。以此标准来看，美国差不多只能算是半个民主国家。拥有投票资格的美国公民中，几乎有一半甚至连我们最重要的总统大选投票也不参加。在最近 4 次的总统大选中，每一次都有近 1 亿拥有投票资格的美国人没有参与投票。至于总统以下层级选举投票，不参与的公民比重就更高了。例如，我所在的城市洛杉矶是美国的主要城市之一，在这里，以选举任命的最重要的官员就是我们的市长。然而，在最近的一次洛杉矶市长选举中，有 80% 符合条件的选民都没有投出他们的选票。

有几种不同的计算方式可以衡量选举中的选民投票率。一种是已满足投票年龄的居民中参加投票的选民占比，另外一种是拥有投票资格的选民中参加投票的选民占比，后者的数值比前者稍微高一些。（在美国，符合投票年龄的居民中仅有 92% 的人拥有投票资格，不具备投票资格的 8% 主要由非公民、囚犯以及刑满出狱的重罪犯组成。）第三种计算方式得出的结果比前两种更高，即登记选民中参加投票的选民占比。有不少拥有投票资格的选民没有参加登记，随后我将会谈到原因。

这三种计算方式均指向了同一个结论：在富裕的民主国家（即所谓的经济合作与发展组织成员国）中，美国在选民投票率这一项上是垫底的。先介绍一下其他民主国家的登记选民投票率情况：在实行强制投票制的澳大利亚，选民投票率是 93%，比利时是 89%，其他大部分的欧洲国家和东亚民主国家的选民投票率为 58%~80%。自从 1999 年印度尼西亚恢复自由民主选举，该国选民投票率为 86%~90%，而自 1948 年以来，意大利的选民投票率最高时曾达 93%。

相比之下，在历届美国总统大选中，拥有投票资格的美国选民的平均投票率仅为 60%，历届国会中期选举的平均投票率则是 40%。在当代美国历史上，选民投票率的最高纪录是在 2008 年的总统大选中创下的，却也只有 62%，甚至远远低于意大利或印度尼西亚近年来的最低投票率。当美国的登记选民被问到为何无意参与投票时，他们最常给出的回答是：不信任自己的政府，对投票的价值没有信心，或者是对政治不感兴趣。

但是，除此之外，许多拥有投票资格的美国人未参与投票还有另外一个原因：他们无法投票，因为他们没有登记自己的选民身份。这是我需要解释的美国民主的一个与众不同之处。在很多民主国家，具备投票资格的公民无须完成任何登记便可参与投票：政府通过从驾照、纳税人、居民或者其他类似的数据库中采纳数据，自动生成登记选民的清单。例如，在德国，所有年满18岁的德国人都会收到来自政府的一张卡片，通知他们在接下来的选举中，他们已具备投票资格。

美国的情况要复杂很多。对美国公民来说，年满18岁、不是囚犯或未曾被判过重罪这些条件并不足以使他们具备投票资格：他们必须经过选民登记才能投票。美国历史上有很长一段时间，符合年龄条件的某些群体被阻止登记。其中一个规模最大的群体就是美国女性，一直到1919年，美国女性才拥有了投票的权利。其他群体，尤其是非裔美国人、其他的少数族裔，还有移民，在登记时曾遇到"人头税"、文化水平测试和"祖父条款"（意思是，如果你的祖父不能投票，那么你也不能登记投票）等拦路石。当然，法律条文不会明确指出这些手段背后的真正目标——阻止非裔美国人参与投票。不过，大家都心知肚明，诸如"祖父条款"等手段最初的目的就是让非裔美国人无法完成选民登记，最终也确实达成了这一效果。

也许你觉得这些障碍都是陈年往事，但在2000年，佛罗里达州有将近10万名潜在选民被从登记选民名单中除名，他们大部分是民主党人。这造成佛罗里达州当年的总统大选投票结果大幅倾斜，从而使小布什击败了阿尔·戈尔，当选美国总统。这一事件的影响力比起后来被大肆宣扬的那几百台不合格的打孔投票机（经常会导致投票结果统计出错）造成的影响要大得多。美国的选民登记系统存在一个根本性缺陷，在佛罗里达州和其他的许多州，我们的登记选民名单和选举程序受州政府和州级以下政府的党派程序操控，而不是由国家层面的非党派程序来决定。对那些可能会支持对手党的公民，党派的选举官员往往会试图增加他们的投票难度。

在现代美国历史中，《1965 年选举权法案》的通过使该国的选民登记程序得到最大幅度放宽，该法案规定，选民登记程序中的“文化水平测试”是非法的，而且赋予了联邦政府对有妨碍选民登记先例的选区进行监管的权力。如此一来，美国南部各州非裔美国选民的登记率出现了飞跃，从 31% 提高到 73%，而且全国当选的非裔官员数量也从不到 500 人攀升至 1 万人以上。美国国会于 2006 年更新了这一法案，基本上获得一致通过。但是，在 2013 年，美国最高法院以 5∶4 的投票结果推翻了国会从 1965 年以来一直沿用的对特定选区的监管条款，给出的解释是，由于非裔美国选民的登记情况已取得长足的进步，这项条款已不是必需。这造成各州立法机构纷纷忙于为选民登记设置新的障碍，虽然这些障碍的作用力度参差不齐。2004 年以前，美国的 50 个州之中，没有一个州要求准备登记的潜在选民出示政府签发的带照片身份证明。到 2008 年，仅有两个州提出了这项要求。然而，就在最高法院的上述判决下来后，有 14 个州马上出台了要求潜在选民出示带照片身份证明（通常是驾照或者护照）的规定或其他类似的限制措施。截至目前，大部分的州已经实施或者正在考虑实施这种规定。

正如早期的“祖父条款”，虽并未明确针对非裔美国人，但其制度设计成功剥夺了这一群体的投票权利，现代投票制度中的制约手段也有着相似的设计，并同样获得了成功。拥有带照片身份证明的潜在选民，白人的比例高于非裔或拉丁裔（视年龄分组而不同，有的高达三倍），富人高于穷人。立法者针对这些制约手段给出的原因还是老一套，和应不应该享有投票权没有直接的联系。例如，总体上，相对贫穷的群体和非裔美国人没有驾照的可能性更大，因为他们没有缴纳交通罚款。亚拉巴马州关闭了非裔人口居多的几个县的机动车驾驶管理处。民众的强烈抗议使亚拉巴马州政府不得不重新开放这些管理处，然而，开放后的管理处每个月只开放一天的办公时间。得克萨斯州只有 1/3 的县保留了机动车驾驶管理处，如果潜在选民决心以获取驾照的方式来满足带照片身份证明的登记条件，他们不得不长途跋涉，最远的需要跑到 250 英里之外的地方。

选民登记和投票方面的其他障碍在不同的州之间也存在差别。一些州“对选民友好”，因为它们允许选民在选举日当天进行登记，或者是允许选民邮寄选票而不必非要本人出现在投票点，或者是在夜晚和周末开放选举办公室。有些州则“对选民不友好”，因为它们要求选民必须在选举日之前很短的时间段内完成登记，或者仅在上班时间开放选举办公室。然而，比较贫困的群体（包括我们最大的少数族裔群体）都需要工作，无法为了登记或者投票把时间浪费在排长队上。

所有这些有针对性的投票障碍共同造成了以下结果：在年收入 15 万美元以上的美国人当中，选民投票率超过 80%；在年收入低于2万美元的美国人中，选民投票率还不到50%。因此，这些障碍不仅左右着美国总统大选的结果，而且会对国会、州和地方层级许多势均力敌的选举竞争造成影响。

上述对美国选民投票的限制，不管是出于选民的自愿选择，还是强加给选民的，都对美国民主所具备的根本性优势造成了负面作用。我在上一章讨论过美国民主的根本性优势，具体包括：公民有参与讨论、评估及支持任何提案的机会；公民知晓自己的意见会被聆听，并且能以和平的方式表达意愿；公民诉诸暴力的风险较低；公民拥有妥协的动机；政府有关注全体公民的动机（毕竟负责投票的是他们），而不是仅仅关注小部分精英群体。而一旦美国人不愿意投票，投票时了解的信息不够充分，或者根本就不能投票，那我们的上述优势就会渐渐消失。

要对现代美国的民主制度进行完整的讨论，就不得不谈到它的一项饱受争议的特征：特别是随着竞选宣传方式从成本低廉的印刷传媒转向成本高昂的电视广告，竞选活动成本暴涨。竞选活动渐渐变得仅代表富人的利益。竞选活动的时间跨度也大幅延长，现在基本上是从上一场大选结束一直延续到下一场大选。这样一来，美国的政治家必须把自己的大部分时间（我的一位已经退休的议员朋友估算过，大约是80%的时间）投入筹款和竞选活动，而不是履行治理的职责。那些符合条件的公民越来越不愿竞选政府公职，而且竞选活动信息渐渐地被压缩成只有30秒的片段，后来更是被压缩为一条简短的推文。而在1858年，为了竞选伊利诺伊州联邦参议员的席位，亚伯拉罕·林肯和斯蒂芬·道格拉斯之间进行了一场著名的辩论，两人的发言时间各为 6 个小时。尽管当时只有一小部分伊利诺伊州选民目睹了这场辩论，但这件事很快通过新闻报纸被广泛地传播开来。在政治竞选活动的开支和持续时长上，没有任何一个国家能和美国相提并论。相比之下，因为受到法律限制，英国的竞选活动只能在选举前几周开展，而且用作竞选活动的开支数额也受到限制。

不平等与政治僵化

我要探讨的下一个基本问题是不平等。让我们来看一下美国人是如何看待本国的平等或不平等状况，如何衡量这一指标，和其他主要的民主国家相比，美国在不平等程度和社会经济流动性方面的排名如何。再者，即使美国的不平等的程度很高，那又怎样呢？换句话说，如果很多美国人真的非常贫穷，而且他们注定无法摆脱贫穷，这对他们个人来说当然是很令人悲伤的事情，但是，这对美国的富人还有美国整个国家来说也是一件坏事吗？

当美国人被问及自己国家内部的平等或不平等状况时，大家一般会回应道：早在 1776 年，我们的《独立宣言》中第二句话便已指出，平等是美国的核心价值观之一。《独立宣言》中确实提出："我们认为下述真理是不言而喻的：人人生而平等……"然而，请注意，《独立宣言》并没有说所有的男性（现在包括了所有的女性）实际上是平等的，也没有说他们应该享有平等的收入。相反，这份宣言不过指出，所有人都被赋予了某些不可剥夺的权利。在1776年的背景下，提出这个较为温和的主张已经算是迈出很了不起的一步，因为在那个时代，欧洲国家的贵族、农民和神职人员享有不同的法定权利，如果要接受审判，他们要在不同的法庭。因此，《独立宣言》确实将法律意义上的平等升华成为美国的一项核心价值观，至少在理论上如此。那么，在经济层面，美国的平等状况又是怎么样的呢？

一国内部的经济平等程度可用几种不同的办法来衡量。人们关注的问题之一是人与人之间的经济差异用哪些量化指标来衡量：是人们未经调整的毛收入，还是经过调整后的收入，譬如将税收、社会安全福利补贴和食品券等因素考虑进去，还是人们的财富值或总资产呢？人们在这些不同的量化指标上的差异也可以通过其他的方法来测量，比如所谓的基尼系数、一国最富裕的1%群体和最贫穷的1%群体的收入差异、最富有的1%群体的收入占国民总收入的比例，还有亿万富翁占全国总人口的比例。

现在，让我们把比较对象局限在主要的民主国家，因为在民主国家和非民主国家之间做比较是无意义的，以赤道几内亚这个非民主国家为例，其大部分的国民收入和财富都掌握在一个人（即总统）手中。在主要的民主国家中，根据不同的衡量标准，可计算出的最平等国家是不同的。然而，对于哪个主要民主国家最不平等这一问题，所有的量化指标和衡量方法都指向了同一个答案：美国。这个事实已经存在了很长一段时间，而且美国国内的不平等程度仍在不断加剧。

反映美国经济不平等加剧的一些数据现在常被提及，而且广为人知。例如，美国最富裕的1%群体的收入占未调整国民总收入的比例，从20世纪70年代的不到10%升至今天的25%以上。即使在美国富人阶层的内部，不平等的情况也在加剧：最富裕的1%群体的收入增加比例要远远大于最富裕的5%群体；最富裕的0.1%群体的收入增加比例又大于最富裕的1%群体。而且，目前最富裕的三个美国人——杰夫·贝佐斯、比尔·盖茨和沃伦·巴菲特，他们的净资产加起来等于1.3亿最贫穷的美国人的净资产总值。我们国家的亿万富翁占总人口的比例是最高的，是位列第二的主要民主国家（加拿大和德国）的2倍，而且是大部分其他主要民主国家的7倍之多。早在1980年，一名美国CEO的平均收入就已经是同公司一名普通员工的40倍，而如今，美国CEO的收入已达到同公司普通员工的几百倍。虽然美国富人的经济地位要高于其他主要民主国家的富人，但美国穷人的经济地位也要低于其他主要民主国家的穷人。

美国贫富差距不断拉大要归结于美国政府的政策和美国人的态度。在政府政策方面，美国的再分配政策，即把财富从较富群体转移到较穷群体的政府政策，比其他主要民主国家少。比如，美国的个人所得税税率，还有社会转移和支出（诸如抵用券、低收入人群的补贴），比大部分其他的主要民主国家更低。部分原因是，美国人比其他国家的人更普遍相信，穷人之所以穷，只能怪他们自己，只要他们愿意付出辛勤的汗水，便能收获财富，而且他们认为政府对穷人的支持（例如通过食品券的方式）被滥用的情况非常普遍，使穷人得到了不该得到的财富（例如所谓的

“福利女王”)。另一部分原因是我在前几页提到的对选民登记和投票的制约，还有竞选资金问题。这些问题使得富人比穷人更容易参与选民登记，进行投票，进而影响政界人士，从而使富人掌握大部分的政治权力。

和我刚刚提到的经济不平等问题密切相关的，是社会经济流动性问题，也就是个体克服经济不平等，从穷人成为富人的可能性。比起其他国家的民众，美国人更相信自己的国家是“任人唯贤”的，也就是人们获得的回报与其个人能力挂钩。有一个短语“白手起家”正代表了这一信念：我们相信，一个一穷二白、两手空空来到美国的移民能够通过自己的努力变成富人。我们的这一核心信念真的能实现吗？

社会科学家曾经用一种方法来测试这种信念能否实现，那就是比较不同国家成年人的收入（或者在同一代人中的收入排名）和他们父母的收入这二者的相关系数。相关系数为 1.0，则意味着该国成年人的相对收入和他们父母的相对收入是完全相关的：所有高收入人群的父母也是高收入者，所有低收入人群的父母也是低收入者，出身低收入家庭的孩子没有任何机会获得高收入，社会经济流动性为 0。另一种极端情况是，如果相关系数为 0，那么出身低收入家庭的孩子和出身高收入家庭的孩子获得高收入的机会一样大，社会经济流动性很高。

这类研究的结论是，美国的社会经济流动性比其他主要民主国家要低，而在收入的代际相关性方面则比其他主要民主国家要高。例如，如果一个美国人的父亲属于同代人中最穷的 20% 群体，则这个美国人有 42% 的可能会成为同代人中最穷的 20% 群体，而一个人通过白手起家成为美国最富有的 20% 群体的可能性只有 8%。与之相比，斯堪的纳维亚国家的这两项指标分别大约是 26%（低于美国的 42%）和 13%（高于美国的 8%）。

让人遗憾的是，美国的这个问题陷入了恶性循环：在近几十年间，美国的经济不平等程度在不断加深，而社会经济流动性在不断下降。美国各层级政府受到富人的影响越来越大，结果是政府会通过那些迎合富人的法律（例如选民登记规则和税收政策），这就提高了代表富人利益的候选人赢得下一场选举的可能性，这些人在赢得选举后会通过更多迎合富人的法律条款，从而导致美国政府更多地受到富人的影响……这听上去像个烂笑话，然而却是美国当代历史的真实写照。

简而言之，我们所坚持的白手起家的信念其实并不现实。白手起家在美国的可行性其实比在其他主要民主国家要低。一个可能的解释是，经济条件较好的美国家长通常曾受到相对较好的教育，因而他们在自己孩子的教育上投入的金钱更多，而且比起经济条件相对差一些的家长，他们可以给孩子提供更有用的职场人脉。比方说，美国富裕家庭的孩子完成大学学业的概率是穷苦家庭孩子的 10 倍。理查德·里夫斯和伊莎贝尔·索希尔曾写道："一定要谨慎投胎！"

那又怎样

现在，让我们回到我在分析美国的经济不平等问题之初提出的问题。尽管这是一个宏大的道德问题，那些穷人确实非常不幸，但那又怎样？对于美国整个国家而言，不平等是一个经济问题和安全问题吗？生活在一个被穷人包围的世界里会对美国的富人造成任何伤害吗？

提出这个自私的问题时，我自己也一时语塞了。不平等作为一个道德问题本身难道不足以吸引人们的关注吗？然而，残酷的现实告诉我们，人们不仅受道德约束，而且还受私利驱动。如果意识到不平等不仅仅是一个抽象的道德问题，同时也会影响到自己，那么许多美国富人会更加关心这个问题。

关于“那又怎样”这个问题，在 1992 年 4 月 29 日，我和妻子曾根据亲身经历得出了自己的答案。当时，我们乘飞机从洛杉矶到芝加哥参加一个会议，把孩子托付给了家里的保姆。我们刚刚抵达当地一家酒店，就在大堂碰到了一群朋友，他们告诉我们：“快回房间，打开电视，发生了一些你们不想看到的事情。”我们照做了，回到房间，打开电视，然后看到洛杉矶中部贫穷的少数族裔聚集区爆发了失控的骚乱、抢劫、纵火和杀戮事件（也就是所谓的罗德尼·金暴动），并且正沿着街道向邻近地区蔓延（见插图 10.1）。在那一刻，我们推测孩子可能正和保姆在从学校回家的车上。我们度过了令人焦心的几个小时，直到保姆打电话过来，向我们确认孩子已经平安到家。那些数量众多的洛杉矶警察在保护当地富人区免受暴动者影响时，唯一能做的，只是用一道道黄色塑料警戒带标识主要街道已被封锁。

在这场暴动中，暴动者并没有攻击较富裕的街区，而且此前洛杉矶发生的另一场大规模暴动（即1965年洛杉矶黑人骚乱）中也没有出现这样的情况。（两次暴动都是种族暴动，动机都是由种族歧视引起的经济不平等与无助感。）可是，能够确定的是，未来洛杉矶和美国其他的主要城市会发生更多的暴力事件。随着不平等程度日趋加深，种族歧视问题持续存在，社会经济流动性不断下降，较穷的美国人将会意识到，对于他们的后代而言，大部分人要想获得高收入或者仅仅是适当提升自己的经济地位，机会都是十分渺茫的。在可预见的将来，美国将经历更严重的城区动乱，暴动人群将会把自己的失望和挫败感发泄在富人身上，到那时，单靠警察的塑料警戒带是不能平息的。“生活在一个被穷人包围的世界里会对美国的富人造成任何伤害吗？”针对这个问题，届时许多美国的富人会找到他们自己的答案。一种回答是：会，这会造成个人安全问题。

那些生活在远离暴动者的安全区域的美国富人，面对“那又怎样”这个问题会得出另一种答案——这个答案的暴力程度相对较低，但那些富人的钱包和生活方式依旧会受到巨大影响。这个答案涉及在我看来美国如今面临的4个基本问题中的最后一个问题——美国对人力资本和其他公共用途领域的投入不断减少所带来的经济后果。所有的美国人，包括那些富人，都将感受到这些后果。

着眼未来

无论对个人还是对国家来说，对未来进行投资的必要性不言自明。如果一个人或一个国家今天很富裕，但只守着眼前的财富而不把钱拿去投资，或者是以毫不明智的方式进行投资，那么坐吃山空只是时间早晚的问题。这真的是美国如今要担忧的问题吗?

人们的第一反应可能就是：当然不是！很多人认为，美国的私人投资数额巨大，下手果敢，天马行空，且收益极高。比起在其他国家，创业者在美国要获得一笔创业资金，或要测试某个创意的商业潜能会比较容易。因此，我们拥有了微软、脸书、谷歌、贝宝、优步，还有许多其他的美国企业，它们的成立时间并不长，但都已成长为国际巨头。我通过风险投资行业的朋友间接地了解到美国私人投资如此成功的原因。风险投资基金能筹集上百万（甚至上亿）美元资金，然后将这些资金分别投资到许多新成立的公司。这些公司有很大一部分会失败，但其中一个或者几个可能会获得巨大的成功，这样就会给原来的投资人带来巨额收益。能吸引我那些在风险投资行业的朋友大胆投资的，不仅有我们熟悉的种种金融科技，还有剑走偏锋的创意。能够轻松获得来自私人的创业投资，是美国在呈爆发式增长的新型商业领域占据全球主导地位的一大原因。

现在，我将通过列举 8 个创意来证明在美国获得创业投资的容易程度。10 多年前，我认为这些创意既疯狂又具有很高的风险。8 个创意中有 2 个（我将它们划定为 A 类创意）现在已经获得成功，而且创造出价值数十亿美元的商业财富；另外 2 个（我将它们划定为 B 类创意）获得了投资者的青睐，但还未证明其可行性；还有2个（我将它们划定为C类创意）已经证明了其可行性，也已经吸引到风险投资基金的投资，但（尚）未成就一番宏伟事业；剩下的2个（我将它们划定为D类创意）就是我刚刚随便想出来的点子，目前（据我所知）还没有吸引到任何投资。这些创意分别是：

1. 一种针对游泳者的电磁波鲨鱼驱逐剂；
2. 一种能够通过电子手段传输宠物狗的活动情况、健康状况和GPS（全球定位系统）定位信息的狗项圈；
3. 一种子宫内的DNA（脱氧核糖核酸）技术，可以让狗生出长有昂贵皮毛的银狐；
4. 一种可使你在线上发布照片和文字，但会在24小时或更短的时间内自动删掉这些内容的社交媒介；
5. 一个通过真空管道以飞机般的时速传输人类的容器舱；
6. 一种让你能够把自己的房子租给素未谋面的陌生人的技术，当然前提是你想这么做；
7. 一种可使你在离世的瞬间立刻被冰冻的技术，这样，在将来的某一天，当医生找到使你致命的疾病的治愈方法时，你就可以起死回生了；
8. 一种可喷在你皮肤上的化学药剂，可以让你在水下呼吸15分钟。

你是否能准确地把以上创意归到对应的A、B、C、D类创意中？答案见本页的底部。[①] 我敢打赌，很少有读者能将这 8 个创意全部归到正确的类别中。这就说明，在美国，哪怕是那些起初听上去很疯狂的创意，也可能吸引到创业所需的资金，也可以获得证明自己的机会，而且（一旦成功了）可以在全球扩张，发展成为价值数亿美元的企业。

人们之所以不担心美国对未来的投资，还有另外一个原因，那就是美国在科学和技术领域的世界主导地位，美国 40% 的经济产出都来源于这两个领域，这一比例比其他任何主要的民主国家都要高。到目前为止，在每一个主要的科学领域，例如化学、物理、生物，还有地球与环境科学等领域，美国贡献的高质量科学文献数量都领先世界。世界上半数的顶尖科研机构都是美国的。美国在研发上的绝对支出也是世界领先的。（但它在研发的相对支出上并未领先：以色列、韩国和日本在科技上的投入占其 GDP 的比例都高于美国。）

这些因素都使我们对美国面向未来的投资感到乐观，但有一个因素使我们感到悲观，那就是美国政府在教育、基础设施、非军事研发等公共用途领域的投入不断减少，而在毫无经济利润可言的领域投入巨大。今天，越来越多的美国人嘲笑美国政府的投资有平均主义倾向。其实，政府投资是政府最古老的两种功能之一。自从 5 400 年前政府出现以来，它便具有两个主要功能。一是维护内部的和平稳定，具体方式是垄断军队，解决争端，禁止

① 上述创意归类的答案是：1C、2C、3D、4A、5B、6A、7B、8D。

公民为了私自解决争端而付诸暴力。二是对个人财富进行再分配，从而实现更大的目标：在最糟糕的情况下，至少让精英阶层获得财富；在最理想的情况下，提高社会的整体利益。当然，大部分的投资都是私人投资，投资者是富有的个人和公司，他们期望从投资中获利。但是，很多潜在收益无法吸引私人投资，有的是因为收益期太长（例如普及初等教育的收益），有的是因为收益会扩散到整个社会（例如市政消防部门、道路和通识教育的投资收益），而不是集中在对私人投资者来说有利可图的领域。即使是“小政府”的最坚定支持者也不会将政府对消防部门、州际高速公路和公立学校的投资斥为平均主义。

如此一来，美国从前建立在受过教育的高水平劳动力和高科技水平基础上的比较优势正逐渐消失，其原因至少体现为以下三个趋势：我们对教育的投资不断减少，我们的教育投资回报率越来越低，美国人接受教育的质量差异巨大。

第一个趋势是，至少从21世纪初开始，美国政府对教育（尤其是高等教育）的支出已经开始减少。尽管我们的人口总数在不断增加，在州政府层面，高等教育拨款的增长速度仅为监狱拨款增长速度的1/25，甚至有10多个州对监狱的支出已经超过它们对高等教育的支出。

第二个趋势是，从世界标准来看，美国学生的表现正在不断退步。现在，在对数学、科学的掌握和考试分数方面，美国学生的表现在主要民主国家中排名较低。这对我们来说是一件很危险的事情，因为美国的经济和它的科技水平紧密相关。国民在数学、科学方面的受教育程度，再加上受教育年限，共同组成了国家经济增长的最佳预测因素。不过，美国学生的人均教育支出虽然在下降，但其水平以世界标准来看还是较高的。这意味着我们的教育投资回报率甚低。怎么会这样呢？

很大一部分原因于，在韩国、芬兰、德国和其他主要民主国家，教师（这里主要是指中小学教师）这一职业吸引了最顶尖的毕业生，因为教师的收入高，社会地位也高，这个行业很少有人跳槽或转行。在韩国，只有在全国大学入学考试中取得全国前5%的成绩的人才能申请小学师资培训，初中教师岗位的报录比为12：1。相比之下，在所有主要的民主国家中，美国教师的相对工资（相较于所有职业的国家平均收入而言）最低。每年夏天的时候，我和妻子会在美国的蒙大拿州度过暑假，那里的老师拿着接近贫困线水平的薪水，为了养家糊口，他们得在下班后再打一两份工（比如在超市里打包）。韩国、新加坡和芬兰的所有教师读书时的成绩都排在自己班级的前1/3，可几乎有一半的美国教师读书时的成绩排在自己的班级的后1/3。加利福尼亚州大学洛杉矶分校每年都吸引了大批优秀学生，但我在这所大学任教的整整53年中，只有一名学生告诉过我，他想成为一名教师。

导致美国劳动力受教育水平下降的第三个趋势是，美国的教育质量在州和州之间以及州内存在巨大差异。其他大部分的民主国家都是由中央政府负责教育拨款和制定教育标准，而在美国，这些责任落到了各州政府和地方政府的头上。各州在公共高等教育上的学生人均支出相差高达11倍，具体由各州政府的财政能力、税收收入和政治理念决定。在一州内部，不同区域间也存在教育质量的差别：在较贫穷的区域或较贫穷的州，学校得到的财政支持会较少。这一事实会使美国国内不同地域之间的贫富差距不断加剧，因为教育对于一个区域的经济表现来说十分重要。同一区域内，私立学校和公立学校的教育质量也存在相当大的差距，因为收取学费的私立学校更受有钱家长的青睐，教师的收入更高，班级规模更小，能提供的教育质量更高。芬兰可不会出现这种情况，因为在这个国家，私立学校和公立学校的教师领的都是国家政府发的薪水，不存在多寡的问题。所以，（不像美国的家长）芬兰的家长不会通过花钱送孩子进私立学校来获得更高质量的教育。

美国政府对公立学校投入的减少，以及美国学生受教育机会的巨大差异意味着什么呢？这意味着美国在缩减对大部分国民未来的投入。尽管我们的人口总数位居富裕民主国家之首，但大多数国民并没有接受过技能培训，而这些技能是我们国家经济增长的引擎。但是，我们的竞争对手是韩国、德国、日本和芬兰这些国家，它们一视同仁地对每个孩子进行教育投资。也许你会觉得不必担心，因为这些国家的人口总数比美国少很多，例如，你会看到美国的学龄儿童数量超过韩国的5倍。可你别忘了，人口总数是美国5倍的中国也正在雷厉风行地提高本国学龄儿童的受教育机会。美国经济迄今所享受到的比较优势，在将来有可能不复存在。

种种事实构成了一个矛盾。美国作为世界上最富有的国家，如果我们的政府没有对国民的未来进行投资，那我们的钱到底花去了哪里？

一方面，我们的钱大部分被纳税人紧紧捂在自己的口袋里，美国的税率比大部分富裕的民主国家都要低。另一方面，政府税收中的大部分被用于监狱、军队和医疗卫生方面的开支。在这三方面，我们的开支远远超过其他主要的民主国家。没有人会认为监狱是对我们的将来有利的投资，因为它强调的不是改造与再培训，而是惩罚与威慑。我们的军费开支确实是对国民未来的投资，但为什么我们的军费开支比欧盟要多得多？欧盟的人口几乎是我们国家的两倍，然而他们为确保未来安全所投入的军事开支为什么有很大一部分由我们来承担？如果不去审查医疗卫生支出的用途和后果的话，人们会自然而然地把它看作对我们未来的投资。美国的医疗卫生现状是，其居民预期寿命、婴儿存活率以及产妇存活率在主要民主国家中排名很低。这是因为在美国，很大一部分与医疗卫生有关的支出并不是用于提升国民的健康水平，比如营利性医疗保险公司收取的高额保险费用、高昂的行政成本、购买昂贵的处方药的支出、医疗事故险和防御性医疗的高额支出，以及为大量无法支付非急诊医疗费用的群体所提供的高价急诊医疗服务。

危机框架

在这两章中，我们从美国的优势出发展开讨论，随后对我认为现在美国正逐渐面临的最严重的几个问题进行了探讨。现在，让我们来对这两章做一个总结，看看这些问题是如何与本书的危机与变革框架联系起来的。

第一章的表 1.2 中列出的 12 个影响因素中，哪些因素有利于美国在未来通过选择性变革解决问题，而哪些因素会阻碍这一进程呢？我将这个框架应用到美国的案例中，不仅是出于自己的学术兴趣，而且希望能为美国人在探索解决方案的道路上提供一些指引。假使我们可以清楚地了解到在探索的道路上有哪些阻碍因素，我们就更能集中注意力，找到解决这些阻碍因素的办法。

有利因素包括美国享有的物质优势或者半物质优势，以及文化优势。美国享有的半物质优势包括：我们巨大的人口总量优势；我们广袤的领土、适宜的气候、肥沃的土壤以及辽阔的沿海和内河航道等地理优势；我们的联邦民主制度、由文官控制军队的传统、腐败程度相对较低等政治优势；我们在个人发展、政府投入以及移民融合方面的历史优势。这些都是美国长期以来一直稳居全球最强国家和最大经济体之位的主要原因。美国享有的物质优势是地理优势，它赋予了我们全世界各国中最大的选择自由（表 1.2 中的因素 12）：浩渺的海洋从东西两面将我们保护起来，而南北两端与我们接壤的邻国都不具有威胁性，且人口相对较少。因此，在可预见的未来，美国不会面临被入侵的风险，而本书讨论到的 6 个国家中，有 2 个（日本和德国）曾在近代被征服和占领，另外有 2 个（芬兰和澳大利亚）曾经受到攻击。但是，洲际弹道导弹的发明、经济全球化的发展，还有因为现代交通的便利而变得难以控制的移民流动，使我们昔日不受地缘政治约束的选择自由多少受到了限制。

美国还享有文化优势，其中一个便是我们强大的国家认同（因素 6）。纵观美国历史，大部分美国人坚信这个国家与众不同、令人钦佩，并为成为这个国家的国民而深感自豪。其他人通常会这么评价美国人的乐观和“积极进取”的态度：问题存在的意义就是被解决。

美国享有的另一个文化优势在于其灵活性（因素 10），这体现在很多不同的方面。美国人平均每 5 年就搬一次家，比我们提到的其他国家的国民要频繁得多。国家权力在两个主要政党之间也更迭得很频繁，在过去的 70 年间，总统层面的党派权力更迭有 9 次。长期以来，我们维持着同样的两个主要政党——从 19 世纪 20 年代出现的民主党和 1854 年成立的共和党，这看似僵化，实际上却是灵活性的表现。这是因为，每当有第三党开始崭露头角（譬如西奥多·罗斯福的公麋党、亨利·华莱士的进步党，还有乔治·华莱士的美国独立党），两个主要政党中的一个很快就会将其纳入旗下，因此第三党的寿命都不怎么长。美国的核心价值观也具有灵活性。一方面，我们宣称自由、平等和民主是美国人不容置疑的核心价值观（因素 11），尽管我们在实际运用中存在盲点。另一方面，在最近的 70 年间，美国放弃了一些被国人认为已经过时的价值观：我们在二战中放弃了孤立主义的外交政策，对女性的歧视和种族歧视自 20 世纪 50 年代以来有所减退。

现在，我们再来看美国存在的不利因素。对任何国家来说，要解决危机的第一步是：对国家陷入危机达成举国共识（因素 1）；主动承担国家责任（因素 2），而不是将问题归咎于“别的原因”（别的国家或者一国内部的其他群体）；还要对国家存在问题的方面和运转良好的方面进行诚实的自我评估（因素 7）。美国距离迈出解决危机的第一步还有很远的距离。虽然美国人越来越担心自己国家的状况，但对于到底哪里出了问题，我们尚未达成普遍共识。进行诚实的自我评估是很难的。我们的基本问题——极化、低选民投票率和选民登记障碍、不平等和社会经济流动性下降，还有政府对教育和公共领域投入的减少，尚未成为国民的共识。很大一部分的美国政治家和选民正在让这些问题变得更糟，而不是去解决它们。太多美国人试图把自己国家的问题归咎到别人身上：他们最喜欢将中国、墨西哥和非法移民作为替罪羊。

有钱有势的美国人掌握了大部分的权力，他们中出现了这样一种趋势：当意识到美国出问题的时候，他们首先选择为自己和家人找好退路，以逃避美国社会出现的问题，而不是贡献自己的财富和力量去寻找这些问题的解决方案。目前，最受这些人欢迎的逃避策略是在新西兰（最为与世隔绝的发达国家）购置房产，或者花一大笔钱将废弃的美国地下核弹发射井改造成奢华的防御地堡（见插图 10.2）。可是，如果整个美国都逐渐陷入崩溃，地堡中的奢华文明缩影，甚至是新西兰与世隔绝的发达社会，又能够存活多久？几天，几周，还是几个月？以下这段尖锐的对话充分反映了这一问题。

问：美国何时会严肃地看待自己的问题？

答：当那些有钱有势的美国人终于意识到自己的人身安全不受保障的时候。

在这个回答的基础上，我还想补充一点：当有钱有势的美国人意识到，如果大部分其余的美国人一直处于愤怒、挫败并且绝望无助的状态，那么他们无论做什么都无法保障自己的人身安全的时候。

美国还存在一大不利因素：在我提出的影响一国危机处理结果的 12 个因素中，美国最缺乏的是向他国学习的意愿。我们不愿意以其他国家为榜样，去学习它们在应对危机时所使用的不同方法（因素 5）。这跟我们坚持的美国例外论有很大的关系，具体而言，我们坚信美国是与众不同的，其他国家的任何方法都不适用于我们。当然这是很荒谬的。尽管美国确实在很多方面独具特色，但所有的人类、社会、政府和民主政体都有共同的特征，因此别人身上总有值得我们学习的一些东西。

特别是我们的邻居加拿大，跟美国一样，它也是一个富裕的民主国家，土地辽阔，人口密度低，主要语言是英语，有天然的地理屏障保障其选择的自由。加拿大还拥有丰富的矿产资源，其人口大多是在 1600 年之后抵达的移民。虽然加拿大在世界上的定位和美国并不相同，但两国都面临人类的普遍性问题。在社会和政治治理上，加拿大采取了很多与美国大相径庭的方法，例如在国民医疗计划、移民、教育、监狱，还有平衡群体利益与个人利益这些方面。美国人觉得无法解决的一些难题在加拿大人却以获得广泛民众支持的方式解决了。例如，加拿大接收移民的标准就比美国更为注重细节、更为理性。如此一来，80% 的加拿大人认为移民促进了加拿大经济的发展。与之相比，美国社会则因移民问题而被严重割裂。但美国人对加拿大的无知是惊人的。因为大部分加拿大人都说英语，就住在美国隔壁，而且和美国使用一样的地区代码的电话系统，很多美国人从不觉得加拿大是一个与美国不同的独立个体。美国人并未意识到加拿大实际上和美国有很大的差别，也没有意识到自己能从加拿大身上学到很多解决国家顽疾的办法。

美国人对西欧国家的看法从一开始就不同于对加拿大的看法。在我们的眼中，西欧国家和美国明显是不一样的，而加拿大和美国的区别则不那么明显。与加拿大不同的是，西欧国家离美国很远，坐飞机最少也要 5 个小时才能到达，短途车程无法抵达，国民的第一语言大多不是英语，而且没有很长的近代移民历史。然而，西欧国家也是富裕的民主国家，它们与美国一样面临着医疗、教育、监狱等问题，但它们解决问题的办法与美国不尽相同。尤其是，欧洲国家政府以政策支持的方式将政府投入落实到医疗保健、公共交通、教育、养老、艺术以及生活的其他方面，美国人却对这样的政策嗤之以鼻。虽然美国的人均收入水平比大部分欧洲国家要高一些，但西欧国家在国民预期寿命和个人幸福感方面一直都优于美国。

这告诉我们，西欧国家也是值得美国学习的榜样。可是，不像明治时代的日本政府，美国近代历史上鲜少出现由政府派出使团前往西欧和加拿大学习经验的例子。这是因为，我们坚信美国模式早就超越了西欧和加拿大的模式，而且美国是独一无二的，西欧和加拿大无法提供有用的经验。正是这种自大的心态，让我们忽略了一种在很多个体与国家看来都十分有用的危机解决方法——借鉴他人 / 他国在面临类似危机时的处理模式。

美国余下的两个影响危机处理结果的因素，一个是略微次要的不利因素，另一个则是双刃剑。这个略为次要的不利因素指的是美国人尚未练就承受国家层面的不确定性和失败的耐心（因素 9），这种心理与美国人“乐观进取”心态和对成功的预期相抵触。相比直面 1956 年苏伊士危机带来的屈辱的英国人，还有从二战的惨败中恢复过来的日本人和德国人（再加上一战后的德国人），美国人觉得越南战争的失败造成了美国社会的分裂，难以承受这一结果。在应对过往危机的经验方面（因素 8），美国既存在优势又存在劣势。我们不像日本和德国那样打过败仗而且曾被占领，不像芬兰那样曾被他国入侵，也不像英国和澳大利亚那样曾面临外敌入侵的威胁。我们没有像 1868—1912 年的日本那般经历巨大的变革，也没有英国在 1945—1946 年以及随后的几十年间的类似经历。但美国确实熬过了持久的南北战争，这场内战曾威胁到我们的国家统一；美国也确实从 20 世纪 30 年代的大萧条中浴火重生，而且成功地从和平的孤立主义转变为二战期间的全面应战状态。

在上面几段中，我把影响一国危机处理结果的 12 个因素用于分析美国，得出的结论是：美国的地理特征给了我们选择的自由，美国国民拥有强烈的国家认同，再加上我们一直拥有的灵活性，这些因素使我们较为看好美国应对危机的前景。但还有一些因素使我们对美国应对危机的前景不甚乐观，这些因素包括：目前美国人对于自己的国家是否陷入危机缺乏共识；美国频频将自己的问题归咎于他人，不肯承担自己的责任；太多有权有势的美国人只想保护自己，不愿出力改善自己的国家；还有我们不愿意借鉴其他国家解决类似问题的模式。然而，根据这些因素，我们无法预测出美国是否会选择解决这些问题，最多只能预测美国有多大的可能会选择解决这些问题。

美国将拥有什么样的前景？这取决于我们做出的选择。我们当前享有的巨大的根本优势意味着，只要我们将那些自己亲手设置的障碍推开，我们的未来会和昔日一般闪耀。可是，我们现在正在挥霍自己的优势。其他国家也曾挥霍掉自己的优势，其他国家也曾经历突发式或渐进式国家危机，它们的严峻程度至少和我们目前正面临的一样严重。其中一些国家，比如明治时代的日本和二战后的芬兰及德国，进行了痛苦且剧烈的变革，经历漫长的变革期之后，最终成功解除了危机。那么，我们是否会划清界限（因素 3），不是在美国与墨西哥之间，而是在美国社会运转良好的领域与出现问题的领域之间。还有，我们是否会针对那些导致危机不断加剧的因素发起变革，这都是有待观察的问题。

第十一章

世界将去往何处

今日世界

在前面的章节中，我们对一国范畴内产生的危机进行了讨论。来自其他国家的读者可以就自己的国家可能遇到的潜在危机展开思考。现在，我们把话题转向即将到来的全球性危机：对全球来说，有哪些因素会威胁到人类和全球的生活质量呢？往最坏的可能想，全球文明的存续受到哪些威胁？

我认为，以下 4 个问题有可能在全球范围内对人类文明造成破坏。我根据这些问题的可见程度而不是重要性进行了降序排列，它们依次是：核武器的爆发式增长（见插图 11.1）、全球气候变化、全球资源枯竭，以及全球各地居民生活水平的差异。也许有的人会加入其他的一些因素，譬如伊斯兰教激进主义、传染性疾病的出现、行星之间的碰撞，还有大量生物灭绝。

核武器

1945年8月6日，广岛原子弹爆炸在瞬间夺走了约10万人的生命，另外还有几千人在爆炸中受伤、灼伤，或是受到严重辐射，最终失去了生命。假使印度和巴基斯坦之间，或者美国和俄罗斯之间展开核战争，瞬间就会导致上亿人死去，但后续产生的全球效应会更严重。哪怕核武器的爆炸范围被控制在印度和巴基斯坦境内，引爆数百件核武器带给大气层的影响会波及全球，因为核武器爆炸后产生的烟雾、烟尘和粉末会连续几周遮天蔽日，导致全球气温急速下降，仿佛一秒入冬，植物的光合作用被迫中断，许多动植物生态遭到破坏，全球农作物歉收，从而导致饿殍满地。最坏的情况被称作“核冬天”——因为饥荒、严寒、疾病和辐射的缘故，大部分人类将从地球上消失。

迄今为止，人类曾使用过两次核武器，分别是投向日本广岛市和长崎市的原子弹。从那之后，对大规模核战争的恐惧在我的生活中如影随形。1990年之后，尽管这种恐惧随着冷战的结束有所减轻，但随后的事态发展再次增加了核战争爆发的风险。人们在什么情况下会使用核武器呢?

威廉·佩里和我的对谈，以及他在2015年写下的《我在核战争边缘的历程》一书为我接下来的解释提供了素材。佩里的职业生涯使他成为核议题方面的专家。在1962年古巴导弹危机期间，他曾每日为肯尼迪总统提供有关苏联在古巴部署核武器情况的分析报告；他在1994—1997年担任美国国防部部长；他曾代表美国与朝鲜、苏联/俄罗斯、中国、印度、巴基斯坦、伊朗和伊拉克就核议题和其他议题进行谈判；他还曾在苏联解体后参与解除乌克兰和哈萨克斯坦境内苏联核设施的谈判。

在 4 种情况之下，政府（在前 3 种情况下）或者非政府恐怖组织（在第 4 种情况下）会动用核武器。最常被提到的一种情况是，一个拥核国家对另一个拥核国家实施早有预谋的突袭。突袭的目的是完全且即刻销毁敌对国家的核武器，让对手失去反击能力。在冷战的几十年间，这是人们最担心会发生的情况。由于美国和苏联都具备摧毁对方的核能力，那么唯一一种“合理计划下的”袭击只能是足以摧毁对方所有反击能力的突袭行动了。对此，美国和苏联的回应是，各自建立了多个核武器发射系统，这样一来便消除了自己的反击能力被一次性清盘的风险。举例来说，美国拥有三组核武器发射系统，分别是坚固的地下导弹发射井、核潜艇系统，以及一支核弹轰炸机队伍。这样一来，即使苏联出其不意地炸毁美国所有的发射井（当然这个可能性很小，因为美国的发射井如此之多，其中一部分不过是“烟雾弹”，而且这些发射井坚不可摧，体型较小，苏联导弹需要具备极其高的精准度才能把它们击破），美国还是能够用核弹轰炸机和核潜艇来摧毁苏联。

如此一来，美国和苏联的核武器形成了“确保相互毁灭”的状态，突袭从未成真。也就是说，不管摧毁对方的核能力这一目标的诱惑力有多大，美国和苏联的决策者都意识到，核突袭是一个不理性的选择，因为要毁掉敌人所有的核武器发射系统，从而防止敌人随后的毁灭性反击，是一件不可能的事。但是，这般理性的思考只能为我们的将来提供有限的慰藉，因为现代历史上曾出现过毫不理性的领导者：伊拉克的萨达姆·侯赛因也许可以算一个，再加上德国、日本、美国和俄罗斯的某些领导者。除此之外，今天的印度和巴基斯坦都仅拥有地面导弹发射系统——它们都没有核潜艇。因此，印度或者巴基斯坦的领导者有可能会觉得，突袭是理性的战略，很有可能摧毁对手的反击能力。

第二种情况是，虽然在一开始双方都没有动武的意向，但由于其中一方对对方政府的回应做出了误判，军方对本国总统频频施压，导致事态升级，最终双方爆发非突袭式核武器攻击。1962年发生的古巴导弹危机就是一个典型的例子。在1961年的维也纳会晤后，由于对时任美国总统肯尼迪的评价不高，苏联领导者赫鲁晓夫做出了误判，认为自己可以成功地在古巴部署苏联的导弹。当美国探测到这些导弹的踪迹时，美国军方将领强烈要求肯尼迪马上将它们销毁（冒着被苏联报复的风险），并警告总统先生，如果他不这么做，那么他将受到弹劾。幸好，肯尼迪选择了相对不那么极端的回应方式，赫鲁晓夫的回应也不太极端，一场"末日对决"得以避免。然而，后来双方公布的行动计划文件显示，当时的情况真可谓千钧一发。例如，在长达近一周的古巴导弹危机事件的头一天，肯尼迪曾公开宣布，一旦苏联在古巴发射导弹，将招致"（美国）对苏联的全面报复行动"。苏联方面，无须经身在莫斯科的苏联领导者首肯，苏联的核潜艇艇长有权发射核鱼雷。其中一艘苏联核潜艇的艇长确实曾考虑向一艘对该潜艇造成威胁的美国驱逐舰发射核鱼雷，幸好在潜艇中的其他将士的劝阻下，他打消了这个念头。要是这名苏联核潜艇艇长顺从了自己的心意，肯尼迪也许就不得不迫于压力实施报复，这样又会导致赫鲁晓夫迫于压力不得不进一步反击……

今天，类似的误判也有可能引发核战争。比如，朝鲜目前拥有射程可达日本和韩国的中程导弹，并且还发射了一枚意图接近美国本土的远程洲际弹道导弹。如果朝鲜完成洲际弹道导弹的研发，那么它可能会直接向美国发射一枚导弹，以验证自己的这一能力。这将被美国视作绝对不能接受的挑衅行为，尤其当这枚洲际弹道导弹比预计射程更靠近美国领土时。到那时，美国总统将面临压倒性的报复压力。

巴基斯坦和印度也可能因为误判而发生计划之外的报复行动。早在 2008 年，巴基斯坦的恐怖分子就曾对印度城市孟买发动过一起致命的非核武器袭击。在可预见的未来，巴基斯坦的恐怖分子有可能会策划一起更具挑衅性的袭击（比如，将目标定为印度首都新德里）。对印度来说，巴基斯坦政府是否在幕后参与了这场袭击，可能难有定论。印度领导者将迫于压力入侵邻近的巴基斯坦地区，以消灭这些地区的恐怖分子。巴基斯坦的领导者反过来也会被施压，小规模使用他们的战略核武器，“只为”对抗入侵的印度军队。此时的巴基斯坦领导者也许会做出误判，认为印度可以“接受”这种小规模核武器的使用，而且不会就此对巴基斯坦发起全面报复行动。但印度领导者将面临巨大的国内压力，不得不对巴基斯坦使用核武器。

在我看来，以上两种因误判引发核战争的情景可能会在未来10年间出现。主要的不确定性在于领导者届时是否会像在古巴导弹危机时那样及时收手，还是会推动事态升级至不可挽回的局面。

第三种会导致核战争爆发的情况是错误解读技术预警信号。美国和俄罗斯都拥有探测对方进攻性导弹发射的早期预警系统。一旦探测到对方的导弹已经发射，美国或者俄罗斯的总统有大约10分钟的时间来决定是否在对方的导弹摧毁自己国家的陆地导弹系统之前，发起报复性反击。开弓没有回头箭，导弹一旦发射出去就无法召回。这样一来，领导者需要在极有限的时间内评估这个早期预警到底是真实的信息还是技术失误带来的虚假警报，从而决定是否按下那个将令数亿人失去生命的按钮。

然而，与所有纷繁复杂的技术一样，导弹探测系统也会出现功能故障和解读失误的情况。据我所知，美国的探测系统就发生过至少三起虚假警报事故。例如，在1979年11月9日午夜，当天的值班观察员致电时任美国国防部副部长威廉·佩里，报告称："我的预警计算机上显示，有200枚洲际弹道导弹正从苏联飞向美国。"不过这名军官给出的结论是，该信号可能是一个虚假警报，佩里没有叫醒卡特总统，卡特总统没有按下那个按钮，没有使上亿苏联人无辜丧命。最终证明，这个警报信号确实是虚惊一场，它源自人为失误：一名计算机操作员不小心将一盘模拟200枚苏联洲际弹道导弹发射的军事演习录像带插入了美国的预警系统终端机。我还知道至少一起俄罗斯预警系统发出的虚假警报：1995年，一枚从挪威某岛朝北极圈发射的非军用火箭被俄罗斯雷达的自动追踪算法误以为是一枚发射自美国核潜艇的导弹。

这几起事件说明了一个要点：预警信号的准确性不足。虚假警报可能存在，而且时有发生，但同时货真价实的导弹发射和预警信号也有可能出现。因此，当确实出现预警信号时，美方的观察员和美国总统（假设与之相对的是俄罗斯的观察员和俄罗斯总统）必须根据当下的事态来解读这个信号：当下的世界局势是不是已经到了这样一种地步，让俄罗斯人（或美国人）有可能冒着巨大的风险发动进攻，哪怕这必然会立刻招致对方的毁灭性报复？在 1979 年 11 月 9 日，并没有发生任何会刺激导弹发射的世界性事件，苏联和美国的关系也并非尖锐对立，因此那名美国观察员和威廉·佩里都确信，那个预警信号只是虚惊一场。

可惜的是，今非昔比。虽然人们可能会天真地认为，随着冷战的终结，俄罗斯和美国之间爆发核战争的风险已经降低或消除。但令人疑惑的是，事实恰恰相反：自古巴导弹危机以来，俄美两国之间爆发核战争的风险比以往任何时候都更高。人们对此的解释是，俄美之间整体关系和沟通局势恶化：部分原因是俄罗斯总统普京这些年来实施的政策，部分原因是美国政府的政策不够谨慎。在 20 世纪 90 年代末，美国政府错误地把经历苏联解体的俄罗斯视为一个虚弱的、不再值得尊重的国家。在这种错误态度的引导下，美国不成熟地对北约进行扩张，囊括了曾经是苏联一部分的波罗的海三国；在俄罗斯的强烈反对下，美国依然支持北约对塞尔维亚的干预行动；并且，美国在东欧设立了用于抗衡伊朗导弹的弹道导弹装置。可以理解，俄罗斯领导者因为美国的上述行动以及其他一些行动而深感受到威胁。

今时今日，美国的对俄政策忽略了 1945 年以后芬兰领导者从应对苏联的威胁中得到的教训：芬兰的安全得以保障的唯一方式就是与苏联持续进行坦诚的对话，让苏联相信芬兰不但值得信任，而且不会对其造成任何威胁（见第二章）。如今，美国和俄罗斯对彼此造成了很大的威胁，就是因为双方未能保持开诚布公的对话机制，也未能让对方相信自己不会事先谋划攻击行动——两国很可能会因为某种误读、误判而发动突然进攻。

人类可能使用核武器的余下一种情况和恐怖分子有关，他们可能会从拥核国家（最有可能的是巴基斯坦、朝鲜或伊朗）窃取或者被赠予铀原料或者钚原料，甚至是完整的核弹。然后，这些核弹可能会通过走私的方式被运往美国或者其他的目标地，并且在当地被引爆。在 2001 年准备袭击美国世贸中心的时候，基地组织确实曾经试图获取一件核武器以对抗美国。要是核弹储存地点的安全保障有限，即使没有核弹制造国的帮助，恐怖分子也能从中窃取铀原料或者核弹。举例来说，苏联解体之际，有 600 公斤属于苏联的铀原料被留在了当时刚独立不久的哈萨克斯坦，这批铀原料的品质足以用于制造核弹。这批铀原料被储存在一个仓库中，周边的安全措施只有一道铁丝网，因而很容易被偷走。不过，更可能出现的情况是，恐怖分子会通过“内鬼”（即在巴基斯坦、朝鲜或伊朗的核弹储存地工作的人员或者领导）获取制造核弹的原材料。

与恐怖分子的上述行为有关且易发生混淆的是另一种风险，

即他们对“脏弹”的获取：这是一种传统的非核炸弹，其中含有不会引起爆炸的具有长期放射性的原料，比如半衰期长达 30 年的放射性同位素铯 –137。如果在美国或者其他国家的城市中引爆这样一枚脏弹，铯同位素的威力将蔓延至周边的一大片区域，会导致这片区域永远不再适宜居住，并且会给人们带来严重的心理创伤。（只需要想想美国“9 · 11”恐怖袭击事件对美国人的思维方式和政策走向带来的持续性影响，尽管这起事件中没有使用炸药或是具有长期放射性的同位素。）恐怖分子已经在许多国家的城市中展现出他们引爆炸弹的能耐，而铯 –137 由于其医学用途早已出现在各大医院。所以说，我很惊讶恐怖分子还没有将铯 –137 加进他们的非核炸弹中。

以上 4 种情况当中，最可能发生的便是恐怖分子使用脏弹（因其制作简单）或者核弹。前者会导致一小部分人员伤亡，后者将会像广岛事件般造成数十万人丧生——不过这两种情况都将导致更为严重的后果，远非死亡人数所能代表的。前三种情况将会直接夺走数亿人的生命，并最终导致地球上大部分人的灭亡，这样的情况发生的可能性虽然较小，也不是完全没有。

气候变化

全球四大问题中的下一个问题是气候变化，这一问题将在接下来的几十年间与我们的生活息息相关。我们每个人大概都听说过这个概念。可是，全球气候变化问题是如此复杂，如此让人疑惑，而且常常以矛盾的表象展现在人们眼前，以至除了气候专家以外，实际上没有多少人能真正理解这一问题，许多有影响力的人物（包括不少美国政治家）甚至把全球气候变化称作一场骗局。现在，我将尝试通过一张因果链条的流程图来将这个问题尽量解释清楚。

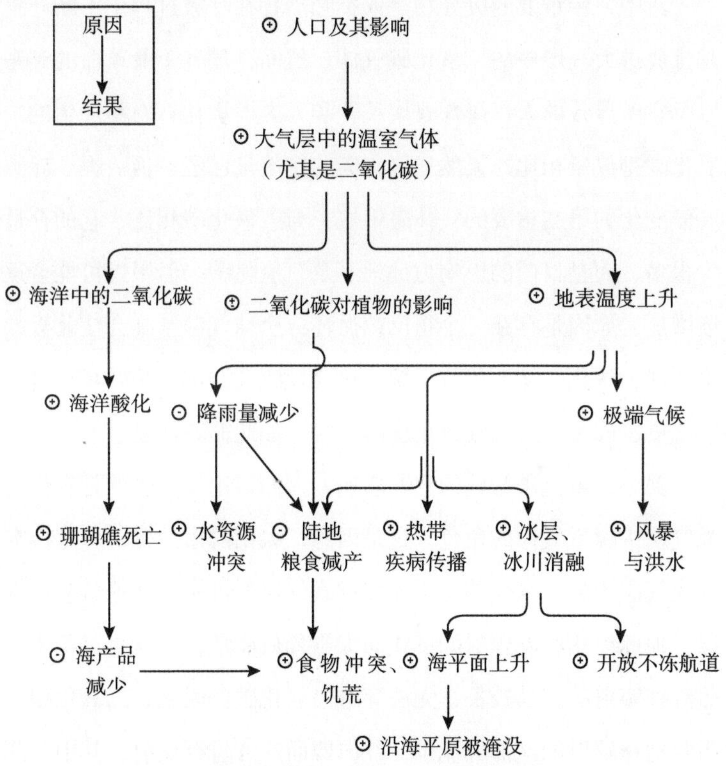

图 1　全球气候变化的因果链条

问题的起点是世界总人口以及人均影响力（指每年人均消耗的石油等资源的数量，以及排放的污水等废弃物的数量）。以下三项指标——人口总数、人均资源消耗量和人均废弃物的排放量都在不断增加。如此一来，人类对地球造成的总体影响也在不断增加，因为总影响力等于不断增加的人均影响力乘以不断增加的人口总数。

其中一种重要的废弃物是人类和动物在呼吸过程中不断产生并排放进大气层中的二氧化碳气体。然而，随着工业革命的到来，以及它所导致的人口爆炸式增长，和人类燃烧化石燃料产生的二氧化碳排放量相比，天然二氧化碳的排放量已经不值一提。导致气候变化的第二重要的气体是甲烷，与二氧化碳相比，它的存量少得多，而且目前的影响力远远不及二氧化碳。但甲烷可能会逐渐增加，原因是存在一个正反馈循环：全球气温升高会使北极的永久冻土融化，从而释放甲烷，这会导致气温进一步升高，进而融化更多冻土，接着释放更多的甲烷，如此循环往复。

关于二氧化碳排放的主要影响，人们讨论得最多的是它作为大气层中温室气体的角色。这是因为，太阳的短波辐射可直接穿透大气层中的二氧化碳，阳光穿过大气层射进来会使地球表面升温。地球以热红外辐射的形式向太空释放能量，但这个过程中的热红外辐射的波长较长，无法穿透二氧化碳。因此，二氧化碳会吸收地球辐射的这部分能量，并向四面八方进行反射，其中一部分能量会原路返回地球表面。地球表面因而会再度升温，变得像一个玻璃温室的内部，尽管二者升温的物理机制并不相同。

但是，二氧化碳的排放还会产生另外两个主要影响。一是我们排放的二氧化碳会有一部分以碳酸的形式储存在海洋里。但是，经过 1 500 万年的酝酿，海洋的酸度已经变得比以往任何时候都要高。海洋的酸化会消融珊瑚的骨骼，从而摧毁珊瑚礁，而珊瑚礁是海洋鱼类繁衍的主要温床，还能起到保护热带和亚热带海岸免受风暴、海啸袭击的作用。目前，全世界的珊瑚礁正在以每年 1% 或 2% 的速度消失，照此下去，它们差不多会在 21 世纪内全部死去，这将意味着热带海岸的安全性和海洋蛋白资源的大幅下降、减少。二氧化碳排放还会对植物生长产生不同程度的影响，对有的植物生长会起到促进作用，对有的植物生长则会起到阻碍作用。

然而，二氧化碳排放会产生的影响中被讨论得最多的，还是我一开始提到的：它会导致地球表面和低层大气的升温。这就是我们所说的全球变暖。然而，这一现象的效应十分复杂，以至称其为“全球变暖”其实是不恰当的，更为恰当的称呼是“全球气候变化”。首先，从全球气候变化的因果链条可以看出，大气层的升温很奇怪地会导致部分陆地区域（例如美国的东南部）暂时降温，但会导致大部分地区（例如美国余下的大部分地方）升温。例如，大气层升温会融化北冰洋海面上的浮冰，使北冰洋的更多冰水向南流去，从而导致洋流下游的陆地区域降温。

其次，与全球气候平均变暖趋势同时存在的是极端气候现象的增加：风暴和洪水越来越频繁，气温的热高峰值越来越高，同时冷高峰值也越来越低，从而产生了诸如埃及雪花纷飞、美国东北部迎来冷空气等现象。这些现象使人们无法充分认识到全球气候变暖产生的重要影响，让本就有所怀疑的、不理解气候变化的政治家认为，气候变化是个骗局。

最后，气候变化的复杂性还源于气候变化当中原因和结果之间存在较长的时间延迟。比方说，海洋储存和排放二氧化碳的速度非常慢，哪怕今晚地球上全部的人都消失，或者停止呼吸，又或者停止燃烧化石燃料，大气层还是会在接下来的几十年里不断地升温。当前人们的预测还较为保守，假定原因和结果之间存在线性关系，但一些影响力很大的非线性因素将会令全球升温的速度变得更快。这些因素包括永久冻土和浮冰的消融，以及可能发生的南极和格陵兰岛冰原崩裂。

接下来，我将谈谈全球气候平均变暖趋势所导致的 4 个后果。（经过我的一番“尽可能清楚的解释”，你可能已经开始同意，全球气候变化真的很复杂！）对地球上很多地方的人来说，全球气候变化最显而易见的后果是干旱。比如，我的家乡南加利福尼亚州正变得越来越干旱，尤其是在 2015 年，自 19 世纪有天气记录以来，我所在的城市洛杉矶在该年打破了最干旱年份的纪录。全球气候变化所导致的干旱现象在世界上的分布并不平均：北美地区、地中海沿岸、中东地区、非洲、南澳大利亚的农耕区以及喜马拉雅山脉是受影响最严重的区域。例如，喜马拉雅山上的积雪为中国、越南、印度、巴基斯坦和孟加拉国提供了大部分水源。可是，随着积雪的减少，这些国家共享的水资源供应量正在不断减少，而这几个国家在和平解决争端方面的历史记录似乎不太尽如人意。

全球气候平均变暖趋势带来的第二个后果是粮食产量的下

降，原因之一是我方才提到的干旱现象。但让人费解的是，陆地温度的上升也会导致粮食产量下降（例如，升温更有利于野草而不是农作物生长）。粮食产量下降确实是一个问题，因为根据预测，在接下来的几十年中，全球人口总量、生活标准和粮食消耗量将增长50%，然而现在我们已经面临好几十亿人吃不饱的问题。特别是，美国作为世界上领先的粮食出口国，其农业生产区集中在国家的西部和中部，但由于全球气候变化，这些地区正变得越来越热、越来越干，粮食产量也持续走低。

全球气候平均变暖趋势带来的第三个后果，是携带热带疾病的昆虫向温带地区迁移。目前，由此产生的疾病问题包括：最近出现的登革热疫情和在美国出现的蜱媒疾病，近来出现在欧洲的热带流行病奇孔古尼亚病毒性疾病、疟疾和病毒性脑炎。

我要提到的气候变暖趋势的最后一个后果，是海平面的上升。据保守估算，21世纪内海平面将平均上升3英尺，然而过去海平面曾最高上升70英尺。现在最主要的不确定因素是，一旦南极洲和格陵兰岛的冰原崩裂并融化，将会向海洋注入大量的冰水。即使海平面平均上升3英尺，在风暴和潮汐的放大作用下，也足以给位于美国东部沿海地带的佛罗里达州和其他部分地区，以及荷兰、孟加拉国低地等许多人口密集之地带来负面影响，并且还将对各大入海口造成破坏，而这些入海口正是许多海洋鱼类产卵、繁殖的温床。

朋友有时候会问我，气候变化是否会给人类社会带来一些正面的影响。答案是，气候变化确实会产生一些正面的影响。比如，随着北极海冰的消融，在远北地带将有可能开放不冻航道，而且加拿大南部小麦产区和其他一些地区的小麦产量有可能会提高。但是，气候变化给人类社会带来的大多是滔天巨祸。

那么，有没有什么快捷的技术手段可以处理这些问题呢？你也许听过地球工程学的各种方案，例如往大气层中注入粒子，或者从大气层中抽取二氧化碳，从而达到给地球表面降温的目的。然而，至今还没有任何一项地理工程学方案经过测试并宣布奏效，这些方案往往成本高昂，而且测试和实行其中任何一项方案肯定都要花很长的时间，也很可能会出现意料之外的副作用。比方说，自 20 世纪 40 年代，我们使用无毒的氯氟烃气体（CFCs）来代替之前在冰箱中使用的有毒气体，看上去这个绝妙又安全的工程方案解决了冰箱气体的难题，特别是来自实验室的实验结果证明了氯氟烃气体没有任何坏处。不幸的是，实验结果无法告诉我们，当氯氟烃气体进入大气层时，它会对保护我们免受紫外线辐射伤害的臭氧层造成破坏。因此，世界上大部分国家开始禁止使用氯氟烃气体——不过那已经是好几十年之后了。这件事体现了为什么地球工程学的方案首先需要通过“大气层测试”——但这又是完全不可行的，因为在期盼第 11 次尝试能达到预期成效之前，我们前 10 次的测试可能已经毁掉整个地球。所以，大部分科学家和经济学家都认为，地球工程学试验是极其不明智的选择，甚至会带来致命性危险，所以应该被禁止。

那么，这是否意味着气候变化的进程已锐不可当，我们的后代必然要生活在一个不适宜居住的地球上？不，当然不是这样。

气候变化大部分源于人类活动的影响，所以我们必须通过减少这些人类活动来延缓气候变化的进程。具体而言，我们要减少化石燃料的燃烧，多使用风能、太阳能、核能等可再生能源。

化石燃料

除了核武器和气候变化，全世界基本自然资源的枯竭是未来人类社会将要面对的第三大问题。自然资源的枯竭将给人类带来麻烦，因为有些资源（尤其是水和木材）曾使历史上某些社会的发展受到限制，并且导致它们的崩溃，还有些资源（尤其是化石燃料、矿物质和高产田地）曾诱发过战争。如今，资源稀缺对许多地区的社会发展造成了阻碍，甚至带来了战争的威胁。现在，让我们来具体关注其中一个例子——化石燃料，它主要被我们用作能源，但同时也是许多产品在化学合成环节所需的原始物料。（“化石燃料”这个词的意思是指很久以前形成于地幔的碳氢化合物燃料，包括石油、煤炭、油页岩和天然气。）

所有的人类活动都需要能量，我们在运输和起重活动中尤其需要用到大量能量。在人类进化的数百万年间，人类自身的肌肉力量曾是我们运输和起重的唯一能量来源。大概1万年以前，我们开始驯养大型动物，控制它们来拉车、装载货物，并借助滑轮和齿轮系统来完成需要起重的活动。在这之后，风力成为帆船和（后来出现的）风车运行的动力，水力则成为驱动水车进行起重、研磨和纺织的动力。今天，化石燃料是我们最常见的能量来源，因为它们从表面上看成本低（后面将展开更多的讨论），能量密度高（即只需少量的燃料便可生成大量的能量），而且方便运输（不像动物、风力和水力，只能在某些特定位置获得或保存）。这就解释了为什么化石燃料成为近代以来驱动战争和国家外交政策的一个主要因素，典型的例子是，石油影响了美国和英国的中东政策，并且促使日本做出参加二战的决定。

早在远古时代，人类便已开始使用少量暴露在地球表面的石油和煤炭。然而，直到 18 世纪工业革命拉开序幕，人们才开始大规模地使用化石燃料。人类开采化石燃料的来源地和种类随着时间而变。最先被使用的，是那些因暴露于地表或靠近地表而最容易获得的燃料，那些最容易提取而且提取成本最低的燃料，以及那些提取过程破坏性最小的燃料。当这些燃料被全部搜刮干净时，我们把目光转向相对而言不那么容易获取、埋藏得更深、提取成本更高或者对环境破坏性更大的燃料。因此，第一批被用于工业生产的燃料是埋藏较浅的煤炭资源，它们被用来为抽水机的蒸汽引擎提供动力，后来被用于为纺车和（19 世纪的）汽船、机车引擎提供动力。煤炭的工业开采之后是石油、油页岩和天然气的开采。例如，从地下抽取石油的第一口油井建于 1859 年的美国宾夕法尼亚州，在那之后渐渐出现越来越深的油井。

如今，人们开始讨论我们是否已经到达一个“石油峰值”，即我们是否已经过多地消耗了地球上可获得的石油储量，以至石油产量很快就要走下坡路。但人们已经广泛达成的共识是，那些成本最低、最易获取、破坏性最小的石油资源已经被耗尽。宾夕法尼亚州的浅层油井已无法为美国提供表层石油了。因此，油井被挖得越来越深（1 英里深或更深），而且油井的位置也从陆地转向浅层海域，进而转向深层海域；石油开采活动不再局限于美国的工业中心地带宾夕法尼亚州，而已经拓展至新几内亚的热带雨林还有北极。比起宾夕法尼亚州的浅层油井，这些更深、更远的油井的开采成本要高很多。而且，一旦这些地方发生石油泄漏事故，所造成的破坏也会更大。随着石油开采成本的升高，可替代石油但破坏性更强的化石能源（如油页岩和煤炭），还有非化石能源（如风能和太阳能），正变得更为经济。尽管如此，当前石油的价格依然居高不下，石油公司巨头依然能从中获取暴利。

方才，我提到了从表面上看石油成本低廉。现在，让我们停下来，仔细想一想石油（或者煤炭）的实际成本。假设石油的售价是每桶 60 美元。如果石油公司开采和运输每桶石油的成本仅为 20 美元，而且假设石油公司除此之外没有其他方面的支出，那么每桶 60 美元的售价意味着石油公司可从中赚取大笔的利润。

可是，燃烧化石燃料会造成很大的破坏。如果石油公司需要为这些破坏性影响负责，那么石油的价格将会上升。燃烧化石燃料带来的破坏之一是空气污染，近代以来，这一问题在美国和欧洲曾经非常严重，如今在印度和中国也较为严重。这种空气污染每年会造成几百万人死亡，而且医疗成本非常高。由化石燃料的燃烧造成的其他破坏主要通过气候变化体现出来，例如农业减产，海平面上升，我们不得不花更多钱来建造屏障以阻挡升高的海平面，除此之外还表现为洪水和干旱等重大自然灾害的加剧。

下面，我通过一个例子来帮助你理解化石燃料燃烧带来的间接成本，虽然目前它们的生产者无须支付这笔费用。假设你开了一家工厂，生产一种叫作“开心娃娃”的玩偶。如果每制造一吨“开心娃娃”的成本是20美元，其他品牌的玩偶制造成本为每吨30美元，而且你可以以每吨60美元的价格出售你的“开心娃娃”。那么，每吨40美元（60美元减去20美元）的毛利润意味着制造“开心娃娃”非常有利可图，而且可使你同其他玩偶制造商之间拉开一大段距离。

不幸的是，在制造“开心娃娃”的过程中会产生大量的黑色沉淀物，而其他品牌的玩偶在制造过程中并不会产生这种黑色沉淀物。你将这些黑色沉淀物丢进周边的麦田里，因此邻居的小麦开始减产。你每生产1吨“开心娃娃”带来的黑色沉淀物，会使邻居种植小麦的收入减少70美元。

因此，邻居对你提起诉讼，坚持要你来支付每吨“开心娃娃”的生产所导致的70美元小麦收入的损失。你当然不同意邻居的要求，而且会找许多借口。你不承认“开心娃娃”的生产过程中产生了黑色沉淀物，虽然你所雇用的科学家早在几十年前就提醒过你，生产过程中会产生这种副产品。你会说这种黑色沉淀物的有害性并未得到证实，称这种沉淀物是几百万年来自然生成的物质，称还要进行更多的研究，才能判断你邻居田里有多少黑色沉淀物是来自你的工厂。而且，你会说“开心娃娃”对人类文明和我们的高品质生活至关重要，因此黑色沉淀物的受害者应该闭上嘴，停止喋喋不休的抱怨。

但是，当这起案件被提上法庭，法官和陪审员不假思索地判定：你当然得为生产每吨“开心娃娃”对邻居造成的小麦收入损失支付 70 美元。这样一来，“开心娃娃”的成本就不再是每吨 20 美元了，而是每吨 90 美元（20 美元加上 70 美元）。生产“开心娃娃”不再是一个牟取暴利的方式：如果你只能以每吨 60 美元的价格售出这种玩偶，而成本高达每吨 90 美元，则生产这种玩偶就变得非常不划算。现在，你的竞争对手以每吨 30 美元的成本制造的玩偶就击败了你的“开心娃娃”。

就如同我们在这个假设的例子中提到的“开心娃娃”玩偶，化石燃料也会造成破坏，并且会影响人类收益。不同点在于，比起例子中的黑色沉淀物，化石燃料燃烧产生的二氧化碳可见度很低，而且“开心娃娃”的制造商需要赔偿对他人造成的损害，但是化石燃料的生产者和使用者目前还无须为化石燃料燃烧造成的负面影响付出代价。不过，有越来越高的呼声让化石燃料生产者和使用者付出代价，就像“开心娃娃”的制造商那样，具体可通过出台缴纳碳排放税的规定或是其他的方案来实施。这种呼声正是目前人们寻找除化石燃料以外的可替代能源的推动因素之一。

可替代能源

某些可替代能源，例如风能、太阳能、潮汐能、水力发电和地热能，看上去似乎取之不尽、用之不竭。除了潮汐能以外，所有这些能源都得到了“验证”，也就是说，它们都已经被长时间、大规模地利用。例如，丹麦目前主要依靠位于北海的风车发电，冰岛的首都雷克雅未克使用地热能来取暖，而早在一个世纪前，人们就开始在河上建设水坝以水力发电。

当然，每一种可替代能源都存在自己独有的问题。在我的家乡南加利福尼亚州，大规模应用太阳能意味着要在阳光普照的沙漠地区设置大量太阳能电池板，但这会对早已濒危的沙漠龟的栖息环境造成不利影响。风车会杀死蝙蝠和鸟，而且当地居民纷纷抱怨风车影响了他们的视野。用于水力发电的河上大坝对洄游鱼类构成了阻碍。但是，如果我们能够找到其他成本低且不会产生负面影响的办法来提供能量，我们肯定不会去破坏沙漠龟的栖息地，杀死鸟和蝙蝠，影响人们的视野，或者阻挡鱼类的洄游。可是，正如我们所说，化石燃料的使用会造成极为严峻的问题，如全球气候变化、呼吸道疾病，还有石油和煤炭开采带来的破坏。由于我们没有在好的解决方案和坏的解决方案之间做选择的余地，我们不得不自问：在所有这些坏的解决方案中，负面影响最小的是哪一种？

关于这场辩论，我们可以以风车为例进行探讨。据估计，在美国，风车每年至少会杀死 4.5 万只鸟和蝙蝠。听上去这个数字很大。然而，与这个数字相比，我们应该看到，据估算，每只可以自由进出家门的宠物猫平均每年会杀死超过 300 只鸟。（是的，超过 300 只，这可不是一个印刷错误。）如果在美国户外，猫的总数预计为 1 亿只，那么通过计算可知，这些猫每年至少会杀死 300 亿只鸟，你再把这个数字与风车每年杀死的鸟和蝙蝠的数量比较就会发现，风车带来的伤亡率仅仅相当于 150 只猫的“杰作”。人们便可以由此看出，如果我们真的非常关心美国的鸟类和蝙蝠，那么我们应当先把注意力放在猫身上，而不是风车上。此外，请你想想，猫在对鸟类造成伤害的同时不会为我们提供能量，也不会减轻空气污染或缓解全球变暖，而风车则可以做到这些。

风车的例子告诉我们，尽管风车、沙漠地区的太阳能电池板和水坝毫无疑问会造成一些伤害，但是情有可原。比起化石燃料，它们造成的伤害程度较低。因此，使用这些可替代能源来代替化石燃料，是一种可以令人接受的妥协方案。人们也许还会听到另外一种反对意见，即风能和太阳能产生的能量不足以与化石燃料抗衡。可是，在某些情况下它们确实已经堪比化石燃料了，而且化石燃料的表面经济优势存在误导性，如果我们考虑到使用化石燃料带来的巨大间接成本（想想“开心娃娃”玩偶的成本），那么相较之下，可替代能源的成本其实低很多。

截至此刻，你也许已经开始思考显而易见但又令人惧怕的另一种可替代能源——核能。这是大多数美国人，还有许多其他国家的公民都不愿提及的话题。除了经济原因，人们对核能如此排斥的原因还有三个：担心会发生意外，害怕核反应堆材料被用于制造核武器，以及使用后的核燃料弃置于何处的问题，这个问题一直悬而未决。

关于长崎和广岛原子弹爆炸的记忆让许多人本能地将核反应堆和死亡联系在一起，而不是将其与能源联系在一起。事实上，自 1945 年以来，已知的有两起核电站事故造成人员伤亡：苏联的切尔诺贝利核电站事故造成 32 人当场死亡，而后来因为核辐射去世的人数未能确定；还有就是日本的福岛核电站事故。1979年，美国的三里岛核电站因设备事故和人为失误而被毁灭，但没有造成任何人员伤亡，而且放射性材料几乎没有泄露。然而，三里岛核事故给美国人造成了严重的心理阴影：此后的许多年，美国暂停了一切核反应堆的采购活动。

人们对核能发电的另一个恐惧，是关于核反应堆燃料使用过后弃置于何处的未解难题。在理想的情况下，废弃的核反应堆燃料应当被永久性地存放在一个遥远且生态非常稳定的区域，深埋于地下，确保地震或渗水都无法造成核燃料泄漏。到目前为止，美国能找到的最合适的选址位于内华达州，该选址符合上述的要求。然而，要确保百分之百的安全肯定是不可能的，所以内华达州民众阻止了该选址的落成。结果，美国到现在还没能找到一个处置废弃核燃料的地点。

所以，正如我们讨论过的风车会伤害鸟和蝙蝠的问题，核能发电也不是没有坏处的。哪怕没有这些负面影响，核能也无法满足我们所有重要的能源需求，比方说，核反应堆不能为汽车和飞机提供动力。三里岛、切尔诺贝利和福岛事故加深了我们对广岛和长崎的记忆，让大多数美国人和其他国家的人们不敢细想核能的应用。然而，我们必须再次自问：使用核能的风险有哪些，使用其他可替代能源的风险又有哪些？几十年来，法国国内的电力需求大部分都是通过核电站得到满足，而且没有发生任何事故。有些人说，法国可能发生过核事故，只是法国不承认。这种反驳似乎不合情理：切尔诺贝利的经历告诉我们，任何从被毁坏的核反应堆进入大气层的放射性物质都会令其他国家有所察觉。韩国、芬兰和许多其他国家同样也使用核能发电，而且都未曾引发过重大事故。因此，我们应当在发生核反应堆事故的概率和化石燃料燃烧导致的空气污染每年造成的数百万人伤亡之间权衡轻重。

对美国而言，解决这些困境的方案必须要包括两个要素。一个是降低美国的人均能源消耗量：我们的人均能源消耗量大致是欧洲人的两倍，尽管欧洲人的生活标准比我们要高。造成这一现象的原因有很多，其中之一是，欧洲国家政府和美国政府在引导民众购买汽车方面采取了不同的政策。欧洲人不太乐意购买油耗高、燃油效率低、价格高昂的大型车，因为部分欧洲国家将汽车消费税设定为100%，使汽车的价钱翻了一番。同时，欧洲政府设置的汽油税促使汽油价格高达每加仑9美元以上，这使人们面对非省油型汽车更加望而却步。美国同样可以通过税收政策来“劝退”那些打算购买超级烧油型汽车的民众。

除了降低整体能源消耗，美国能源难题的解决方案还需具备第二个要素——获取更多非化石能源，即风能、太阳能、潮汐能、水力发电、电热能或者核能。1973年的第一次石油危机爆发后，美国政府开始为可替代能源的研发者提供补贴，美国公司利用这些补贴助研发出了高效的风车。不幸的是，在1980年左右，美国政府终止了对可替代能源的补贴政策，以致高效风车在美国的市场份额急剧缩减。不过，丹麦、德国、西班牙和其他欧洲国家在我们设计的风车的基础上做了改良，现在这些风车已经被用来满足大量的电力需求。无独有偶，中国开发了一条长距离输电线路，将远在西部的风力发电厂所产生的电力输送至人口密集的东部地区。美国则尚未开发出这样的长距离电力输送系统。

其他自然资源

放在人类能源需求的更宏观背景下观察的话，以上这些问题都与化石燃料这种自然资源的枯竭有关。接下来，我们来简单讨论其他主要的自然资源种类，以及它们可能给我们的未来带来的难题。其中两类自然资源其实我在第八章便已经提到过，它们形成了日本特有的问题：一是森林资源，它为人类提供木材、纸张和传粉昆虫等关键的生物因子；二是渔业资源（主要是来自海洋、淡水湖河的鱼类和贝类），它为全球人类提供了大部分所需的膳食蛋白。其他的自然资源种类还有：工业中使用的多种不同的元素和矿物质（铁、铝、铜、镍、铅等），对农业和林业至关重要的肥沃土壤，供饮用、洗涤、农业、林业和工业使用的淡水资源，以及我们所有人赖以生存的大气层。这些不同的资源在以下 4 个方面有所区别：它们的可再生性以及因此引起的管理问题，它们对人类社会的潜在限制，它们的国际维度，以及它们激发的包括战争等形式的国际竞争。要理解不同资源可能给我们带来的难题，了解这些区别就很重要。

首先，资源具有不同程度的可再生性。如同化石燃料，矿物质也是无机物（即不具有生物性，也不可再生）。这就是说，矿物质不能自行再生，也不能产生下一代矿物质。实际上，目前我们在地球上所能获取的矿物质数量，就是我们所拥有的全部了。

与之相反，森林资源和渔业资源都是可再生的生物资源：树木和鱼类都能繁殖下一代。因此，在理论上，还有通常在实践中，我们可以将收获速率控制在低于新生鱼类和新生树木生长速率的水平，以实现这部分资源的可持续利用，如此一来，鱼类和树木的总量就能够维持稳定，甚至有所增加。虽然肥沃的土壤中大部分是无机物，只有一部分物质具有生物性，但土壤也被看作一种可再生资源，因为尽管土壤会因人类活动而受到侵蚀，但蚯蚓和微生物能让它重新焕发生机。淡水是部分不可再生资源（例如枯竭的含水层），但部分是可再生的，因为从海洋中蒸发的水汽最后可以通过降雨的方式重归大地，从而产生新的淡水资源。

我们无法通过管理手段使全球不可再生资源（矿物质和化石燃料）的储备量维持稳定。但是，我们的资源管理手段会对可再生生物资源的储备量产生很大的影响。正如我在第八章提到的，人类在可持续管理森林资源和渔业资源方面拥有很丰富的知识。世界上的部分森林资源和渔业资源已经得到了妥善管理，例如德国的森林资源和阿拉斯加的野生三文鱼资源。不幸的是，大部分森林资源和渔业资源尚未被妥善管理，它们都被过度开发或过度捕捞，导致树木和鱼类的存量不断消减，甚至走向灭绝。请快速回想：你最后一次吃大西洋旗鱼是什么时候？你的回答很有可能是：很多年没吃到过了，因为这种旗鱼被过度捕捞，市场上几乎已经看不到了。我们还知道如何管理表层土壤，但可悲的是，表层土壤也常常面临管理不善的问题，要么被侵蚀而流入河水中，然后流入海洋，要么是出现肥力及结构的退化。简而言之，目前人们对许多或者说大部分有价值的可再生生物资源的管理都是不当的。

其次，哪些自然资源会限制人类社会的发展？答案是：也许所有的自然资源都会如此，除了目前毫无耗尽征兆的大气层中的氧气。一些矿物质，尤其是铁和铝的存量如此之大，以至它们看上去好像永远都用不完，但我必须调整这种表述，承认我们目前开采的都是浅层的、易获取的且开采成本低廉的铁和铝。随着时间的流逝，我们不可避免地将要开采储存在更深处的铁和铝，它们的开采成本更高，化石燃料便是很好的一个例子。其他的一些对工业来说具有重要意义的矿物质存量较低，因此人们已经开始担忧其储备不足的问题，比如部分稀土，它们主要集中在中国。也许你倾向于把淡水看作一种可无限获取的资源，因为在全球的海洋中有无穷无尽的海水，我们只需通过脱盐就可以得到所需的淡水资源。但是，这个过程需要能源，而我们早已陷入能源紧缺的窘境，并且为过度使用能源付出了巨大的代价，所以实际上人类可获取的淡水资源是有限的。

接着，我们要考量的是全球资源问题的国际维度。部分资源无法移动，例如森林，每棵树都停留在它所生长的国家，所以对森林资源的管理在理论上是由它所在的国家主导的（但这在实践中会涉及国际维度，因为其他国家可以购买或者租用这种资源）。但对身处国家“公地”之上的资源来说，国际维度的纠纷是不可避免的，对在国家之间自由移动的资源来说也是如此。

公海是公地的一种，是指距离一国陆地200海里之外、不受任何国家主权管辖和支配的海域。（“公地”一词源自一个中世纪牧场的术语：因为牧场不归任何个人所有，所以被认为是一种供大家共同使用的“公共用地”。）在距离一国陆地200海里以内的海域，该国可通过制定法律监管捕捞活动，然而任何国家的渔船都可以在公海上的任意地点作业。这样一来，由于缺乏防止在公海领域过度捕捞的法律机制，许多海洋鱼类的存量在不断下降。另外，还有三种潜在的珍贵资源也存在于超出国家管理权限的公地之中，他们分别是：溶解于海洋中的矿物质、南极冰盖中的淡水，还有海底的矿物质。人们对这三种资源都曾尝试开发：一战之后，德国化学家弗里茨·哈贝尔曾试图从海水中提炼黄金；人们不止一次想要把南极洲的冰山运到水资源稀缺的中东国家；从大洋底部开采矿物质的实践已取得很大进展。然而，这三种公地资源开发的实用性均尚未得到证实。目前，我们“仅仅”面临公海过度捕捞的公地难题。

另一类可能引发国际纠纷的是那些可在国与国之间自由流动的资源。许多动物的迁徙特性使它们习惯在国家之间穿梭，其中有很多是商业价值极高的海洋鱼类，例如吞拿鱼，还有部分河鱼以及迁徙类陆地哺乳动物和候鸟（比如河里的鲑鱼、北极的驯鹿和非洲的草原羚羊）。因此，当一个国家的渔船捕获了某种海洋洄游鱼类，就意味着另一个国家可以捕获的这种鱼类资源减少了。淡水也是流动的：许多河流流经两个或多个国家，许多湖也跨越了两个或多个国家的边界，所以一个国家想要使用的淡水资源有可能会被别的国家抢占或者污染。除了这些存在于水和空气中的有用的流动性自然资源，人类活动有可能会给水和空气带去流动性的有害物质，这些有害物质会随着流水和风从一个国家进入另一个国家。举例来说，印度尼西亚森林大火产生的烟雾会飘散至邻近的马来西亚和新加坡，对两地的空气质量造成严重的破坏；来自中亚地区的尘土会被风刮到日本，甚至是北美地区；河流会把塑料带到哪怕是最偏僻的海洋和沙滩。

最后，我们来看一看资源的国际竞争问题。这是一个很大的问题，如果不能以和平的方式解决资源竞争，国与国之间可能会诉诸战争。国家之间因石油引发的竞争就是活生生的实例，它是日本主动参与二战的主要动机之一。在 1879—1883 年的南美太平洋战争中，智利同玻利维亚和秘鲁之间争夺的，正是阿塔卡马沙漠中蕴藏的大量铜和硝石。如今，世界上许多地方对淡水资源的争夺都非常激烈，比如喜马拉雅山积雪融化而产生的淡水，同时为中国、印度和所有东南亚国家境内的主要河流提供了水源。在流经东南亚地区的湄公河和其他河流区域，上游国家通常会用水坝来留住营养丰富的沉积物，不让它们流向下游国家。来自欧盟、中国和西非国家的渔船则一同瞄上了西非沿海的海洋鱼类。在其他方面，产自热带地区的硬木材正是温带工业化国家梦寐以求的原材料，从而导致争夺硬木材的国际“混战”逐渐展开；作为工业元素的稀土也引起各国争夺；还有就是土地，比如中国在非洲租用的农业用地。简而言之，随着全球人口总数和资源消耗量的增加，我们可以想象，未来因争夺有限的资源而产生的冲突将会越来越多。

不平等问题

在石油和金属等资源的人均消耗量，还有塑料垃圾和温室气体等废弃物的人均排放量方面，发达国家是发展中国家的32倍。以美国为例，平均每个美国人每年所消耗的石油数量，还有排出的塑料垃圾和二氧化碳量，是贫困国家人均的32倍。32这个系数对发展中国家人民的行为具有很大的影响，同时也对我们所有人共同面对的未来有重要影响。这就是我指出的威胁人类文明和物种的最后一个问题。

为了理解这种影响，我们先来反思关于世界人口的问题。当前，世界总人口已超过75亿，而且有可能在半个世纪之内增加到95亿。几十年前，许多人认为人口问题就是人类所面临的最大问题。然而，从那时起，我们开始逐渐意识到，人口和另外一个因素相结合的产物才是人类面临的最严峻的问题。这个问题就是全球总消耗量，即全球各地消耗量的总和，而各地消耗量则是当地人口数量与当地人均消耗量二者相乘得出的结果。

人口的重要性与人们的消费和产出息息相关。如果全世界75亿人口中的大部分都被关在冷藏储物柜里，既不进行新陈代谢，又不消耗任何能量，那么人类就不会产生资源问题。世界人口中近10亿人主要生活在北美、欧洲、日本和澳大利亚这些发达国家或地区，而剩下的65亿人大多生活在发展中国家或地区，这两个群体的人均资源消耗量之比约为32∶1。这些数字说明，大部分的资源消耗发生在发达国家。

尽管如此，许多人依旧仅关注人口的重要性。他们会说，像肯尼亚这种国家每年的人口增速超过了4%，这可是一个很大的问题。这的确是个问题，尤其是对肯尼亚的5 000万人口来说。但是，对世界整体而言，更严重的问题来自3.3亿美国人。美国的人口是肯尼亚的6.6倍，而且美国的人均资源消耗量是肯尼亚的32倍。由此可以得出，美国耗费的资源总量是肯尼亚的约210倍。再来举一个例子，意大利的总人口为6 000万，整个非洲大陆的总人口为10亿，但前者的资源总消耗量几乎是后者的两倍。

在此之前，生存在其他地方的穷人并未对发达国家构成任何威胁。那时，远方的“他们”对我们的生活方式一无所知，而且就算他们真的知道了，并因此而感到妒忌或愤怒，他们对此也无能为力。几十年以前，美国外交官常常引以为乐的一个小游戏是就世界上哪一个国家和美国的国家利益最不相关这一问题进行争辩。那时，比较受欢迎的回答是“阿富汗”和“索马里”：这两个国家都那么贫穷，离美国又那么远，看上去它们永远也不会给美国制造任何麻烦。让人哭笑不得的是，后来这两个国家都被美国视为重大威胁，并且美国派兵在当地驻扎，美国驻军到今天仍未撤离阿富汗。

归根结底，落后、偏远的国家如今能够对发达国家造成威胁的原因就是“全球化”：世界各地之间的联系变得越来越紧密。特别是通信工具和交通工具的不断发展，意味着发展中国家的人现在可以了解到世界各地在资源消耗水平和生活标准上存在的巨大差异，而且现在发展中国家当中的很多人都可以去往发达国家。

全球化令世界各地居民生活标准的差异越来越难以维持，造成这一局面，有三方面原因尤为突出。第一个原因是疾病从落后、偏远的国家蔓延至发达国家。近几十年，那些可怕的致命性新型疾病主要是通过游客，从地方性疾病肆虐且公共卫生条件欠佳的落后国家被带到发达国家，例如霍乱、埃博拉病毒、流感、（特别是）艾滋病等。这种趋势还会继续上升。

新型疾病的传播是全球化进程带来的一个意外后果，但全球化令各地生活标准的差异越来越小的第二个原因与人类的意图有关。很多贫困国家的民众在意识到世界上其他地方的人过着比自己舒适的生活之后，感到既挫败又愤怒。其中一部分人变成了恐怖分子，还有很多人虽然没有加入恐怖分子的行列，但容忍或支持恐怖分子的行动。自“9 · 11”恐怖袭击事件发生以来，美国人明确地意识到，从前能够发挥防御作用的海洋已无力保护美国了。如今，接连不断的恐怖主义阴影笼罩着美国人的生活。可以很肯定地说，只要这种 32 : 1 的人均资源消耗比例依然普遍存在，美国和欧洲未来将面临更多的恐怖主义袭击，日本和澳大利亚也许会是恐怖分子的下一个目标。

当然，全球不平等本身并不是导致恐怖行动的直接原因。宗教极端主义和个人心理也起到了关键作用。每个国家都有这样一些陷入疯狂、暴怒状态的个体，会受到情绪的驱使做出伤害他人的暴行，这并非落后国家特有的现象。比如，美国的蒂莫西 · 麦克维在俄克拉何马市用卡车炸弹杀死了 168 人，西奥多 · 卡辛斯基将精心设计的炸弹藏匿于邮寄包裹中，导致 3 人死亡、23 人受伤。又如挪威的安德斯 · 贝林 · 布雷维克，用一枚炸弹和一杆枪致使 77 人死亡、319 人受伤，其中很多受害者都是儿童。但是，因为大部分美国人和挪威人都并未置身于全然绝望或万分气愤的状态，这三名恐怖分子只是社会中的“独狼”，并未得到众人的支持。只有在大部分人都感到无望、愤怒的贫困国家，恐怖分子的行为才会被默许甚至得到拥护。

结合全球化的进程，上述 32∶1 的比例还带来了另外一个影响，这也是世界各地生活标准差异难以维持的第三个原因：资源消耗水平较低的人渴望享受高消耗的生活方式。有两个途径能让他们实现这一愿望。第一个途径是发展中国家政府把包括资源消耗水平在内的国民生活水平的提升作为国家政策的首要目标。第二个途径是，当数以千万计的发展中国家人民失去耐心，不愿穷其一生等待政府兑现为国民提供高水平生活的承诺时，不管是否得到许可，他们都会迫不及待地通过移民的方式进入发达国家，从而享受发达国家国民的生活方式。这些人主要来自非洲和部分亚洲国家，还有中美洲和南美洲地区，他们的移民目的地主要集中在西欧和美国，还有澳大利亚。事实已经证明，把移民阻隔在大门之外是不可能的。每当有一个人从低消耗水平国家迁往高消耗水平国家，世界的总消耗值就会提高，虽然大部分移民的消耗水平不会立马就赶上发达国家的国民。

是否人人都能享受发达国家国民的生活水平？我们用数据说话。将每个国家目前的人口数量乘以（石油、金属、水资源等的）人均国民消耗水平，得出各国的总消耗量，然后将各国的总消耗量加在一起，这样得出的总和就是目前全球资源的总消耗水平。现在，在国家人口数量和其他条件恒定不变的前提下，我们假设所有发展中国家的人均消耗水平提升至原来的 32 倍，即达到发达国家的人均消耗水平，然后重复我们上一步的计算。这样得出的结果是，在假设条件成立的情况下，全球资源的总消耗水平将是目前全球实际消耗水平的 11 倍。这就相当于在目前人均资源消耗水平的分布之下，全球人口总数大约达到 800 亿。

有部分乐观主义者宣称，我们的地球可以养活 95 亿人口。可是，我还没遇到过哪个乐观主义者敢说我们的地球可以同时养活 800 亿人口。我们对发展中国家的国民信誓旦旦地说，只要他们采取正确的政策，例如建立诚实守信的政府，实施自由市场经济体制，他们有一天也能变得像发达国家那样繁荣昌盛。这种承诺是不切实际的，是一个残酷的谎言。现在全世界 75 亿人中只有 10 亿人享受着发达国家的生活水平，可这已经是我们勉力维持的结果。

我们美国人常常会说，中国和其他发展中国家国民的资源消耗水平不断提升是一个“问题”，而且还幻想这个“问题”能得到解决。事实是，这个所谓的问题当然会持续存在：中国人和其他发展中国家的国民不过是在努力使自己的消耗水平达到发达国家国民的水平。要是我们直接告诉他们不要步我们的后尘，显然是非常愚蠢的，没有人会听这样的话。只有一个各地民众资源消耗水平和生活水平接近均等的世界，才是中国、印度、巴西、印度尼西亚、非洲国家和其他发展中国家乐意接受的，也是全球化的世界唯一可持续发展的路径。可是，我们的地球已没有足够的资源继续维持目前发达国家的消耗水平，更不用说使发展中国家也达到这种水平了。这是否意味着我们终将走向灾难？

当然不是。如果发达国家和其他国家国民的消耗水平能够远低于目前发达国家国民的消耗水平，那么我们还是能够拥有一个安稳的未来。大多数美国人会表示反对：我们才不会为了世界上其他地方民众的福祉而牺牲自己的生活质量！正如美国前副总统迪克·切尼曾说的："美国人的生活方式是不容妥协的。"然而，全球资源面临的残酷现状告诉我们，美国人的生活方式必将发生变化，这些资源的消耗殆尽才是不容发生的事情。无论我们是否愿意，美国人都将在资源消耗水平上做出让步，因为地球的现状无法维持我们目前的消耗水平。

这并不意味着我们一定会牺牲什么，因为资源消耗水平和人类的福祉虽然相关，但并不是紧密相关。美国人在消耗资源时存在很大程度的浪费，并非所有的资源消耗都有助于生活质量的提高。比如，西欧国家的人均石油消耗量约为美国的一半，然而西欧国民的人均身心健康水平高于美国人，这体现在各个指标上，例如国民预期寿命、身体素质、婴儿存活率、医疗服务的可获得性、退休后的经济保障、假期时长、公立学校的质量以及对艺术的支持力度。当你看到此处，不妨走到美国的大街上，看一看疾驰而过的车辆，估算一下这些车消耗每加仑汽油可行驶的里程数，然后问问自己，美国人如此铺张浪费地消耗汽油，是否对上述的生活质量指标起到了积极的作用。除了汽油的使用，美国和其他发达国家在别的方面也存在浪费行为，包括之前我们提到过的，对世界大部分地区的渔业资源和森林资源进行的浪费式、破坏性开采。

简单来说，有一件事是毋庸置疑的，那就是我们大多数人都将见证发达国家人均资源消耗水平的下降。唯一的疑问是，我们是要有计划地、主动地，还是无计划地、被动地去达成这个结果。可以确定的另外一点是，我们还将见证许多人口众多的发展中国家人均资源消耗水平的逐步提升，发达国家和发展中国家的资源消耗水平之比将不再是 32：1，发展中国家的资源消耗水平会渐渐向发达国家靠拢。这些趋势是我们的理想目标，我们不应想尽办法阻止这些趋势。我们已经掌握足够的知识去逐步实现这些目标，现在主要缺乏的是政治意愿。

危机框架

以上就是我眼中全球整体面临的一些最严峻的问题。从我们的危机框架角度来看，有哪些因素会对人类解决上述问题有所帮助，又有哪些因素会造成阻碍呢？

我们面临着不可否认的强劲阻碍。与本书前面章节所讨论的 7 个国家危机案例相比，全球问题的解决需要我们付出更大的努力，而且我们被迫进入全然不熟悉的领域，几乎没有任何历史先例能够为我们指引方向。你只需想一想世界作为一个整体与独立的国家个体之间有多大区别就能明白了。我们先前讨论到的国家的国民都拥有一致的国家认同和共享的价值观，而国与国之间因身份认同和价值观差异而彼此区分。我们之前讨论的 7 个国家都拥有久远的国民政治辩论传统，历史上也都不乏可供借鉴的应对危机的先例。而且，这些国家都多少获得过来自友善盟国的物质援助、建议，或者可借鉴他国应对危机的经验。

然而，我们的世界作为一个整体并不拥有这些国家层面的优势。没有另外一个有人类居住且可为我们提供援助的星球（表 1.2 中的因素 4），也没有其他世界的经验可供我们借鉴，从而找到解决危机的路径（因素 5）。全人类之间缺少普遍的、一致的身份认同（因素 6）和共享的核心价值观（因素 11）。这是历史上我们首次面临真正的全球性挑战，因此我们缺少应对类似挑战的过往经验（因素 8），也没有经历过应对挑战失败的先例（因素 9）。在全球层面成功应对这些问题的先例十分有限：国际联盟和联合国的成立是人类应对全球问题的最初两次制度性尝试；虽然二者都取得了一定成就，但显然这些成就的规模尚不能和全球问题的规模相提并论。对于我们的全球危机，人们尚未形成普遍共识（因素 1），同时缺少承担责任的意愿（因素 2），更没有在全球范围内进行诚实的自我评估（因素 7）。我们的选择自由（因素 12）受到严重的制约，制约因素包括势不可当的全球资源枯竭趋势、全球二氧化碳水平的上升，以及全球范围内的不平等，这些制约因素令我们没有进行试验和调整策略的余地。所有这些残酷的现实令许多人对人类的未来持悲观的态度。

无论如何，全球问题的解决进程已经朝着三条不同的路径迈进。第一条路径是国家之间达成双边及多边协定，这一路径已经经受了长久的考验。据人类所知，自有文字记载开始（5 000 多年前），政治实体之间的谈判和协议便已存在。没有文字的古代部落和族群也会达成协议，所以早在国家政府出现以前，人类的政治协商历史肯定就已伴随着人类的上万年发展历程而存在了。值得注意的是，本章讨论到的 4 个全球性问题正是近年来国家之间双边和多边谈判中频频出现的主题。

我将通过一个例子来说明这一问题。我之所以举这个例子，并非是因为它所涉及的是最紧迫的问题（它的确不是），而是它展现了哪怕两个国家之间的敌意再深也有可能冰释前嫌，达成一致协议的状况：这两个国家就是以色列和黎巴嫩。以色列曾入侵并占领了黎巴嫩的部分地区。黎巴嫩曾充当向以色列发射火箭弹的基地。尽管如此，两国的鸟类观察家还是成功地达成了一项里程碑式的协定。随季节在欧洲和非洲之间迁徙的老鹰和其他大型飞鸟在每年秋天会从黎巴嫩朝南飞过以色列，在每年春天会从以色列向北飞过黎巴嫩。如果飞行器与这些大型飞鸟相撞，结果通常是两败俱伤。（在我写下这句话的一年前，我和家人刚经历过一场此类事故，当时我们的飞机和一只老鹰撞到了一块，飞机变形了，但没有坠落，而老鹰死了。）这是黎巴嫩和以色列两国致命飞行事故中的主要原因。这种情况推动了两国的鸟类观察家建立一个交互警报系统。每年秋天，当黎巴嫩的鸟类观察员观察到大群飞鸟正从黎巴嫩往南飞向以色列时，他们会对以色列的同行和以色列的空中交通管制员发出警报，以色列的鸟类观察员在每年春天看到往北飞向黎巴嫩的鸟群时，也会向对方发出警报。虽说双方明显都是这一协定的受益者，但要使双方在商讨中克服彼此间强烈的憎恨情绪，而把焦点仅仅集中在飞鸟与飞机身上，也是耗时多年才达成的结果。

当然，两个甚至是多个国家间形成的协定并不足以和全球所有国家之间达成的一致协定相提并论。然而，无论怎么说，双边或多边协定的达成是人类向全球共识迈进的一大步，因为只要某几个国家，就能占据全球人口和经济体量的最大份额。仅仅 2 个国家（中国和印度）就拥有全球 1/3 的人口，另外 2 个国家（美国和中国）占据了全球二氧化碳排放总量和全球经济产出的 41%，5 个国家或主体（中国、印度、美国、日本和欧盟）的排放量和产出占全球 60% 的份额。中美之间已经就二氧化碳排放的基本原则达成一项协定，印度、日本和欧盟也随后加入，这就是于 2016 年生效的《巴黎气候协定》。当然，《巴黎气候协定》还不够完善，因为它缺少严肃的执行机制，而且美国政府在 2017 年便表达了退出协定的意向。可是，无论如何，对未来将会达成的进一步完善的协定来说，《巴黎气候协定》是一个值得借鉴的模型或者起点。哪怕世界上其他经济产出较小的国家不参与未来的协定，单单是 5 个大国或主体之间达成的五方协定也足够让我们在解决排放问题上走得很远。因为这 5 个大国或主体随后可以对其他的国家施压，例如对那些不愿签署气候协议的国家征收贸易关税和碳排放税。

解决全球问题的第二条路径是形成区域性协定。在北美洲、拉丁美洲、欧洲、东南亚、非洲和其他的区域内部已经形成了这样的协定。欧盟（目前由 27 个欧洲国家组成）各成员之间达成了全球最先进的一组区域性协定，欧盟内部形成的制度、达成的协议、制定的约束规则涵盖的范围最广。当然，一提到欧盟，人们马上会想到其内部的分歧、倒退的趋势、英国“脱欧”和其他可能发生的政治变动。这也是意料之中的，毕竟欧盟已经朝前迈出巨大且变革性的步伐，不仅仅是为了欧洲，也是为了全球所有地区。

然而，在为欧盟的前景持悲观态度之前，请你首先回想1945年，即二战结束之际欧洲所处的支离破碎的状态，然后想一想欧盟所取得的成就。在欧盟成立以前，欧洲国家在数千年间战火绵延不断，高潮时期便是世界历史上最具毁灭性的两场世界大战。但在20世纪50年代，欧盟的前身——欧洲共同体成立之后，欧盟成员之间再也没有发生过战争。1950年，我首次到访欧洲，那时候任何一个欧洲国家对入境者的护照管控都非常严格；如今，欧盟各国之间的跨境流动限制已经大大减少。1958—1962年，我住在英国，那时无论是在欧洲大陆获得高校终身教职和研究职位的英国科学家，还是来自欧洲大陆、在英国获得高校教研职位的科学家都寥寥无几，我所在的研究领域，此类科学家数量更是有限，甚至我一只手就能数得过来。现在，在欧盟内部，大学教职有很大一部分由非本国人担任。欧盟各国之间的经济实现了实质性融合，大部分欧盟国家使用同一种货币——欧元。就能源、资源利用和移民等主要的世界性问题，欧盟成员间会进行讨论，有时会采取共同的政策。再次强调，我承认欧盟内部存在着倾轧、纠纷与不和，但同时请别忘了，任何一个国家内部都存在不同的声音。

其他聚焦范围更窄的区域性协定的例子包括消灭或根除区域性疾病的协定。牛瘟的根除是一项重要的区域成就，这是一种牛身上携带的致命病毒，曾让非洲、亚洲和欧洲许多地区的民众付出沉重的代价。通过长达几十年的区域合作，自 2001 年起，世界上再也没有出现过牛瘟暴发的案例。目前南北半球国家都在从事的大规模区域性疾病治理任务包括，根除几内亚龙线虫感染和消灭盘尾丝虫病（又称河盲症）。因此，区域性协定构成了第二条解决全球问题的路径，而且这条路径已经过实践检验。

解决全球问题的第三条路径是达成全球协定，它以全球机制为推手，通过联合国的综合性全球任务和其他国际机构（例如关注农业、打击动物走私、飞行、渔业、粮食、健康、捕鲸和其他问题的国际机构）的具体任务达成。就像对欧盟一样，人们也很容易对联合国和其他国际机构持悲观态度，这些机构的力量普遍弱于欧盟，比起大部分主权国家而言，实力更是相差甚远。但是，国际机构已经做出了很多成绩，而且它们为接下来的发展提供了制度性框架。它们的主要成就体现为：1980 年，天花在全世界范围内被消灭；1987 年，《关于消耗臭氧层的蒙特利尔议定书》的签署，该协定旨在保护平流层中的臭氧层；1978 年，《国际防止船舶造成污染公约》（又被称为《73/78 防污公约》）的制定，它要求石油运输船的石油运载舱与压载水舱分离，随后要求所有海上石油运输船只使用双层船舱，从而改善全球的海洋污染状况；1994 年，《联合国海洋法公约》则对各国的专属经济区和共享的国际经济区做出划分；还有国际海底管理局对海底矿物开采设立的法律框架。

全球化既给人类带来了问题，又提供了解决问题的路径。今天，全球化的一个负面影响是使各种问题在全球范围内增长与传播，例如资源竞争、全球战争、污染物、大气层气体的排放、疾病、人员流动以及许多其他的问题。但全球化也带来了积极的影响：解决这些全球性问题的要素也得到了增长与传播，例如信息、通信、对气候变化的认知、几门主导性的世界语言的出现、对别处状况和解决方案的普遍认知，以及在一定程度上形成的全球共同体意识。在我 2005 年出版的《崩溃》（*Collapse*）一书中，我把这些存在的问题和解决办法之间的紧张态势比作一场赛马：参赛的双方分别是“破坏之马”和“希望之马”。这可不是那种普通的赛马，通常两匹马都全力以赴，几乎以恒定的最高速度跑完全程。相反，这是一场奔跑速度呈指数级增长的赛马，参赛的两匹马都跑得越来越快。

2005 年，我在写书的时候，并不知道哪匹马会赢得这场比赛。而当我在 2019 年写下这几句话时，这两匹马已经分别持续加速 14 年。我们的问题，尤其是全球人口总数和全球资源消耗的问题，自 2005 年以来已明显加剧。同时，自 2005 年以来，世界人民对这些问题的认知显著加强，并在全球层面为解决这些问题而做出努力。哪匹马将会赢得这场比赛尚未可知。但我们能够确定的是，无论结果是好是坏，距离这场比赛尘埃落定之时已越来越近。

结　语

借鉴、思考与展望

本书开篇就在表 1.2 中提出了影响国家危机结果的 12 个因素，在结语部分，我将总结这些因素在 7 个国家样本中的实际应用。紧接着，我将在这组样本的基础上，探讨人们常常提出的关于危机的两个综合性问题：是否只有由危机引发的剧烈变动才能激发国家进行重要的变革？特定的领导者能否在很大程度上决定历史的进程？随后，我将提出一些策略，以深化人们对危机的认识。最后，我将讨论的是认识危机对我们的未来有何借鉴意义。

预测因素

1. 直面身处危机的现实。承认危机的存在对个人来说比国家要简单，因为前者只涉及个人对自己是否身陷危机的认识，而无须获得国民的一致认同。然而，即使是对个人来说，这一问题的答案也并非简单的是或不是，至少可能出现三种复杂的情况：个人可能一开始不承认危机的存在，或者只承认部分危机的存在，又或者低估了危机的严重性。到最后，个人不得不“大声求助”的时刻其实就是他承认危机的时刻。对国家危机的承认也存在上述三种情况，不过它还存在第四种情况：一个国家的不同领导者各自拥有不同的拥护者，国民也分属不同的群体。在承认危机这件事上，这些领导者、拥护者和群体的看法各不相同。

就像个人一样，国家一开始也可能会忽略、否认或者低估某个危机，直到外部事件的出现使其不得不直面危机。例如，在1853年以前，明治时代的日本就已知道西方列强在1839—1842年对中国发动了第一次鸦片战争，也意识到西方对日本的威胁与日俱增。可是，直到1853年7月8日佩里叩关，日本才承认自己面临危机，才开始讨论变革。无独有偶，早在20世纪30年代后期，芬兰就收到了苏联提出的要求，并且知道苏联人口众多、军队庞大。然而，直到1939年11月30日，苏联对芬兰发起进攻，芬兰才开始意识到苏联对自己所造成威胁的严重性。芬兰人几乎在一夜之间达成了共识，准备迎战。与之相反，尽管佩里的到来很快让所有日本人意识到自己的国家正面临着迫切的危机，但在应对危机的最佳方案选择上，反对幕府将军的革新派和幕府政权之间产生了分歧。15年后，当维新人士终于推翻幕府统治，这个分歧才得到解决。

还有一些国家案例中，虽然国民广泛认同自己的国家存在某种重大危机，但对于这个危机到底是什么未能达成共识。在智利，阿连德和左翼政治人士认为，智利面临的重大危机在于其体制急需改革，而右翼人士则认为阿连德和他提出的改革才是危机的根源。类似的情况还发生在印度尼西亚，当地共产党人认为自己国家面临的最大危机是政府需要改革，而军方则认为共产党人和他们提倡的改革才是这个国家出现危机的根源。在这两个案例中，危机的解决不是来自最终形成的举国共识，也不是一方以武力占据上风后对落败一方的宽恕和和解。（日本的最后一位幕府将军在落败后被允许隐退，在明治维新开始以后，他还活了相当长一段时间。）在智利和印度尼西亚，国家危机最终造成的结果是，胜利者对落败者赶尽杀绝。

面对二战以后与日俱增的国家危机，澳大利亚和德国曾在很长时间里持否认态度。这具体表现为，澳大利亚坚守自己的英国属性和“白澳”的身份认同，而德国则长期拒绝承认许多普通的德国人对纳粹罪行负有普遍责任，也不愿面对自己的领土损失和东欧共产主义政府的上台，这些事情虽然令人不甚愉快，但已经是板上钉钉的事实。在澳大利亚和德国，国家危机的最终解决源于公民以循序渐进的民主方式达成改革政府政策的一致共识。

最后，截至我写下这些文字时，许多日本人和美国人依然选择性否认自己国家面临的主要问题。日本人目前承认了部分问题的存在（庞大的政府债务和人口老龄化问题），而不完全承认日本的女性地位问题。此外，日本还拒绝承认其他问题的存在：在不欢迎移民的情况下，日本缺乏解决其人口困境的替代性解决方案；因历史原因，日本与中国、朝鲜半岛关系紧张；比起与其他国家合作对自然资源进行可持续性管理，日本攫取海外自然资源的传统已经过时。美国国民则仍然普遍否认自己国家面临以下主要问题：政治极化，选民投票率低，选民登记存在阻碍，不平等，社会经济流动性水平下降，还有政府对公共领域的投资不断减少。

2. 主动承担责任，不把自己塑造成受害者，不自我怜悯，不推卸责任。在踏出承认危机存在的第一步后，解决个人危机的下一步是承担个人责任，即避免使自己沉溺于自我怜悯的情绪中，不要总把自己当成受害者，而要意识到做出个人改变的必要性。对一个国家来说，也是如此。而且，和承认危机存在一样，承担责任也存在复杂的情况：不管是对个人还是对国家来说，承担责任、避免自怜都不是简单的是非选择问题；而且，由于一个国家往往存在不同的群体、领导者和拥护者，各方观点时常不统一。

在本书的 7 个国家案例中，各国在承担责任方面的表现各不相同。芬兰和明治时代的日本展现了不愿过度自我怜悯的一面。自 1944 年起，面对苏联入侵和芬兰士兵的大规模阵亡，芬兰本可能因此陷入自我怜悯的情绪中，以受害者的姿态谴责苏联的行径。相反，芬兰意识到自己必须处理好与苏联的关系。芬兰改变了以往的政策，与苏联保持政治层面的对话，赢得了苏联的信任，随之而来的是很多对芬兰有利的结果：苏联从赫尔辛基附近的波卡拉海军基地撤军，减少了要求芬兰支付的战争赔款并延长了赔款交付的时限，而且对芬兰亲近欧洲经济共同体和加入欧洲自由贸易联盟的举动睁一只眼闭一只眼。时至今日，尽管苏联早已解体，芬兰也未再试图收复卡累利阿省。类似地，明治时代的日本曾有数十年暴露在西方列强的威胁之下，而且被迫签署了不平等条约。但是，日本并没有沉溺于受害者心态。相反，它主动承担起责任，提升自己的实力以应对危机。

与之相反的是，有的国家在面临危机时选择把责任推卸给他人。英国在新加坡的基地陷落后，澳大利亚的反应是去责备英国的“背信弃义”，而不是反思自己在二战前没有承担起发展国防的责任。随后又发生了类似的事情，澳大利亚一开始将英国申请加入欧洲经济共同体的行为视为对自己的背叛，直到后来澳大利亚才痛苦地意识到，英国必须追寻自己的利益。这种一味推卸责任的行为，延缓了澳大利亚与亚洲国家之间建立经济和政治联系的进程。

一战后的德国则是一个拒不承担责任的极端例子，这最终为其带来了灾难性的后果。大量德国民众听信了纳粹分子和一些德国人编造的谎言，认为德国战败是因为国内社会主义分子“在背后捅刀子”，而不是由于协约国军队在军事上具备压倒性优势。纳粹分子和一些德国民众将心思都放在《凡尔赛和约》的不平等问题上，却不承认是德皇威廉二世和他的政府在战前实施的一连串错误的政治决策使德国在不利的军事条件下参与战争，进而导致德国战败，被迫签署《凡尔赛和约》。如此一来，德国人拒不承担自己的责任，而是以受害者的立场自居，沉溺于自我怜悯的情绪，这使德国国内纳粹势力盛行，从而引起了二战的爆发，最后为德国带来更为悲惨的结局。

二战后的德国和日本代表了两种截然不同的承担责任的方式。两国政府对发起二战应付全部责任，与之不同的是一战中的德国，当时它的对手对战争的爆发也应负有责任。在二战期间，德国和日本都对其他国家犯下了恶行，两国的国民也都遭受摧残。但德国和日本面对这些现实的做法截然相反。二战期间，数百万德国国民失去生命（包括在同盟军轰炸德国城市时丧生的德国民众，如果同盟军没有赢得二战的胜利，这种行为肯定会被界定为战争罪），苏联军队往西挺进的过程中，近百万德国女性被强暴，战后德国还丧失了大量领土。面对这些现实，德国并没有被自我怜悯的情绪支配，也没有摆出一副受害者姿态。相反地，德国民众普遍承认纳粹的罪行，教育本国儿童认识这些事实以及德国应负的责任，并且主动改善与波兰等在战时受到德国迫害的国家之间的关系。与之相反，大部分日本民众依然继续否认自己国家发起战争的罪行。在日本，大部分民众认为是美国诱使日本轰炸珍珠港，所以才引发的二战，而对日本早在珍珠港事件发生 4 年前就已对中国不宣而战的事实视而不见。日本还持续否认自己对中国、朝鲜半岛的民众，以及二战中的同盟军战俘犯下的罪行。相反，日本选择把自己塑造成原子弹爆炸的受害者，而不愿直面现实。日本这种持续推卸自己应该承担的责任，把自己塑造成受害者的做法，将使日本与其强大的邻国中国还有朝鲜半岛的关系持续恶化，从而使日本面临极大的风险。

3. 划清界限 / 选择性变革。我在第二章至第七章中讨论的 6 个国家均采取了选择性变革的方式来应对各自的国家危机。随后我所讨论的 2 个正在经历危机的国家（日本和美国）现在也正在进行选择性变革，而且日本走得比美国更远。所有这些国家都已发生变革，或者正在讨论即将进行的变革，但其变革仅针对某些特定政策，其他国家政策则维持原状。在这一方面的典型案例是明治时代的日本和芬兰，它们向我们展示了国家在变革与维持原状之间的明确界限，尤其具有指导意义。明治时代的日本在政治、法治、社会、文化等许多领域进行了西化改革。然而，在其中的每一个领域，日本都并非亦步亦趋地盲目复制西方模式，而是从众多的西方模式中找到最适合日本的方案，并根据日本的国情对这一方案进行调适与修正。与此同时，日本保留了社会中的其他基本特征，包括对天皇的崇拜、日本的文字体系，还有日本文化的多个方面。同样地，芬兰在保留了自由民主政体的同时，比其他与苏联（今俄罗斯）毗邻的欧洲国家享受到更大的行动自由。芬兰前后政策的明显不一致招致许多其他国家民众的严厉批判，这是因为他们未能认识到芬兰因地理区位而面临的残酷现实。

4. 来自他国的帮助。在解决个人危机时，来自他人的帮助尤疑是很重要的。在我们讨论的国家案例中，获得来自他国的帮助对于一国危机的解决发挥着积极作用，而缺乏他国帮助会对一国危机的解决产生消极影响。明治时代的日本在进行选择性西化过程中，西方国家提供了许多帮助，从往日本派遣顾问和接待日本的海外使团，到建造巡洋舰原型，这对日本而言意义重大。在 1973 年的智利军事政变和 1965 年的印度尼西亚军事政变后，来自美国的经济援助对两国政府重振国内经济来说非常重要。同样，美国为日本和德国提供的经济支持对于两国在二战后的重建意义重大。澳大利亚先是向英国，然后向美国寻求军事保护。缺乏他国帮助所产生的消极作用体现在，美国取消援助计划，并对智利经济设置壁垒，使阿连德治下的智利政府陷入瘫痪。一战结束后英国和法国攫取的战争赔款撼动了魏玛共和国时期的德国。对澳大利亚来说，新加坡基地陷落后英国无法再为其提供军事保护，英国在就加入欧洲经济共同体进行谈判后取消对澳大利亚的特惠关税政策，这两次冲击推动了澳大利亚寻找新的国家认同。在缺乏他国帮助方面，一个典型的例子是冬季战争期间的芬兰，当时芬兰所有潜在的盟友都未能或不愿给芬兰送去它所预期的军事援助。这个惨痛的经历构成了1945年以后芬兰外交政策的基础：芬兰意识到，一旦和苏联产生新的冲突，自己将不会得到任何帮助，因此芬兰不得不与苏联建立起一种能够使芬兰尽可能保留国家独立性的双边关系。

5. 借鉴他国应对危机的模式。正如他人应对危机的方法对解决个人危机来说很有借鉴价值，在本书的大多数国家案例中，他国应对危机的模式对于一国应对危机也发挥了积极或消极的作用。对于明治时代的日本而言，借鉴西方的模式并对其加以调整，在维新变革中发挥了尤为重要的作用；在二战之后，日本再次在调整的基础上借鉴（或被迫采取）了美国的部分民主政府模式，但美国对日本的影响程度有所减弱。智利和印度尼西亚的军政府借鉴了美国的（或者说是他们想象中美国的）自由市场经济模式。在二战之前的大部分时间里，澳大利亚模仿的主要是英国模式，二战后它逐渐抛弃了这些模式。

此外，本书提到的国家案例中还包括两个缺乏可借鉴模式的例子，其中一个是客观意义上的缺乏，另一个则是主观意义上的缺乏。在芬兰的案例中，没有其他任何一个苏联的邻国在满足苏联要求的同时成功地保持自身的独立性，而这正是被称作“芬兰化”的芬兰政策的精髓。正是基于芬兰人对自身独特情况的认知，时任芬兰总统吉科宁才会说“芬兰化不供输出”。今天的美国自认为在世界范围内没有可借鉴的模式。由于美国人对“美国例外论”深信不疑，他们普遍认为加拿大和西欧民主国家身上没有什么值得美国学习的地方，哪怕是在医疗卫生、教育、移民、监狱和养老等各国共同存在的问题上——在这些问题上，尽管大多数美国人对自己国家的解决方案不甚满意，但还是拒绝借鉴加拿大或西欧国家的解决方案。

6. 国家认同。在个人危机的 12 个结果预测因素当中，有一部分因素很容易在国家危机的预测因素中找到对应项，但有一个因素不太容易找到对应项，那就是“自我力量”这种个人特征，但它的隐含意义使人联想到国家认同这一国家特征。

什么是国家认同呢？它指的是一个国家的国民因自己国家所特有的、独一无二的、令人钦佩的事物而普遍产生的自豪感。国家认同可能涉及许多不同的领域，包括语言、军事成就、文化和历史。各国在这些领域存在较大差异。举例来说，芬兰和日本都拥有完全不同于其他国家的独特语言，两国人民都对此引以为傲。相反，智利人虽然和大部分其他的南美洲及中美洲国家国民使用同一种语言，但令人惊讶的是，他们将这种特征转化为独特的国家认同：“我们智利和其他所有讲西班牙语的拉丁美洲国家都不同，因为我们具有政治稳定性和民主的传统。比起拉丁美洲人，我们更像欧洲人！”军事成就是部分国家的国民形成国家认同的一个重要因素，例如芬兰（冬季战争）、澳大利亚（加利波利登陆战）、美国（二战）和英国（多次战争，最近的两次是二战和马尔维纳斯群岛战争）。在很多国家，国民的民族自豪感和国家认同集中在文化层面，例如，历史上的意大利在艺术方面的杰出成就和现代意大利在烹饪及时尚领域的卓越成果、英国的文学、德国的音乐。许多国家的国民为自己国家的运动队感到自豪。英国人和意大利人对自己国家的悠久历史和曾经在世界上造成的影响而备感骄傲——以意大利为例，2 000 年前罗马帝国的光辉历史是其民族自豪感的重要来源。

在我们谈到的 7 个国家中，有 6 个国家的国民都拥有强烈的国家认同。唯一例外的是印度尼西亚，该国国民的国家认同相对弱一些。这并非是在贬低印度尼西亚人，它仅仅反映了一个明显的事实：印度尼西亚直到约 1910 年才成为一个统一的殖民地，直到 1945 年才成为一个独立的国家。考虑到这一点，印度尼西亚会发生种种分裂运动和叛乱事件也就不足为奇了。然而，随着该国官方语言印度尼西亚语的逐渐普及，再加上民主的发展与公民参与程度的不断提升，印度尼西亚国民的国家认同最近正显著提升。

在本书中谈及的一些历史较为悠久的国家，国家认同是其解决国家危机的重要影响因素。对明治时代的日本和芬兰而言，国家认同使其国民万众一心，从而有勇气去抵抗强大的外来威胁，携手共度国家最艰难、最屈辱的时期，并且愿意为了国家的大我而牺牲个人的小我。芬兰人甚至纷纷捐出自己的结婚金戒，以助祖国筹集要支付给苏联的战争赔款。国家认同还使1945年后的德国和日本度过了军事惨败和接踵而至的被占领时期。在澳大利亚，国家认同是该国国民围绕“我们是谁”这一问题重新进行自我评估和采取选择性变革的关键所在。国家认同还影响了智利左翼政府的政策，在皮诺切特下台后，智利的左翼势力重新掌权，尽管其对智利军方的恐惧已经日渐消退，对皮诺切特的支持者依旧存在恨意，但掌权的左翼政党选择实施和解政策，倡导建立一个“全民的智利”，这里的“全民”既包括追随皮诺切特的右翼人士，也包括追随阿连德的左翼人士。这是一项很了不起的成就。与之相反，在今天的美国，对群体认同的强调不绝于耳，而广义上的国家认同却被日渐忽略。

一国的国民和政府通常通过重述历史的方式建立起民族自豪感，从而强化国家认同。这样的历史重述造就了“民族神话”。这里的“神话”并不包含“虚构性”的贬义色彩，而是一个中性词，指的是“具有明显的历史根基，旨在解释某些现象或者达成某些目的的传统故事”。在现实中，出于政治目的被反复传颂的民族神话有很多种，既有真真切切的历史，也有彻彻底底的谎言。

一种极端情况是，一国的民族神话确实还原了真实的历史，而且确实集中重述了该国当时发生的最重要的事情，不过这种重述仍然是为政治服务的，例如英国和芬兰。1940年夏，英国历史将重点放在不列颠之战上，1939年12月至1940年3月，芬兰历史则聚焦于冬季战争，两国通过重述这段历史来塑造自己的国家认同。没错，截至当时，这两场战役确实是英国和芬兰所经历的影响最为深远的战役，而且时至今日，出于政治目的，这两场战役依然在被反复重述。

处于中间的情况是，一国的民族神话所重述的确实是在过去发生的事件，但它仅仅关注一国在某个时刻发生的某一起事件，而忽略了其他重要事件。例如，19 世纪初期的美国历史着重强调刘易斯与克拉克横跨美洲大陆的那场远征，还有欧洲白人探索并征服西部世界的其他进程，却抹掉了他们杀害和驱逐印第安原住民、奴役非裔美国人的历史。印度尼西亚独立战争的历史只强调了印度尼西亚共和国人民与荷兰人之间的对抗，却并未提及大批印度尼西亚人在国内发起的反抗共和政体的运动。还有 20 世纪初期的澳大利亚历史，仅仅记录了加利波利登陆战，却对杀害和驱逐当地原住民的事情闭口不提。

另外一种极端情况是，一国的民族神话中的大部分历史都建立在谎言之上。比如，德国人曾经以公民叛国的谎言来掩盖自己在一战中的失利，日本人对南京大屠杀持轻描淡写或者完全否认的态度。

完全如实地重述历史是否有可能？人们对历史是否不可避免地存在多种不同的解释？这些不同的解释是否应该得到同等程度的重视？对于这些问题，历史学家持不同的观点。但不管答案是什么，事实是：出于政治目的而传颂的民族神话确实强化了国家认同，国家认同对一个国家来说十分重要，用于强化国家认同的民族神话拥有不同的历史根基。

7. 诚实的自我评估。假如现在有一名对人类和人类社会一无所知的完全理性的外星访客，他可能会天真地认为，缺乏诚实的自我评估无论如何都不会是导致人类个体和国家无法解决危机的因素。在这名理智的外星访客看来，怎么会有人或者国家选择自欺欺人，从而毁掉自己呢？

实际上，进行诚实的自我评估有两个必要的步骤。首先，个人或国家必须拥有准确的认知。但这可能有些难度，因此，导致个人或国家无法成功应对危机的根本原因可能是信息的缺失，而不是诚实与否的道德问题。其次，个人或国家必须诚实地评估这些认知。可惜的是，但凡对国家或人类稍做了解，我们就不难发现，自欺欺人无处不在。

在最典型的案例中，一国进行诚实的自我评估与否离不开强大的领导者或独裁者的作用。在这些案例中，一国是否进行了诚实的自我评估取决于该国的领导者是否开展了诚实的自我评估。现代德国领导者在这方面呈现出来的差异极为显著。作为一名出色的现实主义者，俾斯麦成功地完成了统一德国的艰巨目标。作为一名情感上摇摆不定的非现实主义者，威廉二世为德国树立了不必要的敌人，使德国卷入一战并最终战败。更聪明但也更邪恶的希特勒本来已经取得了一定的成就，但因为不切实际地选择进攻苏联，并且在与苏联和英国开战的同时不必要地对美国宣战，使他事先的成功毁于一旦。德国之后很幸运地又遇到了一个实事求是的领导者——维利·勃兰特，他足够勇敢，认识到德国需要在东欧采取痛苦却现实的政策（承认民主德国的存在，也承认除民主德国之外德国领土的丧失），因此为德国20年之后的重新统一打下了基础。

尽管在西方国家知名度较低，但印度尼西亚的领导者之间同样存在显著差异。身为印度尼西亚建国总统的苏加诺不切实际地认为自己具备独特的能力，能够诠释印度尼西亚人民的心愿，哪怕是他们自己都没有意识到的潜意识中的心愿。苏加诺忽略了印度尼西亚自身存在的问题，投身于世界反殖民运动中，并且执意下令军队占领马属加里曼丹岛，不顾当地民众的一致反对，就连他自己的军官也对这一行动持怀疑态度。对苏加诺来说，不幸的是，后来成为印度尼西亚第二任总统的陆军将领苏哈托（在其政治生涯接近尾声之前）是一位出色的现实主义者，他极为审慎地行事，只在自己确认能成功的情况下才有所行动。通过这种方式，苏哈托一步步取代了苏加诺，放弃了苏加诺的世界雄心和与马来西亚的斗争，集中精力进行国内建设（尽管经常是以邪恶的方式）。

还有三个国家在缺乏强人领袖的情况下，通过进行诚实的自我评估，对国家危机达成了举国共识，它们就是明治时代的日本、芬兰和澳大利亚。明治时代的日本意识到自己面临一个痛苦的现实，那就是西方蛮夷远比自己强大，只有学习西方才能让自己变得强大。因此，明治时代的日本政府通过向欧洲和美国派遣大量政府官员和民众来获得关于西方的准确认识。与之相反的是，日本之所以会发动二战并导致惨痛的后果，部分原因是20世纪30年代那批年轻气盛的日本军官缺少对西方及其实力的直接了解。芬兰也曾遭遇相似的痛苦经历。当时，芬兰人意识到自己如果继续与苏联对抗，还是不会得到潜在盟友的援助，并且意识到芬兰今后应该取得苏联的信任，从苏联的角度理解问题。澳大利亚最后终于直面现实，意识到英国对自己的经济和军事影响力渐弱，而亚洲和美国对自己正变得越来越重要，澳大利亚国民就此达成了共识。

本书最后讨论的两个当下的国家案例均缺乏诚实的自我评估。正如上文提到的，日本现在确实意识到自己存在一些问题，但它没能实事求是地去看待其他一些问题。今天的美国在对自己做出评估时也缺乏实事求是的态度，特别是，大部分美国国民和政治家仍未能严肃看待我们如今面临的主要问题。许多美国人甚至自欺欺人，把自己国家的问题怪罪到别的国家头上，而不是反思自己的责任。科学怀疑论在美国越发盛行，这是一个非常糟糕的预兆，因为科学基本上就是对现实世界的准确描述和理解。

8. 应对过往国家危机的经验。对于需要处理新一轮危机的个人来说，因曾成功度过危机而产生的自信是影响危机处理结果的一个重要因素。与之对应的影响国家危机的因素，对本书中提到的几个国家以及其他一些国家来说也具有重要意义。其中一个例子是现代的日本，它应对危机的自信来自明治时代取得的成就，当时的日本通过迅速改革获得足够的实力来应对被西方列强瓜分的风险，并且最终战胜了两个西方国家（在 1904—1905 年的日俄战争中战胜俄国，还有在 1914 年的日德战争中战胜德国殖民军队）。

芬兰是从成功应对过往危机的经验中孕育出国家自信的又一案例。芬兰人在二战中成功击退苏联的进攻，由此所产生的国家自信对他们来说意义相当重大。因此，在 2017 年芬兰独立一百周年纪念活动中，冬季战争和国家独立成为同样重要的庆祝主题。除了本书所探讨的国家之外，英国也拥有成功应对过往危机的历史经验：它在二战中与美国和苏联并肩打败了希特勒；自 1940 年 6 月法国陷落到 1941 年 6 月德军入侵苏联，在这一整年内，英国独立对抗希特勒，尤其是在 1940 年下半年的不列颠之战中，英国皇家空军在英国领空战胜了德国空军，从而一举挫败了德国入侵英国的计划。从 1945 年到现在，每当面临各种困境，英国人就会时常回望往昔：没有任何事情能比不列颠之战更为艰难，既然我们当时能获得胜利，那么在其他一切事情上我们也能获得胜利。

过往的成功经历同样助长了美国人的国家自信。回望美国的成就：我们取得了独立战争的胜利；我们自东向西完成了对整个北美大陆的探索和征服；我们通过南北战争维护了国家的统一，截至目前，这是美国历史上伤亡率最高的、最为血腥的战争；在二战期间，我们同时对抗德国和日本，并且取得了最终的胜利。

最后，作为本书中讨论到的最年轻的国家，印度尼西亚并没有太多成功应对危机的历史，但它也从应对过往危机的成功经验中获得了自信。正如 1979 年我在印度尼西亚的那家酒店大堂中看到的绘画内容，印度尼西亚人依然反复讲述着他们在 1945—1949 年对抗荷兰殖民者，取得国家独立的故事，以及他们在 1961 年接管荷属新几内亚的经历。这些成就在塑造印度尼西亚的国家自信方面影响巨大。

9. 应对国家失败的耐心。比起个人问题，国家问题的处理不适合速战速决，也很难保证能一举成功。不管是国家问题还是个人问题，危机往往具有复杂的属性，我们往往需要尝试一系列不同的解决方案才能找到最有效的那个，而这需要我们有耐心，能够忍受挫折、不确定性和失败。因此，即使是绝对专制型领导者在做出决策时也需要具备耐心。鉴于大多数国家层面的决定都是不同的利益集团进行谈判的结果，国家危机的解决需要额外的耐心。

我们在本书中讨论到的大多数国家都在失败和挫折中变得更为有耐心，尤其是明治时代的日本、德国、芬兰和现代的日本。1853 年，佩里叩关终结了日本的锁国状态，自此之后，日本花了超过 50 年时间才积聚了足够的实力，在和西方国家的战争中取得首次胜利。自 1945 年处于实际意义上的分裂状态后，德国花了 45 年的时间才重新实现统一。在 1944 年继续战争结束后的几十年内，芬兰不断重新评估自己的对苏政策，试图弄清楚自己可以在哪些方面安全地避开苏联的施压，以及在不引发苏联再次入侵的情况下自己可以做出哪些自主行动。二战之后，日本经历了被美国占领时期，用了数十年来进行物质与经济重建，应对周期性的经济与社会问题，还有诸如地震、台风和海啸等自然灾害。这 4 个案例国家（日本算两个案例）都经历了挫折，但都没有冲动行事。事实证明，耐心是它们最终成功应对危机的关键要素。

与上述这些国家不同的是现代的美国。当然，有的人会表示反对：在历史上，美国人也曾多次经历最初的失败，并且做到了保持耐心，在挫折中继续前行——尤其是在南北战争的 4 年里、大萧条的 10 多年间，还有二战的 4 个年头。可是，美国没有像德国、日本、法国和其他许多国家那样，在战败与被侵略的经历中铸就一身钢筋铁骨。因为自 1846—1848 年的美墨战争到二战，美国共经历了 4 场对外战争，并且都取得了胜利，所以到朝鲜战争时，美国人很难接受以妥协的方式终结最后的僵局，也难以接受自己在越南战争中的失败，更无法忍受阿富汗战争中漫长的军事僵局。进入 21 世纪，美国身陷复杂的国内社会、经济和政治困境，这些困境都不存在快捷的解决方法，都需要耐心与妥协，然而美国人目前还未展现出这些品质。

10. 特定情况下国家的灵活性。心理学家将人的性格分为灵活应变和僵化刻板两种类型。灵活应变的人相信“条条大路通罗马”，僵化刻板的人则认为每个问题只有一种解决办法。在理解不同的人通过不同的创新方法成功解决危机方面，这种二分法被证明具有重要意义。心理学家发现，每个人都有可能在一些领域较为灵活而在其他领域较为刻板，而且每个人灵活或刻板的程度各不相同，主要受到其童年所受教养和生活经历的影响。

当我们把注意力从个人层面转向国家层面，具有百分之百灵活应变能力的国家或者完全不懂变通的国家，在我看来都是很罕见的。我能想到的唯一一个例子在本书中并未被提及，它就是历史上的冰岛，而这个国家之所以会这样也是有合理原因的。在被丹麦统治的几个世纪中，冰岛人常常令丹麦政府感到挫败，因为他们面对丹麦政府提出的改革建议丝毫不为所动，甚至充满了敌意。不管丹麦政府出于善意提出何种改进建议，冰岛人通常都会回应道："不必了，我们不想尝试新事物，我们想继续以传统的方式生活。"冰岛人拒绝了丹麦政府在渔船、渔业出口、渔网、农作物种植、矿业和制绳业方面提出的改进建议。

考虑到冰岛所处环境的脆弱性，人们便会理解这种僵化刻板的民族特质。冰岛位于高纬度地带，气候寒冷，而且作物生长季节较短。冰岛的土质脆弱且土层较薄，由火山灰形成，容易被侵蚀，而且再生速度较慢。冰岛的植被容易因放牧或风和水的侵蚀而被破坏，而且之后的再生速度很缓慢。在早年维京人开展殖民活动时期，冰岛人尝试了各种各样的物资战略，然而结果都很惨烈，直到他们最终设计出一套可持续发展的农业方案。在制订好这套方案后，他们不愿再在生计和生活的其他方面做出更多的改变，因为以往痛苦的经历使他们坚信：除了这套可行的方案，其他的尝试都只会让事情变得更糟糕。

或许除了历史上的冰岛之外，还有一些国家在许多方面都体现出灵活多变或是僵化刻板的典型特征。但更为常见的是，一个国家的灵活性只表现在特定的情况下，即在某些领域比较灵活，而在另外一些领域则显得僵化刻板。芬兰人坚决不愿看到自己的国家被侵略，但在其他方面，比如就不允许他国改变本国总统选举规则这一问题上，灵活地做出妥协，尽管在有些国家看来，这是一个民主政体不可剥夺的权利。明治时代的日本拒绝在天皇制度和传统宗教方面做出让步，但在政治体制上则很灵活地做出妥协。在很长一段时间内，澳大利亚人在国家认同上坚守英国属性，但同时建立起一个比英国更为重视个人主义和平等主义的社会。

在一国的灵活性方面，美国为我们带来了一些有趣的思考。作为个体，美国人是灵活多变的，具体例子是他们平均每 5 年搬一次家。美国的政治史也呈现出明显的灵活性特征，例如我们的联邦政府权力常常在两大主要政党之间更迭，而且我们的主要政党经常以合作的形式吸纳新生的党派力量。然而，在最近的 20 年间，美国的政治局势越来越呈现拒绝让步和妥协的趋势。

基于上述讨论，我认为对社会科学研究者而言，将一国简单地归为灵活多变或僵化刻板意义不大。思考一个国家是否在多个维度上呈现不同的灵活或僵化程度，可否就此对国家进行分类，这也许才是值得研究的方向。在未来，这个问题仍将是我们面临的一个挑战。

11. 国家核心价值观。个人核心价值观是一个人的道德准则形成的基础，它代表了一个人誓死所坚守的一些东西。对个人而言，核心价值观对于危机的解决既有可能产生积极作用，也有可能产生消极作用。从积极的方面看，核心价值观能够使人们看清自己的立场和地位，从而思考生活中需要改变的方面。从消极的方面看，随着周边环境的变化，人们有可能会固守一些过时的核心价值观，从而妨碍个人危机的解决。

国家也拥有核心价值观，它指的是一国国民普遍认同的核心价值观，在某些情况下，国民甘愿为之献出自己的生命。一国的核心价值观和国家认同息息相关，但二者又有所区别。例如，芬兰的国家认同尤其离不开该国特有的语言以及文化成果，但维护芬兰的独立才是无数芬兰人在战场上甘愿为之牺牲的核心价值观；苏联一心想要摧毁的是芬兰的独立，而不是芬兰语。类似地，德国的国家认同围绕着德国的语言、文化和德意志民族共同的历史展开。但是，德国人的核心价值观中包含了被许多美国人谴责，而被大多数德国人赞许的“社会主义”元素，比如强调政府在公共利益上的投入，为了公共利益而限制部分个人权利，不将重要的公共利益建立在以自利为导向的私人利益之上。例如，德国政府为艺术项目（包括歌剧团、交响乐团和剧院）提供了大规模资金，为所有的德国公民提供优质的医疗服务和退休保障，加强对当地传统的建筑风格和森林的维护。这些都体现了现代德国的核心价值观。

与个人情况类似，国家的核心价值观在国家进行选择性变革的过程中既有可能发挥积极作用，也有可能发挥消极作用。过去形成的核心价值观也许依旧适用于当前的时代，并且可能激励国民为维护这些价值观而做出牺牲。国家的核心价值观激励芬兰人为保卫国家的独立而献出自己的生命，激励明治时代的日本人对西方国家奋起直追，激励二战后的德国人和日本人艰苦奋斗，熬过困难时期，重建自己的家园。但是，过去形成的核心价值观也可能在今天已变得不合时宜，而固守这些过时的价值观可能会使一个国家无法采取必要的选择性变革。这正是二战后澳大利亚面临的危机逐渐凸显的关键所在：澳大利亚作为一个远离英国本土的英国公民聚居地的属性越来越淡，但对许多澳大利亚人来说，抛弃这种一直以来的身份认同是一个痛苦的过程。另一个典型的例子是二战后的日本：尽管日本文化和尊崇天皇的核心价值观是日本的力量源泉，但若日本继续像以前那样，实施无限制开采海外自然资源的政策，只会给自己带来损害。

12. 不受地缘政治约束。从个人层面来看，限制个人进行选择性改变的外部因素包括经济方面的约束、对他人应负的责任以及人身安全所面临的威胁。国家的选择自由也会受到约束，但国家所面临的约束因素类型不同于个人，尤其是，国家会因强大的邻国和经济方面的限制而受到地缘政治约束。在我们讨论的影响危机处理结果的 12 个因素中，这是各个样本国家在历史上呈现出最大差异的一项。在地缘政治方面，美国几乎不受约束，有 4 个国家（明治时代的日本、智利、印度尼西亚和澳大利亚）在某些方面受到约束，但在其他方面相对自由，另外 2 个国家（芬兰和德国）受到相当严重的约束。接下来，我将探讨各国当前受到的地缘政治约束和我在前面提到的各国在历史上受到的约束有何区别。

历史上，美国曾经因为得天独厚的地理条件而不受地缘政治因素的制约，它的东西两面紧邻大洋，南北两面与其接壤的邻国都对其构不成威胁，它坐拥地理条件带来的天然优势，人口众多，财富聚集。比起世界上的其他任何一个国家，美国受到的地缘政治约束都更少。与美国截然相反的是芬兰和德国，这两个国家都受到严重的地缘政治约束。芬兰的不幸在于和俄罗斯共享漫长的陆地边界。如何在受到如此严峻的地缘政治约束之下尽量保持选择的自由，这是芬兰近代历史上面临的主要困境。德国的运气不佳在于其位处欧洲中心，比起其他任何一个欧洲国家，德国要面对更多的陆地和海上邻国（其中有好几个都是强大的国家）。忽略了这个基本现实的德国领导者（德皇威廉二世和希特勒）曾使德国在 20 世纪之内两次陷入灾难。德国先后两次在极为出色的领导者（俾斯麦和维利·勃兰特）的带领下，通过谈判走出地缘政治约束的雷区。

剩下的 4 个国家在地缘政治局势上呈现出好坏参半的景象。明治时代的日本是一个岛国，但西方列强对其虎视眈眈。智利在东边受到安第斯山脉的保护，在北边拥有沙漠作为屏障，如今在南美洲并未面临显著的威胁。但是，在阿连德任内，智利的经济因受到远方美国的施压而出现动荡。印度尼西亚在地理区位上受周边海洋的保护，没有邻近的国家对其产生威胁，但它不得不与相隔半个地球的荷兰抗争以获得独立。自独立后，印度尼西亚政府一直受制于国内贫困问题和人口快速增长问题。最后是澳大利亚，尽管它地处偏远地带，而且四周受到大洋的保护，但在二战中还是遭受了日本的威胁和轰炸。所有这些国家在行动自由方面都断断续续地受到约束，但比起芬兰和德国，这些国家所受的约束并非长期性的，程度也相对缓和。

在最近 1 000 年以来，地缘政治的约束在全球层面出现了明显的转变。在遥远的过去，一国人口大都能自给自足，物品和信息的接收和传递一般发生在相对较短的距离内，国家所面临的军事威胁也仅仅来自相近的邻国。但在过去的500年间，各国之间的交流以及经济和军事联系变得越来越全球化。一国面临的海上军事威胁开始来自世界各地：大约在1595年，荷兰人开始占领印度尼西亚；1853年，佩里船长率领的美国舰队打破了日本的锁国状态。原来的日本在经济上自给自足，进出口量之少可忽略不计；现在，日本的产业经济受到自然资源的严重制约，只能依赖进出口。美国也是主要的进出口国家。智利依赖美国的资本和技术进行铜矿开发。美国对阿连德政府施加经济压力，并在智利国内扶持阿连德的对手，印度尼西亚总统苏加诺也面临如此困境，只不过受影响程度较小。本书讨论的7个国家中，有3个国家曾遭受空袭，它们的敌军来自数千里之外：1941年12月，日军对美国的珍珠港发起突袭；1942年2月，日军对澳大利亚的达尔文港发动空袭；1942年4月，美国对日本发起杜立德空袭。二战期间，德国和日本曾受到陆上轰炸机的猛烈攻击。最初被用于袭击行动的火箭是1944—1945年德国对英国、法国和比利时发射的V-2火箭，其射程可达200英里。现在，洲际弹道导弹能够跨越最辽阔的海洋，击中世界上的任何地方。

这一切进展意味着各国历史上所受的地缘政治约束已被大大改变。这是否意味着地理因素已不再重要？当然不是！芬兰的外交政策仍然受制于它和俄罗斯之间漫长的陆地边界。德国的外交政策也仍然要考虑它的9个陆上邻国，还有8个隔着波罗的海和北海相望的邻国。自获得独立以来的两个世纪里，沙漠和高山使智利免受侵略，在可预见的将来，这种地理区位的天然保障还会持续发挥作用。尽管美国可能会遭到导弹袭击，但要入侵和征服这个国家依然是难于上青天，难度与之相当的还有试图侵犯澳大利亚的领土。简而言之，芬兰的那句箴言——“我们的地理位置永远不改变”将继续适用于每个国家。

危机是必要的吗

上文总结了最初启发我写作本书的那个问题：影响个人危机结果的 12 个因素与国家危机结果的相关性。接下来我们来探讨两个问题，虽然这两个问题并非我开展这项研究的初衷，但每当我与人谈论到国家危机时，他们最常提出的就是这两个问题。这两个问题关注的是一国所经历的危机对于该国政策转变的驱动作用，还有领导者的作用。

国家是只有在危机发生后才会有所行动，还是会因提前预期危机的降临而采取行动？对于这个被频繁提出的问题，本书的危机案例对两种可能的答案都有所涉及。

明治时代的日本，在最初面临来自西方不断增长的威胁时选择了逃避，直到佩里叩关才不得不有所行动。然而，在 1868 年明治维新运动开始之后，日本不再需要任何的外部冲击来推动其实施紧急变革行动，相反地，日本因预期自己将会面临被西方进一步施压的风险而进行了改革。

芬兰的情况与日本很相似，最初芬兰面对来自苏联的威胁选择视而不见，直到 1939 年苏联对其发动进攻，芬兰才迫不得已直面这一问题。不过，在 1944 年之后，芬兰人已经不会再等到苏联真正发起进攻行动之后才做出回应：芬兰外交政策的目标已经变成实时预期自己可能面临的来自苏联的压力，从而先发制人。

在智利，阿连德政府制定的政策是为了应对国内长期存在的极化问题，而不是为了应对突发的危机。因此，可以说阿连德政府是在解决当下面临的挑战的同时，为将来的危机做好准备。与之相反，智利军方之所以发动政变，是因为阿连德宣布要将智利变成一个以马克思主义思想为指导的国家，这在军方看来无疑是智利面临的紧急危机。

这两种行动逻辑均出现在印度尼西亚的案例中。正是由于害怕反对共产主义的将军委员会将做出不利于共产党人的行动，印度尼西亚军方中支持共产主义的势力才发动政变。而余下的军方势力所采取的行动显然是为了应对 1965 年 10 月 1 日发生的政变，不过也有理由怀疑他们早就预料到这场政变，并且早早准备好了应对方案。

二战后的德国展现了现代历史上因预期危机将会发生而采取行动，而不是因危机已经发生而展开行动的两个典型案例。康拉德·阿登纳总理推动了欧洲煤钢共同体的建立，为欧洲共同市场和欧盟的成立打下了经济和政治结构基础，这些行动显然是因预期危机将会发生而采取的预防性措施（见第十一章）。二战的恐怖氛围平息后，为了避免第三次世界大战的发生，阿登纳和其他欧洲国家领导者积极努力推进西欧一体化进程，这样一来，西欧国家之间便不愿也不会互相攻击。无独有偶，维利·勃兰特总理推行的“新东方政策”也不是为了解决东欧当下的紧急危机（见

第六章)。对勃兰特来说，无论是承认民主德国和其他的东欧共产主义政权，还是承认德国东部领土的丧失，均非迫在眉睫之事。而勃兰特之所以这样做，是为了把握好未来的机会，创造充分的条件，使德国在未来一旦有机会就能重新统一——事实上德国也确实做到了。

如今，日本面临七大主要问题，但日本当局没有对其中任何一个问题采取决定性举措。日本是会像二战后的澳大利亚那样，以循序渐进的变革成功解决这些问题，还是需要一场突发性危机来刺激其奋起行动？类似地，除了在“9 · 11”恐怖袭击事件发生后迅速出兵阿富汗，还有以伊拉克存在大规模杀伤性武器为由入侵伊拉克，如今的美国仍未就其面临的重大问题采取决定性举措。

因此，本书谈到的国家案例中，有 4 个国家的政府需要在危机的刺激下才会采取行动，有 2 个国家因当下缺乏危机的刺激而尚未采取关键行动。明治时代的日本、芬兰、智利和印度尼西亚皆在危机降临后开始实施为期数十年的改革项目，而且之后就不需要进一步的刺激了。但是，本书谈到的国家中也有先发制人，预防危机具体化或者防止危机加重的例子，德国和印度尼西亚属于前种情况，智利属于后种情况。当然，各个国家的政府都在不断地采取预防性措施，以应对目前还不那么迫切的问题或者是未来可能会发生的问题。

因此，“是否只有危机才能激发一个国家做出重要的选择性变革”这个问题，在个人层面上和在国家层面上的答案是相似的。作为个人，我们需要不停地处理当下存在的和预期会发生的问题。

当我们预料到严峻的新问题即将出现，我们就会努力在问题出现之前将其解决。然而，无论是国家还是个人都要克服许多的惯性与阻力。比起逐渐积累起来的问题和预期将来会出现的问题，突发性重大问题更易激发人们的能动性。此刻，我想起塞缪尔·约翰逊的一句话："当一个人得知自己会在两周后被绞死时，他的精力集中程度会令人惊叹。"

领导者在历史上的角色

领导者能否产生决定性影响？每当我与人探讨国家危机时，大家常常提及的另一个问题关乎一个由来已久的历史辩题：一国领导者是否会影响该国历史发展的进程，还是说在特定时刻，不管坐在一国领导者之位上的人是谁，该国历史发展的路径都不会发生改变？这场辩论的一方以英国历史学家托马斯·卡莱尔（1795—1881 年）为代表，他主张的是"伟人史观"，在他看来，历史发展的进程由诸如克伦威尔和腓特烈大帝这样的伟人主导。类似的观点当前在军事历史学家中还很流行，他们倾向于强调军事将领和战时政治领袖的决策力量。这场辩论的另外一方以作家列夫·托尔斯泰为代表，他坚持认为领导者和军事将领对历史发展进程的影响微乎其微。为了表明这一观点，托尔斯泰在他的小说《战争与和平》中描绘了一些战争的场景，在这些场景中，将领下达的命令与战场上实际发生的情况并不相关。

如今，历史学家大都赞同托尔斯泰的这个观点，认为历史的发展进程取决于细节，而不取决于伟人的政策或抉择。他们通常辩称：伟人之所以看上去很有影响力，不过是因为他（或她）所追求的政策正好与民众的观点形成共鸣。如此一来，资质平平的政治家也有可能被奉为伟人，只是因为他们生正逢时，而不是因为他们拥有出色的个人特质（他们通常所举的例子是美国总统詹姆斯·波尔克和哈里·杜鲁门）。而且，领导者所拥有的选择是有限的，这些选择取决于历史的其他因素。德国社会学家马克斯·韦伯所持有的观点则介乎上述两种观点之间，他认为，在某些情况下，特定类型的领导者，即所谓的“魅力型领导者”，有时候可以影响历史的进程。

这场辩论的结果依然悬而未决。每个历史学家都倾向于先入为主，在脑海中先形成一个总体性观点（这一观点的形成往往是基于某一原则，而不是基于可供实证分析的有效方法），然后将这一观点应用于个案研究。举个例子，所有有关希特勒的传记作品都讲述了他生平的那些关键事件。可是，支持“伟人史观”的传记作者在叙述这些关键事件时，会强调希特勒作为一名行动异常高效且邪恶的领袖，一手造就了德国后来的发展局势，如果换成其他人坐上这个位置，那么德国的历史将会呈现不一样的结局。而反对“伟人史观”的传记作者在叙述这些关键事件时，则会把希特勒描绘成一个反映当时德国社会普遍特征的代言人。我们无法通过叙事和个案研究来为这场辩论做出决断。

不过，最近的分析中有人使用了一种很不错的方法，这种方法结合了三个特点：一是搜集由多个历史事件或特定类型的历史事件集合而成的大样本；二是进行“历史自然实验”，即对比其他条件相似的情况下，有干扰发生和没有干扰发生的历史轨迹（我将在下文列举两个实例）；三是以量化的方式进行结果分析。美国西北大学的本杰明·琼斯和麻省理工学院的本杰明·奥尔肯结合这种方法共同发表了两篇出色的论文。

在第一篇论文中，琼斯和奥尔肯提出了这样一个问题：和随机选择的国家领导者未在任期内自然死亡的时期相比，国家领导者在任期内自然死亡会对一国经济增长造成何种影响？这种比较为测试国家领导者变更对一国的经济影响提供了自然实验的条件。如果“伟人史观”是正确的，那么相比随机选择的国家领导者未在任期内自然死亡的时期，国家领导者在任期内自然死亡应该会带来经济增长率的变动——可能是上升，也可能是下降，这取决于该领导者生前实施的政策产生的影响是好是坏。在建立样本数据库时，琼斯和奥尔肯搜集了 1945—2000 年所有在任期内自然死亡的国家领导者案例。他们成功搜集到 57 个符合这一条件的案例：其中大部分国家领导者的死因是心脏病发作或癌症，有少数几人死于坠机事件，还有一人死于溺水事故，一人死于骑马失足，一人死于火灾事故，一人因断腿而亡。这些确实都是随机事件，因为一个领导者实施的经济政策丝毫不会影响他意外溺水身亡的概率。研究结果表明，与随机选择的国家领导者未在任期内自然死亡时期相比，国家领导者在任期内自然死亡确实会容易带来该国经济增长率的变动。这就意味着，从多个案例的平均情况来看，领导者确实很有可能影响一国的经济增长。

在他们发表的第二篇论文中，琼斯和奥尔肯提出了另外一个问题：如果一国领导者在任期内并非自然死亡，而是被暗杀的话，情况又会有何变化？当然，一国领导者被暗杀不完全是随机事件：在某种特定情况下（例如国民对国家经济增长率较低的现状不满），发生这种事件的概率会更高。因此，琼斯和奥尔肯比较了国家领导者被暗杀成功与暗杀未遂（子弹打偏）的情况。这种差异就是随机的了：一国的政治状况也许会影响暗杀事件发生的概率，但无法影响暗杀者的命中率。这个数据库包含了1875—2005年发生的共298起针对国家领导者的暗杀行动：其中有59起成功，239起失败。研究结果表明，与被暗杀未遂的情况相比，一国领导者被暗杀成功后该国政治体制发生变化的可能性更大。

这两项研究还表明，专制政体领导者的死亡比民主政体领导者的死亡带来的影响更大，而且在专制政体中，领导者的权力越不受立法机构或政治党派的约束，其死亡带来的影响就越大。这个发现符合我们的预期：与权力受约束的领导者相比，权力不受约束的强人领袖拥有更大的影响力（无论好坏）。因此，我们可以从以上研究中得出一个总体性的结论：领导者有时候能够产生决定性影响。但是，这取决于领导者的类型以及具体产生影响的领域。

特定领导者的角色

现在，我们把这些旨在研究领导者的作用的自然实验和本书讨论的7个国家案例相结合，目的是看看这7个国家的领导者是否符合琼斯和奥尔肯识别出的特征，以及他们的情况是否会引发更多值得探究的问题。根据这 7 个国家的历史发展轨迹，众多历史学家对它们的领导者给予如下评价。

明治时代的日本并未出现统揽大局的领导者，几位领导者采纳了相似的政策。

在芬兰，政治领导者和国民实质上达成了共识，都认为应当竭尽全力抵抗苏联进攻。（不过也有一些说法认为，芬兰陆军元帅曼纳林的军事技巧，还有巴锡基维和吉科宁两位总统在战后赢得苏联领导者信任的才能，对芬兰的命运产生了积极的影响。）

在智利，皮诺切特被认为是具有决定性影响且异于常人的领导者（甚至包括他的军方同僚也这么认为），具体表现为他的残忍冷酷、对权力的紧握不放，还有对经济政策的选择。

印度尼西亚的苏加诺和苏哈托均被视为具有决定性影响的领导者，但继任的领导者则没有得到这样的评价。

在二战后的德国，维利·勃兰特被认为在彻底扭转联邦德国政府的外交政策，以及承认东欧共产主义政权和德国边界方面发挥了独特的作用，因此为德国随后的重新统一创造了条件。回溯更早期的德国历史，俾斯麦、威廉二世和希特勒通常被认为是对德国形势产生重要影响（无论好坏）的独特领导者。

澳大利亚则没有出现特别引人注目的掌权者。最符合条件的例子可能就是魏德伦总理和他发起的旋风计划，不过就连魏德伦本人也承认，他的改革是“承认（澳大利亚）已然存在的问题”。

在美国，富兰克林·罗斯福总统顶住当时国内孤立主义阵营

（一开始大多数美国人属于这一阵营）的反对压力，逐步为二战做好准备，他的功绩还包括带领美国走出大萧条的难关。在19世纪，美国总统林肯在南北战争中扮演了重要的角色。

简而言之，这7个国家中有9位领导者（6位专制政体领导者，3位民主政体领导者）通常被视为影响了历史发展的进程。除了本书讨论的7个国家之外，其他国家也有一些在近代被视为影响了时势的领导者，例如英国的温斯顿·丘吉尔、苏联的列宁和斯大林、法国的戴高乐、意大利的加富尔和印度的甘地。如此一来，在这张短短的名单上，我们有15位影响了时势的领导者。在这15位领导者当中，有10位是专制政体的领导者，有5位是民主政体的领导者。乍一看，这一结果似乎与琼斯和奥尔肯二人的结论一致，即专制政体的领导者具有更大影响力。但我未能列出在此时间跨度之内全球所有专制政体和民主政体领导者的名单，所以我不能确定，是否某种政体的领导者数量出现了比例偏差。

我们这组小小的数据确实提出了两个假设，值得参考琼斯和奥尔肯的分析办法进行检验，即搜集一个庞大的数据库，进行自然实验，然后以量化工具分析结果。

第一个假设源自一项观察：在4位通常被认为具有独特影响力的民主政体领导者（罗斯福、林肯、丘吉尔和戴高乐）之中，至少有3位的影响力主要体现在战争时期。林肯的总统任期几乎都处于美国南北战争期间。丘吉尔、罗斯福和戴高乐的任期涵盖了战争时期与和平时期，但其中有两位或者说三位都被认为在战争时期发挥了最关键的影响力（丘吉尔在1940—1945年担任英国的战时首相，在1951—1955年担任和平时期的首相，但其影响力主要体现在前一个阶段；戴高乐在战争时期担任法国将领，后来在1959—1962年阿尔及利亚民族独立战争时期担任法国总统；罗斯福的影响力主要体现在1939年欧洲爆发二战时和美国处于大萧条时期）。这一结果与琼斯和奥尔肯二人的观察结果一致，即领导者的权力受到的约束越少，则他们的影响力就越大：民主政体的领导者在战争时期获得的权力更为集中。

另一个值得检验的假设是，如果领导者遭遇强劲的反对势力（无论是在民主国家还是专制国家），而他通过审慎的、循序渐进的努力最终使自己的观点获得认可，那么该领导者的影响力将发挥到极致。支持这一假设的典型例子有：萨丁尼亚王国首相加富尔和普鲁士总理俾斯麦，在面对来自外国势力、本国公民甚至还有国王的强烈反对之下，分别循序渐进地推动了意大利和德国的统一；丘吉尔首先劝服极端分裂的英国战时内阁反对哈利法克斯勋爵提出的与希特勒握手言和的建议，然后说服美国人把对德战争而不是对日战争放在首位（日本偷袭珍珠港后，美国明显将对日战争放在首位）；罗斯福顶住国内孤立主义阵营的反对压力，一步一步地使美国做好二战的准备；戴高乐逐步劝服自己国家的国民和阿尔及利亚人就阿尔及利亚的民族独立问题达成谈判协议；苏哈托慢慢地从深受印度尼西亚国民敬爱的开国总统苏加诺手中取得大权；还有维利·勃兰特，在从连续统治联邦德国长达20年的德国基督教民主联盟手中接过大权后，他不顾该党派的激烈反对，推动联邦德国人民直面痛苦的现实，承认德国已失去大片领土。

接下来该怎么做

本书在有关国家危机的比较研究上迈出了第一步——它通过叙述性方式，对少数国家样本进行探索。我们应该如何扩展目前的研究范围，从而深化我们对该主题的理解呢？我建议可从以下两方面进行延伸：一是搜集更多更具随机性的样本，二是进行更严谨的分析，把研究结果和假设的预测因素从口头的概念转化为具有可操作性的变量。

首先是样本问题。我选取的国家样本不仅数量较少，而且不是随机选择的结果。我之所以选取这些国家，是因为它们都是我最熟悉和了解的国家。我的样本中包括 2 个欧洲国家、2 个亚洲国家、1 个北美洲国家、1 个南美洲国家，以及澳大利亚。7 个国家中有 5 个是发达国家。目前，这 7 个国家都是民主国家，虽然其中 2 个国家在我所讨论的时期曾是专制政体。除了印度尼西亚以外，其他国家都拥有久远的独立或自治历史和强大的体制，只有印度尼西亚是不久之前才从殖民地转变为独立国家。我所选取的样本中不包括非洲国家、当下实行专制的政体，也不包括非常贫困的国家。本书讨论到的 6 个经历过危机的国家都在一定程度上成功度过了各自的危机。没有一个国家在实施恰当的选择性变革后遭遇明显的失败。显而易见，这个样本不是随机的。在未来，一个更大的国家样本将揭示什么样的结论，我们翘首以待。

其次，在未来的研究中，研究者面临的最重要的方法论挑战就是，把我在这本书中的叙述性、口头性和定性分析延伸为更严谨的量化分析。我在本书的序言部分曾提到，在某些社会科学领域，尤其是经济学、经济史研究和某些心理学分支领域，近来出现了一股趋势，那就是用定量数据、图表、大样本、数据显著性检验、自然实验和可操作性指标相结合的方法取代基于单一案例的叙述式研究。我所说的“可操作性指标”，是指将口头概念转化为可通过一系列相关关系和公式进行测量的指标。

上文提到的琼斯和奥尔肯的两篇论文正是这种研究方法的应用示例。他们同时分析 57 名领导者和 298 名领导者的行为，而不是分析单一案例中某位特定领导者的行为。他们利用自然实验的优势，通过对比领导者自然死亡前后国家的表现，或者对比领导者被暗杀未遂和被暗杀成功后国家的表现，从而对比某位特定领导者在位和不在位时对国家的影响。最后，他们提出了推测性的结果变量，这些变量可通过定量的数值（例如经济增长率）或者是定性的范围（例如，政体的变化范围是从领导者权力完全不受限制的专制政体到领导者权力受最大程度限制的民主政体）进行操作性分析。

如果要把这种方法应用到我这项关于国家危机的研究中，我们需要将本书中讨论到的假设因素和结果——“承认危机”“承担责任”“国家认同”“不受约束”“应对失败的耐心”“灵活应变能力”“诚实的自我评估”“是否做出选择性变革”以及“是否成功解决国家危机”，转化为可操作性指标。要建立这样的可操作性指标，首先可参考社会科学数据库所提供的数据，例如由罗纳德·因格尔哈特主导的世界价值观调查，还有经济价值调查、欧洲社会调查、亚太地区经济和社会调查，以及海尔特·霍夫斯泰德、米哈伊尔·明科夫等人的著作。我曾经尝试以这些数据资源为基础，来为我的部分变量建立可操作性指标，但后来我不得不承认（尽管我很不情愿），这是一个太过巨大的工程。要知道，在没有建立可操作性指标的情况下，我便已经花了整整 6 年的时间来准备这本书。除了本书所关注的国家危机之外，我在第一章中谈到的个人危机也需要使用这样的定量方法进行分析。尽管心理学家已经对第一章中谈到的影响个人危机处理结果的几个假设变量进行可操作化设计和检验，但关于个人危机还有很多等待我们进一步探讨的空间。所以，在我对国家危机的研究和对大多数领导者的历史研究中，叙述性研究所存在的不足同样也体现在大多数关于个人危机的研究中。

对未来的启示

我们可以从历史中学到什么？这是一个很宽泛的问题，那么我们先来看一个相对具体的问题：从本书探讨的 7 个应对国家危机的案例中，我们能学到什么？虚无主义式的回答是：什么都学不到！许多历史学家曾说过，由于历史发展的进程过于纷繁复杂，结果受到太多不可控的变量和无法预见的变化影响，我们无法从历史中窥见一丝一毫的真谛。在 1944 年 6 月，谁能准确地预测战后东欧的地图呢？ 1944 年 7 月 20 日，苏联军队还未跨越德国边境，如果那天那个名叫克劳斯·冯·施陶芬贝格的刺客把装有定时炸弹的皮箱放得离希特勒再近20英寸，如果那天希特勒不只是受伤而是被炸死，那么德国后来的局势将会完全不同。而现实情况是，希特勒在1945年4月30日自杀身亡，那时候苏联军队已经将柏林、整个东欧和德国东部纳入麾下。

没错，历史确实很难被预测。尽管如此，我们还是能够从中吸取两方面教训。不过，作为背景，让我们首先来看看，通过了解个人生活，我们能够吸取哪些教训，因为国家历史和个人生活（再一次）存在相似性。

如果可以的话，我们能从个人的生平和传记中学到什么呢？个人就如同国家一样复杂，一样存在个体差异性，一样会受到不可预见的事情影响，因此要预测一个人的行为并不是一件轻松的事，更不用说通过一个人的行为去推断另一个人的行为了，难道不是这样吗？当然不是！虽然存在种种困难，但大多数人依然会发现，根据我们对身边人以往日常生活的了解，多花心思去预测他们未来可能出现的行为举止，是一件有利的事情。此外，心理学家通过专业训练，我们外行人通过“人际交往技能”，可以对我们认识的人的经历进行归纳，从而预测我们遇到的陌生人会做出何种行为。这就是为什么阅读一些人物传记很有指导意义，即使我们在现实生活中没有机会遇到他们，因为这样可以丰富我们了解人类行为的数据库。

就在写下这些文字的前一晚，我正好与两位女性朋友在一起，其中一位20多岁，天真乐观，另一位已经70岁有余，直觉敏锐。那位年轻朋友最近刚刚结束一段恋情，对方在她看来一直是一个非常贴心且魅力十足的男子，可没过几年，他却突然残忍而且毫无预兆地提出分手，这让我的这位朋友大为受挫。然而，当这位年轻朋友把自己的这段故事娓娓道来时，甚至还没讲到揪心的结局，那位年长的朋友（她从未见过该男子）就已经看出来，这名男子虽然很有魅力，却是个十足的自恋狂，她曾经认识好几个这样的人。通过这件事就可以看出，为什么多了解不同人的经历并且多对这些经历进行思考对我们来说是极为有用的。虽然每个人经历的细节会有所不同，但人类的行为确实存在一些普遍性的规律。

那么，从人类历史中我们可以得到哪些相应的教训呢？其中一类教训比较具体，是在理解一个国家的历史的基础上，读懂该国将来可能出现的行为。例如，芬兰是一个与俄罗斯为邻的小型民主国家，它很努力地与俄罗斯维持良好的双边关系，它有一支训练有素的军队，而且不依赖别的国家为其提供保护。我们可以从芬兰的近代历史中找到它实行这些政策的原因。那些对芬兰历史知之甚少的人就不太可能理解芬兰当前实施这些政策并且将来还会继续实施这些政策的原因——就像1959年首次去芬兰的我，因为不了解芬兰的历史，曾询问在芬兰的房东，为什么明明有美国作为背后的支撑，芬兰却不站起来与苏联对抗。

另一类教训则体现为更为概括性的主题。我再次以芬兰和俄罗斯为例。鉴于芬兰和俄罗斯的特征，二者的双边关系展现了一个概括性的主题：面对身边咄咄逼人的大国，小国的头上仿佛时刻悬着一把刀。面对这种危险，没有万能的解决方案。古希腊历史学家修昔底德在公元前 5 世纪编著的《伯罗奔尼撒战争史》第五卷中有一些被广为引用且扣人心弦的文字，便是以此为主题的。修昔底德描述了古希腊小岛米洛斯的市民如何应对来自强大的雅典帝国的施压。在一段如今被称为“米洛斯对话”的文字中，修昔底德重现了米洛斯人和雅典人之间紧张万分的谈判：米洛斯人试图劝服雅典人不要使用武力，力争保留其民众的自由和生命，而雅典人则警告米洛斯人要面对现实。接着，修昔底德简要阐述了这场谈判的结果：米洛斯人拒绝了雅典人提出的要求，正如 2 000 年后芬兰在一开始拒绝了苏联的要求；雅典人对米洛斯人发起围攻，米洛斯人成功地抵抗了一段时间，但后来他们不得不投降；最终，雅典人杀光了米洛斯的男性公民，奴役了全部的妇女和儿童。

当然，芬兰人最后没有被俄罗斯人屠杀或奴役，这体现了在不同情况下，米洛斯困境的结局和最佳策略存在巨大差别。尽管如此，我们依然可以从中得到一个通用的教训：受大国威胁的小国应时刻保持警惕，做多手准备，制订多个应对方案，并且实事求是地评估这些方案。虽然这个教训我们都懂，甚至觉得已经不值一提，但不幸的是它常常被忽略。米洛斯人忽略了这个教训；巴拉圭人也忽略了这个教训，1865—1870 年，巴拉圭人对实力远超自己的巴西、阿根廷和乌拉圭三国同盟发起战争，结果牺牲了巴拉圭 60% 的人口；1939 年的芬兰忽略了这个教训；1941 年的日本也忽略了这个教训，当时的日本同时对美国、英国、荷兰、澳大利亚和中国发起进攻，并且与苏联关系紧张；近期的乌克兰也忽略了这个教训，因此才会与俄罗斯展开灾难性的对抗。

假如现在我已经说服了你，使你相信我们可以从历史中学到一些有用的东西，那么从本书讨论的国家危机历史中，我们具体可以学到什么？我们可以从中学到一些概括性的主题。其中一个主题就是这 7 个国家为解决危机所做出的行为，这些行为包括：承认国家陷入危机；主动承担责任，做出改变，而不是推卸责任，以受害者自居；划清界限，确认需要改变的国家特征，而不是盲目地认为自己的国家一无是处；向其他国家寻求帮助；了解其他国家在面临与自己相似的问题时曾采用的成功解决问题的模型；保持耐心，理解失败乃成功之母，多尝试不同的解决方案；思考国家核心价值观中哪些部分依然适用，哪些部分已经过时；践行诚实的自我评估。

另一个概括性的主题是国家认同。新成立的国家，例如印度尼西亚、博茨瓦纳和卢旺达，需要建构起自己的国家认同，它们也确实正在为之努力。历史较为悠久的国家则可能需要调整自己的国家认同和核心价值观，一个典型的例子是澳大利亚，它重塑了自己的国家认同。

还有一个主题是关于影响危机结果的不可控因素。一个国家往往受制于自己之前应对危机的实际经验，还有它所面临的地缘政治约束。国家应对危机的实际经验无法突然增加，其面临的地缘政治约束也无法在一夜之间消除。但是，国家还是可以实事求是地考虑这些因素，正如俾斯麦和维利·勃兰特治下的德国那样。

悲观主义人士可能会对这些建议提出抗议：“这显然太荒谬

了！我们不需要靠贾雷德·戴蒙德的书来告诉我们要进行诚实的自我评估，要借鉴其他国家的经验，要避免受害者心态，等等！”不，我们确实需要一本书来提醒自己，因为无可否认，这些看似“理所当然”的要求在过去经常被忽略，而且在今天依然如此。在过去，有些人因为忽略这些“理所当然”的要求而付出了生命的代价，其中包括米洛斯的全体男性公民，数十万巴拉圭人和数百万日本人。在今天，依旧有人因为无视这些“理所当然”的要求而威胁到自己的福祉，这些人中就包括我的几亿美国同胞。

悲观主义人士可能还会说：“是的，我们确实常常忽略这些理所当然的事情，但不幸的是，一本书改变不了我们的这种盲目。修昔底德描绘的‘米洛斯对话’已经存在了超过 2 000 年，但国家依然在重蹈覆辙。即使再来一本书又能如何？”我们这些作家之所以依然在朝着这个方向继续努力，是因为看到了一些令人振奋的因素。比起历史上的任何阶段，当前世界受过教育的人更多，我们对世界历史的认识更深刻，因此我们可以提出比修昔底德论据更为充分的论点。当前世界上民主国家的数量比以往任何时候都多，这意味着有更多的国民拥有表达自己的政治意愿的权利。虽然我们不乏无知的领导者，但也有一些国家领导者博览群书，他们比过去更容易从历史中吸取教训。令我感到惊喜的是，我曾遇到过一些国家元首和许多政界人士，他们告诉我，他们曾受到我之前写的书影响。当前，整个世界都正面临着全球性问题，但在过去的一个世纪中，尤其是最近几十年以来，我们的世界正着手建立处理全球性问题的机制。

以上便是我不听信悲观的言论、不愿放弃希望的一些原因。我将继续书写历史，以期当我们想要借鉴历史时能够有据所依。我们尤其要意识到，尽管各个国家在过去经常面临危机，而且时至今日依然如此，但现代国家和现代世界在面临危机时，无须再像过去那样在一片漆黑中摸索前进。了解以往国家应对危机的成功或失败的经验，便可为当下的我们点亮一盏指路明灯。

致谢

我谨以愉悦与感激之情向我的众多朋友和同事表示感谢，是他们的贡献使这本书成为可能，军功章应当有他们的一半。

这本书的写作灵感来自我的妻子玛丽·科恩。

本书从构思阶段到最终成稿，离不开我的主编 Tracy Behar 和经纪人 John Brockman 提供的指导意见，我还要感谢对文稿进行精雕细琢的文字编辑 Eileen Chetti，以及出版编辑 Betsy Vhrig。

这个为期 6 年的项目离不开 Lynda Resnick、Stewart Resnick、Peter Kaufman、Sue Tibbles、Keith Tibbles、Frank Caufield、Skip Brittenham、Heather Brittenham，以及保护国际基金会的支持。

我的研究助理 Michelle Fisher、Yuki Shimura 和 Boratha Yeang 对书中涉及的信息和参考材料逐一核查。Michelle 多次整理手稿的电子版本，Yuki 分享了她对日本的理解，Ruth Mandcl 负责寻找所有的插图照片，我的表亲 Evelyn Hirata 负责寻找封面图片，Matt Zebrowski 准备了正文中的图。

感谢在过去6年内上过我的课的好几百名加利福尼亚大学洛杉矶分校的本科生，以及我的助教Katja Antoine、Katie Hale和Ali Hamdan，是他们帮助我解释和理解危机。

感谢8位好友慷慨地贡献出时间阅读了我全部或大部分的手稿，并且在创作思路和呈现方式的改进上为我提供了帮助。他们是Marie Cohen、Paul Ehrlich、Alan Grinnell、Rebecca Kantar、Kai Michel、Ian Morris、Michael Shermer和Sue Tibbles。

另外还有数十位朋友和同事对个别章节的初稿提出了意见，或与我分享他们的经历，为我提供文章或参考资料。他们是Eldon Ball、Barbara Barrett、Scott Barrett、Nicolas Berggruen、K. David Bishop、Heidi Borhau、Daniel Botsman、David Brown、Frank Caufield、Kamala Chandrakirana、Alejandra Cox、Sebastian Edwards、Ernst Peter Fischer、Kevin Fogg、Mikael Fortelius、Zephyr Frank、Howard Friedman、Eberhard Frömter、Nathan Gardels、Al Gore、James Green、Verity Grinnell、Karl-Theodor zu Guttenberg、Jeffrey Hadler、Yasu Hibi、Stefan-Ludwig Hoffmann、Antero Holmila、David Howell、Dian Irawati、Ivan Jaksic、Martin Jay、Benjamin Jones、Peter Kaufman、Joseph Kellner、Hiroshi Kito、Jennifer Klein、Matti Klinge、Sho Konishi、Markku Kuisma、Robert Lemelson、Hartmut Leppin、Tom Lovejoy、Harriet Mercer、Robin Miller、Norman Naimark、Monika Nalepa、Olivia Narins、Peter Narins、Tom Narins、Nathan Nunn、Benjamin Olken、Kaija Pehu-Lehtonen、William Perry、Louis Putterman、Johanna Rainio-

Niemi、Geoffrey Robinson、Frances McCall Rosenbluth、Charly Salonius-Pasternak、Ken Scheve、Yuki Shimura、Chantal Signorio、Nina Sillem、Kerry Smith、Laurence Smith、Susan Stokes、Greg Stone、Mark Suster、Mak Takano、Jurist Tan、Spencer Thompson、Sirpa Tuomainen、Julio Vergara、Gary Waissi、D. A. Wallach、Stuart Ward、Tim Wirth 和 Yoshinori Yasuda。

对以上各位，我谨致以由衷的感谢。

图片来源

插图 0.1：AP Photo

插图 2.1：Courtesy of Alexander Stielau

插图 2.2：History Photo Collection, National Board of Antiquities Collections, Helsinki

插图 2.3：E. J. Reinikainen, National Board of Antiquities Collections, Helsinki

插图 2.4：Courtesy of St. Petersburg Travel Guide, www.guideto petersburg.com

插图 2.5：History Photo Collection, National Board of Antiquities Collections, Helsinki

插图 2.6：Library of Congress LC-DIG-ppmsca-18369

插图 2.7：History Photo Collection, National Board of Antiquities Collections, Helsinki

插图 3.1：Wikimedia

插图 3.2：Library of Congress LC-USZ62-110249

插图 3.3：Takeo City Library and Historical Museum

插图 3.4：Courtesy of Getty’s Open Content Program

插图 3.5：Waseda University Archive

插图 3.6：Bain News Service, Library of Congress LC-DIG-ggbain-38442

插图 3.7：Photo by Underwood & Underwood, Library of Congress LC- USZC2-6353

插图 3.8：Courtesy of the Print Department of the National Library of Russia

插图 3.9：©SZ Photo / Scherl / The Image Works

插图 4.1：Estate of Naúl Ojeda

插图 4.2：Naval History & Heritage Command: Photographic Section, Naval Subjects Collection, L-53-41-1

插图 4.3：© Chas Gerretsen, Nederlands Fotomuseum, Rotterdam

插图 4.4：© Chas Gerretsenow , Nederlands Fotomuseum, Rotterdam

插图 4.5：Antonio Larrea / Fundacion Victor Jara

插图 4.6：© Julio Etchart

插图 4.7：© Rickey Rogers / Reuters Pictures

插图 5.1：Historic Images, Inc. Press handout

插图 5.2：State Secretariat of the Republic of Indonesia

插图 5.3：Bettmann / Getty Images

插图 5.4：© Hans Tanawi

插图 5.5：Gunawan Kartapranata, CC Attribution-Share Alike 3.0 Unported License

插图 5.6：Courtesy of Muhamad Taufiq Hidayat

插图 6.1：U.S. Army Center for Military History

插图 6.2：Courtesy of www.b24.net

插图 6.3：U.S. Information Agency / National Archives & Records Administration (NARA)

插图 6.4：© Barbara Klemm

插图 6.5：© 51/1970 Der Spiegel

插图 6.6：National Digital Archives of Poland (NAC)

插图 7.1：From the collection of the National Archives of Australia

插图 7.2：© Johncarnemolla / Dreamstime

插图 7.3：Leonard Zhukovsky / Shutterstock.com

插图 7.4.1：Lachlan Fearnley, Wikimedia CC Attribution-Share Alike 3.0 Unported license

插图 7.4.2：Edward Orde, Wikimedia CC Attribution-Share Alike 4.0 International license

插图 7.5：National Archives and Records Administration, NAID 533108

插图 7.6：Australian War Memorial

插图 7.7：Source unknown

插图 7.8：Australian War Memorial

插图 7.9：From the collection of the National Archives of Australia

插图 7.10：Knödelbaum, Wikipedia. Creative Commons Attribution- Share Alike 3.0 Unported license

插图 9.1：U.S. Navy photo by Mass Communication Specialist 2nd Class Ernest R. Scott / Released

插图 9.2：© Tyler Olson / Shutterstock.com

插图 9.3：Courtesy of the Port of Los Angeles

插图 9.4：Bob Nichols / United States Department of Agriculture (USDA)

插图 9.5：Lyndon Baines Johnson Library photo by Frank Wolfe / NARA

插图 9.6：Courtesy of Alan Chevat

插图 9.7：Thomas Edison National Historical Park

插图 9.8：© Jim Harrison

插图 9.9：Courtesy Ronald Reagan Library / NARA

插图 9.10：Strom Thurmond Collection, Special Collections & Archives, Clemson University

插图 10.1：AP Photo / Paul Sakuma

插图 10.2：Courtesy of Larry Hall

插图 11.1：U.S. Department of Defense

图 1：Matt Zebrowski

拓展阅读

第一章　个人危机

本章列出的文献主要是一些近期出版的书籍，介绍了有关危机治疗领域的现状，还有一些较早出版的书籍、文章，介绍了该领域的进展状况。

Donna C. Aguilera and Janice M. Messick. *Crisis Intervention:Theory and Methodology,* 3rd ed. (Mosby, St. Louis, MO, 1978).

Robert Calsyn, Joseph Pribyl, and Helen Sunukjian. Correlates of successful outcome in crisis intervention therapy. *American Journal of Community Psychology* 5: 111–119(1977).

Gerald Caplan. *Principles of Preventive Psychiatry.* (Basic Books,New York, 1964).

Gerald Caplan. Recent developments in crisis intervention and the promotion of support service. *Journal of Primary Prevention* 10: 3–25(1985).

Priscilla Dass-Brailsford.A *Practical Approach to Trauma.* (Sage Publications, Los Angeles, CA, 2007).

James L. Greenstone and Sharon C. Leviton. *Elements of Crisis Intervention: Crises and How to Respond to Them*, 3rd ed.(Brooks-Cole,Belmont, CA, 2011).

Charles Holahan and Rudolf Moos. Life stressors, resistancefactors, and improved psychological functions: An extension of the stress resistance paradigm. *Journal of Personality and Sociopsychology* 58: 909–917 (1990).

Gerald Jacobson. Programs and techniques of crisis intervention.Pp. 810–825,in *Child and Adolescent Psychiatry, Socioculture and Community Psychiatry*, ed. G. Caplan. (Basic Books, New York, 1974).

Gerald Jacobson. Crisis-oriented therapy. *Psychiatric Clinics of North America* 2, no. 1: 39–54 (1979).

Gerald Jacobson, Martin Strickler, and Wilbur Morley. Generic and individual approaches to crisis intervention. *American Journal of Public Health* 58: 338–343 (1968).

Richard James and Burt Gilliland. *Crisis Intervention Strategies*, 8th ed. (Cengage, Boston, 2016).

Erich Lindemann. *Beyond Grief: Studies in Crisis Intervention.* (Jason Aronson, New York, 1979).

Rick A. Myer. *Assessment for Crisis Intervention: A Triage Assessment Model.* (Brooks Cole, Belmont, CA, 2001).

Howard J. Parad, ed. *Crisis Intervention: Selective Readings.* (Family Service Association of America, New York, 1965).

Kenneth Yeager and Albert Roberts, eds. *Crisis Intervention Handbook: Assessment, Treatment, and Research*, 4th ed. (Oxford University Press, New York, 2015).

Papers in the journal Crisis: *The Journal of Crisis Intervention and Suicide Prevention.* (Volumes 1–38, 1980–2017).

第二章 芬兰与苏联之战

学术书籍的最后通常都会有几十页的注释内容，作者旨在通过这些注释引导读者找到书中的论述所基于的专业期刊论文和一些图书资源。这种方法在我的前几本书（《第三种黑猩猩》《枪炮、病菌与钢铁》《性趣何来？》《崩溃》《历史的自然实验》）中很常见，我在这些书中引用了一些专业性极强的文献，大部分读者都很难找到这些文献的资源，例如，有关新石器时代大粒野生谷物的地理分布的文献。这就导致文献数量繁多，进而会使整本书变得又厚又重，而且价格昂贵。一位朋友曾向我抱怨："贾雷德，我很喜欢看你的书，但你的书实在太重了，每当我晚上躺在床上拿着你的书看时，脖子和手臂都会酸痛，你的下本书能不能不要做这么重？"

在上一本书《昨日之前的世界》中，我把所有的注释和文献都放在网站上，而不是像原来那样放在书的最后，这确实使这本书变得更薄、更轻，也更便宜。我也因此能够得知有多少人会真正去网站上查阅那些注释和文献。结果我发现，每年全世界只有一两个人会登录这个网站。

因此，在这本书中我想尝试不一样的方法，只提供那些可能会对读者有价值而且读者容易找到的文献。我在本书中列出的阅读书目大部分都能够在一些大的综合性图书馆中找到，而那些较为专业的学术期刊中的文章在本书中没有被列出。读者如果想要进一步了解我在书中探讨的国家，可以阅读这些书目，会发现这些书内容有趣且很容易理解。倘若有读者愿意就我下一本书中文献的类型选择提供一些建议，我将不胜感激。

Seppo Hentilä, Markku Kuisma, Pertti Haapala, and Ohto Manninen. Finlandization for better and for worse. *Historical Journal/Historiallinen Aikakauskirja*. No. 2: 129–160 (1998).

Max Jakobson. *Finland Survived: An Account of the Finnish-Soviet Winter War 1939–1940*, 2nd ed. (Otava, Helsinki, 1984).

Eino Jutikkala and Kauko Pirinen. *A History of Finland*, 6th ed. (WS Bookwell Oy, Helsinki, 2003).

Sakari Jutila. *Finlandization for Finland and the World*. (European Research Association, Bloomington, IN, 1983).

Urho Kekkonen. *A President's View*. (Heinemann, London, 1982).

Tiina Kinnunen and Ville Kiviimäki, eds. *Finland in World War 2: History, Memory, Interpretations*. (Brill, Leiden, 2012).

Matti Klinge. *A Brief History of Finland*, 3rd ed. (Otava, Helsinki, 2000).

Walter Laqueur. *The Political Psychology of Appeasement: Finlandization and Other Unpopular Essays*. (Transaction Books, New Brunswick, NJ, 1980).

Ohto Manninen, Riitta Hjerppe, Juha-Antti Lamberg, Markku Kuisma, and Pirjo Markkola. Suomi—Finland. *Historical Journal/Historiallinen Aikakauskirja*. No. 2: 129–160 (1997).

George Maude. *The Finnish Dilemma: Neutrality in the Shadow of Power*. (Oxford University Press, London, 1976).

Johanna Rainio-Niemi. *The Ideological Cold War: The Politics of Neutrality in Austria and Finland*. (Routledge, New York, 2014).

Esko Salminen. *The Silenced Media: The Propaganda War between Russia and the West in Northern Europe*. (St. Martin's Press, New York, 1999).

William Trotter. A Frozen Hell: *The Russo-Finnish Winter War of 1939–40*. (Algonquin Books, Chapel Hill, NC, 1991).

Steven Zaloga. *Gustaf Mannerheim*. (Osprey, Oxford, 2015).

https://www.sotasampo.fi/en/cemeteries/list 该网站提供了芬兰所有地方公墓的资料，列出了长眠于各公墓的人的姓名、出生日期、出生地点和人数，还列出了失踪人口数量。

www.sotasampo.fi 该网站提供了有关二战期间的芬兰和芬兰人的大量资料。

第三章 现代日本的起源

Michael Auslin. *Negotiating with Imperialism: The Unequal Treaties and the Culture of Japanese Diplomacy*. (Harvard University Press, Cambridge, MA, 2004).

W.G. Beasley. *The Japanese Experience: A Short History of Japan*. (University of California Press, Berkeley, 1999).

Daniel Botsman. *Punishment and Power in the Making of Modern Japan*. (Princeton University Press, Princeton, NJ, 2005).

Takashi Fujitani. *Splendid Monarchy: Power and Pageantry in Modern Japan*. (University of California Press, Berkeley, 1996).

Carol Gluck. *Japan's Modern Myths: Ideology in the Late Meiji Period*. (Princeton University Press, Princeton, NJ, 1985).

Robert Hellyer. *Defining Engagement: Japan and Global Contexts, 1640–1868*. (Harvard University Press, Cambridge, MA, 2009).

Marius Jansen. *Sakamoto Ryōma and the Meiji Restoration*. (Princeton University Press, Princeton, NJ, 1961).

Donald Keene. *Emperor of Japan: Meiji and His World, 1852–1912*. (Columbia University Press, New York, 2002).

Kyu Hyun Kim. *The Age of Visions and Arguments: Parliamentarianism and the National Public Sphere in Early Meiji Japan*. (Harvard University Press, Cambridge, MA, 2007).

Hyoson Kiryaku. *Drifting Toward the Southeast: The Story of Five Japanese Castaways*. (Spinner, New Bedford, MA, 2003).

Ernest Satow. *A Diplomat in Japan.* (Seeley Service, London, 1921).

Ronald Toby. *State and Diplomacy in Early Modern Japan: Asia in the Development of the Tokugawa Bakufu.* (Princeton University Press, Princeton, NJ, 1984).

James White. State building and modernization: The Meiji Restoration. Pp. 499–559, in Crisis, *Choice and Change: Historical Studies of Political Development*, ed. G.A. Almond, S.C. Flanagan, and R.J. Mundt. (Little, Brown, Boston, 1973).

第四章　全民的智利

Patricio Aylwin Azócar. *El Reencuentro de los Demócratas: Del Golpe al Triunfo del No.* (Ediciones Grupo Zeta, Santiago, 1998).

Edgardo Boeninger. *Democracia en Chile: Lecciones para la Gobernabilidad.* (Editorial Andres Bello, Santiago, 1997).

Erica Chenoweth and Maria Stephan. *Why Civil Resistance Works: The Strategic Logic of Nonviolent Conflict.* (Columbia University Press, New York, 2011).

Simon Collier and William Sater. *A History of Chile, 1808–1994.* (Cambridge University Press, Cambridge, 1996).

Pamela Constable and Arturo Valenzuela. *A Nation of Enemies. Chile under Pinochet.* (Norton, New York, 1991).

Sebastian Edwards. *Left Behind: Latin America and the False Promise of Populism.* (University of Chicago Press, Chicago, 2010).

Carlos Huneeus. *El Régimen de Pinochet.* (Editorial Sudamericana Chilena, Santiago, 2000).

Peter Kronbluh. *The Pinochet File: A Declassified Dossier on Atrocity and Accountability.* (New Press, New York, 2013).

Thomas Skidmore, Peter Smith, and James Green. Chapter 10. Chile: Repression and democracy. Pp. 268–295, in *Modern Latin America*, 8th ed. (Oxford University Press, Oxford, 2014).

Arturo Valenzuela. Chile. Pp. 1–133, in *The Breakdown of Democratic Regimes,* ed. Juan Linz and Alfred Stepan. (Johns Hopkins University Press, Baltimore, 1978).

Stefan de Vylder. *Allende' s Chile: The Political Economy of the Rise and Fall of the Unidad Popular.* (Cambridge University Press, Cambridge, 1976).

Edwin Williamson. Chapter 4. Chile: Democracy, revolution and dictatorship. Pp. 485– 510, in *The Penguin History of Latin America,* rev. ed. (Penguin, London, 2009).

第五章 印度尼西亚，一个新兴国家的崛起

Benedict Anderson. *Java in a Time of Revolution.* (Cornell University Press, Ithaca, NY, 1972).

Edward Aspinall. *Opposing Suharto: Compromise, Resistance, and Regime Change in Indonesia.* (Stanford University Press, Stanford, CA, 2005).

Harold Crouch. *The Army and Politics in Indonesia*, rev. ed. (Cornell University Press, Ithaca, NY, 1988).

Harold Crouch. *Political Reform in Indonesia after Soeharto.* (Institute of Southeast Asia Studies, Singapore, 2010).

R.E. Elson. *Suharto: A Political Biography.* (Cambridge University Press, Cambridge, 2001).

R.E. Elson. *The Idea of Indonesia: A History.* (Cambridge University Press, Cambridge, 2008).

Herbert Feith. *The Decline of Constitutional Democracy in Indonesia.* (Cornell University Press, Ithaca, NY, 1962).

George Kahin. *Nationalism and Revolution in Indonesia.* (Cornell University Press, Ithaca, NY, 1970).

George Kahin and Audrey Kahin. *Subversion as Foreign Policy: The Secret Eisenhower and Dulles Debacle in Indonesia.* (New Press, New York, 1995).

J.D. Legge. Sukarno: *A Political Biography.* 3rd ed. (Archipelago Press, Singapore, 2003).

Daniel Lev. *The Transition to Guided Democracy: Indonesian Politics 1957– 59.* (Cornell University Press, Ithaca, NY, 1966).

Katharine McGregor. *History in Uniform: Military Ideology and the Construction of Indonesia' s Past.* (NUS Press, Singapore, 2007).

Joshua Oppenheimer. *The Act of Killing.* (2012). [Documentary film].

Joshua Oppenheimer. *The Look of Silence.* (2014). [Documentary film].

Elizabeth Pisani. *Indonesia etc.: Exploring the Improbable Nation.* (Norton, New York, 2014).

M.C. Ricklefs. *A History of Modern Indonesia.* (Macmillan Education, London, 1981).

Geoffrey Robinson. *The Dark Side of Paradise: Political Violence in Bali.* (Cornell University Press, Ithaca, NY, 1995).

Geoffrey Robinson. *If You Leave Us Here, We Will Die: How Genocide Was Stopped in East Timor.* (Princeton University Press, Princeton, NJ, 2010).

Geoffrey Robinson. *The Killing Season: A History of the Indonesian Massacres, 1965–66.* (Princeton University Press, Princeton, NJ, 2018).

John Roosa. *Pretext for Mass Murder: The September 30th Movement and Suharto' s Coup d' État in Indonesia.* (University of Wisconsin Press, Madison, 2006).

J. Sidel. Riots, *Pogroms, Jihad: Religious Violence in Indonesia.* (Cornell University Press, Ithaca, NY, 2006).

Bradley Simpson. *Economists with Guns: Authoritarian Development and U.S.–Indonesian Relations, 1960–1968.* (Stanford University Press, Stanford, CA, 2008).

第六章 重建德意志

Neal Bascomb. *Hunting Eichmann.* (Mariner, Boston, 2010).

Jillian Becker. *Hitler' s Children: The Story of the Baader- Meinhof Terrorist Gang,* 3rd ed. (Pickwick, London, 1989).

Gordon Craig. *The Germans.* (Putnam, New York, 1982).

Norbert Frei. *1968: Jugendrevolte und Globaler Protest.* (Deutscher Taschenbuch Verlag, München, 2008).

Ulrich Herbert, ed. *Wandlungsprozesse in Westdeutschland.* (Wallstein, Göttingen, 2002).

Ulrich Herbert. *Geschichte Deutschlands im 20. Jahrhundert.* (C.H. Beck, München, 2014).

Michael Hughes. *Shouldering the Burden of Defeat: West Germany and the Reconstruction of Social Justice.* (University of North Carolina Press, Chapel Hill, 1999).

Peter Merseburger. *Willy Brandt 1913–1992: Visionär und Realist.* (Deutsche

Verlags, Stuttgart, 2002).

Hans-Joachim Noack. Willy Brandt: Ein Leben, ein Jahrhundert. (Rowohlt, Berlin, 2013).

Andreas Rödder. *Die Bundesrepublik Deutschland 1969–1990.* (Oldenbourg, München, 2004).

Axel Schildt. *Die Sozialgeschichte der Bundesrepublik Deutschland bis 1989/90.* (Oldenbourg, München, 2007).

Hanna Schissler, ed. *The Miracle Years.* (Princeton University Press, Princeton, NJ, 2001).

Gregor Schöllgen. *Willy Brandt: Die Biographie.* (Propyläen, Berlin, 2001).

Edith Sheffer. *Burned Bridge: How East and West Germans Made the Iron Curtain.* (Oxford University Press, Oxford, 2011).

Nathan Stoltzfus and Henry Friedlander, eds. *Nazi Crimes and the Law.* (Cambridge University Press, Cambridge, 2008).

Nikolaus Wachsmann. *KL: A History of the Nazi Concentration Camps.* (Farrar, Straus and Giroux, New York, 2015).

Hans-Ulrich Wehler. *Deutsche Gesellschaftsgeschichte,* vol. 5: Bundesrepublik und DDR 1949–1990. (C.H. Beck, München, 2008).

Harald Welzer, Sabine Moller, and Karoline Tschuggnall. *Opa war kein Nazi: Nationalsozialismus und Holocaust im Familiengedächtnis.* (Fischer, Frankfurt, 2002).

Irmtrud Wojak. *Fritz Bauer 1903–1968.* (C.H. Beck, München, 2011).

Alexei Yurchak. *Everything Was Forever, Until It Was No More: The Last Soviet Generation.* (Princeton University Press, Princeton, NJ, 2006).

第七章 澳大利亚：我们是谁？

Peter Brune. *A Bastard of a Place: The Australians in Papua.* (Allen & Unwin, Crows Nest, Australia, 2003).

Anthony Burke. *Fear of Security: Australia' s Invasion Anxiety.* (Cambridge University Press, Cambridge, 2001).

James Curran and Stuart Ward. *The Unknown Nation: Australia after Empire.* (Melbourne University Press, Carlton South, Australia, 2010).

Peter Edwards. *Crises and Commitments: The Politics and Diplomacy of*

Australia' s Involvement in Southeast Asian Conflicts 1948–1965. (Allen & Unwin, North Sydney, Australia, 1992).

Marilyn Lake. British world or new world? *History Australia* 10, no. 3: 36– 50 (2013).

Stuart Macintyre. *A Concise History of Australia*, 4th ed. (Cambridge University Press, Port Melbourne, Australia, 2016).

Neville Meaney. The end of "white Australia" and Australia's changing perceptions of Asia, 1945–1990. *Australian Journal of International Affairs* 49, no. 2: 171–189 (1995).

Neville Meaney. Britishness and Australia: Some reflections. *Journal of Imperial and Commonwealth History* 31, no. 2: 121– 135 (2003).

Mark Peel and Christina Twomey. *A History of Australia*. (Palgrave Macmillan, Houndmills, UK, 2011).

Deryck Schreuder and Stuart Ward, ed. *Australia's Empire*. (Oxford University Press, Oxford, 2008).

Gwenda Tavan. The dismantling of the White Australia policy: Elite conspiracy or will of the Australian people? *Australian Journal of Political Science* 39, no. 1: 109–125 (2004).

David Walker. *Anxious Nation: Australia and the Rise of Asia 1850– 1939*. (University of Queensland Press, St. Lucia, Australia, 1999).

Stuart Ward. *Australia and the British Embrace: The Demise of the Imperial Ideal*. (Melbourne University Press, Carlton South, Australia, 2001).

Frank Welsh. *Australia: A New History of the Great Southern Land*. (Overlook, New York, 2004).

第八章　日本：前路何方

W.G. Beasley. *The Japanese Experience: A Short History of Japan*.(University of California Press, Berkeley, 1999).

Ian Buruma. *The Wages of Guilt: Memories of War in Germany and Japan*. (Farrar, Straus and Giroux, New York, 1994).

John Dower. *Embracing Defeat: Japan in the Wake of World War Two*. (Norton, New York, 1999).

Eri Hotta. *Japan 1941: Countdown to Infamy*. (Knopf, New York, 2013).

McKinsey Global Institute. *The Future of Japan: Reigniting Productivity and Growth.* (McKinsey, Tokyo, 2015).

David Pilling. *Bending Adversity: Japan and the Art of Survival.* (Penguin, London, 2014).

Frances McCall Rosenblugh, ed. *The Political Economy of Japan 's Low Fertility.* (Stanford University Press, Stanford, CA, 2007).

Sven Steinmo. *The Evolution of Modern States: Sweden, Japan, and the United States.* (Cambridge University Press, Cambridge, 2010).

N.O. Tsuia and L.S. Bumpass, eds. *Marriage, Work, and Family Life in Comparative Perspective: Japan, South Korea, and the United States.* (University of Hawaii Press, Honolulu, 2004).

Lee Kuan Yew. *From Third World to First: The Singapore Story: 1964– 2000.* (HarperCollins, New York, 2000).

第九章和第十章 美国的未来

Larry Bartels. *Unequal Democracy: The Political Economy of the New Gilded Age*, 2nd ed. (Princeton University Press, Princeton, NJ, 2016).

Ari Berman. *The Modern Struggle for Voting Rights in America.* (Farrar, Straus and Giroux, New York, 2015).

Joseph Califano, Jr. *Our Damaged Democracy: We the People Must Act.* (Touchstone, New York, 2018).

Tim Flannery. *The Eternal Frontier: An Ecological History of North America and Its Peoples.* (Text, Melbourne, 2001).

Howard Friedman. *The Measure of a Nation: How to Regain America's Competitive Edge and Boost Our Global Standing.* (Prometheus, New York, 2012).

Al Gore. *The Assault on Reason.* (Penguin, New York, 2017).

Steven Hill. *Fixing Elections: The Failure of America 's Winner Take All Politics.* (Routledge, New York, 2002).

Robert Kaplan. *Earning the Rockies: How Geography Shapes America 's Role in the World.* (Random House, New York, 2017).

Jill Lepore. *These Truths: A History of the United States.* (Norton, New York, 2018).

Steven Levitsky and Daniel Ziblatt. *How Democracies Die: What History Reveals about Our Future.* (Crown, New York, 2018).

Thomas Mann and Norman Ornstein. *It's Even Worse than It Looks: How the American Constitution System Collided with the New Politics of Extremists.* (Basic Books, New York, 2012).

Chris Matthews. *Tip and the Gipper: When Politics Worked.* (Simon & Schuster, New York, 2013).

Yascha Mounk. *The People vs. Democracy: Why Our Freedom Is in Danger and How to Save It.* (Harvard University Press, Cambridge, MA, 2018).

Robert Putnam. *Bowling Alone: The Collapse and Revival of American Community.* (Simon & Schuster, New York, 2000).

Joseph Stiglitz. *The Price of Inequality: How Today's Divided Society Endangers Our Future.* (Norton, New York, 2012).

Sherry Turkle. *Reclaiming Conversation: The Power of Talk in a Digital Age.* (Penguin, New York, 2015).

第十一章 世界将去往何处

Scott Barrett. *Environment and Statecraft: The Strategy of Environmental Treaty-making.* (Oxford University Press, Oxford, 2005).

Scott Barrett. *Why Cooperate? The Incentive to Supply Global Public Goods.* (Oxford University Press, Oxford, 2007).

Nick Bostrom and Milan Cirkovic, eds. *Global Catastrophic Risks.* (Oxford University Press, Oxford, 2011).

Jared Diamond. *Collapse: How Societies Choose to Fail or Succeed.* (Viking Penguin, New York, 2005).

Tim Flannery. *Atmosphere of Hope: Searching for Solutions to the Climate Crisis.* (Atlantic Monthly Press, New York, 2015).

Clive Hamilton. *Earthmasters: The Dawn of the Age of Climate Engineering.* (Yale University Press, New Haven, CT, 2013).

Michael T. Klare. *The Race for What's Left: The Global Scramble for the World 's Last Resources.* (Metropolitan Books, New York, 2012).

Fred Pearce. *Confessions of an Eco-sinner: Tracking Down the Sources of My*

Stuff. (Beacon Press, Boston, 2008).

William Perry. *My Journey at the Nuclear Brink.* (Stanford University Press, Stanford, CA, 2015).

Laurence Smith. T*he World in 2050: Four Forces Facing Civilization's Northern Future.* (Dutton Penguin Group, New York, 2010).

Richard Wilkinson and Kate Pickett. *The Spirit Level: Why More Equal Societies Almost Always Do Better.* (Allen Lane, London, 2009).

结语 借鉴、思考与展望

Thomas Carlyle. *On Heroes, Hero-Worship, and the Hero in History.* (James Fraser, London, 1841).

Jared Diamond and James Robinson, eds. *Natural Experiments of History.* (Harvard University Press, Cambridge, MA, 2010).

Geert Hofstede. *Culture's Consequences: International Differences in Work-Related Values.* (Sage, Beverly Hills, 1980).

Geert Hofstede, Gert Jan Hofstede, and Michael Minkov. *Cultures and Organizations: Software of the Mind.* (McGraw Hill, New York, 2010).

Ronald Inglehart. *Modernization and Postmodernization: Cultural, Economic, and Political Change in 43 Societies.* (Princeton University Press, Princeton, NJ, 1997).

Benjamin Jones and Benjamin Olken. Do leaders matter? National leadership and growth since World War II. *Quarterly Journal of Economics* 120, no. 3: 835– 864 (2005).

Benjamin Jones and Benjamin Olken. Hit or miss? The effect of assassinations on institutions and war. *American Economic Journal: Macroeconomics* 1/2: 55– 87 (2009).

Michael Minkov. *What Makes Us Different and Similar: A New Interpretation of the World Values Survey and Other Cross-Cultural Data.* (Klasika I Stil, Sofia, Bulgaria, 2007).

Thucydides. *The Peloponnesian War.* Steven Lattimore, translator. (Hackett, Indianapolis, IN, 1988).

Leo Tolstoy. *War and Peace.* Ann Dunnigan, translator. (New American Library, New York, 1968).